हिंदी काव्य-समीक्षा के प्रतिमान

हिंदी काव्य-समीक्षा के प्रतिमान

डॉ. महेश तिवारी

वाणी प्रकाशन

वाणी प्रकाशन

4695, 21-ए, दरियागंज, नयी दिल्ली-110 002

शाखा

अशोक राजपथ, पटना 800 004

फ़ोनः +91 11 23273167 फ़ैक्सः +91 11 23275710

www.vaniprakashan.in
vaniprakashan@gmail.com

HINDI KAVYA-SAMIKSHA KE PRATIMAN
by Dr. Mahesh Tiwari

ISBN : 978-93-5072-813-0
Criticism

प्रथम संस्करण

मूल्य : ₹ 450

शुभम् ऑफसेट, दिल्ली 110 032 में मुद्रित

वाणी प्रकाशन का लोगो मक़बूल फ़िदा हुसेन की कूची से

समर्पण

श्रद्धेय गुरुवर

डॉ. शिवकुमार मिश्र

की पावन स्मृति को

सादर ....

पुरोवाक्

कविता को समझने के लिए आलोचना की जरूरत आधुनिक काल की देन है। पुस्तक-परिचय और सामान्य गुण-दोष-विवेचन तक सीमित आरंभिक हिन्दी आलोचना बीसवीं शताब्दी में एक स्वतंत्र विधा के रूप में विकसित हुई। उन्नीसवीं शताब्दी के उत्तरार्ध में भारतेंदु और उनके सहयोगी लेककों ने युगीन जीवन संदर्भों, मानवीय आदर्शों तथा लोक और शास्त्रीय रूपों के बरक्स कविता के मूल्यांकन की जो पीठिका निर्मित की, उसे द्विवेदी युग में सुरुचिपूर्ण साहित्य-रचना के उद्देश्य से संलग्न लेखकों ने मानव जीवन को समग्रता में पेश कर विस्तार दिया; और जिसके अगले चरण में 'रस' और 'लोकमंगल' आचार्य शुक्ल के समीक्षादर्श बने। लेकिन छायावादी कवियों और समीक्षकों ने नवीन काव्य-सर्जना के मूल्यांकन हेतु परंपरागत समीक्षा-पद्धति से अलग नए प्रतिमान दिए, जिसमें काव्य के अंतःसौंदर्य के साथ सामाजिक सौंदर्य को महत्त्व मिला। साथ ही परंपरागत प्रतिमानों को नए संदर्भों में जाँचा-परखा गया। प्रगतिवादी युग में मार्क्सवाद एवं समाजवाद की वैचारिकी ने कवियों के चिंतन और काव्य-वस्तु व्यापक परिवर्तन के दृश्य उपस्थित किए, तो कविता की सामाजिक-आर्थिक व्याख्या सामने आई। व्यक्ति के वर्गीय आधार को प्रमुखता मिली और काव्य-समीक्षा की परंपरा में नए आयाम जुड़े। प्रयोगवादी युग में कविता और समीक्षा का समूचा ताना-बाना अपने शिखर पुरुष अज्ञेय के सृजनशील व्यक्तित्व और सिद्धांतों के इर्द-गिर्द बुना गया, तो नई कबिता के दौर में आलोचकों को काव्य-समीक्षा की नई जमीन तैयार करनी पड़ी।

कहना होगा कि हिंदी काव्य-चिंतन तथा समीक्षा के प्रतिमान कालक्रमानुसार न केवल परिवर्तित हुए, अपितु अपनी पूर्ववर्ती समीक्षा-परंपरा के गुणसूत्रों के साथ विकसित हुए।

डॉ. महेश तिवारी की यह आलोचना पुस्तक हिंदी काव्य-समीक्षा के प्रतिमानों

के क्रमिक विकास का गहन विश्लेषण करती है। विभिन्न युगों में काव्य-समीक्षा-प्रतिमानों की जाँच-परख करती डॉ. तिवारी की चौकस निगाह काव्य-समीक्षकों की विशेषताओं एवं न्यूनताओं दोनों पर जाती है। वह पूर्ववर्ती प्रतिमानों को अनदेखा नहीं करती; बल्कि तर्कपूर्ण और तथ्यपरक ढंग से नए प्रतिमानों की अपरिहार्यता को लक्षित करती है। पूर्ण मनोयोग, गहन शोध एवं तलस्पर्शी समीक्षा-दृष्टि के योग से निर्मित यह कृति निस्संदेह हिंदी काव्यालोचन का नया प्रस्थान रचती है।

सागर (म. प्र.) डॉ. आनंदप्रकाश त्रिपाठी

आमुख

प्रस्तुत पुस्तक मेरी पी-एच. डी. के शोध प्रबंध का परिष्कृत रूप है, जिसमें मैंने भारतेन्दु युग से लेकर छायावादोत्तर युग तक की कविता की आलोचना के विकास, उसके मूल्य-परिवर्तन, मूल्य-चिंतन आदि को समझते हुए कविता के मूल्यांकन के बदलते प्रतिमानों को समझने का प्रयास किया है। मैंने भारतेन्दु युगीन एवं द्विवेदी युगीन काव्य-समीक्षा का विहंगावलोकन करते हुए मुख्य रूप से आचार्य महावीरप्रसाद द्विवेदी द्वारा कविता के मूल्यांकन के उन मापदण्डों को रेखांकित किया है, जहाँ साहित्य के भाव-तत्त्व, युग के नये आदर्शों, साहित्य की सामाजिक पृष्ठभूमि, कवि के साथ समीक्षक के तादात्म्य को महत्त्व दिया गया है। द्विवेदी जी के साहित्य को राष्ट्र की नई आकांक्षाओं के साथ जोड़ने का भी प्रयास किया गया है। आचार्य रामचन्द्र शुक्ल के समीक्षादर्श का मूलतत्त्व रस और लोकमंगलवाद है। साहित्य को लोकजीवन से जोड़कर देखने के आग्रही शुक्ल जी ने रस-चिंतन को महत्त्व दिया। कविता को वे मनुष्यता का संबसे बड़ा संरक्षक और सौन्दर्य की प्रतिष्ठा सच्चे कवि की पहचान मानते हैं। भक्ति भी उनकी दृष्टि में लोकमंगल का विधायक तत्त्व है। करुणा और प्रेम की स्थापना के बिना लोकमंगल का विधान भला कैसे संभव है! निश्चय ही शुक्लजी ने आलोचना के प्रतिमान की भी जमीन निर्मित की है।

छायावादी काव्य-चिंतन को समझने के लिए इंग्लैंड के स्वच्छंदतावादी कवियों के काव्य-चिंतन से रूबरू होना अनिवार्य है। हिन्दी के स्वच्छंदतावादी कवि चिंतकों के काव्य-चिंतन की भूमिका छायावादी कवियों के विचारों में उपलब्ध है। प्रसाद की तुलना में निराला पश्चिमी साहित्य से अधिक स्पष्ट रूप से परिचित हैं। साहित्य की सार्वजनिकता पर निराला बल देते हैं। मुक्तछंद के प्रवर्तन का श्रेय निराला को है। सुमित्रानंदन पंत के काव्य-चिन्तन में स्वच्छंदतावादी चेतना से अनुप्राणित नये संकेत तथा प्रतिमान दिखाई पड़ते हैं। काव्य के अन्तर्गत अनुभूति अथवा भावना तत्त्व की केन्द्रीयता को स्वीकार करते हुए भी महादेवी ने बुद्धि तत्त्व को महत्त्व दिया है। महादेवी की काव्यगत मान्यताएँ छायावादी अथवा स्वच्छंदतावादी काव्य की पृष्ठभूमि से निःसृत

हैं। यहाँ हमने स्वच्छंदतावादी समीक्षा-पद्धति द्वारा काव्य के मूल्यांकन के उन आधार बिन्दुओं को देखने-परखने का प्रयास किया है, जिनसे प्रेरणा लेकर आचार्य नंददुलारे वाजपेयी ने अपनी आलोचना-दृष्टि का विकास किया। आचार्य वाजपेयी, आचार्य हजारीप्रसाद द्विवेदी और डॉ. नगेन्द्र ने नई काव्य-रचना की प्रवृत्ति और नये युग-संदर्भों को दृष्टि में रखकर ही काव्य-मूल्यांकन के नये प्रतिमान निश्चित किए। किन्तु पारम्परिक काव्य-प्रतिमान भी उनके दृष्टि-पथ से बाहर नहीं होते हैं। आचार्य हजारीप्रसाद द्विवेदी ने अपने उदात्त मानवतावादी चिंतन के परिप्रेक्ष्य में काव्य और रस तत्त्व की व्याख्या की है। काव्य सत्ता को उसी के भीतर से पहचानने और परखने का प्रयास हिन्दी काव्य-चिंतन के क्षेत्र में पहली बार स्वच्छंदतावादी समीक्षा के अन्तर्गत हुआ है।

प्रगतिवादी काव्य-चिंतन की आधार-भूमि सामाजिक यथार्थ और साहित्य की सामाजिक संदर्भता है। कविता के नये प्रतिमानों की मार्क्सवादी जमीन पुख्ता है। हिन्दी साहित्य पर मार्क्सवाद के व्यापक प्रभाव में प्रगतिवादी काव्य-चिंतकों ने कवि की सर्जना को प्रतिभा, व्यत्पत्ति और अभ्यास की प्रेरणा माना है। उनके अनुसार युग जीवन की वर्तमान स्थितियों के संदर्भ में कविता की व्याख्या होनी चाहिए। आर्थिक-सामाजिक परिस्थिति के रूपांतरण में कविता की विशिष्ट भूमिका होती है। कविता की चेतना का संस्कार, कविता का वर्गीय आधार, कविता और समाज के संबंधों की प्रगाढ़ता, कला-नियमों की स्वायत्तता का प्रश्न, कविता और सामाजिक यथार्थ, परम्परा और आधुनिकता, सौन्दर्य का सामाजिक और वस्तुवादी आधार, रस-विवेचन का वस्तुगत आधार जैसे बिन्दुओं पर प्रगतिवादी आलोचकों के विचार महत्त्वपूर्ण हैं।

प्रयोगवादी काव्य-समीक्षा में काव्य के स्वरूप को समझने के लिए काव्य की आत्मा, काव्य के तत्त्व, काव्य के विषय, काव्य के प्रेरक उपकरण, काव्य का प्रयोजन, काव्य एवं कला का स्वरूप, काव्यभाषा, रचना-प्रक्रिया पर विचारशीलता के नये आयाम उद्घाटित हुए हैं। कविता के नये प्रतिमान और नकेनवादी मत की व्याख्या करते हुए यह स्पष्ट होता है कि नकेनवादी काव्य-चिंतन हिन्दी के पूर्ववर्ती काव्य-चिंतन से भिन्न है। परम्परागत प्रतिमानों के आधार पर उसकी परख नहीं की जा सकती। नए काव्य-चिंतन की समझ के लिए प्रयोगवादोत्तर काव्य-प्रतिमानों की तलाश आवश्यक है। इसके अंतर्गत कविता के स्वरूप, काव्य के तत्त्व और काव्य-विषय, काव्य-प्रयोजन, रस, आधुनिकता आदि की चर्चा की गई है। समसामयिकता, लघुमानव, प्रगति, प्रयोग और परम्परा, काव्य-बिम्ब, गैर-रोमांटिक भाव-बोध और गैर-रोमांटिक सौन्दर्य-बोध, काव्यभाषा पर विचार करते हुए नए काव्य-चिंतन और प्रयोगवादोत्तर काव्य-प्रतिमानों से परिचित हुआ जा सकता है। इस विवेचन के क्रम में छायावादोत्तर

समीक्षा में कविता के नए प्रतिमानों का अवलोकन महत्त्वपूर्ण उपलब्धि है। अनेक सीमाओं के बावजूद अपनी पूर्ववर्ती समीक्षा-दृष्टि में उसने कुछ महत्त्वपूर्ण जोड़ा है। कविता की परख में जो प्रतिमान छायावाद तक विकसित हुए थे, छायावादोत्तर काव्य समीक्षकों ने अपने समय की कविता के संदर्भ में मूल्यांकन के नये आयाम और नई दिशाएँ उद्घाटित कीं। आलोचना में कविता के सर्वाङ्गपूर्ण विश्लेषण की प्रवृत्ति विकसित हुई। प्रस्तुत विश्लेषण के द्वारा हम हिन्दी कविता के बदलते स्वरूप के साथ-साथ उसकी आलोचना के प्रतिमानों के क्रमिक विकास से भी परिचित होते हैं।

मेरे शोध प्रबंध को प्रकाशित रूप में देखने की गुरुदेव मिश्रजी की बड़ी इच्छा थी। मेरी जब भी उनसे भेंट होती, मेरे शोध प्रबंध के प्रकाशन के लिए वे मुझे प्रेरित करते। परंतु अनेक सांसारिक कारणों के चलते मेरा ध्यान अपने शोध प्रबंध के प्रकाशन की तरफ नहीं गया। जनवरी, २०१३ में मैं उनसे मिलने के लिए वल्लभ विद्यानगर (आनंद, गुजरात) गया, तो उस समय भी यह बात चली। इस बार उनकी बात मानकर मैंने सागर पहुँचते ही शोध प्रबंध उनके पास भेज दिया। फिर उन्होंने शोध प्रबंध को पुस्तक का रूप देने की जिम्मेदारी अपने परम सहयोगी डॉ. योगेन्द्रनाथ मिश्र को सौंप दी। परंतु २१ जून, २०१३, को विधाता ने उन्हें सदा के लिए हमसे छीन लिया। इस आघात से उबरने के बाद योगेन्द्रनाथ जी ने यह काम शुरू किया। उन्होंने यथावश्यक थोड़ा काट-छाँट करके मेरे शोध प्रबंध को पुस्तक का रूप दिया है। इसके लिए मैं डॉ. योगेन्द्रनाथ मिश्र का हमेशा आभारी रहूँगा।

पुस्तक के फ्लैप पर प्रो. आनन्दप्रकाश त्रिपाठी, अधिष्ठाता भाषा अध्ययन शाला, डॉ. हरीसिंह गौर विश्वविद्यालय, सागर (म.प्र.) ने अपना विचार लिखना स्वीकार किया। वे मेरे अनुजवत् हैं; उन्हें मेरा स्नेह व आभार।

इस अवसर पर श्रद्धेय गुरुवर शिवकुमार मिश्र की पावन-स्मृति को प्रणाम करते हुए उनकी जीवन संगिनी श्रीमती तारादेवी मिश्र को स्मरण करना चाहूँगा, जिनका स्नेह मुझे हमेशा मिला है।

इस खुशी के अवसर पर अपनी जीवन सहचरी श्रीमती मुक्ता तथा चारों बेटियों - मंजरी, मेघा, मिति, महिमा को कैसे भूल सकता हूँ, जिनकी खुशी में ही मेरी खुशी है।

अंत में मैं उन सभी लेखकों का आभारी हूँ, जिनकी पुस्तकों एवं विचारों का भरपूर उपयोग मैंने अपने शोध प्रबंध में किया है।

पुस्तक यदि हिंदी के सुधी पाठकों को पसंद आई, तो मैं अपने श्रम को सार्थक समझूँगा।

सागर, २०१४

महेश तिवारी

अनुक्रमणिका

अध्याय-१

भारतेंदु युगीन एवं द्विवेदी युगीन काव्य-समीक्षा का विहंगावलोकन

प्रस्तावना

भारतेंदु युग आधुनिक हिंदी साहित्य में 'जागरण काल' के रूप में प्रसिद्ध है। राजनीतिक, सामाजिक, आर्थिक और सांस्कृतिक परिदृश्य में परिवर्तन के साथ-साथ यह युग साहित्य के क्षेत्र में नए परिवर्तनों का प्रस्थान बिंदु कहा जा सकता है। छापेखाने के आविष्कार के साथ-साथ पत्र-पत्रिकाओं के प्रकाशन के माध्यम से इस युग में न केवल अनेक लेखकों और कवियों का आविर्भाव हुआ, वरन् समकालीन नवजागरण से उत्पन्न चेतना को आत्मसात् करते हुए एक नई रचनाशीलता का उद्‍भव भी इस युग में संभव हो सका।

भारतेंदु युग हिदी साहित्य में आधुनिक प्रकार की रचनाशीलता के साथ-साथ साहित्य और काव्य संबंधी नए चिंतन का भी युग कहा जा सकता है। परंपरा तथा आधुनिकता के संक्रमण काल में स्थित यह युग और इसकी सर्जनात्मकता जहाँ एक ओर रीतिकालीन काव्य-संस्कारों और परंपरागत काव्य-चिंतन से असंपृक्त नहीं रह सकती, वहीं दूसरी ओर इस युग में नई चेतना के प्रभाववश एक बार फिर से साहित्य और जीवन के बीच घनिष्ठ अंतःसंबंधों का सूत्रपात भी होता है। युग का दबाव और नई चेतना रचनाकारों और साहित्य-चिंतकों को प्रेरित करती है कि वे नई जमीन तोड़ते हुए साहित्य के नए वर्ग के समक्ष नए और युगीन विचार प्रस्तुत करें। कहा जा सकता है कि रीतिकालीन साहित्य के संस्कारों से एकदम मुक्त न होते हुए भी, इस युग की मूल रचनाशीलता और विचारधारा उन्हें, पृष्ठभूमि में डालने का प्रयास अवश्य करती है। इस प्रक्रिया में इस युग के रचनाकार और विचारक जो नई जमीन तोड़ते हैं, वह उतनी तात्त्विक भले न रही हो, किंतु आगे की रचनाशीलता तथा चिंतन के लिए नए और ठोस दिशा-निर्देश अवश्य करती है।

आधुनिक साहित्य की अन्य विधाओं की भाँति भारतेंदु युग में हिंदी की आधुनिक समीक्षा भी अपना एक स्वरूप प्राप्त करती है। नई शिक्षा के प्रभाववश इस युग के समीक्षक परंपरागत चिंतन के साथ-साथ पश्चिम के काव्यशास्त्रीय चिंतन से भी प्रेरणा प्राप्त करते दिखाई पड़ती है। इन समीक्षकों के प्रारंभिक प्रयास शनैः-शनैः प्रौढ़ता प्राप्त करते हैं, जिसके फलस्वरूप भारतेंदु युग में ऐसी समीक्षा के भी दर्शन हमें होते हैं, जो अपनी सीमाओं में भी गंभीर स्तर की समीक्षा कही जा सकती है। जैसा कि डॉ. भगवतस्वरूप मिश्र ने लिखा है : 'विज्ञापन की हल्की समीक्षा से आरंभ होकर कलाकृति के काव्य-सौष्ठव, कलाकार के व्यक्तित्व तथा उसकी परिस्थितियों की गंभीर विवेचन वाली समीक्षा तक के दर्शन हमें इस युग में होते हैं।'[१]

युग की नई चेतना किस प्रकार इस युग के रचनाकारों और विचारकों को नए संदर्भों में सोचने के लिए प्रेरित करती है, इसका एक उदाहरण हमें स्वयं भारतेंदु हरिश्चंद्र के चिंतन में दिखाई पड़ता है। भारतेंदु हरिश्चंद्र का मूल व्यक्तित्व एक रचनाकार का व्यक्तित्व था। वे साहित्य-चिंतक उतने नहीं थे, जितने एक प्रतिभाशाली साहित्य-सर्जक। किंतु सर्जना के साथ-साथ उन्होंने जब-तब साहित्य-चिंतन के क्षेत्र में भी अपनी प्रतिभा का विनियोग किया। इस संदर्भ में उनके नाटक संबंधी विवेचन को उदाहरण के रूप में प्रस्तुत किया जा सकता है। नाटक के सैद्धांतिक विवेचन में उनकी दृष्टिगत मौलिकता, जिसका सीधा संबंध उनके युग की नई चेतना से है, का सबसे बड़ा प्रमाण यह है कि नाटक के अंतरंग तत्त्व की चर्चा करते समय उन्होंने दो ऐसे तत्त्वों की ओर संकेत किया है, जो परंपराग चिंतन से भिन्न एक नए प्रस्थान बिंदु का संकेत करते हैं। ये दो तत्त्व हैं - समाज-संस्कार और देशवत्सलता।[२] नाटक के मुख्य तत्त्वों के अंतर्गत इन दो बातों की स्थिति स्वतः इस बात का प्रमाण है कि भारतेंदु युग में साहित्य और जीवन के बीच जिस घनिष्ठ अंतःसंबंध के जुड़ने की बात हमने कही है, वह निराधार नहीं है। यानी कि ये दो तत्त्व भारतेंदु हरिश्चंद्र के साहित्य-चिंतन की मौलिकता को सूचित करते हैं और रचना तथा सामाजिक जीवन के बीच के घनिष्ठ संबंधों का प्रतिपादन करते हुए समीक्षा के क्षेत्र में मानो उस दृष्टिकोण का बीज-वपन करते हैं, जो आगे चलकर प्रगतिवादी समीक्षा के दौर में एक हरे-भरे वृक्ष की शक्ल ग्रहण कर लेता है। नाटक ही क्यों, वस्तुतः साहित्य मात्र की समीक्षा के संदर्भ में ये दो ऐसे नए प्रतिमान हैं, जो हिंदी साहित्य के इस प्रारंभिक युग में सर्वप्रथम भारतेंदु हरिश्चंद्र द्वारा हमें प्राप्त होते हैं। वास्तव में भारतेंदु युग का समूचा काव्य-चिंतन भारतेंदु हरिश्चंद्र के इन विचारों की पुष्टि करता है। उनके समकालीन बालकृष्ण भट्ट, प्रतापनारायण मिश्र तथा प्रेमघन जैसे साहित्यकारों के साहित्य-चिंतन से यह बखूबी सूचित होता है।

भारतेंदु हरिश्चंद्र के समकालीन समीक्षकों में पं. बालकृष्ण भट्ट का नाम विशेष

उल्लेखनीय है। साहित्य को जन-समूह के हृदय का विकास मानने वाले भट्टजी का मत है कि 'साहित्य, जिस देश के जो मनुष्य हैं, उस जाति की मानवीय दृष्टि के हृदय का आदर्श रूप है। जो जाति जिस समय जिस भाव से परिपूर्ण या परिप्लुत रहती है, वह सब उनके भाव उस समय की साहित्यिक समालोचना से अच्छी तरह प्रकट हो सकते हैं।'[३] भारतेंदु हरिश्चंद्र की भाँति भट्टजी ने भी साहित्य और जीवन के बीच घनिष्ठ संबंधों का प्रतिपादन किया है। कविता के अंतर्गत उन्होंने सहज और निश्छल अभिव्यक्ति का खुला समर्थन किया है। उनके अनुसार यदि मन की उमंगें सच्ची हैं, तो जो बातें हमारे चित्त से निकलेंगी, वे सच्ची होंगी और उनका असर भी सच्चा होगा। इसके विपरीत जब हम किसी नियम से जकड़ दिए गए, तब उसके बाहर तो हम पैर ही नहीं रख सकते। इसलिए सुसंस्कृत कविता - क्लासिकल पोएट्री - अवश्यमेव कृत्रिमता दोष से परिपूरित होगी।[४]

भट्टजी यहाँ कविता की बुनावट के स्वच्छंदतावादी प्रतिमान के निकट पहुँचे हुए प्रतीत होते हैं और इसी भूमि से उन्होंने व्याकरण के नियमों से बँधी हुई भाषा को भी महत्त्व न देते हुए लोकभाषा की शक्ति के महत्त्व को सूचित किया गया है।[५] सहज भाषा, सहज और निश्छल भावाभिव्यक्ति भट्टजी के लिए कविता की अनिवार्य शर्त है। मानव जीवन के लिए उपयोगी साहित्य ही उनकी दृष्टि में आदर्श साहित्य की संज्ञा पा सकता है।

भट्टजी की तुलना में प्रेमघनजी की समीक्षा शास्त्रीयता की ओर अधिक झुकी हुई प्रतीत होती है। शास्त्रीयता के साथ-साथ नीति के तत्त्वों पर भी उनकी दृष्टि बराबर टिकी रही है। काव्य-विषय के चुनाव में वे अच्छे विषयों को ही महत्त्व देते हैं ताकि नीति का आधार कमजोर न होने पाए। समीक्षा को वे सत्साहित्य के प्रचार का माध्यम मानते हैं। यद्यपि उनकी समीक्षा शास्त्रीयता की ओर झुकी हुई है, फिर भी युग के संदर्भों से कटी नहीं है। साहित्य की कलात्मकता पर बल देते हुए उन्होंने नैतिकता, उपयोगिता तथा नवीनता पर भी समान रूप से जोर दिया है।

भारतेंदु और पं. बालकृष्ण भट्ट की परंपरा में पं. प्रतापनारायण मिश्र का नाम भी उल्लेखनीय है। काव्य में व्यंजना शक्ति को महत्त्व देने वाले मिश्रजी भाषा के संबंध में उदार दिखाई पड़ते हैं। लोकभाषाओं के प्रति उनका विशेष आग्रह था और वे कवियों की स्वतंत्रता के भी समर्थ थे। सहित्य को रचनाकार के व्यक्तित्व का प्रतिबिंब स्वीकार करते हुए उन्होंने रामायण जैसे काव्य का उदाहरण दिया है। काव्य के उद्देश्यों में कांतासम्मित उपदेश, आनंद, व्यवहार-ज्ञान एवं परमार्थ साधन जैसी बातों को उन्होंने प्रमुखता प्रदान की है। यहाँ वे शास्त्रों के निकट दिखाई पड़ते हैं।

कुल मिलाकर हम कह सकते हैं कि भारतेंदु युग की समीक्षा कविता तथा

साहित्य के संबंध में किन्हीं नए और मौलिक प्रतिमानों की चर्चा भले न करती हो, किंतु साहित्य का संबंध युग जीवन से जोड़ते हुए और युग की आवश्यकताओं के अनुरूप साहित्य की रचना की आवश्यकता प्रतिपादित करते हुए भारतेंदुयुग के समीक्षकों ने भावी समीक्षा के लिए नए प्रतिमानों को दिशा-निर्देश दिए हैं।

भारतेंदु युग में हिंदी समीक्षा का उद्देश्य सत्साहित्य को प्रोत्साहन देना, असत्साहित्य के प्रचार को रोकना तथा साहित्य में सुरुचि को प्रधानता प्रदान करना था। जैसा कि हमने देखा, इस युग में भाषा के विकास के आधार पर साहित्य के विकास और उसकी मूल धारणाओं का परिचय, नैतिक उपयोगिता की दृष्टि से विचार, शास्त्रीय तत्त्वों तथा सहृदयों की रुचि सनिरूपण – आलोचना की ये ही मूल प्रवृत्तियाँ थीं, जो बहुत ही अविकसित अवस्था में थीं।[६] किंतु पं. महावीरप्रसाद द्विवेदी के आगमन के बाद हिंदी समीक्षा में एक नए युग का प्रवेश हुआ। यद्यपि द्विवेदीजी में भी एक प्रकार से प्रेमघन तथा बालकृष्ण भट्ट वाली गुण-दोष का विवेचन करने वाली आलोचना ही विशेष रूप से दिखाई पड़ती है। परंतु द्विवेदीजी के प्रयासों ने उसे बहुत विकसित स्थिति तक पहुँचा दिया। द्विवेदीजी ने अपने लिए तथा अपने युग के लिए जो समीक्षादर्श निश्चित किए, उनमें साहित्य में सुरुचि के साथ-साथ कवित्व के विकास का विशेष ध्यान रखा गया। सुरुचि और सत्साहित्य के निर्माण को प्राथमिकता देते हुए आ. द्विवेदी ने अपनी कठोर आलोचनाओं में भी साहित्य के रचनात्मक विकास को संकेतित किया। सच्चे महाकवि के लक्षण निरूपित करते हुए उन्होंने 'समालोचना समुच्चय' नामक अपनी पुस्तक में लिखा है : 'जिसने उच्च भावों का उद्बोधन नहीं किया, जिसने समाज, देश या धर्म को अपनी कविता द्वारा विशेष लाभ नहीं पहुँचाया, जिसने मानव चरित्र को उन्नत करने योग्य सामग्री से अपने काव्य को अलंकृत नहीं किया, वह भी यदि महाकवि या कविरत्न माना जा सकेगा, तो प्रत्येक देश क्या प्रत्येक प्रांत में भी सैकड़ों महाकवि और कविरत्न निकल आवेंगे।'[७]

आ. द्विवेदी का यह कथन स्पष्टतः यह सूचित करता है कि कविता के बारे में वे कौन-से प्रतिमान रचनाकारों और सहृदयों के सामने प्रस्तुत करना चाहते थे। अगली पंक्तियों में हम काव्य और उससे संबद्ध आ. द्विवेदी की समीक्षा संबंधी मान्यताओं को स्पष्ट करते हुए यह दिखाने का प्रयास करेंगे कि उनकी समीक्षा में उनके द्वारा निश्चित किए गए उक्त प्रतिमानों का कहाँ तक विनियोग हो सका है।

काव्य का स्वरूप

कविता की परिभाषा देते हुए द्विवेदीजी लिखते हैं : 'अंतःकरण की वृत्तियों के चित्र का नाम कविता है। नाना प्रकार के विकारों के योग से उत्पन्न हुए मनोभाव जब मन में नहीं

समाते, तब वे आप ही आप मुखमार्ग से निलकने लगते हैं, अर्थात् मनोभाव शब्द का रूप धारण करते हैं। वही कविता है।'[८] द्विवेदीजी के कविता संबंधी विचार से स्पष्ट होता है कि मानव मन के विकारों की चित्रात्मक अभिव्यक्ति ही उनकी दृष्टि में कविता है।

काव्य के स्वरूप का विवेचन करते हुए द्विवेदीजी ने सर्वाधिक प्रमुखता भावतत्त्व को दी है। मनुष्य के भाव जगत् के निर्माण में बाह्य जीवन के साथ उसके संपर्क की महत्त्वपूर्ण भूमिका होती है। इसे द्विवेदीजी स्वीकार करते हैं। 'रसरंजन' नामक कृति में उन्होंने कवि के लिए इस बात की आवश्यकता प्रतिपादित की है कि वह जीवन के मनोविकारों के साथ-साथ बाह्य प्रकृति का भी पूरा-पूरा ध्यान रखे। बाह्य जीवन और जगत के फलस्वरूप जिस भाव जगत का निर्माण होता है, वह कविता में अपनी केंद्रीय भूमिका रखता है। भावतत्त्व की बात तो अलग, आ. द्विवेदी ने तो सहृदयता और भावुकता के अभाव में कविता की स्थिति ही स्वीकार नहीं की है। काव्य के अंतर्गत भाव-प्रवणता का सर्वोपरि महत्त्व स्वीकार करते हुए आ. द्विवेदी ने इस बात को विशेषरूप से रेखांकित किया है कि काव्य में ऐसे ही भावों की प्रतिष्ठा होनी चाहिए, जो सर्वजनीन और शाश्वत हों। ऐसे भावों से युक्त कविता ही देश और काल की सीमाओं का अतिक्रमण करती है। इस संबंध में उन्होंने कालिदास के काव्य को एक आदर्श के रूप में प्रस्तुत किया है। भावों की शाश्वतता और सर्वजनीनता के साथ-साथ आ. द्विवेदी ने उनकी स्वाभाविकता, विविधता और गंभीरता की भी विस्तृत चर्चा की है। कृत्रिम अथवा बनावटी कविता के वे प्रबल विरोधी रहे। कवि के लिए उनका कहना है कि उसे कविता में ऐसी बातों की चर्चा नहीं करनी चाहिए, जो दुनिया में न होती हों। जो बातें हमेशा हुआ करती हैं अथवा जिन बातों का होना संभव है, वही स्वाभाविक हैं। स्पष्ट है कि द्विवेदीजी यहाँ कविगत सचाई और ईमानदारी की ओर भी संकेत कर रहे हैं। यहाँ यह भी सच है कि ईमानदारी और सचाई से रहित कविता सच्चे अर्थों में कविता नहीं मानी जा सकती।

इसी प्रकार आ. द्विवेदी ने भावों के वैविध्य का भी प्रश्न उठाया है। भावों के वैविध्य का अर्थ है मानव जीवन को कविता में उसकी समग्रता में प्रस्तुत करना। ऐसा तभी संभव है, जब कवि बाह्य जीवन के अधिकाधिक संपर्क में रहे और मनुष्य की प्रकृति तथा स्वभाव से पूर्णतः परिचित हो। भावों की एकरसता द्विवेदीजी को वांछित नहीं है। वे कविता को जातीय जीवन का प्रतिबिंब मानते हैं तथा उसके अंतर्गत समूची जाति की गतिविधि, प्रगति तथा सभ्यता का चित्रण आवश्यक मानते हैं। वे कविता की सामयिकता के भी कट्टर पक्षधर हैं। समय के बदले हुए संदर्भों में कविता का स्वरूप भी बदलना चाहिए। इस सत्य को उन्होंने अपनी पूरी स्वीकृति प्रदान की है। भाव स्वाभाविक होने के साथ-साथ समयानुकूल हों और नवीन भी हों, उनका मत यही था।[९]

भावों की गंभीरता का सवाल द्विवेदीजी ने काव्य के नीतिपक्ष से जोड़ा है। गंभीर भावों को प्रस्तुत करने वाली कविता नैतिक भी होगी, ऐसा उनका विश्वास था। काव्य के गुणों की चर्चा करते हुए उन्होंने प्रसिद्ध अंग्रेज कवि मिल्टन की मान्यता को प्रस्तुत किया है : 'अंग्रेजी के प्रसिद्ध कवि मिल्टन ने कविता के तीन गुण वर्णन किए हैं। उनकी राय है कि कविता सादी हो, जोश से भरी हो तथा असलियत से गिरी हुई न हो।'[१०] उन्होंने स्पष्ट कहा है कि कविता को एक प्रकार का इतिहास समझा जाए और हर बात में सचाई का ख्याल रखा जाए ... असलियत से सिर्फ मतलब यही है कि कविता बेबुनियाद न हो। उसमें जो उक्ति हो, वह मानवीय मनोविकारों और प्राकृतिक नियमों के आधार पर कही गई हो। स्वाभाविकता से उसका लगाव छूटा न हो।[११] जैसा कि विद्वानों का विचार है कि द्विवेदीजी की यह मान्यता रसवादी आचार्यों के निकट प्रतीत होती है। यद्यपि यह बात भी ध्यान रखने योग्य है कि रस और आनंद का समर्थन करते हुए और काव्य में उनकी उपयोगिता और स्थिति को अनिवार्य मानते हुए भी द्विवेदीजी ने कहीं भी स्पष्ट रूप से रस को कविता का प्राण या कविता की आत्मा नहीं कहा है। सच पूछा जाए तो द्विवेदीजी ने अपनी समीक्षा में काव्यात्मा का प्रश्न उठाया ही नहीं है। एक स्थल पर अर्थ को काव्य का प्राण अवश्य कहा है।[१२]

फिर भी स्पष्ट है कि काव्य के अंतरंग और बहिरंग पक्षों में द्विवेदीजी का झुकाव सदैव उसके अंतरंग पक्ष पर रहा है। जो व्यक्ति काव्य में भाव और अर्थ तत्त्व की महिमा का बखान करे, उसका काव्य के अंतरंग पक्ष को महत्त्व देना स्वाभाविक ही है। कई लोगों ने इस तथ्य की ओर ठीक ही इशारा किया है कि कभी-कभी आ. द्विवेदी काव्य के बहिरंग की प्रशस्ति में बड़ी दूर तक चले गए हैं। किंतु इससे यह अर्थ निकालना कि द्विवेदीजी बहिरंगवादी थे, सही नहीं है। वे काव्य को आत्मानुभूति की अभिव्यक्ति मानने वाले आचार्य थे और इसी भूमि से उन्होंने कविता और कवि के व्यक्तित्व को एक-दूसरे से एकात्म भी माना है।

संस्कृत आचार्य क्षेमेंद्र के काव्य संबंधी मत की चर्चा करते हुए द्विवेदीजी ने उनके चमत्कारोत्पादन की बड़ी प्रशंसा की है। क्षेमेंद्र के मत का विवेचन करते हुए, ऐसा भी लगता है, मानो वे काव्य के अंतरंग की प्रधानता को कम करने लगे हैं। परंतु, सच पूछा जाए तो जिस युग और जिन परिस्थितियों में आ. द्विवेदी काव्य की चर्चा कर रहे थे, उनके विचारों के उस विरोधाभास को स्वाभाविक मानना चाहिए। किंतु हमारा दृढ़ मत है कि आ. द्विवेदी मूलतः काव्य के अंतरंग पक्ष को ही महत्त्व देने वाले आचार्य थे। मिल्टन के काव्यमत को प्रस्तुत करने वाला और उसे एक आदर्श के रूप में स्वीकार करने वाला, उसकी सरलता और स्वाभाविकता पर बल देने वाला आचार्य बहिरंगवादी या कलावादी हो ही नहीं सकता। चमत्कारोत्पादन वाली बात को भी गहराई से देखें तो

स्पष्ट होगा कि चमत्कार को भी उन्होंने उसके आडंबर से रहित होने पर ही महत्त्व दिया है और उसका संबंध कविता के प्रसाद गुण से जोड़ा है। द्विवेदीजी की दृष्टि में अच्छा काव्य वही है, 'जो प्रभावित करता है, जो मर्म का स्पर्श करता है, जिसे सुनकर लोग बोल उठते हैं कि सच कहा।'

काव्य का प्रयोजन

साहित्य या काव्य संबंधी आ. द्विवेदी के विचारों का अध्ययन करने से यह स्पष्ट होता है कि वे मूलतः एक आदर्शवादी और नीतिवादी समीक्षक थे। साहित्य को वे समाज तथा देश और जाति के उत्थान का एक सशक्त माध्यम मानते थे। किंतु अपनी नीतिवादी या आदर्शवादी विचारणा को वे इतनी दूर तक नहीं ले गए हैं कि साहित्य या काव्य की मूल प्रकृति ही उनकी दृष्टि से ओझल हो गई हो। यही कारण है कि आदर्श, नीति और उपदेश की बात करते हुए भी उन्होंने आनंद अथवा उत्कृष्ट कोटि के मनोरंजन को भी काव्य का सबसे प्रधान प्रयोजन स्वीकार किया है। रीतिकालीन नायिका-भेद एवं रीतिकालीन शैली के शृंगार-चित्रण आदि का विरोध उन्होंने इसी लिए किया कि उसे वे एक सुरुचिपूर्ण काव्य के लिए बाधक मानते थे। इस संबंध में उन्होंने स्पष्ट रूप से कहा है : 'कवि को रीतिकालीन सँकरी गली को छोड़कर साफ तथा चौड़े मार्ग पर आना चाहिए ... यमुना के किनारे केलि-कौतुक का अद्‌भुत वर्णन बहुत हो चुका। न परकीयाओं पर प्रबंध लिखने की अब कोई आवश्यकता है और न स्वकीयाओं के गतागत की पहेली बुझाने की। ... फिर क्या कारण है कि इन विषयों को छोड़कर कोई-कोई कवि स्त्रियों की चेष्टाओं का वर्णन करना ही कविता समझते हैं।''[१३]

कालिदास के काव्य की विवेचना करते हुए उन्होंने इस तथ्य को स्पष्ट किया है कि किस प्रकार उस काव्य में शिक्षा और आनंद इन दोनों प्रयोजनों की बड़े सशक्त रूप में सिद्धि होती है। मनोरंजन के साथ-साथ शिक्षा को उन्होंने सदैव समान महत्त्व दिया है। मनोरंजन के संबंध में उनका कथन है कि मनोरंजन काव्य का प्रयोजन अवश्य है; परंतु यह मनोरंजन समस्त जन का मनोरंजन है। कवि का अपना ही नहीं। स्पष्ट है कि आचार्य द्विवेदी मनोरंजन के साथ व्यापक जन समाज का संबंध जोड़ते हुए इस बात पर बल देते हैं कि वह मनोरंजन उत्कृष्ट है, जो समाज का अभ्युत्थान करे। जो काव्य केवल मनोरंजन को ही साध्य मान लेता है, वह काव्य न होकर केवल तमाशा है। आ. द्विवेदी ने इस बात को भी स्पष्ट कर दिया है कि समाज-सुधार तथा समाज-शिक्षा की बातें काव्य की सतह पर न आनी चाहिए। श्रेष्ठ कवियों का काम है कि वे ऐसी बातों को सौंदर्य के आवरण में व्यक्त करें। सच पूछा जाए तो उन्होंने प्रकारांतर से आ. मम्मट द्वारा प्रस्तुत काव्य-प्रयोजन को ही मान्यता दी है, जिसमें कांतासम्मित उपदेश तथा लोकमंगल

की स्थिति सबसे प्रधान है।

आचार्य द्विवेदी के काव्य संबंधी दृष्टिकोण को नीतिवादी भले ही कहा जाए, किंतु जिस युग में आचार्य द्विवेदी समीक्षा के क्षेत्र में आए, उस युग की रचनाशीलता को रूढ़िबद्ध परंपराओं से मुक्त कर साफ-सुथरी लीक पर आगे बढ़ाने के लिए आवश्यक था कि वे इस प्रकार का नीतिवादी रुख ग्रहण करते। हो सकता है कि आ. द्विवेदी अपनी नीतिवादी विचारणा में कुछ अधिक कठोर हो गए हों; किंतु समीक्षा के क्षेत्र में यह उनकी एक बहुत बड़ी देन मानी जाएगी कि उन्होंने रीतिवादी संस्कारों से कविता को मुक्त कराने में पहल की। आगे चलकर आ. पंडित रामचंद्र शुक्ल ने उनके इस कार्य को और भी समर्थ रूप से आगे बढ़ाया और इस प्रकार नए युग की कविता को रीतिकालीन संस्कारों से मुक्ति दिलाने में सफलता प्राप्त की। आ. द्विवेदी के प्रदेय के महत्त्व को स्पष्ट करते हुए आ. नंददुलारे वाजपेयी ने लिखा है कि 'रत्नाकर की मधुबीन के सामने द्विवेदीजी के समय के कवियों का शंखनाद कर्कश अवश्य था; किंतु स्वागत उसी का किया गया, नया जीवन-प्रवाह उसी में पाया गया।'[१४]

काव्य-विषय

काव्य-विषयों के चुनाव में आ. द्विवेदी की दृष्टि अत्यंत व्यापक और उदार कही जा सकती है। सच पूछा जाए तो वे काव्य में जीवन और जगत से संबंधित किसी भी विषय की स्थिति स्वीकार करते थे। किन्हीं खास विषयों तक कविता को सीमित कर देने में वे कविता की क्षति मानते थे। रीतिकालीन कविता का विरोध उन्होंने इसी आधार पर किया कि वह केवल शृंगाररस तक ही सीमित थी। अर्थात् द्विवेदीजी कविता को जीवन की समग्रता के साथ जोड़ना चाहते थे। इसी लिए उन्होंने बार-बार यही आग्रह किया कि कविता मानव जीवन के सभी पक्षों का स्पर्श करे। इतना ही नहीं, उसकी व्याप्ति समूची प्रकृति और समूचे प्राण जगत तक हो। जीवन के समूचे विस्तार को कविता के अंतर्गत स्थान देने का आग्रह करने के अलावा द्विवेदीजी ने इस बात पर भी बल दिया है कि विषयों का चुनाव ऐसा अवश्य हो, जो मनुष्य की आत्मा और उसकी आध्यात्मिकता पर गहरा प्रभाव डालने वाले हों।[१५] कविता के विषय मौलिक हों, उनमें पुरानापन न हो। उनका विश्वास था कि यदि कवि में सच्ची काव्य-प्रतिभा होगी, तो वह सामान्य से सामान्य विषय को भी प्रभावशाली ढंग से अपनी कविता में प्रस्तुत कर सकेगा। यानी कि आ. द्विवेदी का दृष्टिकोण बहुत उन्नत था।

गुण-दोष विवेचन

शास्त्र की रूढ़ियों को महत्त्व न देते हुए भी महत्त्वपूर्ण शास्त्रीय स्थापनाओं को आ.

द्विवेदी ने खुले मन से स्वीकार किया है। काव्य के गुण–दोष विवेचन में वे शास्त्रीय मान्यताओं के अधिकाधिक निकट रहे हैं। ओज, माधुर्य और प्रसाद – इन तीन गुणों में उन्होंने प्रसाद और माधुर्य को सर्वाधिक महत्त्व प्रदान किया है। वे कहते हैं कि कविता में प्रसाद गुण यदि नहीं है, तो कवि का उद्देश्य अधिकांशतः व्यर्थ हो जाता है। कवियों को इस बात का सदा ध्यान रखना चाहिए कि उन्हें जो कुछ कहना है, वह इस तरह कहें कि तुरंत समझ में आ जाए। इसे कविता का पहला गुण समझना चाहिए। कविता में दूसरा गुण यह होना चाहिए कि कवि के ढंग में कुछ निरालापन या अनूठापन हो। यानी वह अपने मन के भावों को इस तरह से प्रकट करे, जिससे उसे पढ़ने या सुनने वाले के मन में कोई न कोई भाव जागृत या विकसित हो सके। भावों का उद्दीपन जितना अधिक होगा, कवि की कविता उतनी ही अच्छी समझी जाएगी। ऐसा न भी हो, तो भी उसे सुनकर श्रोता का चित्त कुछ न कुछ चमत्कृत होगी ही। यदि कवि में इतना सामर्थ्य नहीं कि वह दूसरों के हृदय को प्रभावित कर सके, तो कम से कम उसे अपनी बात ऐसे शब्दों में कहनी चाहिए कि वह श्रोता के कानों को अच्छी लगे। कथन में लालित्य और माधुर्य होना ही चाहिए। कविता के शास्त्रीय लक्षणों की परवाह न करते हुए जो कवि सबके न सही, एक के साधन में सफल होने की चेष्टा करेंगे, उनकी कविता ही न्यूनाधिक अंशों में कविता कही जा सकेगी।[१६]

दोष–विवेचन करते हुए द्विवेदीजी ने सर्वाधिक कठोरता से 'अस्पष्टता' नामक दोष की निंदा की है। काव्यगत अस्पष्टता के संबंध में उनके कठोर रुख का मूल कारण यह है कि उसे वे जन सामान्य तक कविता के प्रसार में सबसे बड़ा बाधक तत्त्व मानते हैं। अपनी समीक्षा में आ. द्विवेदी ने काव्य के प्रभाव पक्ष को सदैव सबसे अधिक महत्त्व दिया है। अस्पष्टता काव्य के इस प्रभाव पक्ष को क्षति पहुँचाकर उसे सीमित कर देती है। अपने समय में आविर्भूत होने वाली छायावादी तथा रहस्यवादी कविता का आ. द्विवेदी ने जो प्रखर विरोध किया, उसके मूल में इस कविता की अस्पष्टता ही थी। काव्य में अस्पष्टता तभी आती है, जब कविता या तो नितांत व्यक्तिमुखी और आत्मकेंद्रित हो या उसका विषय लोक जीवन से और मनुष्य की सहज अनभूतियों से संबंध न रखता हो। आ. द्विवेदी लोक जीवन से रस ग्रहण करने वाली कविता के आग्रही थे। यही कारण है कि उन्होंने लोकेतर और व्यक्तिकेंद्री अनुभूतियों को केंद्र में रखकर रची जाने वाली छायावादी और रहस्यवादी कविता के विरोध की अगुवाई की। अस्पष्टता के अतिरिक्त यों तो शास्त्रवर्णित अन्य तमाम दोषों को भी आ. द्विवेदी ने सच्ची कविता के लिए त्याज्य माना है। किंतु ग्राम्यत्व और अश्लीलता की भी उन्होंने कड़ी निंदा की है। कुछ लोगों ने उसके मूल में आ. द्विवेदी की नीतिवादी विचारणा को कारण माना है। किंतु नीतिवाद को हटा भी दें तो ग्राम्यत्व और अश्लीलता जैसे दोष किसी भी सच्ची कविता

के लिए अहेतुक माने जाएँगे।

काव्यगत इन दोषों के अतिरिक्ति भाषा और व्याकरणगत दोषों की भी व्यापक चर्चा आ. द्विवेदी ने की है। कविता को उनसे मुक्त रखने की सलाह उन्होंने दी है। गुण-दोष-विवेचन में आ. द्विवेदी की दृष्टि कुल मिलाकर शास्त्रीयतावादी ही है।

काव्यभाषा

भाषा के क्षेत्र में आ. द्विवेदी के प्रदेय को सर्वाधिक मूल्यवान् माना जा सकता है। इस संदर्भ में उनका सबसे बड़ा योगदान यह है कि उन्होंने परंपरा से चले आ रहे गद्य और पद्य संबंधी भाषा के विभाजन को समाप्त कर दिया। आ. द्विवेदी के पूर्व कविता के क्षेत्र में ब्रजभाषा का प्रभुत्व था। परंतु उन्होंने गद्य और पद्य दोनों के लिए खड़ीबोली के प्रयोग का आंदोलन चलाया और उसमें वे सफल भी रहे। यद्यपि ब्रजभाषा के समर्थकों ने आ. द्विवेदी के इस प्रयास का जबरदस्त विरोध भी किया। किंतु आ. द्विवेदी के तर्क इतने पुष्ट थे कि अंततः खड़ीबोली गद्य के साथ-साथ कविता के लिए भी स्वीकृत हो गई। आ. नंददुलारे वाजपेयी ने लिखा है : 'रत्नाकर की मधुर बीन के सामने द्विवेदीजी के समय के कवियों का शंखनाद कर्कश अवश्य था, किंतु स्वागत उसी का किया गया। नया जीवन-प्रवाह उसी में पाया गया। ब्रजभाषा मँजकर कोमल, मधुर और शृंगार विधायक भावों के उपयुक्त हो गई थी। पर उसमें जीवन की गंभीरता, कटुता और बौद्धिकता के उपयुक्त कठोरता और प्रौढ़ता नहीं आ पाई थी। उसमें प्रौढ़ विचारों को अभिव्यक्त करने की क्षमता का अभाव था। यही कारण है कि इतनी शताब्दियों में भी उसका गद्य अविकसित रहा है और जीवन की नवीन बौद्धिक आवश्यकताओं के लिए खड़ी बोली को अपनाना पड़ा।' वस्तुतः आचार्य द्विवेदी का खड़ी बोली संबंधी आंदोलन वास्तविकता के निकट था। ब्रजभाषा काव्यभाषा तो थी; किन्तु सामान्य बोलचाल की भाषा नहीं रह गयी थी। 'जब एक भाषा जनसाधारण की बोलचाल की भाषा से अपना संबंध विच्छेद कर लेती है, उसके साहित्य में भी जब एक कृत्रिमता आ जाती है, तब स्वभावतः ही वह अपदस्थ होने लगती है और उसका स्थान जन साधारण की बोलचाल की भाषा ले लेती है। जिस भाषा में जीवन की यथार्थता नहीं रह जाती है, वह संकुचित होकर मरने लगती है।'[१७]

आचार्य द्विवेदी के समय में ब्रजभाषा की स्थिति यही थी। अपने युग की 'नई चेतना के अनुरूप द्विवेदी जी ने कविता की नई आवश्यकता को परखा और जनता की उस समय की बोलचाल की भाषा अर्थात् खड़ी बोली को काव्य की भाषा और काव्य की भाषा ही नहीं, साहित्य मात्र की भाषा के पद पर प्रतिष्ठित करने का आंदोलन चलाया। इस आंदोलन में नई चेतना का स्वागत करने वाले प्रत्येक साहित्यिक ने उनका

साथ दिया। बड़े स्पष्ट शब्दों में आचार्य द्विवेदी ने कहा कि 'गद्य और पद्य की भाषा पृथक्-पृथक् न होनी चाहिए। हिन्दी न एक ऐसी भाषा है, जिसके गद्य में एक प्रकार और न पद्य में दूसरे प्रकार की भाषा लिखी जाती है। सभ्य समाज की जो भाषा हो, उसी भाषा में गद्य-पद्यात्मक साहित्य होना चाहिए।'[१८] अपनी बात को आगे बढ़ाते हुए उन्होंने पुनः इस बात पर जोर दिया कि 'बोलना एक भाषा और कविता में प्रयोग करना दूसरी भाषा, प्राकृतिक नियमों के विरुद्ध है। जो लोग हिन्दी बोलते हैं और हिन्दी में ही गद्य साहित्य की सेवा करते हैं, उनके पद्य में ब्रजभाषा का आधिपत्य बहुत दिनों तक नहीं रह सकता।'[१९] यह सही है कि जिस समय द्विवेदी जी ने खड़ी बोली को काव्य की भाषा पर प्रतिष्ठित करने का आंदोलन प्रारंभ किया, खड़ी बोली कविता की भाषा के रूप में बहुत निखरी हुई नहीं थी। किंतु आचार्य द्विवेदी के सत्प्रयासों से शनैः-शनैः खड़ी बोली में वह निखार आया और अंततः वह सर्वमान्य रूप से काव्यभाषा स्वीकार कर ली गई।

काव्य भाषा के संबंध में आचार्य द्विवेदी का सबसे अधिक आग्रह ऐसी भाषा के प्रयोग की ओर है, जो बोलचाल की होने पर भी, न तो एकदम गँवारू अथवा चलती हुई बोली है, वरन् जो सभ्य और शिक्षित समाज की बोलचाल की भाषा है। बोलचाल की भाषा से अपना आशय स्पष्ट करते हुए उन्होंने कहा है कि 'बोलचाल से मतलब उस भाषा से है, जिसे खास और आम सब बोलते हैं। विद्वान् और अविद्वान् दोनों जिसे काम में लाते हैं।'[२०] हम पिछले पृष्ठों में इस तथ्य का उल्लेख कर चुके हैं कि आचार्य द्विवेदी सरलता और स्पष्टता को काव्य का सबसे बड़ा गुण मानते थे। काव्य में बोलचाल की भाषा का पक्ष सरलता और स्पष्टता की इसी सिद्धि के लिए उन्होंने लिया है। व्याकरण-सम्मत शुद्ध भाषा के हिमायती होते हुए भी उन्होंने भाषा संबंधी अपने दृष्टिकोण में पर्याप्त उदारता का भी परिचय दिया है। काव्य में प्रसाद गुण तभी आ सकता है, जब भाषा का वाहक बने। प्रसाद गुण से युक्त सरल और स्पष्ट भाषा तभी कवि की पूँजी बन सकती है, जब कवि को यह अधिकार हो कि वह अपने शब्द-चयन में संकीर्णता न बरते। यही कारण है कि द्विवेदी जी ने कवियों को यह छूट दी कि वे अरबी, फारसी अथवा किसी भी भाषा से शब्दों का चयन करें; बशर्ते कि उनके द्वारा चुने गए शब्द और उनके द्वारा प्रयुक्त भाषा भाव प्रकाशन में सहायक हो। भाषा कभी आचार्य द्विवेदी के लिए साध्य नहीं रही। उसे उन्होंने सदैव प्रभावशाली भावाभिव्यक्ति का साधन माना : ललित कोमलकांत पदावली, लम्बे-लम्बे विशेषणों की मालावली, लच्छेदार भाषा भाव विहीन होने पर उन्हें निरर्थक दिखाई पड़ती है। उसमें द्विवेदी जी किसी प्रकार का काव्य नहीं देखते। सूनी झंकार उत्पन्न करने वाले कवियों के लिए द्विवेदी जी का आदेश था कि वे कविता करना ही बंद कर दें।[२१]

यहाँ यह स्पष्ट हो जाना चाहिए कि आचार्य द्विवेदी बोलचाल की भाषा और

लिखने की भाषा का अंतर मिटाना नहीं चाहते थे; वे इस तथ्य से परिचित थे कि बोलने और लिखने की भाषा में अंतर होता है और दोनों परिवर्तनशील भी होती हैं। इस संबंध में उनका एक मात्र आशय यह था कि बोलने और लिखने की भाषा में बहुत बड़ा व्यवधान न हो और लिखने की भाषा अपना साहित्यिक स्तर बनाए रखकर भी बोलचाल की भाषा के समान सहज और स्वाभाविक बन सके ।

भाषा को व्याकरण सम्मत बनाने के लिए भी आचार्य द्विवेदी ने अथक प्रयास किया। यद्यपि आचार्य द्विवेदी व्याकरण को भाषा की वृद्धि का अवरोधक एवं भाषा की सजीवता का नाश करने वाले मानते थे।[२२] वे भाषा को नियमों का अनुचर बना देने के विरुद्ध थे। उनकी दृष्टि में व्याकरण का महत्त्व इस कारण था कि व्याकरण अतीत के साहित्य को समझने में भाषा को कुछ स्थिरता देने में सहायक होता है। व्याकरण का महत्त्व उन्होंने इस कारण भी स्वीकार किया कि कवि भाषा-प्रयोग में एकदम अराजक न हो जाएँ। कुल मिलाकर भाषा के बारे में द्विवेदी जी का मूल मन्तव्य यही था कि भाषा सरल, सरस और प्रसंगानुकूल हो। शब्द यथास्थान नियोजित हों, वे चित्रात्मक होने के साथ-साथ प्रसाद गुण की वृद्धि करने वाले हों। क्लिष्ट भाषा का विरोध उन्होंने नहीं किया; किन्तु सरल भाषा लिखने वाले लेखक को अधिक महत्त्व दिया है ।

आचार्य द्विवेदी काव्य में भावों का सर्वोपरि स्थान मानते थे। भाव के साथ-साथ उन्होंने अर्थ को भी पूरा महत्त्व प्रदान किया है। अलंकार, छंद, तथा काव्य-प्रसाधन के दूसरे माध्यमों की उपेक्षा न करते हुए भी उन्होंने कविता के बनाव-सिंगार को बहुत अधिक महत्त्व नहीं दिया। अलंकारों का महत्त्व उनके लिए इतना ही था कि वे प्रभावशाली ढंग से भाव का प्रकाशन करें। काव्य की शोभा बढ़ाने वाले तत्त्वों के रूप में ही उन्होंने अलंकार की स्थिति स्वीकार की। छंदों के विषय में उनकी मान्यता अपेक्षाकृत और भी क्रांतिकारी है। सच पूछा जाय तो छंद को वे कविता के लिए आवश्यक नहीं मानते थे। इस संदर्भ में उनका कथन है कि 'तुले हुए शब्दों में कविता करने और तुक, अनुप्रास आदि ढूँढ़ने से कवियों के विचार-स्वातंत्र्य में बड़ी बाधा आती है। पद्य के नियम कवि के लिए एक प्रकार की बेड़ियाँ हैं। उनसे जकड़ जाने से कवियों को अपनी स्वाभाविक उड़ान में कठिनाइयों का सामना करना पड़ता है। कवि का काम है कि वह अपने मनोभावों को स्वाधीनतापूर्वक प्रकट करे।'[२३] छंद संबंधी अपनी मान्यता को स्पष्ट करने के क्रम में ही आचार्य द्विवेदी ने कविता और पद्य के अंतर को स्पष्ट किया है। वे कविता केवल पद्य में ही नहीं गद्य में भी देखते हैं। कविता को वे अंग्रेजी 'पोएट्री' का समानार्थी मानते हैं और पद्य को 'वर्ज' का। पद्य नपी तुली सतरों का नाम है; जबकि कविता इससे भी अधिक कुछ है। उन्होंने स्पष्ट कहा है कि 'यदि कविता सरल और मनोरम है, तो छंद कितना ही खराब हो उससे आनंद अवश्य

मिलता है।' द्विवेदी जी इस तथ्य से परिचित थे कि अनुप्रासों के फेर में पड़कर कवि कविता के अर्थ और उसके चारुत्व को क्षति पहुँचाते हैं। यही कारण है कि उन्होंने पादान्त अनुप्रासहीन छंदों का समर्थन किया, जिससे कवि को अपना मनोवांछित अर्थ प्रकट करने में सुविधा और सुकरता हो। भाँति-भाँति के परंपरागत छंदों के प्रयोग को भी उन्होंने प्रोत्साहित नहीं किया। इस संदर्भ में उन्होंने कवियों से आग्रह किया कि वे हिन्दी छंदों के अलावा संस्कृत और उर्दू के छंदों को भी स्वीकार करें। कविता के विषय के अनुकूल छंद-चयन और वर्णनों के अनुकूल वृत्त-प्रयोग को भी उन्होंने महत्त्वपूर्ण माना। कहना न होगा कि छंद के संबंध में द्विवेदी जी के विचारों ने कवियों को नए प्रयोगों के लिए प्रोत्साहित किया और इससे आगे का मार्ग भी प्रशस्त हुआ।

आचार्य महावीरप्रसाद द्विवेदी के समीक्षादर्श

आचार्य महावीरप्रसाद द्विवेदी के समीक्षादर्शों अथवा उनकी समीक्षा-दृष्टि पर कुछ कहने के पहले स्वभावतः हमारी दृष्टि उनके पूर्ववर्ती भारतेन्दु युग पर जाती है। इसलिए भारतेन्दु युग में आधुनिक हिन्दी समीक्षा का उद्‌भव मात्र हो सका था। इसलिए उसके किसी उन्नत अथवा प्रौढ़ रूप की अपेक्षा भी इस युग में नहीं की जा सकती थी। भारतेन्दु युग के लेखकों का इस संदर्भ में सबसे मूल्यवान प्रदेय यह है कि अपनी सीमाओं के बावजूद उन्होंने अपने युग की चुनौतियों का स्वागत किया और तदनुरूप अपने चिंतन को नई दिशाओं में सक्रिय किया। उनकी उपलब्धि ठोस नहीं है। वह उस जमीन का भी काम नहीं करती, जिस पर आगामी युग अपने परिष्कृत चिंतन का प्रासाद खड़ा कर सकता। उसका महत्त्व इस बात में है कि उसने आगे के चिंतकों को नई दिशाओं में सोचने और कार्य करने को प्रेरित किया। वह आगामी युग के लिए कोई बहुत बड़ी विरासत अवश्य नहीं बनी, परन्तु नये युग को नई चुनौतियों का सामना कर सकने की प्रेरणा देना भी कम महत्त्वपूर्ण नहीं है। समाज, संस्कार तथा देश-वत्सलता की बातें जो साहित्य-चिंतन के संदर्भ में भारतेन्दु युग के समीक्षकों ने सामने रखीं, साहित्य को जन-समूह के हृदय का विकास बताते हुए साहित्य और जन आकांक्षाओं के बीच जिस घनिष्ठ अंतःसंबंध का प्रतिपादन उन्होंने किया, वह सब आज भले ही हमें उतना महत्त्वपूर्ण न लगे, किन्तु उस युग की स्थिति को देखते हुए यह एक बड़ी बात थी।

भारतेन्दु युग के उपरान्त आचार्य महावीरप्रसाद द्विवेदी के युग में साहित्य-चिंतन जिन दिशाओं में गतिशील हुआ, उसके मूल में भारतेन्दु युग की इन प्रेरणाओं की बड़ी महत्त्वपूर्ण भूमिका है। यह सच है कि आचार्य द्विवेदी को पूर्ववर्तियों से कोई बहुत मूल्यवान विरासत नहीं मिली; किन्तु आलोक की जो थोड़ी बहुत किरणें उन्हें प्राप्त हुई, उनका संवल लेकर उन्होंने अपने काव्य-चिंतन का स्वरूप प्रस्तुत किया। कहना न

होगा कि समाज़, संस्कार, देश-वत्सलता तथा साहित्य और जन-समाज के बीच के संबंध जैसे प्रश्नों को आचार्य द्विवेदी ने पूरी तरह स्वीकार करते हुए अपनी समीक्षा में अधिक उन्नत और अधिक प्रौढ़ रूप में प्रस्तुत किया। आचार्य द्विवेदी की समीक्षा और उनका चिंतन इस प्रकार पूर्ववर्ती समीक्षा और चिंतन से जुड़ा हुआ है। उसे पूर्ववर्ती चिंतन का नये युग संदर्भों में होने वाला विकास कहा जा सकता है।

भारतेन्दु युगीन समीक्षक युग के नये प्रश्नों से टकराते हुए भी परम्परागत संस्कारों से टकराते हुए भी परम्परागत संस्कारों से एकदम मुक्त नहीं हो सके थे । सच पूछा जाय तो उनमें परम्परा और आधुनिकता को लेकर एक द्वंद्व की-सी स्थिति थी, जिसमें परम्परा का दबाब उन पर अधिक था। जहाँ तक आचार्य द्विवेदी का प्रश्न है, तो नयी परम्परा से मुक्त नहीं हो सके तो उनका दृष्टिकोण भी अधिकांशतः शास्त्रीयतावादी है। किन्तु आचार्य द्विवेदी में परंम्परा और आधुनिकता को लेकर वैसा द्वंद्व नहीं है, जैसा कि भारतेन्दु युग के समीक्षकों में था। वे परम्परा और आधुनिकता को एक साथ आगे लेकर चले हैं। नये युग संदर्भों को उन्होंने अधिक उत्साह से ग्रहण किया है और तद्नुरूप अपने चिंतन को गहराई से और अधिक मजबूती से आधुनिकता के साँचे में ढालने का प्रयास किया है। द्विवेदी जी में यदि किसी प्रकार का दबाब दिखाई भी पड़ता है, तो वह उनके अपने युग का दबाब है। उनके चिंतन को नीतिवादी और सुधारवादी चिंतन कहा गया है। नीतिवादी तथा सुधारवादी संस्कार द्विवेदी जी ने अपने युग से ग्रहण किए हैं। युगीन परिस्थितियों ने उन्हें इस बात के लिए विवश किया है कि वे नई दिशाओं में दृढ़ता के साथ गतिशील हों; और इसके लिए उन्हें यह अनिवार्य लगा है कि वे पम्परागत काव्य-रूढ़ियों और काव्य-संस्कारों से अधिक से अधिक मुक्त हों। भारतेन्दु हरिश्चन्द्र और उनके युग में रीतिकालीन संस्कारों की प्रगाढ़ छाया दिखाई पड़ती है, जबकि आचार्य द्विवेदी बलपूर्वक उन्हें तोड़ते हुए और उनका विरोध करते हुए अपने चिंतन को नया रूप प्रदान करते दिखाई पड़ते हैं।

भारतेन्दु युग की तुलना में आचार्य द्विवेदी के चिंतन की सबसे महत्त्वपूर्ण उपलब्धि रीतिकालीन संस्कारों से उसकी मुक्ति है। किन्तु उतना ही महत्त्वपूर्ण नई प्रेरणाओं से उनका संचालित होना भी है। आचार्य द्विवेदी के नीतिवाद को हमें इसी संदर्भ गें देखना चाहिए। आचार्य द्विवेदी के समय में राष्ट्रीयता की विचारधारा अधिक स्पष्ट हो चुकी थी और राष्ट्रीय आंदोलन अधिक निश्चित लीकों पर आगे बढ़ चला था। आवश्यक था कि साहित्य राष्ट्र की इस आकांक्षा के साथ चलता। आचार्य द्विवेदी ने पूरी निष्ठा के साथ साहित्य को राष्ट्र की नई आकांक्षाओं के साथ जोड़ने का प्रयास किया। यदि इस प्रयास में वे कुछ अधिक कट्टरता वरत गए तो इसे स्वाभाविक ही मानना चाहिए।

आचार्य द्विवेदी ने न केवल अपने युग की रचनाशीलता को एक नया मोड़ देने

का प्रयास किया, वरन् अपने समय के साहित्यिक पाठक वर्ग की रुचियों के परिष्कार पर भी पूरा ध्यान दिया है। नवीनता की आकांक्षा उनके मन में इतनी थी कि वे देश-विदेश का समूचा ज्ञान साहित्य के माध्यम से अपने युग के पाठक वर्ग के समक्ष पहुँचा देना चाहते थे। वे यह भी चाहते थे कि उनके समय की सर्जना नये-नये रूपों और नये-नये परिधानों में सामने आए; और इसके लिए परम्परागत शास्त्रीयता की अवमानना करने में भी उन्होंने संकोच नहीं किया। विद्वानों ने सूचित किया है कि यदि आचार्य द्विवेदी की समीक्षा-दृष्टि और समीक्षादर्शों की गहराई में जाकर विचार किया जाय तो पता चलेगा कि हिन्दी की आगामी समीक्षा के न जाने कितने दिशा-संकेत उसमें विद्यमान हैं। आचार्य रामचन्द्र शुक्ल की समीक्षा, इन सबके बीज हमें आचार्य द्विवेदी की समीक्षा-दृष्टि में दिखाई पड़ते हैं। जहाँ एक ओर उनकी समीक्षा में साहित्य की सामाजिक पृष्ठभूमि का विशेष आग्रह है, वहीं दूसरी ओर वे कवि के साथ समीक्षक के तादात्म्य की भी चर्चा करते हैं। स्वच्छन्दतावादी समीक्षकों में यह दृष्टि विशेष रूप से मिलेगी। इतना ही नहीं, द्विवेदी जी ने अनेक स्थलों पर ऐसे विचार प्रकट किए हैं, जिनमें कृति के कृतिकार का विश्लेषण करने का प्रयास निहित है। कवि के काव्य-विकास पर भी द्विवेदी जी की दृष्टि गई है।[२४]

जहाँ तक आचार्य द्विवेदी की समीक्षक-दृष्टि के अन्य महत्त्वपूर्ण मुद्दों का प्रश्न है, तो उन्होंने एक स्थल पर यह भी कहा है कि कवि के हृदय की अवस्था, उसका आशय एवं उसकी परिस्थितियों को हृदयंगम किए बिना उसकी समीक्षा नहीं की जा सकती। कहना न होगा कि आचार्य द्विवेदी की यह दृष्टि आगे की स्वच्छंदतावादी समीक्षा-दृष्टि का ही पूर्वाभास प्रतीत होती है। कविता किस समय की है? उस समय देश की दशा क्या थी? तत्कालीन लोगों के आचार-विचार कैसे थे? आचार्य द्विवेदी के ये निर्देश आगे की प्रगतिवादी समीक्षा का भी पूर्वाभास देते हैं। उनके द्वारा रीतिकालीन दरबारी परम्परा का जो विरोध किया गया तथा रीतिकालीन कवियों की तुलना में सूर और तुलसी जैसे कवियों का जो समर्थन उन्होंने किया, कहना न होगा कि आचार्य शुक्ल के समीक्षादर्श इन बातों से दूर तक प्रभावित हैं। सही समीक्षा कैसी होनी चाहिए, इसका निर्देश करते हुए द्विवेदी जी ने लिखा है कि 'किसी पुस्तक या प्रबंध में क्या लिखा गया है? वह विषय उपयोगी है या नहीं? उससे किसी का मनोरंजन हो सकता है या नहीं? उससे किसी को लाभ पहुँच सकता है या नहीं? लेखक ने कोई नई बात लिखी या नहीं? यदि नहीं तो उसने पुरानी बात को ही नए ढंग से लिखा है या नहीं? यही विचारणीय विषय है। समालोचक को प्रधानतः इन्हीं बातों पर विचार करना चाहिए।'[२५] ये वे निर्देश हैं, जो आचार्य द्विवेदी की व्यावहारिक समीक्षा-दृष्टि को सामने रखते हैं और परिष्कृत रूप में आगे के समीक्षकों ने जिससे स्पष्ट रूप से प्रेरणा ग्रहण की है।

आचार्य द्विवेदी की समीक्षा-दृष्टि इस प्रकार ऐसे अनेक प्रतिमानों को लेकर सामने आती है, जो न केवल मौलिक हैं, वरन् आगे की समीक्षा के दिशा-निर्देशक भी हैं। साहित्य के अंतरंग पक्षों को महत्त्व देते हुए यदि उन्होंने साहित्य के 'भाव तत्त्व' को केन्द्र में रखते हुए साहित्य की परख का आग्रह किया है, तो युग के नये आदर्शों से परिचालित होते हुए इस बात पर भी बल दिया है कि अपनी सारमयता के बावजूद कोई साहित्य राष्ट्र तथा समाज के उत्थान में कहाँ तक सहायक है। कहना न होगा कि साहित्य की समीक्षा में उसके अंतरंग और बहिरंग दोनों पहलुओं पर आचार्य द्विवेदी ने समान रूप से बल देकर आगे की समीक्षा को ऐसी दिशा में गतिशील होने की प्रेरणा दी है, जो उसे एकांगी न बना सके। आचार्य द्विवेदी व्यापक अर्थों में साहित्यिक नेता थे। वे उस अर्थ में समीक्षक नहीं थे, जिस अर्थ में आचार्य शुक्ल अथवा आगे के अनेक विद्वानों को समीक्षक कहा जाता है। उनके समक्ष हिन्दी भाषा और हिन्दी साहित्य के व्यापक उत्थान की समस्याएँ थीं और अपनी तमाम शक्ति उन्हें अपने समय के साहित्यिक प्रयासों को सही दिशा देने में लगा देनी पड़ी; किन्तु व्यापक साहित्य-सेवा करते हुए भी उन्होंने ऐसे अनेक महत्त्वपूर्ण सूत्र दिए हैं, जिन्हें आगामी युगों के समीक्षकों ने विकसित और पल्लवित किया। आचार्य नन्ददुलारे वाजपेयी के अनुसार उनके महत् कार्य को हम उनके अपने युग के संदर्भों में ही परख सकते हैं; और तभी हमें यह बोध हो सकता है कि सचमुच उनकी देन कितनी मूल्यवान और कितनी ऐतिहासिक है। जो कुछ कार्य द्विवेदी जी ने किया, वह चाहे अनुवाद का हो, काव्य-रचना का हो, आलोचना का हो अथवा भाषा-संस्कार का हो, या केवल साहित्यिक नेतृत्व का ही हो - स्थायी महत्त्व का हो या अस्थायी - वह हिन्दी में युग-विशेष के प्रवर्तन और निर्माण में सहायक हुआ है। उसका ऐतिहासिक महत्त्व है। उसी के आधार पर नवीन युग का साहित्य-प्रासाद खड़ा किया जा सका है। उसकी कृतियाँ युग का प्रतिनिधि होने का गौरव रखती हैं।[२६]

संदर्भ

१.हिंदी आलोचना : उद्भव और विकास : डॉ. भगवतस्वरूप मिश्र, पृ. २३३।

२. वही।

३. पं. बालकृष्ण भट्ट : डॉ. राजेंद्र शर्मा, पृ. ३४३।

४. हिंदी की सैद्धांतिक समीक्षा : डॉ. रामाधार शर्मा, पृ. १७।

५. पं. बालकृष्ण भट्ट : डॉ. राजेंद्र शर्मा, पृ. ३४३।

६. हिंदी आलोचना : उद्भव और विकास : डॉ. भगवतस्वरूप मिश्र, पृ. २५०।

७. समालोचना समुच्चय : आ. महावीरप्रसाद द्विवेदी, पृ. २०८।
८. रसज्ञ रंजन : आ. महावीरप्रसाद द्विवेदी, पृ. ६२।
९. विचार विमर्श : आ. महावीरप्रसाद द्विवेदी, पृ. २८।
९. रसज्ञ रंजन : आ. महावीरप्रसाद द्विवेदी, पृ. ५७।
१०. रसज्ञ रंजन : आ. महावीरप्रसाद द्विवेदी, पृ. ४९।
११. वही।
१२. हिंदी की सैद्धांतिक समीक्षा : डॉ. रामाधार शर्मा, पृ. ३१।
१३. रसज्ञ रंजन : आ. महावीरप्रसाद द्विवेदी, पृ. ६१।
१४. हिंदी साहित्य : बीसवीं शताब्दी : आ. नंददुलारे वाजपेई।
१५. विचार विमर्श : आ. महावीरप्रसाद द्विवेदी।
१६. संचयन : आ. महावीरप्रसाद द्विवेदी, पृ. ९८-९९।
१७. हिंदी आलोचना : उद्भव और विकास : डॉ. भगवतस्वरूप मिश्र, पृ. २६९।
१८. रसज्ञ रंजन : आ. महावीरप्रसाद द्विवेदी।
१९. वही, पृ. ७८।
२०. वही, पृ. १८।
२१. हिंदी की सैद्धांतिक समीक्षा : डॉ. रामाधार शर्मा, पृ. ४४।
२२. सरस्वती, सन् १९०५।
२३. रसज्ञ रंजन : आ. महावीरप्रसाद द्विवेदी, पृ. ५०।
२४. हिंदी की सैद्धांतिक समीक्षा : डॉ. रामाधार शर्मा, पृ. ५१।
२५. विचार विमर्श : आ. महावीरप्रसाद द्विवेदी, पृ. ४५।
२६. हिंदी साहित्य : बीसवीं शताब्दी : आ. नंददुलारे वाजपेई, पृ. ३।

अध्याय-२

आचार्य शुक्ल के समीक्षादर्श : रस और लोकमंगलवाद

प्रस्तावना

पिछले अध्याय में हमने भारतेन्दु युगीन काव्य-चिंतन का संक्षिप्त विवरण देते हुए उसकी पृष्ठभूमि में आचार्य महावीरप्रसाद द्विवेदी के काव्य संबंधी विचारों तथा आदर्शों पर दृष्टिपात किया है। हमने देखा है कि आचार्य द्विवेदी के माध्यम से हिन्दी काव्य-चिंतन की कोई प्रौढ़ आकृति भले ही सामने न आई हो तथा काव्य-समीक्षा के नए प्रतिमानों का स्वरूप भी अपनी सम्पूर्ण दार्शनिक सामाजिक और मनोवैज्ञानिक गरिमा के साथ भले ही न उभर सका हो; किन्तु उनका एक सुस्पष्ट आभास उनके चिंतन में हमें अवश्य मिलता है। यह सत्य है कि भाषा तथा साहित्य की व्यापक समस्याओं में उलझे रहने के कारण विशुद्ध काव्य-चिंतन के क्षेत्र में द्विवेदी जी गहराई के साथ प्रवेश नहीं कर सके। किन्तु, उन्होंने वे दिशा संकेत अवश्य प्रदान किये, आने वाले समीक्षकों ने जिन पर चलते हुए हिन्दी के काव्य-चिंतन को निश्चित ऊँचाइयों तक पहुँचाया । इस संदर्भ में हिन्दी समीक्षा के शीर्षस्थ व्यक्तित्व आचार्य पं. रामचन्द्र शुक्ल का नाम विश्वास के साथ लिया जा सकता है। आचार्य शुक्ल, जैसा कि आचार्य पं. नन्ददुलारे वाजपेयी का मत है द्विवेदी युगीन काव्य-चिंतन को न केवल उसकी तर्क सम्मत परिणति तक पहुँचाया; वरन् अपने स्वयं के अत्यंत परिष्कृति तथा प्रौढ़ चिंतन द्वारा हिन्दी समीक्षा के क्षेत्र में एक नए युग की नींव भी रखी।[१]

आचार्य वाजपेयी ने हिन्दी आलोचना के लिये शुक्ल जी द्वारा किये गये कार्य को युग प्रवर्तक कार्य कहा है। उन्होंने रस और अलंकारशास्त्र को नई मनोवैज्ञानिक दीप्ति दी और उन्हें ऊँची मानसिक भूमि पर ला बिठाया। आचार्य वाजपेयी ने बल देकर इस तथ्य को प्रस्तुत किया है कि इस प्रकार शुक्ल जी ने रस और अलंकार को हिन्दी समीक्षा के क्षेत्र से बहिष्कृत हो जाने से बचाया और समीक्षा के भारतीय साँचे को बना रहने दिया।[२]

हिन्दी काव्य-चिंतन के क्षेत्र में रस की पुनः प्रतिष्ठा के अतिरिक्त शुक्ल जी का एक अन्य महत्त्वपूर्ण प्रदेय काव्यालोचन के क्षेत्र में लोकधर्म के सिद्धान्त की प्रतिष्ठा भी है। यदि हम कहना चाहें तो विश्वासपूर्वक कह सकते हैं कि रस और लोकधर्म अथवा लोकमंगल – इन दो आयामों पर शुक्ल जी ने हिन्दी के काव्य-चिंतन को प्रतिष्ठित करते हुए उसे इतनी भव्य ऊँचाइयों तक पहुँचाया कि जिसका अतिक्रमण नयी-नयी विचारधाराओं के आने के बावजूद आज तक नहीं हो सका। यह सही है कि आचार्य शुक्ल के चिंतन में और उनके द्वारा प्रस्तुत काव्यादर्शों में अपने समय और समाज की अनेक सीमाएँ हैं; किन्तु हम यहाँ पुनः आचार्य वाजपेयी के शब्दों में कहना चाहेंगे कि 'महत्त्व सीमाओं का नहीं महत्त्व सीमाओं के भीतर किये गये काम का है।'[३]

आचार्य शुक्ल के दार्शनिक तथा सामाजिक चिंतन की पृष्ठभूमि

आचार्य शुक्ल हिन्दी के पहले समीक्षक हैं, जिन्होंने लोकजीवन की पृष्ठभूमि में साहित्य एवं कला की व्याख्या प्रस्तुत की है। उन्होंने साहित्य और लोकजीवन के बीच घनिष्ठ संबंधों का ही प्रतिपादन नहीं किया; वरन् साहित्य के लौकिक और मानवीय आधार का जबर्दस्त समर्थन भी किया है। अपने इस दृष्टिकोण में वे परम्परागत आचार्यों की भाववादी चिंतन-भूमि से हटकर इतनी दूर चले गए हैं कि डॉ. रामविलास शर्मा जैसे उनके कुछ समीक्षकों ने उन्हें वस्तुवादी चिंतक तक कह दिया है। डॉ. रामविलास शर्मा ने इस बात को स्वीकार किया है कि शुक्ल जी सुसंगत भौतिकवादी चिंतक अवश्य नहीं हैं; किन्तु उन्हें वस्तुवादी विचारक अवश्य कहा जा सकता है। हम यहाँ इस विवाद में नहीं उलझना चाहते कि शुक्ल जी वास्तव में वस्तुवादी विचारक हैं या नहीं; अथवा उन्हें भौतिकवादी माना जा सकता है या नहीं। किन्तु इतना अवश्य है कि वे उस परम्परागत भाववादी चिंतन-दृष्टि के भी पुरस्कर्ता नहीं हैं; जिसके दर्शन हमें पूर्ववर्ती भारतीय आचार्यों से लेकर आधुनिक युग के शुक्लपूर्व तथा शुक्लोत्तर काव्य-चिंतन में होते हैं। बड़ी आस्था और उतनी ही प्रखर तार्किकता के साथ उन्होंने साहित्य और कला के वस्तुवादी आधार को स्पष्ट किया है। रसवादी आचार्य होते हुए भी रस संबंधी भाववादी चिंतना से हटकर वे रस के वस्तुवादी विवेचन में बहुत गहराई तक पहुँचे प्रतीत होते हैं। रस-संबंधी चिंतन को शुक्ल जी की यह बहुत बड़ी देन है।

आचार्य शुक्ल का नाम एक अन्य महत्त्वपूर्ण कृति के साथ जुड़ा हुआ है – जिसका नाम है 'विश्वप्रपंच'। 'विश्वप्रपंच' आचार्य शुक्ल की मौलिक कृति नहीं है। वह प्रसिद्ध जर्मन दार्शनिक हेकेल की पुस्तक The Riddle of the uneverse का शुक्ल जी द्वारा किया गया हिन्दी अनुवाद है। अपने समय में हेकेल की यह पुस्तक व्यापक चर्चा का विषय बनी थी और प्रसिद्ध मार्क्सवादी व्याख्याता और चिंतक लेनिन

ने इस पर समीक्षा लिखी थी। नागरी प्रचारणी सभा के अनुरोध पर आचार्य शुक्ल ने इस पुस्तक के अनुवाद का भार स्वीकार किया और 'विश्व प्रपंच' के रूप में यह अनूदित होकर हिन्दी पाठकों के लाभार्थ प्रकाश में आयी। यदि शुक्ल जी ने इस पुस्तक में केवल हेकेल की पुस्तक का अनुवाद ही किया होता, तब भी इसका महत्त्व था; किन्तु हेकेल के विचारों के अनुवाद के अतिरिक्त इस पुस्तक में शुक्ल जी ने १५५ पृष्ठों की एक लम्बी भूमिका भी लिखी है, जो उनका मौलिक कार्य है। १५५ पृष्ठों की इस भूमिका को लिखने में आचार्य शुक्ल को सम्पूर्ण पश्चिमी दर्शन का व्यापक अध्ययन करना पड़ा है और अपने इस अध्ययन को भारतीय संदर्भों में उन्होंने इस भूमिका के अंतर्गत प्रस्तुत किया है। अनुवाद के लिये हेकेल की पुस्तक का चयन और उस पर १५५ पृष्ठों की स्वतंत्र भूमिका और उस भूमिका के अंतर्गत व्यक्त शुक्ल जी के अपने चिंतन को दृष्टि में रखने से बहुत-सी बातें एकदम साफ हो जाती हैं। हेकेल अपने समय का एक भौतिकवादी दार्शनिक था, जिसका भौतिकवादी चिंतन विज्ञान सम्मत और पूर्णतः निर्दोष तो नहीं था। किन्तु उसमें परम्परागत यूरोपीय भाववादी व्याख्या का बड़ा ही विलक्षण प्रयास किया गया था। आचार्य शुक्ल की भूमिका पढ़ने से ज्ञात होता है कि वे हेकेल के विचारों से दूर तक प्रभावित हुए और सृष्टि तथा समाज की उसके द्वारा की गई भौतिकवादी व्याख्या को उन्होंने अपना दृढ़ समर्थन प्रदान किया। साहित्य के लौकिक आधार का समर्थन उसकी लोकपरक वस्तुवादी व्याख्या उस के ऊपर चढ़े हुए भाववादी आवरण को हटाते हुए उसे वस्तुवादी आधारों पर प्रतिष्ठित करने का प्रयास रहस्यवादी तथा अध्यात्मवादी विचारणाओं का दृढ़ विरोध - आचार्य शुक्ल के दार्शनिक, सामाजिक तथा साहित्यिक चिंतन के ये सारे पक्ष स्पष्ट रूप से इस तथ्य को प्रमाणित करते हैं कि हेकेल के भौतिकवादी दार्शनिक विचारों का शुक्ल जी पर कितना गहरा प्रभाव पड़ा था और आचार्य शुक्ल की चिंतना में उसके फलस्वरूप भौतिकवादी या वस्तुवादी तत्त्व कितनी गहराई तक समाविष्ट हो गये थे। यदि हम इस तथ्य को सामने नहीं रखते तो हमें यह बात अचानक समझ में नहीं आती कि रस-चिंतन की परम्परागत भाववादी भूमि को छोड़कर आचार्य शुक्ल उसकी वस्तुवादी भूमि पर अचानक कैसे आ गये। साहित्य और लोकजीवन के बीच घनिष्ठ संबंधों का इतनी दृढ़ता से प्रतिपादन उन्होंने क्यों किया तथा रहस्यवाद जैसी विचारधाराओं का इतनी दृढ़ता से प्रतिपादन उन्होंने क्यों किया तथा रहस्यवाद जैसी विचारधाराओं के इतने खिलाफ वे क्यों थे?

अध्यात्मवादी विचारकों की भाँति अपनी भूमिका में शुक्ल जी ने पदार्थ या भूत तत्त्व को जड़ और गतिहीन नहीं माना है। उन्होंने अपनी भूमिका में प्रकृति की बड़ी सूक्ष्म व्याख्या की है। उन्होंने प्रकृति को गतिशील मानते हुए शक्ति और पदार्थ को अन्योन्याश्रित कहा है। 'पदार्थ भी शक्ति में परिवर्तित हो जाता है। प्रकृति जितना विराट

है, उतना ही सूक्ष्म भी। उसमें आकर्षण और अपसरण जैसे परस्पर विरोधी शक्ति रूपों की एकता है।[४] इस प्रकार के विचार व्यक्त करते हुए शुक्ल जी ने जगत के भौतिक स्वरूप के प्रति अपने वैज्ञानिक दृष्टिकोण को स्पष्ट किया है। अपनी भूमिका के अंतिम भाग में उन्होंने संसार के प्रति भाववादी तथा भौतिकवादी दर्शनों के बीच होने वाले द्वंद्व की चर्चा की है और अपना कोई निश्चित मत न देते हुए भी कहा है कि 'अब जिन्हें मैदान में जाना हो, वे नाना विज्ञानों से तथ्य संग्रह करके सीधे उस सीमा पर जाएँ, जहाँ दो पक्ष अड़े हुए हैं, एक ओर आत्मवादी, दूसरी ओर अनात्मवादी; एक ओर जड़वादी दूसरी ओर नित्य चैतन्य वादी।'[५]

आचार्य शुक्ल के इन विचारों के आधार पर कहा जा सकता है कि वे कुल मिलाकर विकासवाद के समर्थक थे । विकासवाद के इस समर्थन में आचार्य शुक्ल के वस्तुवादी दृष्टिकोण को निर्मित करने में दूर तक अपना योग दिया है। बाह्य निरीक्षण की पूर्णता के लिये जीवविज्ञान के अध्ययन को आवश्यक मानते हुए उन्होंने कहा है कि जो लोग समझते हैं कि आँख मूँदकर या समाधि लगाने से भूत, भविष्य, वर्तमान तीनों कालों की बातें सूझने लगती हैं, उन्हें इस पर ध्यान देना चाहिए। कुल मिलाकर प्रश्न इस बात का नहीं है कि आचार्य शुक्ल भौतिकवादी चिंतक थे, अध्यात्मवादी चिंतक नहीं थे। प्रश्न इस बात का है कि संसार के विविध दर्शनों के अध्ययन तथा ज्ञान-विज्ञान की नई खोजों ने उन्हें इस भूमि तक अवश्य पहुँचा दिया था कि वे संसार तथा समाज के विषय में और उन्हीं के एक अंग के रूप में साहित्य या काव्य के विषय में परम्परागत लीकों का अंधानुसरण करते हुए विज्ञान और विवेक सम्मत नई लीकों पर चले या नहीं। शुक्ल जी का समूचा चिंतन इस तथ्य को प्रमाणित करता है कि वे विवेक और विज्ञानसम्मत जमीन पर ही दृढ़ता के साथ खड़े हुए हैं और उनका काव्य-चिंतन भी उनकी इस वैज्ञानिक दृष्टिकोण से पूर्णतः प्रभावित है।

साहित्य और लोकजीवन

हम इस तथ्य का उल्लेख कर चुके हैं कि शुक्ल जी का दार्शनिक चिंतन मूलतः लोकमुखी है। अपने इस लोकमुखी दार्शनिक चिंतन की पृष्ठभूमि में ही उन्होंने साहित्य और काव्य की लोकपरक व्याख्या की है। आचार्य शुक्ल साहित्य या काव्य को लोकेतर भूमिकाओं से सम्बद्ध नहीं करते। उनकी उत्पत्ति, विकास तथा प्रयोजन वे लोक के भीतर ही मानते और सिद्ध करते हैं। इस संदर्भ में उन्होंने चिंतामणि के दूसरे भाग में बड़ी स्पष्टता के साथ कहा है कि 'मनुष्य लोकबद्ध प्राणी है, उसका अपनी सत्ता का ज्ञान तक लोकबद्ध है, लोक के भीतर ही कविता क्या किसी भी कला का प्रयोजन और विकास होता है।[६] कविता और कला का प्रयोजन और विकास ही नहीं, कविता

और कला की तथा उनके रचयिता की श्रेष्ठता की कसौटी भी वे लोकजीवन के साथ उसके संबंध को ही मानते हैं। इस संदर्भ में उनका कहना है कि जो कवि जीवन की जितनी अधिक परिस्थितियों एवं जितनी अधिक वृत्तियों को चित्रित करता है, वह उतना ही बड़ा है। वस्तुतः इसी आधार पर सूरदास के काव्य-सौंदर्य की प्रशंसा करते हुए भी उन्होंने सूरदास की तुलना में तुलसीदास को बड़ा कवि सिद्ध किया है।'[७] अपने इसी लोकमुखी चिंतन के संदर्भ में आचार्य शुक्ल ने रस की व्याख्या की है। रहस्यवाद का जो खंडन आचार्य शुक्ल में हमें दिखाई पड़ता है, उसका कारण भी उनका लोकमुखी चिंतन ही है। यहाँ यह स्मरण रखना चाहिए कि आचार्य शुक्ल ने जब भी जीवन या लोकजीवन की बात की है, उन्होंने उसे समग्रता में ही ग्रहण किया है। मानव जीवन के सुन्दर और रौद्र दोनों ही रूप उनके सामने रहे हैं। सुख-दुखात्मक भावों की समष्टि ही शुक्ल जी के विचार से मानवजीवन का निर्माण करती है और साहित्य तथा काव्य में उन्होंने दोनों की स्थिति को अनिवार्य माना है। चिंतामणि के प्रथम भाग में भावों और मनोविकारों की जो व्याख्या उन्होंने की है, उनका संबंध सुख और दुख दोनों ही क्षेत्रों से संबंध रखने वाले भावों तथा मनोविकारों से है। मानव जीवन की पूर्णता वे दोनों प्रकार के भावों के साथ उसके साहचर्य में देखते हैं। इस संबंध में एकांगी दृष्टिकोण का उन्होंने सदैव विरोध किया है। चिंतामणि के प्रथम भाग में 'रसात्मक बोध के विविध रूप' शीर्षक निबंध में वे कहते हैं कि संसार सागर की रूप तरंगों से ही मनुष्य की कल्पना का निर्माण और इसी की रूप गति से उसके भीतर विविध भावों या मनोविकारों का विधान हुआ है। सौंदर्य, माधुर्य, विचित्रता, भीषणता, क्रूरता इत्यादि की भावनाएँ बाहरी रूपों और व्यापारों से निष्पन्न हुई हैं। हमारे प्रेम, भय, आश्चर्य, क्रोध, करुणा इत्यादि भावों की प्रतिष्ठा करने वाले मूल आलम्बन बाहर ही के हैं, इसी के चारों ओर फैले नाना रूपात्मक जगत के ही हैं, जब हमारी आँखें देखने में प्रवृत्त रहती हैं, तब रूप हमारे बाहर प्रतीत होते हैं, जब हमारी वृत्ति अंतर्मुखी होती है, तब रूप हमारे भीतर दिखाई पड़ते हैं; बाहर-भीतर दोनों ओर रहते हैं रूप ही।'[८] शुक्ल जी के अनुसार सच्चा कवि वही है, जो जीवन की इस विविधता के बीच मनुष्य जाति के सामान्य हृदय को देख लेता है। उनके शब्दों में 'सच्चा कवि वही है, जिसे लोकहृदय की पहचान हो, जो अनेक विशेषताओं और विचित्रताओं के बीच मनुष्य जाति के सामान्य हृदय को देख सके।'[९]

आचार्य शुक्ल भाववादी दार्शनिकों की भाँति संसार को मिथ्या या असत्य नहीं मानते। वे न केवल संसार को सत्य और यथार्थ मानते हैं; वरन् उनके अनुसार वह अत्यंत भरापूरा और सम्पन्न भी है। शुक्ल जी की मान्यता है कि यही गोचर जगत कवि को काव्य-रचना की प्रेरणा देता है, इसी गोचर जगत से प्राप्त अनुभूतियाँ साहित्य तथा

काव्य में चित्रित होती हैं और इसी का सौंदर्य अनेक रूपों में कविता या कला का विषय बनता है। कुल मिलाकर इस बाह्य संसार या गोचर जगत के अलावा आचार्य शुक्ल कविता या कला का कोई अन्य स्रोत स्वीकार नहीं करते। उनका दृढ़ मत है कि भाव भी और कुछ नहीं, यथार्थ जगत के कार्य-व्यापारों की ही मानसिक प्रतिच्छवियाँ हैं। जीवन किस प्रकार सुख और दुख नामक मूल भावों की समष्टि है और किस प्रकार काव्य या कला का दोनों से ही घनिष्ठ संबंध है, इसे स्पष्ट करते हुए उनका कहना है कि 'मनुष्य के शरीर के जैसे दक्षिण और वाम दो पक्ष हैं, वैसे ही उसके हृदय के भी कोमल और कठोर, मधुर और तीक्ष्ण दो पक्ष हैं और बराबर रहेंगे। काव्य-कला की पूरी रमणीयता इन दोनों पक्षों के समन्वय के बीच मंगल या सौंदर्य के विकास में दिखाई पड़ती है।'[१०] शुक्लजी का विचार है कि सुख और दुख के बीच के वैषम्य के समान ही उन्नति और अवनति, प्रताप और ह्रास के बीच का वैषम्य भी अत्यंत मार्मिक होता है। कहने का तात्पर्य यह है कि जीवन को समग्रता में देखना ही वास्तविक रूप में जीवन को देखना है।

मानव जीवन के अंतर्गत आचार्य शुक्ल ने नर क्षेत्र, मनुष्येतर बाह्य-सृष्टि और समस्त चराचर तीनों की गणना की है।'[११] उनके अनुसार संसार में अधिकांशतः कविता नर क्षेत्र के भीतर ही हुई है, मनुष्येतर बाह्य प्रकृति का चित्रण आलम्बन के रूप में संस्कृत काव्य में विशेष रूप से हुआ है। शुक्ल जी का विचार है कि अनुभूतियों का क्षेत्र जितना अधिक व्यापक होता जाता है, कविता उतनी ही व्यापक और गंभीर होती जाती है; किन्तु कुल मिलाकर कविता का प्रसार-क्षेत्र बाह्य-जगत ही होता है। कविता की प्रयोजनीयता की चर्चा करते हुए आचार्य शुक्ल ने कहा है कि 'मनुष्य के लिये कविता इतनी प्रयोजनीय वस्तु है कि संसार के सभ्य-असभ्य सभी जातियों में किसी न किसी रूप में पायी जाती है, चाहे इतिहास न हो, विज्ञान न हो, पर कविता का प्रचार अवश्य रहेगा। बात यह है कि मनुष्य अपने ही व्यापारों का ऐसा सघन और जटिल मंडल बाँधता चला आ रहा है, जिसके भीतर बँधा हुआ, वह शेष सृष्टि के साथ अपने हृदय का संबंध भूला-सा रहता है। इस परिस्थिति में मनुष्य को अपनी मनुष्यता खोने का डर बराबर रहता है। इसी से अंतःप्रकृति में मनुष्यता को समय-समय पर जगाते रहने के लिये कविता मनुष्य जाति के साथ चली आ रही है और चलती चलेगी।'[१२]

चिंतामणि के दूसरे भाग में काव्य में रहस्यवाद की स्थिति स्पष्ट करते हुए शुक्ल जी ने लोकजीवन के संदर्भ में साहित्य और काव्य की अत्यंत मार्मिक व्याख्या की है। रहस्यवाद में कविता का मुख्य विषय अज्ञात और अगोचर के साथ हृदय के संबंधों का प्रतिपादन है। आचार्य शुक्ल स्पष्टतः इस प्रवृत्ति को स्वाभाविक नहीं मानते। यों एक विशेष प्रवृत्ति के रूप में रहस्यवाद की स्थिति काव्य में वे स्वीकार कर लेते हैं; किन्तु

जिज्ञासा के स्तर से आगे बढ़ते हुए जब अज्ञात या अगोचर से मिलन या विरह की चर्चा ही कविता का प्रधान विषय बनने लगती है, तो वे उसका विरोध करते हैं। यह विरोध वे इसीलिये करते हैं कि इसके अर्थ यह हुए कि कविता का संबंध मानवीय जीवन की अनुभूतियों से न रहकर ऐसी अनुभूतियों से हो जाता है, जो लोक के भीतर की अनुभूति नहीं कही जा सकती। लगभग व्यंग्य करते हुए वे कहते हैं कि 'किसी अगोचर और अज्ञात के प्रेम में आँसुओं की आकाश गंगा में तैरने, हृदय की नसों का सितार बजाने, प्रियतम असीम के संग नग्न प्रलय या तांडव करना या मुँदे नयन पलकों के भीतर किसी रहस्य का सुखमय चित्र देखने को ही – भी तक तो कोई हर्ज न था – कविता कहना कहाँ तक ठीक है। चारों ओर से बेदखल होकर छोटे-छोटे कनकौओं पर भला कविता कब तक टिक सकती है।'[१३]

पश्चिम में प्रचलित कला कला के लिये जैसी प्रवृत्तियों का और हिन्दी पर पड़ रहे उनके प्रभाव का भी आचार्य शुक्ल ने कठोरता से खंडन किया है। वे कहते हैं कि 'जो काव्यों का अनुशीलन और जनता के उनके प्रभाव का अन्वीक्षण करते आ रहे हैं, वे अच्छी तरह जानते हैं कि कविता जीवन ही से उत्पन्न है और जीवन के भीतर ही अपनी विभूति का प्रकाश करती है । उसे जीवन से विच्छिन्न बताना कहीं की बात कहीं लगाना है।'[१४] मानव जीवन के भीतर की अनुभूतियों से अलग रहस्य और अध्यात्म के क्षेत्र में विचार करने वाली कविता से आचार्य शुक्ल कहीं-कहीं इतना क्षुब्ध हो उठे हैं कि अध्यात्म जैसे शब्दों को काव्य के क्षेत्र से बाहर निकाल देने का आग्रह भी उन्होंने किया है। कला के लिए कला के नारे से भी वे उतने ही क्षुब्ध हुए हैं। जोर देकर उन्होंने कहा है कि – 'काव्य को हम जीवन से अलग नहीं कर सकते। उसे हम जीवन पर मार्मिक प्रभाव डालने वाली वस्तु मानते हैं। कला कला ही के लिए वाली बात को जीर्ण होकर मरे बहुत दिन हो गये। एक क्या कई क्रोचे फिर उसे जिला नहीं सकते।'[१५]

इस प्रकार हम देखते हैं कि आचार्य शुक्ल के काव्य-चिंतन में सर्वत्र काव्य और मानव जीवन के घनिष्ठ संबंधों का प्रतिपादन किया गया है। काव्य और मानव जीवन के बीच के इस घनिष्ठ संबंध सूत्र के आधार पर ही उन्होंने रस-विवेचन को सक्रिय किया है। परम्परागत रस सिद्धान्त के आचार्यों से उनके रस-चिंतन की यही विशिष्टता है।

आचार्य शुक्ल का रस-चिंतन

कहने की आवश्यकता नहीं है कि आचार्य शुक्ल मूलतः रसवादी आचार्य हैं। रस को उन्होंने काव्य के सर्वोच्च प्रतिमान के रूप में मान्यता दी है। न केवल उनकी व्यावहारिक समीक्षा इस प्रतिमान को केन्द्र में रखकर आगे बढ़ी है; वरन् साहित्य की सिद्धान्त-चर्चा में भी उन्होंने रस को ही केन्द्र में रखा है। रस का संबंध मानवीय भावों से है और

कविता के भीतर भी इन्हीं मानवीय भावों का चित्रण होता है। कविता की परिभाषा करते हुए आचार्य शुक्ल ने लिखा है कि 'जिस प्रकार आत्मा की मुक्तावस्था ज्ञानदशा कहलाती है, उसी प्रकार हृदय की मुक्तावस्था रसदशा कहलाती है, हृदय की इसी मुक्ति की साधना के लिए मनुष्य की वाणी जो शब्द-विधान करती आयी है, उसे कविता कहते हैं। इस साधना को हम भावयोग कहते हैं और कर्मयोग और ज्ञानयोग के समकक्ष मानते हैं।'[१६] लोकजीवन और काव्य के बीच पाये जाने वाले घनिष्ठ और अनिवार्य संबंधों को ध्यान में रखकर ही आचार्य शुक्ल ने अपने रस-चिंतन को सक्रिय किया है। परम्परागत आचार्यों ने रस-निष्पत्ति को भाव, विभावानुभव तथा संचारियों का संयोग माना था; किन्तु आचार्य शुक्ल रस की दूसरी परिभाषा देते हैं। उनके अनुसार 'लोकहृदय में हृदय के लीन होने की दशा का नाम रसदशा है।'[१७] वे हृदय की मुक्तावस्था को रसदशा कहते हैं और इसका प्रधान कारण यह है कि वे 'साहित्य में ही नहीं, प्रत्यक्ष जीवन की अनुभूतियों में ही रसदशा मानते हैं। वरन् उनके लिए अनिवार्य लक्षण यह है कि वह हृदय को मुक्तावस्था में ला दे, उसे अपने-पराये के भेदभाव से मुक्त कर दे, उसे निर्वैयक्तिक कर दे, उसकी व्यक्तिसत्ता का परिहार कर दे, उसे सामान्य भावसत्ता में लीन कर दे तथा अशेष सृष्टि के साथ उसका रागात्मक संबंध स्थापित कर दे।'[१८]

शुक्ल जी का रस-चिंतन रूढ़ और शास्त्रबद्ध नहीं है। शास्त्र को उन्होंने छोड़ा नहीं है; किन्तु अपनी मान्यताओं के अनुसार उसमें संशोधन, परिष्कार तथा विस्तार किया है। उनके ऐसे अनेक कथनों को उद्धृत किया जा सकता है, जहाँ उन्होंने रस की शास्त्रीय स्थिति का संपादन करने से अधिक महत्त्व सरस कविता लिखने को दिया है, जहाँ उन्होंने पूर्ण रस-योजना के फेर में विभाव, अनुभाव, संचारी आदि को जबर्दस्ती ठूँसना अनावश्यक माना है; या जहाँ उन्होंने यह कहा है कि 'पूर्ण रस की कवायद कवि का काम नहीं है।'[१९] वे उपर्युक्त बातों की तुलना में इस बात पर अधिक बल देते हैं कि अधिकाधिक मानव भावों तथा मनोविकारों तक कवि की दृष्टि पहुँचे तथा भावों का चित्रण करते हुए कवि उसे पूरे उत्कर्ष तक पहुँचाए। जायसी ग्रंथावली की भूमिका में उन्होंने लिखा है कि 'संसार के गहरे अनुभव तथा उन अनुभवों के मार्मिक पक्षों को ग्रहण करने की भावुकता कवि में आवश्यक रूप से होनी चाहिए। जो कवि हृदय की जितनी सच्चाई के साथ इस मार्मिकता को पा लेता है, वह उतना ही बड़ा कवि है। उनके इस कथन को हम पीछे उद्धृत कर चुके हैं कि सच्चा कवि वे उसी को मानते हैं, जिसे लोकहृदय की पहचान हो और जो अनेक विशेषताओं और विचित्रताओं के बीच मनुष्य जाति के सामान्य हृदय को देख सके। आचार्य शुक्ल के रस-विवेचन की सबसे बड़ी विशेषता यह है कि उन्होंने काव्य में वस्तु-चित्र और विभाव पक्ष को महत्त्व दिया। इस संदर्भ में उन्होंने शास्त्रों की लीक से अलग हटते हुए अपनी यह मान्यता भी प्रस्तुत

की है कि रस अनिवार्यतः आनंदस्वरूप नहीं है। वे आनंद को रस का साध्य नहीं मानते। सच पूछा जाय तो वे आनंद को काव्य का भी साध्य नहीं मानते। प्राचीन आचार्यों से उनका बुनियादी मतभेद इस बात पर है कि जहाँ प्राचीन आचार्य आनंद को काव्य का लक्ष्य सिद्ध करते हैं, वहाँ आचार्य शुक्ल केवल उसे साधन मानते हैं। प्राचीन आचार्यों के विषय में उनकी टिप्पणी है कि उन्होंने मार्ग को ही अंतिम गंतव्य मान लिया है।[२०] इस संबंध में शुक्ल जी का यह भी मत है कि साहित्य के अंतर्गत क्रोध, शोक, जुगुप्सा आदि भाव अपने सहज रूप को सर्वथा छोड़ नहीं देते; दुखांत कथा पढ़ते समय चित्त में खिन्नता बनी ही रहती है। काव्य मनुष्य के हृदय में क्रोध, शोक आदि भावों को जागृत करता है। जो लोग इस प्रकार की अनुभूति को लोकोत्तर आनंद कहते हैं, आचार्य शुक्ल उनसे सहमत नहीं हैं। वे स्पष्ट कहते हैं कि 'मेरी समझ में रसास्वादन का प्रकृत स्वरूप आनंद शब्द से व्यक्त नहीं होता। लोकोत्तर, अनिर्वचनीय आदि विशेषणों से न तो उसके वाचकत्व का परिहार होता है, न प्रयोग का प्रायश्चित होता है। क्या क्रोध, शोक, जुगुप्सा आदि आनंद का रूप धारण करके ही श्रोता के हृदय में प्रकट होते हैं, अपने प्रकृत स्वरूप का सर्वथा विसर्जन कर देते हैं, उसे कुछ भी लगा रहने नहीं देते।' और इसी क्रम में उन्होंने क्षोभ के साथ कहा है कि 'इस आनंद शब्द ने काव्य के महत्त्व को कुछ कम कर दिया है।'[२१]

कुल मिलाकर, जैसा कि डॉ. रामविलास शर्मा ने आचार्य शुक्ल के मन्तव्य को प्रस्तुत किया है, उनके तर्क की आधार शिला यह है कि मानव जीवन में भावों का प्रकृत रूप साहित्य में आकर बदल नहीं जाता। 'साहित्य के संबंध में जितनी भाववादी मान्यताएँ हैं, वे साहित्य को जीवन से अलग करके देखती हैं। शुक्ल जी की मौलिक मान्यता यह है कि साहित्य के भावों और जीवन के भावों में बुनियादी अंतर नहीं है। क्रोध, भय, जुगुप्सा और करुणा की अनुभूति आनंद में होती है वह यह नहीं मानते। वह स्पष्ट कहते हैं कि इनकी अनुभूति दुखात्मक होती है।'[२२] शुक्ल जी के शब्दों में कहना चाहें तो कह सकते हैं कि जो कहते हैं कि आनंद में भी आँसू आते हैं, यानी करुण रस से सुख के आँसू आते हैं, दुख के नहीं; वे बात टालते हैं। करुण रस-प्रधान नाटक के दर्शन में वास्तव में दुख का ही अनुभव करते हैं।[२३]

परम्परागत आचार्य और आचार्य शुक्ल के रस-संबंधी चिंतन में यह जो मतभेद दिखाई पड़ता है, उसका प्रधान कारण यह है कि आचार्य शुक्ल साहित्य और जीवन के भावों में रसानुभूति और जीवनानुभूति में कोई बुनियादी अंतर नहीं मानते। रस की स्थिति वे साहित्य में ही नहीं लौकिक जीवन में भी स्वीकार करते हैं : 'जीवन और साहित्य के परस्पर अटूट संबंध का यही परिणाम निकलेगा, रस लौकिक है, लौकिक जीवन में भी रस है।' लोक जीवन की ठोस धरती पर पैर रोपकर आचार्य शुक्ल ने इस

सिद्धान्त की घोषणा की 'लोक हृदय में हृदय के लीन होने की दशा का नाम रसदशा है।' लोकहृदय में हृदय के लीन होने की कसौटी को ध्यान में रखकर उन्होंने हर तरह की संकुचित, व्यक्तिवादी और भाववादी धारणा से साहित्य को मुक्त करके उसे साधारण जीवन का एक अंग बना दिया है। इसलिये लोकहृदय, लोकमंगल या लोकहित को दरकिनार करके साहित्यकार आगे नहीं बढ़ सकता। वह किसी तरह के भाव प्रकट करके किसी भी तरह रस-निष्पत्ति करके अपना पीछा नहीं छुड़ा सकता। प्राचीन रसवादियों से शुक्ल जी का यह महत्त्वपूर्ण मतभेद है।'[२४]

प्राचीन साहित्यशास्त्रियों की भाँति शुक्ल जी ने भावों को उनके प्रकृत आधार से अलग करके नहीं देखा है। मानव जीवन से भिन्न भाव की शाश्वत सत्ता भी वे नहीं मानते। इस प्रकार वे सहित्य या काव्य के लिये मानव जीवन के चित्रण को अनिवार्य बना देते हैं।

वस्तुतः शुक्ल जी ने रस को बहुत व्यापक अर्थों में ग्रहण किया है। शास्त्रों के पथ से अलग हटते हुए उन्होंने रसानुभूति और जीवनानुभूति को एक ही नहीं बताया वरन् रस की कुछ कोटियाँ भी निर्धारित की हैं। वे मुख्य रूप से रसानुभूति की तीन कोटियों की चर्चा करते हैं – उत्तम, मध्यम और अधम। शास्त्रों में केवल रस की प्रथम कोटि की ही चर्चा है, जहाँ आश्रय अथवा कवि से सहृदय का तादात्म्य होता है। किन्तु रस की मध्यम तथा निकृष्ट कोटियों की चर्चा करते हुए आचार्य शुक्ल ऐसी स्थिति का भी प्रतिपादन करते हैं, जहाँ श्रोता या पाठक का आश्रय के साथ तादात्म्य नहीं होता। इस स्थिति को भी शुक्ल जी ने एक प्रकार की रसदशा कहा है। साधारणीकरण की परिभाषा देते हुए शुक्ल जी ने कहा है कि 'जब तक किसी भाव का कोई विषय इस रूप में नहीं लाया जाता कि वह सामान्यतः सबके उसी भाव का आलम्बन हो सके, तब तक उसमें रसोद्‌बोधन की पूर्णशक्ति नहीं आती। इसी रूप में लाया जाना हमारे यहाँ साधारणीकरण कहलाता है।' आचार्य शुक्ल रस की मध्यम दशा में भी साधारणीकरण की स्थिति स्वीकार करते हैं।

रसानुभूति और प्रत्यक्ष जीवनानुभूति के बीच अंतर न मानते हुए आचार्य शुक्ल ने कहा है कि जहाँ काव्य समीक्षक केवल कल्पित रूप-विधान को ही अपने विचार क्षेत्र के भीतर लेते हैं, वहाँ उन्हें प्रत्यक्ष और स्मृत रूप-विधानों को भी स्वीकार करना चाहिए। उनका विचार है कि 'साधारणीकरण के प्रभाव से काव्य-श्रवण के समय व्यक्तित्व का जैसा परिहार हो जाता है, वैसा ही प्रत्यक्ष या वास्तविक अनुभूति के समय में भी कुछ दशाओं में होता है। अतः इस प्रकार की प्रत्यक्ष और वास्तविक अनुभूतियों को रसानुभूति के अंतर्गत मानने में कोई बाधा नहीं।'[२५] वस्तुतः इसीलिये उन्होंने प्राकृतिक दृश्यों की प्रत्यक्षानुभूति को भी रसात्मक माना है। वे स्पष्ट करते हैं कि प्रत्यक्ष

से उनका आशय केवल चाक्षुष ज्ञान से नहीं है, रूप शब्द के भीतर शब्द, गंध, रस और स्पर्श भी समझ लेना चाहिए। उन्होंने उदाहरण देकर अपनी बात सिद्ध की है। अपने अनुभव के सार तत्त्व को उन्होंने इस प्रकार प्रस्तुत किया है : 'रसानुभूति प्रत्यक्ष या वास्तविक अनुभूति से सर्वथा पृथक् कोई अंतर्वृत्ति नहीं है; बल्कि उसी का एक उदात्त और अवदात्त स्वरूप है। हमारे यहाँ के आचार्यों ने स्पष्ट सूचित कर दिया है कि वासना रूप में स्थित भाव ही रस रूप में जगा करते हैं। यह वासना या संस्कार वंशानुक्रम से चलती आती हुई दीर्घभाव परंपरा का मनुष्य जाति की अंतःप्रकृति में निहित संचय है।'[२६]

कुल मिलाकर रस-चिंतन के क्षेत्र में आचार्य शुक्ल का सबसे बड़ा प्रदेय रस की मानवीय व्याख्या है। उन्होंने परम्परागत रस-चिंतन को दार्शनिक तथा शास्त्र के बंधनों से मुक्तकर सहज मानवीय भूमि पर प्रतिष्ठित किया। रस की अलौकिक तथा लोकोत्तर व्याख्याओं को अमान्य करते हुए उन्होंने उसकी स्थिति न केवल काव्य में वरन् मानव जीवन के बीच भी मानी है। एक प्रकार से उन्होंने आधुनिक युग में रस को पुनर्जीवित किया। उसका संबंध सामाजिक तथा मनोवैज्ञानिक भूमियों पर स्थापित करते हुए उसे अधिक ग्राह्य बनाया। उन्होंने सहृदय को यह विवेक प्रदान किया कि वह उसके संदर्भ में अच्छे और बुरे काव्य की पहचान कर सके। इस संबंध में उनकी मुख्य कसौटी यही रही कि कविता की पहुँच कितने भावों और कितने गूढ़ मानसिक विकारों तक है तथा कवि किसी भाव को कितने उत्कर्ष तक पहुँचा सका है। रस की तीव्रता, कवि की तन्मयता तथा रस वैविध्य पर उन्होंने विशेष ध्यान दिया और कविता में उसकी स्थिति को आवश्यक माना। निश्चय ही शुक्ल जी का रस-संबंधी विवेचन परम्परागत शास्त्रीय रस-चिंतना में आधुनिक युग के सहृदय को अधिक स्वीकार्य है। कविता की जो व्याख्या आचार्य शुक्ल ने की है, वह रस संबंधी उनके चिंतन को पूरी तरह आत्मसात् किये हुए है। कहा जा सकता है कि 'जो रस पहले शास्त्रों में सूख रहा था, उसे शुक्ल जी ने एक उदात्त सामाजिक भूमि पर प्रतिष्ठित कर युग प्रवर्तक कार्य किया।'[२७]

कविता क्या है

आचार्य शुक्ल ने हृदय की मुक्तावस्था को रसदशा कहा है और हृदय की इसी मुक्ति की साधना के लिये मनुष्य की वाणी जो शब्द-विधान करती आयी है, उसे कविता की संज्ञा से अभिहित किया है। हृदय की इसी मुक्ति की साधना को उन्होंने भावयोग माना है और उसे कर्मयोग और ज्ञानयोग के समकक्ष कहा है। कविता के संबंध में शुक्ल जी की दूसरी मान्यता यह है कि मनुष्य के हृदय को स्वार्थ संबंधों के संकुचित मंडल से ऊपर उठाकर लोक सामान्य भाव भूमि पर ले जाती है, जहाँ जगत की नाना गतियों के मार्मिक स्वरूप का साक्षात्कार और शुद्ध अनुभूति का संचार होता है। शुक्ल जी का

कहना है कि इस भूमि पर पहुँचा हुआ मनुष्य कुछ काल के लिये अपनी विशिष्ट सत्ता भूल जाता है। उसकी अनुभूति सबकी अनुभूति होती है। इस स्थिति के परिणामस्वरूप व्यक्ति के मनोविकारों का परिष्कार तथा शेष सृष्टि के साथ उसके रागात्मक संबंधों की रक्षा और निर्वाह होता है।

आचार्य शुक्ल मनुष्य के हृदय को अनेक भावानाओं से परिपूर्ण मानते हैं और चाहते हैं कि इन भावों का प्रकृत सामंजस्य जगत के भिन्न-भिन्न रूपों-व्यापारों तथा तथ्यों के साथ हो। कविता इस प्रकृत सामंजस्य को उपलब्ध कराने का सबसे महत्त्वपूर्ण साधन है। सभ्यता-वृद्धि के साथ-साथ मानव जीवन जटिल होता जाता है। इसका परिणाम यह होता है कि मनुष्य की वृत्तियों पर सभ्यता के नये-नये आवरण चढ़ते जाते हैं और उसके हृदय की वृत्तियों से सीधा संबंध रखने वाले रूप और व्यापार उसकी आँखों से ओझल होते जाते हैं। कविता भावों के साथ मनुष्य के सीधे और पुराने लगाव को मूर्त और गोचर रूपों को सामने रखकर उसका रिश्ता फिर से कायम करती है और इस प्रकार सभ्यता की जटिलता के साथ उत्पन्न हुए मूल मनुष्यता के संकट को टाल देती है। वह हृदय पर नित्य प्रभाव रखने वाले रूपों तथा भावना के सामने लाकर बाह्य प्रकृति के साथ मनुष्य की अंतःप्रकृति का सामंजस्य घटित करती है और इस प्रकार उसकी भावात्मक सत्ता का विस्तार करती है। सच्ची कविता केवल नरक्षेत्र के भीतर ही सीमित नहीं रहती, वरन् प्रकृति तथा समूचे चराचर जगत के साथ मनुष्य का संबंध बनाये रखती है। कविता व्यक्ति को मनुष्यता की उच्च भूमि पर पहुँचाती है। शुक्ल जी इसी कारण उसे हृदय प्रसार का स्मरक स्तंभ कहते हैं : 'जिसकी उत्तेजना से हमारे जीवन में एक नया जीवन आ जाता है। हम सृष्टि के सौंदर्य को देखकर रसमग्न होने लगते हैं। कोई निष्ठुर कार्य हमें असह्य होने लगता है। हमें जान पड़ता है हमारा जीवन कई गुना बढ़कर सारे संसार में व्याप्त हो गया है।'[२८] आचार्य शुक्ल के अनुसार सच्चा काव्य हमें संसार के सुख-दुख, आनंद-क्लेश आदि का शुद्ध स्वार्थमुक्त रूप में अनुभव करता है। यही मनुष्यता की उच्च भूमि है। वह मनुष्य के हृदय को प्रकृत दशा में लाता है तथा जगत के बीच क्रमशः उसका अधिकाधिक प्रसार करता हुआ उसे मनुष्यत्व की उच्च भूमि पर ले जाता है। 'भावयोग की सबसे उच्च कक्षा पर पहुँचे हुए मनुष्य का जगत के साथ पूर्ण विश्व हृदय हो जाता है।'[२९] अपने रस-चिंतन में आचार्य शुक्ल ने इसी स्थिति को वास्तविक रस दशा कहा है।

आचार्य शुक्ल कोरे भावोच्छ्वास को कविता नहीं मानते । वे 'ज्ञान-प्रसार' के भीतर ही 'भाव-प्रसार' की स्थिति स्वीकार करते हैं। उनका कहना है कि 'विचारों की क्रिया से वैज्ञानिक विवेचन और अनुसंधान द्वारा उद्घाटित परिस्थितियों और तथ्यों के मर्मस्पर्शी पक्ष का मूर्त और सजीव चित्रण भी – उसका इस रूप में प्रत्यक्षीकरण भी कि

वह हमारे किसी भाव का आलम्बन हो सके – कवियों का काम और उच्च काव्य का एक लक्षण होगा।'[३०] वे मन को अनुरंजित करना, उसे सुख या आनंद पहुँचाना काव्य का एक उद्देश्य स्वीकार करते हैं; किन्तु एक मात्र उद्देश्य नहीं। सच पूछा जाय तो वे मनोरंजन को उच्च काव्य का लक्षण स्वीकार ही नहीं करते; क्योंकि उनके अनुसार कविता मनोरंजन के अलावा और भी कुछ करती है, जो अधिक महत्त्वपूर्ण है। कविता का अंतिम लक्ष्य वे जगत के मार्मिक पक्षों का प्रत्यक्षीकरण करके उनके साथ मनुष्य हृदय का सामंजस्य-स्थापन मानते हैं। कोरा उपदेश भी उन्हें प्रिय नहीं है, क्योंकि उनके अनुसार उसकी पहुँच हृदय तक नहीं होती। केवल मनोरंजन को लक्ष्य मानकर लिखी जाने वाली कविता उनके लिए विलास की सामग्री है। रीतिकालीन कविता का विरोध इस आधार पर भी किया है।

अपनी कविता संबंधी धारणा के अंतर्गत आचार्य शुक्ल ने कोरे चमत्कारवाद का भी कठोरता पूर्वक खंडन किया है। उनके अनुसार चमत्कार या उक्ति-वैचित्र्य काव्य का नित्य लक्षण नहीं है। चमत्कार या उक्ति वैचित्र्य को वे वहीं तक स्वीकार करते हैं, जहाँ तक किसी भाव की अनुभूति को तीव्र करने में सहायक हो। सहज-स्वाभाविक उक्तियों में भी शुक्ल जी उच्च काव्य की स्थिति स्वीकार करते हैं। । जिस उक्ति को सुनकर मन किसी भाव या मार्मिक भावना में लीन न होकर एकबारगी कथन के अनूठे ढंग, वर्ण-विन्यास की विशेषता, दूर की सूझ आदि पर विचार करने लगे तो शुक्ल जी ऐसी उक्ति को कविता न कहकर सूक्ति कहते हैं। कविता और सूक्ति में अंतर निरूपित करते हुए उनका कहना है कि 'जो उक्ति हृदय में कोई भाव जागृत कर दे या उसे प्रस्तुत वस्तु या तथ्य की मार्मिक भावना में लीन कर दे, वह तो है काव्य। जो उक्ति केवल कथन के ढंग के अनूठेपन, रचना-वैचित्र्य, चमत्कार कवि के श्रम या निपुणता के विचार में ही प्रवृत्त करे वह है सूक्ति।'[३१]

अलंकारों के संबंध में आचार्य शुक्ल के विचार बहुत स्पष्ट हैं। अलंकारों को वे साधन मानते हैं साध्य नहीं। उनके अनुसार 'साध्य को भुलाकर इन्हीं को साध्य मान लेने से कविता का रूप कभी-कभी इतना विकृत हो जाता है कि वह कविता ही नहीं रह जाती।'[३२] रीतिकालीन आचार्य केशवदास की कविता का जो विरोध आचार्य शुक्ल ने किया, उसका संबंध इसी बात से है। अलंकारों का मुख्य कार्य प्रस्तुत भाव या भावना के उत्कर्ष का साधन नहीं है। इसके आगे उन्हें महत्त्व देना कविता को उसके उच्च पद से नीचे गिराना है।

आचार्य शुक्ल कविता का स्थान विस्तृत और पुनीत हृदयों को मानते हैं। इसके विपरीत जो लोग कविता के माध्यम से अपने स्वार्थ-संबंधों की सिद्धि करना चाहते हैं, शुक्ल जी उन्हें सच्चा कवि तो क्या कवि ही नहीं मानते।

कुल मिलाकर, कविता के विषय में आचार्य शुक्ल की मूलवर्ती धारणा यही है

कि वह मनुष्य की, मनुष्यता की सबसे बड़ी संरक्षिका है। सभ्यता के विकास के साथ-साथ जैसे-जैसे मनुष्यता के खो जाने का संकट बढ़ता जा रहा है, कविता की आवश्यकता भी बढ़ती जा रही है। आचार्य शुक्ल ने कविता के भविष्य के प्रति निष्कंप शब्दों में अपनी आस्था व्यक्ति की है; जब तक मनुष्यता है कविता भी रहेगी ।

आचार्य शुक्ल और सौंदर्य तत्त्व

जिस प्रकार आचार्य शुक्ल ने रस के सामाजिक तथा वस्तुगत आधार को स्पष्ट किया है, उसी प्रकार उन्होंने सौंदर्य के वस्तुगत आधार का भी विश्लेषण किया है । यहाँ पर भी आचार्य शुक्ल परम्परागत चिंतन से पृथक् नयी लीक पर चले हैं और वस्तुवादी विचारकों के साथ हैं। बड़े स्पष्ट शब्दों में उन्होंने सौंदर्य संबंधी भाववादी दृष्टिकोण का विरोध किया है। उनके अनुसार 'जैसे वीर कर्म से पृथक् वीरत्व कोई पदार्थ नहीं, वैसे ही सुंदर वस्तु से पृथक् सौंदर्य कोई पदार्थ नहीं।'[३३] सौंदर्य की परिभाषा देते हुए वे कहते हैं कि 'कुछ रूप-रंग की वस्तुएँ ऐसी होती हैं, जो हमारे मन में आते ही थोड़ी देर के लिए हमारी सत्ता पर ऐसा अधिकार कर लेती हैं कि उनका ज्ञान ही हवा हो जाता है और हम उन वस्तुओं की भावना के रूप में ही परिणत हो जाते हैं। हमारी अंतःसत्ता की यही तदाकार परिणति सौंदर्य की अनुभूति है। ... जिस वस्तु के प्रत्यक्ष ज्ञान या भावना से तदाकार परिणति जितनी ही अधिक होगी, उतनी ही वह वस्तु हमारे लिए सुंदर कही जायेगी।'[३४]

सौंदर्य मन के भीतर की वस्तु है – भाववादियों का यह तर्क शुक्ल जी के इस विवेचन से अमान्य हो जाता है। आचार्य शुक्ल का यह विवेचन स्पष्ट कर देता है कि भीतर और बाहर का भेद व्यर्थ है, जो भीतर है वही बाहर है। मनुष्य का मन भी और कुछ नहीं है, वरन् बाहर विद्यमान अनंत रूपात्मक जगत का ही प्रतिरूप है । मनुष्य बाह्य-जगत में जो कुछ भी देखता-सुनता है, वही उसके मन में रूपायित होता है। दूसरे शब्दों में कहना चाहें, तो कह सकते हैं कि मनुष्य को अपने मन और अपनी सत्ता का बोध रूपात्मक ही होता है। 'रसात्मक बोध के विविध रूप' शीर्षक निबंध के प्रारंभ में शुक्ल जी ने स्पष्ट कर दिया है कि 'हमारे प्रेम, भय, आश्चर्य, क्रोध, करुणा इत्यादि भावों की प्रतिष्ठा करने वाले मूल आलम्बन बाहर ही के हैं। इसी चारों ओर फैले हुए रूपात्मक जगत के ही हैं। जब हमारी आँखें देखने में प्रवृत्त रहती हैं, तब रूप हमारे बाहर प्रतीत होते हैं, जब हमारी वृत्ति अंतर्मुखी होती है, तब रूप हमारे भीतर दिखाई पड़ते हैं। बाहर-भीतर दोनों ओर रहते हैं रूप ही। ... सौंदर्य की भावना जगना सुंदर-सुंदर वस्तुओं या व्यापारों का मन में आना ही है।'[३५]

आचार्य शुक्ल मनुष्यता की सामान्य भूमि पर पहुँची हुई संसार की सब सभ्य

जातियों में सौंदर्य के सामान्य आदर्शों की प्रतिष्ठा मानते हैं। जो कुछ भेद दिखाई पड़ता है, वह अधिकतर अनुभूति की मात्रा का भेद है। सुंदर वस्तु को न तो एक बारगी कोई कुरूप ही कहेगा और न कुरूप को सुंदर। रस की भाँति सौंदर्य की भावना में मग्न मनुष्य भी अपनी पृथक् सत्ता कुछ समय के लिये विसर्जित कर देता है। इसी भूमि पर आचार्य शुक्ल ने रस और सौंदर्य की समकक्षता स्थापित की है।

आचार्य शुक्ल केवल वस्तुओं के ही रंग-रूप को सौंदर्य नहीं मानते; वरन् सौंदर्य की अनुभूति का प्रसार वे कर्म क्षेत्र में भी देखते हैं। उनके अनुसार सच्ची कविता वस्तुओं के रूपरंग के अतिरिक्त कर्म और मनोवृत्ति के सौंदर्य के भी अत्यंत मार्मिक दृश्य सामने रखती है। कविता का एक वैशिष्ट्य यह भी है कि 'जिन मनोवृत्तियों का अधिकतर बुरा रूप हम संसार में देखा करते हैं, उनका भी सुन्दर रूप कविता ढूँढ़कर दिखाती है। दशवदन निधनकारी राम के क्रोध के सौंदर्य पर कौन मोहित न होगा।'[३६] आचार्य शुक्ल का कहना है कि जिस मुग्ध भाव से मनुष्य बाह्य प्रकृति के सौंदर्य में मग्न होता है, उसी प्रकार बाह्य प्रकृति और अंतःप्रकृति दोनों के ही सौंदर्य में सौंदर्य तत्त्व की पूर्णता देखी जा सकती है।

आचार्य शुक्ल काव्य के दो ही पक्ष स्वीकार करते हैं : सुन्दर और कुरूप। सच्चे कवि की दृष्टि सौंदर्य की ओर ही जाती है, वह कहीं हो। वस्तुओं के रूपरंग में अथवा मनुष्यों के मन, वचन और कर्म में। सौंदर्य के विवेचन में अंतःप्रकृति के सौंदर्य तथा कर्म सौंदर्य की बात आचार्य शुक्ल के चिंतन को नया आयाम देती है।

लोकधर्म और लोकमंगल

लोकधर्म और लोकमंगल की जिस धारणा को आचार्य शुक्ल ने रस के साथ-साथ एक नियामक जीवन-दृष्टि तथा काव्य-दृष्टि के रूप में मान्यता दी है, उसे लेकर कतिपय प्रमुख समीक्षकों ने उन पर नीतिवादी होने का आरोप लगाया है। इस संदर्भ में आचार्य वाजपेयी ने स्पष्ट रूप से अपने विचार व्यक्त किये हैं। आचार्य शुक्ल पर लिखते हुए उन्होंने कहा है कि 'जिस नीतिवाद, व्यवहारवाद अथवा आदर्शात्मक बुद्धिवाद का द्विवेदी युग प्रतीक हैं, उसे पराकाष्ठा पर पहुँचा देने का श्रेय शुक्लजी को प्राप्त है।'[३७] लोकधर्म अथवा लोकमंगल के आचार्य शुक्ल द्वारा प्रयुक्त किये गये तथा कथित साहित्येतर प्रतिमान की चर्चा हम आगे करेंगे। संप्रति हम काव्य और नीतितत्त्व के संबंध में आचार्य शुक्ल के दृष्टिकोण को प्रस्तुत करना आवश्यक समझते हैं। हमारे कहने का आशय यहाँ यह नहीं है कि लोकधर्म या लोकमंगल संबंधी आचार्य शुक्ल की धारणा नीतिवादी धारणा नहीं है, हम यहाँ केवल यह कहना चाहते हैं कि स्थूल नीतिवाद से आचार्य शुक्ल ने सदैव अपने चिंतन को असम्पृक्त रखा है। जो कुछ

नीतिवाद उनमें है, वह साहित्य या काव्य के सामाजिक आधार को स्पष्ट करने के लिए ही है, और जैसा कि साहित्य और लोक जीवन शीर्षक से किये गये अपने पिछले विवेचन में हम स्पष्ट कर चुके हैं, आचार्य शुक्ल की यह वह आधारभूत मान्यता है, जिसे वे किसी भी शर्त पर त्यागने को प्रस्तुत नहीं हैं।

आचार्य शुक्ल के रस-विवेचन को भी नीतिवादी दृष्टि से परिचालित कहा गया है। हम पुनः इस तथ्य का निवेदन करना चाहते हैं कि यह नीतिवाद किसी भी अर्थ में स्थूल नीतिवाद नहीं है, स्थूल नीतिवाद का विरोध आचार्य शुक्ल ने बराबर किया है और उसे काव्य के क्षेत्र से बाहर की वस्तु माना है : 'केवल यही कहकर कि परोपकार करो, दूसरों पर दया करो, चोरी करना महापाप है... हमें यह आशा कदापि न करना चाहिए कि कोई अपकारी उपकारी, कोई क्रूर दयावान या कोई चोर साधु हो जायेगा; क्योंकि ऐसे वाक्यों की अर्थ के पहुँच हृदय तक होती ही नहीं। वह ऊपर ही ऊपर रह जाता है।[३८]

काव्य और स्थूल नैतिकता के बीच किस प्रकार आचार्य शुक्ल एक स्पष्ट विभाजक रेखा खींचते हैं, यह उनके उपर्युक्त कथन से स्पष्ट है। कविता में वे किसी भी वस्तु का मार्मिक चित्र के रूप में सामने आना आवश्यक मानते है; क्योंकि तभी हृदय उसकी अनुभूति की ओर प्रवृत्त होगा। उनके लिए काव्य में केवल सुंदर और कुरूप दो ही पक्ष हैं : 'भला-बुरा, शुभ-अशुभ, पाप-पुण्य, मंगल-अमंगल, उपयोगी-अनुपयोगी ये सब शब्द काव्य-क्षेत्र के बाहर के हैं। ये नीति, धर्म, व्यवहार, अर्थशास्त्र आदि के शब्द हैं। शुद्ध काव्य-क्षेत्र में न कोई बात भली कही जाती है न बुरी, न शुभ न अशुभ, न उपयोगी न अनुपयोगी; सब बातें केवल दो रूप में दिखाई जाती हैं - सुंदर और असुंदर।'[३९]

ध्यान रहे कि शुक्ल जी ने अपने उपर्युक्त कथन में सुन्दर और असुन्दर दो बातों को कविता के अंतर्गत दिखाये जाने का उल्लेख किया है, कहे जाने का नहीं। इन बातों का मात्र कथन कविता नहीं हो सकता। काव्य-क्षेत्र की वस्तु वे तभी बनेंगी, जब उन्हें मार्मिक रूप में सामने लाया जाय। जैसा कि डॉ. रामदरश मिश्र ने लिखा है - नैतिकता के साथ आचार्य शुक्ल का संबंध बहुत आंतरिक और बुनियादी स्तरों से है। उनकी नैतिकता सौंदर्य-बोध का एक अभिन्न अंग बनकर उभरती है। वह द्विवेदी युगीन सुधारवाद नहीं है।'[४०] वस्तुतः आचार्य शुक्ल ने अपने युग की नैतिकता को उसकी गहराई में जाकर पहचाना है। द्विवेदी युगीन नैतिकता और आचार्य शुक्ल द्वारा प्रतिपादित नैतिकता में खास अंतर यह है कि जहाँ द्विवेदी युगीन नैतिकता की बात जटिल सामाजिक जीवन में भीतरी प्रश्नों और मनोवैज्ञानिक धरातलों से न फूटकर योगक्षेम और सुधार-प्रसार के ऊपरी खतरों तक सीमित रह गई, एक गहरे भावात्मक संसार से

आंतरिक संबंध स्थापित न कर सकी, वहाँ आचार्य शुक्ल की नैतिकता संबंधी धारणा न केवल गहरे भावात्मक संस्कारों का सूचक है; वरन् जैसा कि ऊपर हमने कहा, उनके सौंदर्यबोध का अभिन्न अंग बनकर भी सामने आई है।'[४१]

इस प्रकार आचार्य शुक्ल का नीतिवाद साहित्य या काव्य के संबंध में उनकी इस बुयिादी धारणा से जुड़ता है कि साहित्य या काव्य के लिए यह आवश्यक है कि वह मनुष्य को मनुष्यता की सबसे ऊँची भूमि पर पहुँचाने में समर्थ हो। इसी संदर्भ में आचार्य शुक्ल ने साहित्य या काव्य के अंतर्गत ऐसी प्रवृत्तियों की आलोचना की है, जो उसे उसके इस ऊँचे लक्ष्य से नीचे गिराने वाली है। रीतिकालीन कविता का उनका विरोध इसी आधार पर अवस्थित है। शृंगार रस से उनका विरोध नहीं है, वरन् उनका विरोध रीतिकालीन कविता में किए गए उस शृंगार चित्रण से है, जो प्रेम की उच्चभूमि पर सहृदय को नहीं पहुँचाता। रीतिकाल के ही एक कवि घनानंद के शृंगार-चित्रण की उन्होंने मुक्त कंठ से प्रशंसा की है, और उन्हें साक्षात् रसमूर्ति कहा है।[४२]

समग्रतः आचार्य शुक्ल पर स्थूल नीतिवादी होने का आरोप संगत नहीं है, उनका नीतिवाद स्थूल नैतिकता न होकर वास्तव में लोकमंगल है। लोकधर्म तथा लोकमंगल संबंधी उनकी धारणा को सही संदर्भों में देखने और प्रस्तुत करने की आवश्यकता है ।

अपने काव्य-चिंतन में आचार्य शुक्ल ने लोक के संदर्भ को एक क्षण के लिए भी दृष्टि से ओझल होने नहीं दिया है। वस्तुतः अपनी लोकपरक चिंतन-दृष्टि के ही संदर्भ में उन्होंने अपने रस-चिंतन का स्वरूप भी स्पष्ट किया है। लोकहृदय में हृदय के लीन होने की दशा को रसदशा कहकर उन्होंने स्पष्ट कर दिया है कि उनका रस-चिंतन उनकी लोकमंगलवादी धारणा से विच्छिन्न न होकर उसका ही एक अविभाज्य अंग है। सच्चे कवि के लिए भी उन्होंने लोकजीवन की गहराइयों में उतर कर लोक हृदय से परिचित होने की आवश्यकता निरूपित की है। 'लोभ और प्रीति' शीर्षक निबंध के अंतर्गत परिचय को प्रेम की आधारभूत शर्त माना है – वह व्यक्ति-प्रेम हो अथवा राष्ट्र-प्रेम – बड़े साफ सीधे शब्दों में उन्होंने प्रश्न उठाया है कि 'भाइयो बिना परिचय का यह प्रेम कैसा? जिनके सुख-दुख के कभी साथी न हुए, उन्हें तुम सुखी देखना चाहते हो, यह समझते नहीं बनता, उनसे कोसों दूर बैठे-बैठे, पड़े-पड़े व खड़े-खड़े तुम विलायती बोली में अर्थशास्त्र की दुहाई दिया करो; पर प्रेम का नाम उसके साथ न घसीटो, प्रेम हिसाब-किताब की बात नहीं है – हिसाब-किताब करने वाले भाड़े पर भी मिल सकते हैं । पर प्रेम करने वाले नहीं।'[४३] इसी क्रम में ब्रज की भूमि से अनन्य प्रेम करने वाले रसखान का उद्धरण उन्होंने दिया है कि रसखान तो किसी की लकुटी और कामरिया पर तीनों पुरों का राजसिंहासन त्यागने को तैयार थे; पर देश-प्रेम की दुहाई देने वाले कितने ऐसा कर सकते हैं। कहने का तात्पर्य यह है कि लोकजीवन तथा लोकहृदय की गहरी

पहचान का आग्रह आचार्य शुक्ल में इसीलिये है कि वे इसके अभाव में काव्य की सही चरितार्थता नहीं स्वीकार करते। यह लोक-सम्पृक्ति स्थूल नीतिवाद नहीं है।

आचार्य शुक्ल ने धर्म की व्याख्या भी अपनी इसी लोकमंगलवादी धारणा के अनुरूप की है। साहित्य, धर्म, दर्शन, अध्यात्म कोई भी हो लोक जीवन के यथार्थ से कटी हुई ये वस्तुएँ आचार्य शुक्ल के लिए महत्त्वपूर्ण नहीं हैं। आचार्य शुक्ल की दृष्टि में विश्वधर्म पूर्ण धर्म है तथा गृह, कुल, समाज तथा लोक के अन्य धर्म उसके अंग हैं। उनके अनुसार 'किसी परिमित वर्ग के कल्याण से संबंध रखने वाले धर्म की अपेक्षा विस्तृत जन समूह के कल्याण से संबंध रखने वाला धर्म उच्चकोटि का है, धर्म की उच्चता उसके लक्ष्य के व्यापकत्व के अनुसार समझी जाती है। ... पूर्णतया सर्वोच्च धर्म वही है जिसका संबंध अखिल विश्व की स्थिति रक्षा से है।'[४४] भगवान को उन्होंने पूर्णधर्म स्वरूप माना है। आचार्य शुक्ल ने स्वीकार किया है कि लोक जीवन की गतिमयता और जटिलता के अनुसार धर्म का स्वरूप बदलता रहता है। किन्तु वह जितना भी बदले वह धर्म कहीं कठोर होगा तो कहीं कोमल, कहीं पालक होगा तो कहीं रंजक। किन्तु प्रत्येक स्थिति में वह लोकमंगल का विधायक बनकर ही उभरेगा।

भक्ति को भी आचार्य शुक्ल लोकमंगल के लिए विधायक स्वीकार करते हैं। भक्ति को वे वह दिव्य वृत्ति मानते हैं, जो जीवन में शक्ति, सरसता, प्रफुल्लता, पवित्रता प्रदान करती है, जिससे लोककल्याण होता है। तुलसीदास की भक्ति-पद्धति का विवेचन करते हुए वे कहते हैं कि उसमें लोक-व्यवहार में पाये जाने वाले कर्तव्य और दिव्य-जीवन में कोई अंतर नहीं है। उनके भक्ति-क्षेत्र में शील, शक्ति और सौंदर्य तीनों की प्रतिष्ठा होने के कारण मनुष्य की सम्पूर्ण भावात्मिका प्रकृति के परिष्कार और प्रसार के लिए मैदान पड़ा हुआ है।'[४५] आचार्य शुक्ल एकदेशीय आधार पर स्थित भक्ति को वास्तविक भक्ति नहीं मानते, अर्थात् केवल निवृत्ति मार्ग में ही भक्ति की चरितार्थता नहीं देखते। आचार्य शुक्ल की यह धारणा भी उनकी लोकमंगलवादी दृष्टि के अनुरूप है। उनके अनुसार यह भक्ति भक्ति नहीं है कि 'केवल व्रत उपवास करने वालों और उपदेश करने वालों पर ही श्रद्धा रखें और जो लोग संसार के पदार्थों का उचित उपयोग करके अपनी विशाल भुजाओं से रण क्षेत्र में अत्याचारियों का दमन करते हैं या अपनी अंतर्दृष्टि की साधना और शारीरिक अध्यवसाय के बल से मनुष्य जाति के ज्ञान की वृद्धि करते हैं और उनके प्रति उदासीन रहे।'[४६]

'श्रद्धाभक्ति' शीर्षक निबंध में भी उन्होंने इसी बात पर बल दिया है। धर्म की स्थापना के साथ-साथ उन्होंने अधर्म के विनाश का भी आग्रह किया है। उनके अनुसार 'यदि कहीं पाप है, अन्याय है, अत्याचार है, तो उनका आशुफल उत्पन्न करना और संसार के समक्ष रखना लोकरक्षा का कार्य है। अपने किये जाने वाले अत्याचार और

अन्याय का फल ईश्वर के ऊपर छोड़ना व्यक्तिगत आत्मोन्नति के लिये चाहे श्रेष्ठ हो पर यदि अन्यायी या अत्याचारी व्यक्ति अपना हाथ नहीं ख़ींचता है, तो लोक-संग्रह की दृष्टि से वह उसी प्रकार आलस्य या कायरपन है, जिस प्रकार अपने ऊपर किये हुए उपकार का कुछ भी बदला न देना कृतघ्नता है।'[४७] भक्ति और धर्मक्षेत्र में अपनी लोकमंगलवादी दृष्टि को स्पष्ट करते हुए उन्होंने कहा है कि हिंदूधर्म के अंतर्गत जितना महत्त्व संसार के भीतर घुसकर उसके व्यवहारों के बीच सात्त्विक विभूति की ज्योति जगाने वालों का है, उतना संसार से तटस्थ रहकर शांति-सुखपूर्ण लोक-व्यवहार संबंधी उपदेश देने वालों का नहीं। ध्यान देने की बात है कि हिन्दू धर्म में उपदेशक ईश्वर के अवतार नहीं माने गये हैं।'[४८]

आचार्य शुक्ल का लोकमंगलवादी सिद्धांत काव्य के भीतर इसी कर्म सौंदर्य को उद्घाटित करता है। बड़े स्पष्ट शब्दों में आचार्य शुक्ल ने कहा है कि 'रागों के सम्पूर्ण दमन की अपेक्षा रागों का परिष्कार ज्यादा काम में आने वाली बात है । निर्लिप्त रहकर दूसरों का गला काटने वालों से लिप्त होकर दूसरों की भलाई करने वाले लोककल्याण के विचार से कहीं अच्छे हैं।'[४९] लोकधर्म के मार्ग को स्पष्ट करते हुए उनका कहना है कि 'संसार में मनुष्य मात्र की समान वृत्ति कभी नहीं हो सकती। इस बात को भूलकर जो उपदेश दिये जाया करते हैं, वे पाखंड के अंतर्गत आते हैं। वृत्तियों की भिन्नता के बीच से जो मार्ग निकल सकेगा वही लोक रक्षा का मार्ग होगा – वही धर्म का चलता हुआ मार्ग होगा, जिसमें शिष्टों के आदर, दीनों पर दया, दुष्टों के दमन आदि जीवन के अनेक रूपों का सौंदर्य दिखाई पड़ेगा वही सर्वाङ्ग पूर्ण लोकधर्म का मार्ग होगा।'[५०]

आचार्य शुक्ल ने ब्रह्म के सत्, चित् और आनंद इन तीन स्वरूपों में से काव्य और भक्ति मार्ग को आनंदस्वरूप को लेकर चलने वाला माना है। लोक में इस आनंद की उन्होंने दो अवस्थाएँ बताई हैं – साधनावस्था और सिद्धावस्था। जहाँ तक अभिव्यक्ति के क्षेत्र का प्रश्न है, ब्रह्म का आनंदस्वरूप सदैव आभासित नहीं होता। उसका आविर्भाव और तिरोभाव होता रहता है। संसार में सुख और दुख दोनों का क्रम चला करता है। आचार्य शुक्ल के अनुसार जिस प्रकार 'शिशिर ऋतु के उपरांत खिन्न वनस्थली वसंत के आगमन के साथ शनैः-शनैः प्रफुल्लित हो उठती है, उसी प्रकार लोक की पीड़ा, बाधा, अन्याय, अत्याचार के बीच दबी हुई आनंद ज्योति भीषण शक्ति में परिणित होकर अपना मार्ग निकालती है और फिर लोकमंगल और लोकरंजन के रूप में अपना प्रकाश करती है।

जिस प्रकार कुछ कवि और भक्त केवल आनंद और मंगल के सिद्ध रूप को चित्रित करने में लीन रहे हैं, उसी प्रकार कुछ ने आनंद और मंगल के सिद्ध अथवा उपभोग पक्ष को प्रमुखता न देकर उसके प्रयत्न को प्रमुखता दी है और उन्होंने पीड़ा,

बाधा और अन्याय के दमन में भी उत्साह, क्रोध, करुणा, भय आदि के संचरण में भी पूरी रमणीयता देखने का प्रयास किया है। इस प्रकार शुक्ल जी ने अब तक रचे काव्यों के दो विभाग किये हैं : (१) आनंद की साधनावस्था या प्रयत्न पक्ष को लेकर चलने वाले काव्य, (२) आनंद की सिद्धावस्था या उपभोग पक्ष को लेकर चलने वाला काव्य।[५१] उन्होंने आनंद की साधनावस्था या प्रयत्न पक्ष को चित्रित करने वाले कवि को पूर्ण कवि की संज्ञा दी है, क्योंकि उनके अनुसार ये 'जीवन की अनेक परिस्थितियों के भीतर सौंदर्य का साक्षात्कार करते हैं।'[५२] इस संदर्भ में आचार्य शुक्ल ने पश्चिमी विवेचक डंटन का उल्लेख करते हुए यह कहा है कि डंटन ने जिसे 'शक्ति काव्य' की संज्ञा दी है, वह आनंद के प्रयत्न पक्ष को लेकर चलने वाले काव्यों के अंतर्गत आ जाता है। यही काव्य श्रोताओं के हृदय में भावों की स्थायी प्रेरणा उत्पन्न करने में समर्थ है। इसके विपरीत डंटन ने जिसे 'कला-काव्य' कहा है, उसकी समरूपता आनंद के उपभोग पक्ष को लेकर चलने वाले काव्यों से बैठती है। शुक्ल जी के अनुसार रामायण, महाभारत, रघुवंश, रामचरितमानस, पृथ्वीराज रासो जैसे काव्य आनंद की साधनावस्था या प्रयत्न पक्ष को लेकर चलने वाले काव्य हैं; जबकि आर्यासप्तशती, गाथासप्तशती, गीतगोविंद, बिहारी सतसई, सूरसागर, नई छायावादी कविताएँ आदि आनंद की सिद्धावस्था या उपभोग पक्ष को सूचित करने वाली रचनाएँ हैं। जैसा कि हम कह चुके हैं, लोक में आनंद और मंगल की साधनावस्था को लेकर चलने वाले कवियों को ही शुक्ल जी ने पूर्ण कवि की संज्ञा दी है; क्योंकि क्षात्रधर्म का उनका आदर्श ये ही काव्य चरितार्थ करते हैं।

आचार्य शुक्ल कर्म सौंदर्य के एकदेशीय चित्रण को उचित नहीं मानते। उनके अनुसार कर्म-सौंदर्य के जिस स्वरूप पर मनुष्य प्रारंभ से मुग्ध होता रहा है और कवि-परम्परा जिसका प्रारंभ से चित्रण करती है, उसके प्रति उपेक्षा बरतते हैं। केवल कर्म-सौंदर्य के प्रेम और भ्रातृभाव के प्रदर्शन और आचरण में ही काव्य का उत्कर्ष मानना एकांगिता है। इसे कर्मक्षेत्र का एकमात्र सौंदर्य नहीं माना जा सकता। मनुष्य शरीर के जैसे दक्षिण और वाम दो पक्ष हैं, वैसे ही उसके हृदय के भी कोमल और कठोर मधुर और तीक्ष्ण पक्ष हैं और बराबर रहेंगे। काव्य-कला की पूरी रमणीयता इन दोनों पक्षों के समन्वय के बीच मंगल या सौंदर्य के विकास में दिखाई पड़ती है।'[५३]

आचार्य शुक्ल ने मंगल का विधान करने वाले दो प्रमुख भाव माने हैं - करुणा और प्रेम। प्रथम की गति रक्षा की ओर है तथा दूसरे की रंजना की ओर है। उन्होंने साधनावस्था को लेकर चलने वाले काव्यों का बीजभाव करुणा ही माना है। उनके अनुसार टॉल्स्टाय के अनुयायी प्रयत्न पक्ष का चित्रण अवश्य करते हैं; किन्तु उनका चित्रण एकांगी होता है। वे मुख्यतः साधुता पर ही विश्वास करते हैं। शुक्ल जी का

कथन है कि उनका यह एकांगी दृष्टिकोण कर्म क्षेत्र के सच्चे सौंदर्य का साक्षात्कार नहीं कराता और इस प्रकार रक्षा और रंजन के मूल में जो अनेकरूपता विद्यमान है, उसे भी अवरुद्ध करता है।

इस प्रकार हम देखते हैं कि रस और लोकमंगल की भूमि पर दृढ़ता से खड़े होकर आचार्य शुक्ल ने हिन्दी काव्य-चिंतन को एक पुष्ट सामाजिक आधार प्रदान किया है। कहने की आवश्यकता नहीं कि उनके द्वारा प्रतिपादित रस और लोकमंगल के प्रतिमान एक दूसरे के विरोधी न होकर पूरक हैं। आगे प्रगतिशील समीक्षा में इन दोनों प्रतिमानों को न केवल स्वीकार किया गया है; वरन् अनेक नये संदर्भों को जोड़ते हुए और भी व्यापक बनाया गया है। डॉ. रामविलास शर्मा का कथन हैं कि 'शुक्ल जी ने जो कुछ लिखा, वह उनके गहरे अध्ययन और चिंतन का परिणाम था। उनके हृदय में देश और जनता के प्रति अगाध प्रेम था। इसीलिये वे नए सिरे से और निर्भीक होकर साहित्य का मूल्यांकन कर सके। नये सिद्धान्त स्थिर कर सके। आज उनके वस्तुवादी दृष्टिकोण, द्वंद्वात्मक तर्क-पद्धति वाल्मीकि, भवभूति, तुलसी के मूल्यांकन और काव्य के कलात्मक सौंदर्य के महत्त्व के सिद्धान्त को आत्मसात् करके हिन्दी आलोचना और हिन्दी साहित्य आगे बढ़ सकते हैं।'[५४]

आचार्य पं. नन्ददुलारे वाजपेयी भी – जिन्होंने कई भूमियों पर आचार्य शुक्ल के काव्य-चिंतन पर प्रश्न लगाए हैं और उन्हें साहित्य को साहित्येतर प्रतिमानों से देखने का दोषी माना है – अंततः आचार्य शुक्ल के काव्य-चिंतन की गहराई और उनकी काव्य-मर्मज्ञता को अपनी स्वीकृति देते हैं। आचार्य शुक्ल संबंधी अपने विवेचन का समापन हम उन्हीं के शब्दों में करेंगे – 'शुक्ल जी ने अपने समय की एक अर्धजाग्रत साहित्य-चेतना को दिशा ज्ञान दिया, रास्ता सुझाया ही नहीं, स्वयं आगे-आगे चले और मंजिल तय किये। विपर्यस्त लक्षण ग्रंथों की परम्परा को साहित्यशास्त्र की पदवी पर पहँचाया । उसे आदर्शात्मक स्वरूप दिया, अपने उच्च कोटि के अध्ययन की छाप वे साहित्य पर छोड़ गए हैं। प्रांजलता और महाकाव्यात्मक औचित्य के लिए यह युग शुक्ल जी को स्मरण करेगा । साहित्य समीक्षक की हैसियत से सबसे बड़ी बात शुक्ल जी में यह नहीं है कि उन्होंने उच्चतर काव्य को निम्नतर काव्य से अलग किया; बल्कि उन्होंने वह ज्ञान दिया कि हम भी उस अंतर को पहचान सकें। ... जितना उत्कर्ष उन्हें साहित्य के सिद्धांत निरूपण में प्राप्त हुआ उतनी ही दक्षता उन्हें सिद्धांतों को व्यावहारिक प्रयोग में हुई, जिनमें उनकी अप्रतिहत गति थी, विवेचना की उनमें विलक्षण शक्ति थी। वे आलोचक, समीक्षक मात्र नहीं थे, सच्चे अर्थ में साहित्य के आचार्य थे।

संदर्भ

१. पं. रामचन्द्र शुक्ल का आगमन हिन्दी में द्विवेदी युग की पूर्व प्रतिष्ठा का निमित्त हुआ, जिस नीतिवाद, व्यवहारवाद अथवा आदर्शात्मक बुद्धिवाद का द्विवेदी युग प्रतीक है, उसे पराकाष्ठा पर पहुँचा देने का श्रेय शुक्ल जी को प्राप्त है। शुक्ल जी ने अपनी साहित्यिक आलोचनाओं में तो उन्हें अपनाया ही, उनके लिये एक दार्शनिक नींव भी तैयार की, जिससे हिन्दी में नये युग का प्रवेश हुआ। (हिन्दी साहित्य : बीसवीं शताब्दी : आचार्य नन्ददुलारे वाजपेयी, पृ. ७४।)

२. वही, पृ. ५८

३. वही, पृ. ६२।

४. चिन्तामणि भाग २

५. वही, पृ. १८।

६. चिंतामणि भाग २, पृ. १२२।

७. भ्रमरगीत सार की भूमिका।

८. चिंतामणि भाग-१, पृ. २४२।

९. वही, पृ. २२७।

१०. वही, पृ. २२०-२२१।

११. वही, पृ. १४६।

१२. वही, पृ. १८६।

१३. चिंतामणि भाग-२, पृ. ५१-५२।

१४. वही, पृ. ९७।

१५. रसमीमांसा, पृ. २०१।

१६. चिंतामणी भाग-१, पृ. १४१।

१७. वही, पृ. २२७।

१८. आचार्य शुक्ल के समीक्षा-सिद्धांत : डॉ. रामलालसिंह, पृ. १७९।

१९. रसमीमांसा, पृ. १५।

२०. वही, पृ. २७।

२१. रस-मीमांसा, पृ. १०१।

२२. आचार्य शुक्ल और हिन्दी आलोचना : डॉ. रामविलास शर्मा, पृ. ३३।

२३. रस मीमांसा, पृ. २७३।

२४. आचार्य शुक्ल और हिन्दी आलोचना : डॉ. रामविलास शर्मा, पृ. २४५

२५. चिंतामणी भाग १, पृ. २४८।
२६. वही, पृ. २५३।
२७. हिन्दी की सैद्धांतिक समीक्षा : डॉ. रामाधार शर्मा, पृ. ८४।
२८. चिंतामणि भाग-१, पृ. १६०।
२९. वही, पृ. १६१।
३०. वही, पृ. १५७।
३१. वही, पृ. १७१।
३२. वही, पृ. १८१।
३३. वही, पृ. १६४।
३४. वही, पृ. १६५।
३५. वही, पृ. २४२।
३६. वही, पृ. १६६।
३७. हिन्दी साहित्य : बीसवीं शताब्दी : आचार्य नन्ददुलारे वाजपेयी, पृ. ७५।
३८. चिंतामणि भाग-१, पृ. १६२।
३९. वही, पृ. १६७।
४०. हिन्दी समीक्षा : स्वरूप और संदर्भ : डॉ. रामदरश मिश्र, पृ. ७३।
४१. वही, पृ. ७२।
४२. हिन्दी साहित्य का इतिहास : आचार्य रामचंद्र शुक्ल।
४३. चिंतामणि भाग-१, पृ. ७६-७७।
४४. वही, पृ. २०८।
४५. वही, पृ. २००।
४६. वही, पृ. २००-२०१।
४७. वही, पृ. ३७।
४८. वही, पृ. ४२।
४९. वही।
५०. वही, पृ.४३।
५१. वही, पृ. २१४।
५२. वही।
५३. वही, पृ. २२१।
५४. आचार्य रामचन्द्र शुक्ल और हिन्दी आलोचना : डॉ. रामविलास शर्मा, पृ. २४।

अध्याय-३

छायावादी काव्य-चिंतन

प्रस्तावना

'हिन्दी साहित्य बीसवीं शताब्दी' शीर्षक अपनी पुस्तक में आचार्य पं. रामचन्द्र शुक्ल पर लिखे गये अपने तीन निबंधों में आचार्य वाजपेयी ने आचार्य शुक्ल की समीक्षा दृष्टि का तलस्पर्शी विवेचन प्रस्तुत किया है। इन निबंधों में उन्होंने आचार्य शुक्ल को मात्र आलोचक या समीक्षक न मानते हुए सच्चे अर्थों में साहित्य का आचार्य कहा है।'[१] आचार्य शुक्ल के महत्त्व को पूरी तरह स्वीकार करते हुए इन निबंधों में उन्होंने आचार्य शुक्ल की समीक्षा-दृष्टि की ऐसी सीमाओं का भी स्पष्ट उल्लेख किया है, जिनके चलते आचार्य शुक्ल नये संदर्भों में सामने आने वाली रचनाशीलता का समुचित मूल्यांकन करने में समर्थ सिद्ध नहीं हो सके और नये युग की रचनाशीलता को अपने सम्यक् मूल्यांकन के लिये नई कसौटियों की आवश्यकता अनुभव की। इस संदर्भ में आचार्य शुक्ल पर लिखे गये आचार्य वाजपेयी की पुस्तक में संग्रहीत तीसरे निबंध की पंक्तियाँ द्रष्टव्य हैं। इन पंक्तियों में आचार्य वाजपेयी ने प्रकारान्तर से समीक्षा के शुक्ल युग की परिसमाप्ति सूचित करते हुए नयी समीक्षा के अभ्युदय की घोषणा की है। कहना न होगा कि यह नयी समीक्षा हिन्दी में स्वच्छंदतावादी समीक्षा के रूप में ख्यात हुई, और इसके उन्नायकों में अन्यों के साथ-साथ आचार्य नंददुलारे वाजपेयी, आचार्य हजारीप्रसाद द्विवेदी, डॉ. नगेन्द्र एवं प्रसाद, पंत, निराला और महादेवी जैसे रचनाकार समीक्षक विशेष रूप से उल्लेखनीय बनकर सामने आये। नयी समीक्षा के जन्म का उद्घोष करते हुए आचार्य वाजपेयी ने अपने निबंध में लिखा है कि 'शुक्ल जी की सारी विचारणा द्विवेदी युग की व्यक्तिगत भावात्मक और आदर्शोन्मुख नीतिवत्ता पर स्थित है। समाजशास्त्र, संस्कृति और मनोविज्ञान की वस्तून्मुखी मीमांसा उन्होंने नहीं की। प्रवृत्ति विषयक उनकी धारणा भारतीय धार्मिक धारणा की अपेक्षा पाश्चात्य अधिक है। उनका काव्य-विवेचन भी निबंध, कथानक और जीवन-सौंदर्य के व्यक्त रूपों का आग्रह करने के कारण सर्वाङ्गीण और तटस्थ नहीं कहा जा सकता। नवीन युग की सामाजिक और

सांस्कृतिक जटिलताओं का विवेचन और उनसे होकर बहने वाली काव्यधारा का आकलन हम शुक्ल जी में नहीं पाते। यह स्वाभाविक ही है; क्योंकि शुक्ल जी जिस युग के प्रतिनिधि हैं, उसे हम पार कर चुके हैं, उस युग के सारे संस्कार - शैशवकालीन आदर्शवादिता, व्यक्त रूपों का सौंदर्य, आधारों का दो हिस्सों में विभाजन आदि - हमें शुक्ल जी में मिलते हैं। वे हमारी साहित्य समीक्षा के बालारुण हैं; किन्तु दिन अब चढ़ चुका है और नये प्रकाश तथा नयी ऊष्मा का अनुभव हिन्दी साहित्य समीक्षा कर रही है।'[२]

आचार्य शुक्ल की समीक्षा-दृष्टि और उनके समीक्षा कार्य के महत्त्व पर हम पिछले अध्यय में पर्याप्त चर्चा कर चुके हैं, इस महत्त्व के बावजूद यह तथ्य भी अपने में कम महत्त्वपूर्ण नहीं है कि एक पूर्व निश्चित साँचे में साहित्य तथा काव्य की समूची जीवंतता तथा सार्थकता को समेटने के प्रयास में आचार्य शुक्ल पूरी तरह सक्षम नहीं हो सके। फलतः उनकी समीक्षा-दृष्टि के विरोध में हिन्दी के नये काव्य-चिंतकों के बीच एक व्यापक प्रतिक्रिया का जन्म हुआ।

शुक्ल जी के समीक्षादर्शों से भिन्न प्रयाण लेते हुए जो नये काव्य-चिंतक उनके बाद समीक्षा की भूमि पर आये, उन्होंने साहित्य और कला को साहित्येतर प्रतिमानों से मुक्त करते हुए उनके अपने मूल चरित्र के साथ देखने का प्रयास किया। आचार्य शुक्ल के प्रयास से निश्चित रूप में यह प्रयास बिल्कुल भिन्न है; कारण यहाँ साहित्य या काव्य के सौंदर्य को साहित्य या काव्य के भीतर ही पहचानने और पाने का प्रयास मुख्य है। साहित्य तथा काव्य की अपनी प्रकृति तथा उसके मूल्यांकन की इस कसौटी के मूल में उस स्वच्छंदतावादी दृष्टि की प्रेरणा है, जो सन् १७८९ की फ्रांसीसी राज्यक्रांति के बाद यूरोप तथा इग्लैंड के काव्य जगत में आविर्भूत हुई और जिसने न केवल एक समर्थ रचनाशीलता को जन्म दिया; वरन् उस रचनाशीलता की परख के लिए नई कसौटियों का भी निर्माण किया। आचार्य शुक्ल के समीक्षादर्शों का अतिक्रमण करते हुए जो नये काव्य-चिंतक उनके बाद हिन्दी समीक्षा के क्षेत्र में आये, उनके काव्य-चिंतन के मूल में इसी स्वच्छंदावादी दृष्टि की सक्रियता को देखा जा सकता है।

इस स्वच्छंदतावादी चेतना के मूल में तत्कालीन समय में विकसित जर्मनी के अध्यात्म-दर्शन तथा सौंदर्य-दर्शन का भी व्यापक प्रभाव है। इंग्लैंड में जिन कवि विचारकों ने उक्त स्वच्छंदतावादी चेतना को आत्मसात् किया, उन पर जर्मन दार्शनिक कान्ट और शीलिंग ने अपने गहरे प्रभाव छोड़े हैं। हिन्दी के स्वच्छंदतावादी विचारकों ने इन प्रभावों को इंग्लैड के रचनाकार विचारकों के माध्यम से ग्रहण करते हुए अपने चिंतन को प्रस्तुत किया है।

स्वच्छंदतावादी समीक्षा की दार्शनिक आधार-भूमि

पश्चिमी स्वच्छंदतावाद के दार्शनिक संदर्भों पर दृष्टि डालते ही स्पष्ट हो जाता है कि उसका स्वरूप उस आदर्शवादी चिंतना के अधिक निकट है, जिसके प्रवर्तन का श्रेय सुप्रसिद्ध जर्मन विचारक कान्ट को है। उसने ही सबसे पहले एक ऐसी स्वतंत्र भूमि की कल्पना की है, जो ज्ञान के उभय रूपों के बीच अर्थात् झीीश ेशिरीप और झीरलींळ-लरश्र ेशिरीप के बीच सामंजस्य का विधान करते हुए कला के स्वतंत्र अस्तित्व को प्रमाणित करती है। स्वच्छंदतावादी चेतना के साथ जिस अहंमूलक आदर्श का योग है, उसके पीछे जर्मनी के दूसरे महत्त्वपूर्ण दार्शनिक फिखते का प्रभाव देखा जा सकता है। फिखते ने अपने दार्शनिक चिंतन में सर्जनात्मक कल्पना की चर्चा की है; यद्यपि फिखते का कल्पना संबंधी चिंतन-काव्य और कला संबंधित न होकर मस्तिष्क के बौद्धिक व्यापार से संबंधित है, फिर भी स्वच्छंदतावादी कला-चिंतन में जितनी केन्द्रीयता से कल्पना तत्त्व को प्रस्तुत किया गया है, फिखते की मान्यताएँ उसके मूल में देखी जा सकती है।

वस्तुतः पश्चिमी स्वच्छंदतावाद के मूल में जिस आत्मवादी दर्शन की स्थिति है, उसकी चरम परिणति प्रसिद्ध दार्शनिक हीगेल के चिंतन में होती है। हीगेल ने परम प्रत्यय को ही सम्पूर्ण चेतन जगत का नियंता माना है और उसने अपनी इस मान्यता के आधार पर एक द्वंद्वात्मक पद्धति का अन्वेषण करते हुए प्रकृति, कला-दर्शन आदि की व्याख्या की है। अपनी द्वंद्वात्मक व्याख्या में परम तत्त्व को उसने सर्वप्रथम पक्ष में, उसके बाद प्रतिपक्ष में और सबसे अंत में संश्लेष में अपनी पूर्णता को अनुभव करते हुए दिखाया है। हिगेल के अनुसार संबंध सत्ता में प्रत्यय का प्रकाशन ही सौंदर्य है। लेकिन वह केवल इन्द्रियबोध तक ही सीमित नहीं है; वरन् उसकी प्रतीति व्यक्ति मानस द्वारा भी होती है।

इग्लैंड के स्वच्छंदतावादी कवि चिंतकों ने – हिन्दी के स्वच्छंदतावादी विचारकों और रचनाकारों को जिन्होंने दूर तक प्रभावित और प्रेरित किया है – एक स्वर से अपनी काव्य और कलागत मान्यताओं में जर्मनी के इन दार्शनिक विचारकों का प्रभाव स्वीकार किया है। हिन्दी के प्रसिद्ध स्वच्छंदतावादी चिंतक आचार्य नंददुलारे वाजपेयी ने भी कांट के इस महत्त्व को पूरी तरह स्वीकृति प्रदान की है। उन्होंने लिखा है कि 'आधुनिक युग में कला संबंधी चिंतन का प्रथम महामनीषी कांट था, जिसने पूर्वयुग के चिंतन को बहुत आगे बढ़ाया। इसीलिए वह आधुनिक तत्त्व विचारणा का जनक माना जाता है।[२]

इंग्लैंड के स्वच्छंदतावादी कवियों का काव्य-चिंतन

इंग्लैंड के स्वच्छंदतावादी कवि चिंतकों में सर्वप्रथम विलियम ब्लैक का नाम उल्लेखनीय

है। काव्य-चिंतन के क्षेत्र में उसका महत्त्व इसलिए है कि उसने साहित्य एवं कला के सम्पूर्ण प्राचीन बंधनों को अमान्य करते हुए अंतरात्मा के अनुशासन को महत्त्व दिया। काव्य-रचना में उसने अनुभूति की प्राथमिकता को स्वीकार किया और प्रत्येक प्रकार के आरोपित बंधनों की अवहेलना को सच्चे कवि का वास्तविक कर्तव्य कहा; किन्तु ब्लैक के काव्य-चिंतन की कुछ महत्त्वपूर्ण सीमाएँ भी हैं, जिनकी उपेक्षा नहीं की जा सकती। ब्लैक में रहस्यानुभूति की भावना इतनी प्रबल थी कि उसने रहस्य-ज्ञान और कला को एक ही मान लिया। 'रहस्य-बोध को कला-सृजन का पर्याय मानते हुए उसने रहस्यानुभूति और कल्पना, कलाकार के आत्मिक सत्य और शाश्वत सत्य को एकाकार करते हुए कुछ इस तरह वे गड्डमड्ड विचार प्रस्तुत किये कि आगे के स्वच्छंदतावादी काव्य-चिंतकों को बहुत सूझबूझ के साथ स्वच्छंदतावाद के मौलिक तत्त्वों को अलगाना पड़ा।'[४]

वस्तुतः इंग्लैंड के स्वच्छंदतावादी कवि चिंतकों में वड्र्सवर्थ और कालरिज का प्रदेय सर्वाधिक महत्त्वपूर्ण है। सन् १७९८ में अपनी कविताओं के प्रथम संकलन की प्रस्तावना में वड्र्सवर्थ ने कहा है कि 'अब शैली में ऐसे शब्दों का चयन होगा, जो दैनिक जीवन की भाषा में प्रयुक्त होते हैं।' वड्र्सवर्थ ने बड़ी स्पष्टता के साथ प्राचीन यूनानी काव्यादर्शों को अमान्य करते हुए ब्लैक की ही भाँति काव्य-रचना में अनुभूति की केन्द्रीयता को स्वीकार किया। ब्लैक ने काव्य-रचना को अलौकिक अथवा दैवी प्रेरणा की उपज माना था; किन्तु वड्र्सवर्थ ने भाव-प्रवणता तथा भावोच्छ्वास को ही काव्य-सर्जना का मूल घोषित किया। कविता की अपनी प्रसिद्ध परिभाषा देते हुए उसने कहा कि 'काव्य शक्तिशाली भावोद्वेगों की अकृत्रिम अभिव्यंजना है।' अकृत्रिम शब्द को उसने काव्य विषयों की सामान्यता के साथ-साथ भाषा और शैली की सरलता का निर्देश किया। वड्र्सवर्थ की इस मान्यता पर आचार्य वाजपेयी की टिप्पणी है : 'परन्तु इस निर्देश को उसने आवश्यकता से अधिक खींचकर ग्रामीण विषय, ग्रामीण भावना और ग्रामीण चरित्रों तक पहुँचा दिया। काव्य विषयों का चुनाव सदैव सरल अकृत्रिम हो; परन्तु इसका अर्थ यह नहीं कि वह असभ्य और ग्रामीण हो। वड्र्सवर्थ का झुकाव ग्राम्य चरित्रों की ओर चला गया, जिनकी भावनाएँ नितांत अकृत्रिम होती हैं। ऐसे पात्र ही काव्य विषय हो सकते हैं।'[५]

वड्र्सवर्थ का सारा जोर सहज और स्वाभाविक अभिव्यंजना पर रहा। प्रकृति के साथ अपने गहरे लगाव के आधार पर उसने ग्राम्य जीवन में ही अकृत्रिम भाव संवेदनाएँ देखीं। वड्र्सवर्थ के काव्य संबंधी विचारों में कुछ न कुछ कमी अवश्य है; किन्तु समग्रतः उसने सहज और भाव-प्रवण कविता का ही आग्रह किया है। उसके काव्य-चिंतन का महत्त्व इसलिए है कि उसने काव्य-रचना को नियमों के उस आरोपित बोझ से मुक्ति दी, जो शास्त्रवादियों और नवशास्त्रवादियों ने कविता के ऊपर लाद दिये थे।

उसके काव्य–चिंतन का अतिवाद वहाँ पर है, जहाँ उसने अकृत्रिम अभिव्यक्ति के लिए केवल ग्राम्य–जीवन को ही आदर्श माना है। विषय–वस्तु और शैली दोनों में सरलता और स्वाभावकिता का आग्रह करते हुए वड्र्सवर्थ ने नई काव्य–रचना के लिए महत्त्वपूर्ण प्रस्थान बिन्दु निर्मित किये, इस बात से इन्कार नहीं किया जा सकता।

इंग्लैंड के स्वच्छंदतावादी कवि चिंतकों में कालरिज ने काव्य की स्वच्छंदतावादी मान्यताओं की तात्त्विक व्याख्या की है। यों अन्य कवि चिंतकों की भांति कालरिज ने भी अकृत्रिमता, अनुभूति की सच्चाई और अभिव्यंजना की सरलता को सबसे अधिक महत्त्व दिया है। इन तत्त्वों से रहित कविता को कालरिज कविता मानने के पक्ष में नहीं है। कालरिज की एक महत्त्वपूर्ण विशिष्टता यह है कि उसने कोरे भावोच्छ्वास को अस्वीकार किया है। इसके विपरीत उसने कविता में भावना और चिंतन की एकत्र उपस्थिति का आग्रह किया है। कालरिज के अनुसार 'काव्य में हृदय और मस्तिष्क दोनों का संयोग अपेक्षित होता है। केवल भावना काव्य के लिये पर्याप्त नहीं है, केवल बौद्धिकता काव्य में तिरस्करणीय है; पर दोनों का एकीकृत रूप श्रेष्ठ काव्य का उपादान हैं।'[६]

अपने चिंतन में कालरिज ने कवि की दो शक्तियों के प्रति अपना विशेष आग्रह सूचित किया है। इनमें से पहली प्रकृति के निरीक्षण की शक्ति है और दूसरी उन निरीक्षित वस्तुओं का अध्याहार करने की शक्ति है। कालरिज ने काव्य में कल्पना–शक्ति के साथ–साथ उसने निरीक्षण के महत्त्व को भी उतनी ही प्रमुखता से रेखांकित किया है। यहाँ उसके विचार शैली के विचार से भिन्न हैं। वह शैली की इस मान्यता से सहमत नहीं है कि काव्य में केवल कल्पना तत्त्व का ही महत्त्व है निरीक्षण का नहीं। कालरिज कविता में आनंद को स्वतंत्र स्थान प्रदान नहीं करता, आनंद को वह सौंदर्य पर आश्रित मानता है और सौंदर्य को कल्पना–शक्ति पर आश्रित। कविता में सौंदर्य को वह प्रधान तत्त्व के रूप में स्वीकार करता है। कालरिज की यह मान्यता उसके द्वारा दी गई कविता की परिभाषा में देखी जा सकती है।

कालरिज का कल्पना–तत्त्व संबंधी विवेचन, जैसा कि हम कह चुके हैं पर्याप्त तात्त्विक है। कल्पना तत्त्व को कालरिज ने इतना महत्त्व दिया है कि उसे ईश्वर का पर्याय तक घोषित कर दिया है। उसकी मान्यता है कि कल्पना–शक्ति ही जड़ और चेतन तथा प्रकृति और मन के बीच वास्तविक संबंध–सूत्र स्थापित करती है। उसके अनुसार कल्पना की व्यापक प्रक्रिया की शक्ति अलौकिक है; वह समष्टि मानस की प्रतिनिधि है; उस ईश्वरीय सत्ता में यह दृश्य जगत भी उद्घाटित होता है। समष्टि मानस से ही दृश्य जगत का उत्सारण होता है। व्यष्टि मानस (कवि का हृदय) इसी समष्टि मानस को अपने भीतर समेटता है। समष्टि मानस इस दृश्य जगत को साकार करता है और इस प्रकार कवि की कल्पना में विषय और विषयी या मन और प्रकृति का समाहार होता है।'[७]

कालरिज ने कल्पना-शक्ति के दो रूपों की चर्चा की है : (१) दृश्य जगत के नाना रूपों का उद्घाटन करने वाली शक्ति (२) व्यक्ति मानस द्वारा दृश्य जगत को अपने में विलय करने वाली शक्ति। उसके अनुसार कल्पना-शक्ति अपना कार्य इन्हीं दो भूमियों पर सम्पादित करती है।

कालरिज ने कल्पना तत्त्व की व्याख्या करते हुए कल्पना-शक्ति (इमेजीनेशन) और कल्पना-तरंग (फेन्सी) में भेद किया है। फेन्सी अथवा कल्पना-तरंग की व्याख्या करते हुए कालरिज ने कहा है कि यह शक्ति कल्पना-शक्ति की तरह सर्जक शक्ति नहीं है और जिन वस्तुओं से यह सम्बद्ध रहती है, वे स्थिर और ससीम हैं। इस प्रकार यह तरंग केवल उस स्मृति की तरह है, जो काल और स्थान के परे है। स्मृति केवल स्मरण दिला सकती है; परन्तु नवीनता का सृजन नहीं कर सकती ... कल्पना-तरंग में एक हीन काव्य-प्रणाली है, जिससे अलंकार तो गढ़ा जा सकता है; परन्तु उसमें वह जीवंत शक्ति नहीं होती, जिसकी तुलना आत्मा से की जा सके, दूसरी ओर कल्पना-शक्ति उसे सृजन करने में सफल होती है, जो उस रचना का केन्द्र बिन्दु है और उसके ऐसे सार तत्त्व हैं, जिससे उसकी सीमा लाँघी जा सकती है।[८]

समग्रतः कालरिज ने कल्पना-शक्ति अथवा इजीनेशन की तुलना में कल्पना-तरंग या फेन्सी को एक घटिया शक्ति माना है। कल्पना शक्ति उसके अनुसार एक विधायक शक्ति है। कालरिज के अनुसार कल्पना-शक्ति अंतर्विरोधी वस्तुओं में साम्य स्थापित करती है, और इस साम्य के द्वारा एक नई वस्तु का सृजन भी करती है। कालरिज द्वारा किया गया कल्पना संबंधी विवेचन स्वच्छंदतावादी काव्य-चिंतन की एक महत्त्वपूर्ण उपलब्धि है।

इंग्लैंड के स्वच्छंदतावादी कवि चिंतक शैली ने भी कल्पना शक्ति को बहुत महत्त्व प्रदान किया है। काव्य-रचना में उसका आग्रह भी आयास रहित स्वाभाविक काव्य रचना की ओर है। 'कविता की वकालत' शीर्षक अपने एक निबंध में शैली ने काव्य संबंधी अपने विचारों को व्यक्त किया है। उसके अनुसार कल्पना-शक्ति एक ऐसी शक्ति हैं, जिसके द्वारा कवि सब कुछ कर सकता है। कवि को शैली ने संसार का नियामक कहा है। साथ ही बुद्धि प्रसूत कविता का उसने विरोध भी किया है। वस्तुतः शैली एक अद्भुत भावप्रवण कवि चिंतक था। काव्य संबंधी उसके विचार इस कारण महत्त्वपूर्ण हैं कि उसने एक बार फिर से काव्य के महत्त्व को स्थापित किया; जबकि कुछ पूर्ववर्ती विचारकों ने कविता के युग के समाप्त होने की घोषणा कर दी थी।

इंग्लैंड के स्वच्छंदतावादी कवि चिंतकों के काव्य संबंधी विचारों को प्रस्तुत करने में हमारा मुख्य उद्देश्य यह था कि हम अपने इस पूर्वकथन को प्रमाणित कर सकें कि हिन्दी के स्वच्छंदतावादी काव्य-चिंतन में इंग्लैंड के इन स्वच्छंदतावादी कवि चिंतकों

की मान्यताएँ प्रेरणा-स्रोत के रूप में देखी जा सकती है।

हिन्दी के स्वच्छंदतावादी कवि चिंतकों का काव्य-चिंतन

हिन्दी के स्वच्छंदतावादी काव्य-चिंतन का एक स्पष्ट निर्देश हमें सर्वप्रथम हिन्दी के छायावादी कवियों के विचारों में उपलब्ध होता है। यह सही है कि छायावादी कवियों के ये विचार समीक्षा के दृष्टिकोण से बहुत गहरे और तात्त्विक नहीं है; किन्तु इतना अवश्य है कि स्वानुभूति से सम्बद्ध होने के कारण वे एक ऐसी प्रामाणिकता से युक्त हो उठे हैं, जिसे ध्यान में रखना ही होगा। डॉ. नामवर सिंह के अनुसार 'छायावादी कवियों की समीक्षाओं का ऐतिहासिक महत्त्व इस बात में है कि ये उनके साहित्य सृजन के अनुभवों से उत्पन्न हुई हैं। इसलिये ऐसी समीक्षाएँ अधिक सृजनात्मक तथा प्रभावशाली होती हैं। इनका महत्त्व किसी विषय अथवा समस्या संबंधी विवेचना की पूर्णता, व्यवस्था अथवा सांगोपांगता में नहीं मौलिक संकेतों में हैं।'[९] छायावादी कवियों में प्रसाद एक मात्र ऐसे कवि हैं, जिन्होंने पश्चिमी दर्शन और पश्चिमी साहित्य से प्रभाव ग्रहण न करते हुए अपने काव्य संबंधी विचारों को विशुद्धतः भारतीय साहित्य और भारतीय दर्शन की पीठिका दी है। पश्चिमी स्वच्छंदतावादी कवि चिंतकों के विचारों से यदि उनके विचारों का साम्य दिखाई पड़ता है, तो इसका प्रधान कारण यह है कि दोनों एक ऐसी सर्जना के पुरस्कर्ता हैं, जो विशुद्धतः आत्मानुभूति की प्रधानता पर बल देती हैं। वैसे प्रसाद का काव्य-चिंतन भारतीय शैव दर्शन और संस्कृत के काव्य संस्कारों के घनीभूत प्रभाव को सूचित करता है।

प्रसाद ने पश्चिमी विचारकों की भाँति काव्य और कला को एक नहीं माना है। भारतीय मान्यता के अनुसार उन्होंने कला को उपविद्या माना है जो बुद्धिवाद की प्रधानता सूचित करती है और जिसका संबंध विज्ञान से अधिक घनिष्ठ होता है।[१०] स्कंदगुप्त नाटक में मातृगुप्त कहता है - 'कवित्व-वर्णमय चित्र है, जो स्वर्गीय भावपूर्ण संगीत गाया करता है। अंधकार का आलोक से, असत् का सत् से, जड़ का चेतन से, और बाह्य जगत् का अन्तर्जगत् से संबंध कौन कराती है? कविता ही न?'[११] स्पष्ट है कि यहाँ प्रसाद जी ने कविता को सृष्टि के परस्पर विरोधी तत्त्वों में संबंध स्थापित कराने वाली सत्ता के रूप में मान्यता दी है। प्रसाद की यह परिभाषा साहित्यिक कम आध्यात्मिक और दार्शनिक अधिक है। फिर भी इस परिभाषा में काव्य-रचना के अंतर्गत अनुभूति की केन्द्रीयता को तो स्वीकार किया ही गया है। काव्य की जो परिभाषा प्रसाद जी ने 'काव्य कला तथा अन्य निबंध' नामक कृति में प्रस्तुत की है, वह बहुचर्चित भी है और अधिक मान्य भी। इसके अंतर्गत प्रसाद जी ने कहा है - 'काव्य आत्मा की संकल्पात्मक अनुभूति है, जिसका संबंध विश्लेषण, विकल्प या विज्ञान से नहीं

है। वह एक श्रेयमयी प्रेय रचनात्मक ज्ञान-धारा है। ... आत्मा की मनन शक्ति की वह असाधारण अवस्था, जो श्रेय सत्य को उसके मूल चारुत्व में सहसा ग्रहण कर लेती है, काव्य में संकल्पात्मक अनुभूति कही जा सकती है।'[१२]

प्रसाद जी की इस परिभाषा पर टिप्पणी करते हुए आचार्य भगीरथ मिश्र ने कहा है कि प्रसाद जी की यह परिभाषा केवल व्यक्तिगत दृष्टिकोण ही स्पष्ट करती है। उन्होंने प्रश्न उठाया है कि काव्य केवल अनुभूति मात्र ही नहीं होता। दूसरी बात अनुभूति केवल संकल्पात्मक ही होती है। अतएव इस परिभाषा में संकल्पात्मक शब्द एक अतिरिक्त शब्द है। तीसरे श्रेयमयी प्रेय ज्ञान-धारा भी सदैव काव्य नहीं हो सकती।[१३] उनके विचार से श्रेयमयी प्रेय अनुभूति-धारा ही काव्य हो सकती है। सच पूछा जाय तो मिश्र जी की यह टिप्पणी भी इस कारण पूरी तरह स्वीकार नहीं की जा सकती कि मिश्र जी प्रसाद की मूल स्वच्छंदतावादी चेतना को भुलाकर उनकी परिभाषा की समीक्षा की है। मिश्र जी के शास्त्रीय काव्य-संस्कार भी उनके द्वारा की जाने वाली समीक्षा को तटस्थ और निष्पक्ष नहीं बना सके हैं। स्वच्छंदतावादी समीक्षा के प्रधान आचार्य पं. नंददुलारे वाजपेयी ने प्रसाद की परिभाषा को मार्मिक कहा है।[१४] डॉ. विनयमोहन शर्मा ने प्रसाद की इस परिभाषा का संबंध आंग्ल रोमांटिक युग के कवियों के विचारों, विशेषतः, ब्लैक और कालरिज के विचारों से जोड़ा है।[१५] किन्तु ध्यान पूर्वक देखा जाय, तो स्पष्ट होगा कि प्रसाद की परिभाषा के मूल में भारतीय दर्शन का आधार ही है।

यद्यपि काव्य की आत्मा के प्रश्न पर प्रसाद जी ने बहुत सीधे ढंग से विचार नहीं किया है, किन्तु जैसा कि हम ऊपर कह चुके हैं कि काव्य रचना में उन्होंने आत्मानुभूति की केन्द्रीयता ही स्वीकार की है। उन्होंने प्रकारान्तर से काव्य के अंतर्गत रसतत्त्व को भी काव्य की आत्मा का गौरव दिया है। यद्यपि उनका रस संबंधी विवेचन विशुद्ध रूप से शैवाद्वैत से ही संबंधित है। अपने छायावाद संबंधी विवेचन में प्रसाद ने स्वानुभूतिमय अभिव्यक्ति को ही छायावाद कहा है। छायावादी रचनाओं के वैशिष्ट्य को स्पष्ट करते हुए उन्होंने यह भी कहा है कि जो नए भाव छायावादी रचनाओं में आये, वे एक आंतरिक स्पर्श से पुलकित थे।[१६] अनुभूति के स्तर पर ही उन्होंने छायावादी रचनाओं को पिछली रचनाओं से भिन्न नहीं किया; वरन् कला और शिल्प के स्तर पर भी उन्होंने छायावाद के वैशिष्ट्य को रेखांकित किया है। इस संबंध में उनका कथन है कि 'सूक्ष्म आभ्यंतर भावों के व्यवहार में प्रचलित पद-योजना असफल रही। उनके लिए नवीन शैली, नया वाक्य-विन्यास आवश्यक था। हिन्दी में नवीन शब्दों की भंगिमा स्पृहणीय आभ्यंतर वर्णन के लिए प्रयुक्त होने लगी, शब्द-विन्यासों में ऐसा पानी चढ़ा कि उसमें एक तड़प उत्पन्न करके सूक्ष्म अभिव्यक्ति का प्रयास किया गया।[१७] स्पष्ट है कि यहाँ प्रसाद जी ने छायावादी रचनाओं में ध्वन्यात्मकता, लाक्षणिकता, सौंदर्यमय प्रतीक-

विधान तथा उपचार-वक्रता आदि का उल्लेख किया है और प्रकारान्तर से यह भी ध्वनित किया है कि इन विशेषताओं को समझे बिना छायावादी काव्य का मूल्यांकन नहीं किया जा सकता। छायावाद पर लगाये गये आरोपों का उत्तर देते हुए उन्होंने छायावादी कविता के स्वरूप को स्पष्ट किया है। उन्होंने छायावादी कविता में हृदय तत्त्व अथवा अनुभूति तत्त्व को प्रधान मानते हुए उसे प्रकृति सौंदर्य से भी अनुप्राणित बताया है। यही नहीं, उन्होंने रहस्यवाद को छायावाद का पर्याय मान लेने का विरोध किया है। छायावादी कविता के विषय में उनका निम्नलिखित मत भी बहुत तात्त्विक है, जिसके अंतर्गत उन्होंने काव्यात्मक धरातल पर छायावादी कविता की व्याख्या की है : 'छाया भारतीय दृष्टि से अनुभूति और अभिव्यक्ति की भंगिमा पर अधिक निर्भर करती है। ध्वन्यात्मकता, लाक्षणिकता, सौंदर्यमय प्रतीक-विधान तथा उपचार-वक्रता के साथ स्वानुभूति की विवृत्ति छायावाद की विशेषताएँ हैं। अपने भीतर मोती के पानी की तरह आंतर स्पर्श करते भाव समर्पण करने वाली अभिव्यक्ति छायाकांतिमयी होती है।'[१८] समग्रतः उपर्युक्त मान्यता आलंकारिक होते हुए भी छायावादी कविता और एक प्रकार से कविता मात्र के संबंध में प्रसाद के दृष्टिकोण को अनुभूति और अभिव्यक्ति दोनों ही आयामों पर व्यक्त करती है, न केवल प्रसाद कविता को स्वानुभूति की अभिव्यक्ति मानते थे, वरन् वे उसके लिए प्रचलित परिपाटी से हटकर नये विन्यास की आवश्यकता भी अनुभव करते थे।

यद्यपि प्रसाद का काव्य-चिंतन पूरी तरह से भारतीय है; किन्तु उनके तथा पश्चिम के स्वच्छंदतावादी कवि चिंतकों के विचारों में काफी साम्य भी दिखाई पड़ता है। यह सच है कि उनकी मान्यताएँ कालरिज और ब्लैक की मान्यताओं की संगति में ही हैं। कल्पना तत्त्व पर भी प्रसाद ने जो कुछ कहा है, वह भी कालरिज की कल्पना संबंधी मान्यता से मेल खाता है। कालरिज ने कल्पना को ईश्वर का पर्याय माना था, और अपनी एक प्रारंभिक कविता में प्रसाद ने भी प्रकारान्तर से कल्पना के इस महत्त्व को स्वीकार किया है।

हे कल्पना सुखदान, तुम मनुज जीवन प्राण
तुम विशद व्योम समान, तब अंत नर नहीं जान

प्रसाद का काव्य-चिंतन दार्शनिक भूमि पर तो तलस्पर्शी है ही, साहित्यिक भूमि पर भी वह काव्य की रचना और काव्य के आस्वाद तथा मूल्यांकन के अनेक मौलिक संकेत देने के कारण महत्त्वपूर्ण है।

प्रसाद की तुलना में निराला पश्चिमी साहित्य से अधिक स्पष्ट रूप से परिचित प्रतीत होते हैं। यद्यपि उनका आधारभूत लगाव भी भारतीय दर्शन, भारतीय काव्य और विशेषतः रवीन्द्रनाथ के काव्य से है। निराला ने अनेक स्थलों पर काव्य के संबंध में

अपना अभिमत प्रकट किया है। प्रसाद की भाँति वे भी बाह्य जगत की स्वानुभूतिमयी अभिव्यक्ति को आदर्श मानते हैं। साहित्य सम्मेलन के फैजाबाद अधिवेशन में भाषण देते हुए साहित्य के चरित्र को उन्होंने निम्नलिखित प्रकार से स्पष्ट किया था – 'साहित्य दायरे से छूटकर ही साहित्य है। साहित्य वह है जो साथ है, वह है जो संसार की सबसे बड़ी चीज है। साहित्य लोक से, सीमा से, प्रांत से, देश से, विश्व से ऊँचा उठा हुआ है। इसीलिए वह लोकोत्तरानंद दे सकता है। लोकोत्तर का अर्थ है लोक जो कुछ दे सकता है, उससे और दूर तक पहुँचा हुआ। ऐसा साहित्य मनुष्य मात्र का साहित्य है। भावों से केवल भाषा का एक देशगत आवरण उस पर रहता है।[१९]

निराला के इस मन्तव्य में साहित्य की सार्वजनीनता पर बल दिया गया है। यह सार्वजनीनता स्वच्छंदतावादी काव्य-चिंतन के अंतर्गत कविता की एक आवश्यक शर्त स्वीकार की गई है। निराला भी काव्य में अनुभूति की केन्द्रीयता को स्वीकार करते हैं और इसी आधार पर कहते हैं कि 'नव रसों को समझने और उन्हें उनके यथार्थ रूप में दर्शन की शक्ति जिसमें जितनी ज्यादा है वह उतना ही बड़ा कवि है।' निराला जी का संकेत यहाँ इस तथ्य की ओर है कि कविता के अंतर्गत जीवन को समग्रता के साथ अभिव्यक्त होना चाहिए।

निराला को छायावाद के विद्रोही कवि के रूप में स्मरण किया गया है। आचार्य वाजपेयी ने उनकी कविता को स्वच्छंदतावादी आदर्शों की प्रतिनिधि कविता के रूप में मान्यता दी है। स्वच्छंदतावादी कविता के सारे मूल तत्त्व, स्वानुभूति की केन्द्रीयता, भावावेगमय अभिव्यक्ति, कल्पना का उत्कर्ष, प्रकृति-प्रेम, राष्ट्रीयता और सार्वजनीनता, जड़ प्राचीनता का विरोध और नवीनता का अभिनंदन तथा शिल्प और कला का नया विन्यास निराला के काव्य में प्राप्त होते हैं। इसी आधार पर यह निष्कर्ष निकाला जा सकता है कि निराला का काव्य-चिंतन भी स्वच्छंदतावादी आदर्शों से पूर्णतः अनुप्राणित है। हिन्दी में मुक्त छंद का प्रवर्तन करने वाले वे पहले कवि हैं और मुक्त छंद के प्रवर्तन के मूल में उनकी यही मान्यता निहित है कि भावावेग किसी बंधन को स्वीकार नहीं करता। कविता को कल्पना के कानन की रानी के रूप में संबोधित करते हुए उन्होंने कविता में कल्पना के महत्त्व को रेखांकित किया है। निराला के काव्य संबंधी विचार बहुत सुव्यवस्थित नहीं हैं, किन्तु जिन महत्त्वपूर्ण प्रश्नों पर उन्होंने टिप्पणियाँ की हैं, वे इतने मौलिक संकेतों से युक्त हैं कि उनके आधार पर स्वच्छंदतावादी काव्य प्रतिमानों को सरलता पूर्वक पहचाना जा सकता है।

छायावाद के तीसरे प्रधान कवि सुमित्रानन्दन पंत ने यद्यपि अपने कवि जीवन में एक लम्बी काव्य-यात्रा सम्पन्न की है और नयी-नयी भूमियों पर विचरण करते गये हैं; किन्तु मूल रूप से उनकी कवि-चेतना स्वच्छंदतावादी कवि-चेतना ही है। छायावादी

कवियों छायावादी कवियों में वे पहले कवि हैं, जिन्होंने नई काव्य-रचना और उसके प्रतिमानों पर बड़े सुव्यवस्थित ढंग से विचार किया है। यद्यपि उनका विवेचन भी काव्यात्मक विवेचन ही है; किन्तु उसमें उनकी गहरी काव्य-मर्मज्ञता के भी दर्शन होते हैं। कविता संबंधी उनके विाचरों को उनके 'पल्लव' नामक काव्य संग्रह के (प्रवेश) देखा जा सकता है, जिसे समीक्षकों ने नई छायावादी कविता के घोषणा पत्र के रूप में मान्यता दी है । यों अपने काव्य-संकलनों की भूमिकाओं में पंत ने काव्य संबंधी महत्त्वपूर्ण प्रश्नों पर और भी चर्चाएँ की है; किन्तु पल्लव के प्रवेश में अंतर्गत की गई उनकी काव्य-चर्चा उनके स्वच्छंदतावादी काव्यादर्शों को बड़े स्पष्ट रूप में सामने लाती है।

पल्लव के प्रवेश के अंतर्गत कविता की परिभाषा देते हुए पंतजी ने कहा है कि 'कविता हमारे प्राणों का संगीत और छंद हत कम्पन कविता हमारे परिपूर्ण क्षणों की वाणी है। हमारे अंतरतम प्रदेश का सूक्ष्माकाश भी संगीतमय है।'

पंत जी की यह परिभाषा ध्यानपूर्वक देखने पर वर्ड्सवर्थ द्वारा दी गई कविता की परिभाषा से मेल खाती है। वर्ड्सवर्थ की परिभाषा और पंत की परिभाषा में जो मुख्य अंतर है, वह यही है कि जहाँ वर्ड्सवर्थ ने अपनी परिभाषा में काव्य के मूलभूत उपकरणों से लेकर उसकी सम्पूर्ण रचना-प्रक्रिया का विवेचन किया है, वहाँ पंत जी की परिभाषा भावात्मक होकर रह गई है। अपनी परिभाषा में पंत जी ने यह स्पष्ट संकेत किया है कि काव्य का मूल स्रोत कवि के अंतर्जगत में ही है और कवि का अंतर्जगत अपने परिपूर्ण क्षणों में उसकी अभिव्यक्ति करता है वही कविता होती है। गद्य में दी गई इस परिभाषा की तुलना में पंत की वे पंक्तियाँ वर्ड्सवर्थ की काव्य संबंधी परिभाषा के अधिक निकट हैं, जो अनजाने ही वह सब कुछ कह जाती हैं, जो वर्ड्सवर्थ ने अपनी परिभाषा में कहना चाहा है :

वियोगी होगा पहला कवि
आह से उपजा होगा गान
उभड़कर आँखों से चुपचाप
बही होगी कविता अनजान।

वर्ड्सवर्थ ने जिसे शांतिपूर्ण क्षणों में होने वाला भावोद्रेक कहा है। पंत की उपर्युक्त पंक्तियाँ इसी बात को बड़े स्पष्ट शब्दों में कह देती हैं। इससे कम से कम यह तो लक्षित होता ही है कि हिन्दी के स्वच्छंदतावादी कवि चिंतकों के विचार अपने अंग्रेज समानधर्माओं से भिन्न नहीं हैं। पंत की उपर्युक्त काव्य पंक्तियों का अपना भारतीय स्रोत आदि कवि वाल्मीकि के उस कथन में भी है, जो उनके मुँह से व्याध द्वारा क्रौंच मिथुन में से एक का बध कर देने पर अकस्मात फूट पड़ा था। वर्ड्सवर्थ की काव्य की परिभाषा में हो अथवा आदिकवि वाल्मीकि का कथन, इतना निश्चित है कि पंत भी उद्वेगपूर्ण

अभिव्यक्ति को ही कविता मानते हैं। भावों की अथवा अनुभूति की केन्द्रीयता पर पंत का कितना आग्रह है, यह तथ्य उनके अलंकार संबंधी विचारों से भी स्पष्ट होता है। उन्होंने स्पष्ट कहा है कि 'अलंकार केवल वाणी की सजावट के लिए नहीं, वे भाव की अभिव्यक्ति के विशेष द्वार हैं, भाषा की पुष्टि के लिए, राग की परिपूर्णता के लिए आवश्यक उपादान हैं।'[२०]

पश्चिम के रोमांटिक कवियों के प्रभाव को तथा गुरुदेव टैगोर के प्रभाव को पंत ने स्पष्ट रूप से स्वीकार किया है। 'आधुनिक कवि' शीर्षक अपने कविता संकलन की भूमिका में उन्होंने लिखा है – 'पल्लव काल में १९वीं शताब्दी के अंग्रेजी कवियों – मुख्यतः शैली, वड्र्सवर्थ, कीट्स और टेनीसन से विशेष रूप से प्रभावित रहा हूँ ... मैं कवीन्द्र की प्रतिभा के गहरे प्रभाव को भी कृतज्ञतापूर्वक स्वीकार करता हूँ । पंत जी की कविता का विवेचन करते हुए आचार्य वाजपेयी ने भी उन पर वड्र्सवर्थ तथा कीट्स के प्रभाव की बात कही है। कीट्स के अनुसार जो सत्य है, वही सुन्दर है; जो सुंदर है, वही सत्य है। पंत भी इसी प्रकार की धारणा रखते हैं।[२१] प्रकृति पंत के काव्य-जगत की मूल प्रेरक शक्ति रही है, इसे भी पंत ने बड़े स्पष्ट शब्दों में स्वीकार किया है। अंतर इतना है कि वड्र्सवर्थ ने ग्रामीण प्रकृति को आदर्श माना था; जबकि पंत की कविता सामान्यतः प्रकृति मात्र से प्रेरणा लेती दिखाई पड़ती है। पल्लव के प्रवेश में पंत ने नये छायावादी काव्य के शिल्प सौंदर्य को भी गहराई में जाकर व्याख्यायित किया है। भाषा के संबंध में उनका अभिमत है कि भाषा का और मुख्यतः कविता की भाषा का प्राण राग है ... राग का अर्थ आकर्षण है। यह वह शक्ति है, जिसके विद्युत स्पर्श से खिंचकर हम शब्दों की आत्मा तक पहुँचते हैं। हमारा हृदय उनके हृदय में प्रवेश कर एक भाव हो जाता है।'[२२] इसी क्रम में आगे चलकर उन्होंने कहा कि भाव और भाषा का सामंजस्य, उनका स्वरैक्य ही चित्र राग है ... जहाँ भाव और भाषा में मैत्री अथवा ऐक्य नहीं रहता, वहाँ स्वरों के पावस में केवल शब्दों के वटु समुदाय ही दादुरों की तरह इधर-उधर कूदते-फुदकते तथा सामध्वनि करते सुनाई पड़ते हैं।[२३]

स्पष्ट है कि यहाँ पंत जी ने उसी भाषा को काव्य-भाषा माना है, जिसमें भावना का सहज सामंजस्य हो। भाषा के संबंध में उन्होंने यह भी कहा है कि 'कविता के लिए चित्र-भाषा की आवश्यकता पड़ती है। उसके शब्द सस्वर होने चाहिए, जो बोलते हों, सेव की तरह जिनके रस की मधुर लालिमा भीतर न समा सकने के कारण बाहर झलक पड़े । जो अपने भाव को अपनी ही ध्वनि में आंखों के सामने चित्रित कर सके, जो झंकार में चित्र और चित्त में झंकार हो।'[२४] यहाँ पंत जी ने लक्षणा और व्यंजना के माध्यम से अर्थ की झंकार उत्पन्न करने में कवि कर्म की सार्थकता देखी है। छंद के संदर्भ में पंत ने स्वच्छंद छंद का पक्ष लिया है और संस्कृत के छंदों को हिन्दी के छंदों

की तुलना में अधिक महत्त्व दिया है।

पंत के काव्य संबंधी विचारों को ध्यानपूर्वक देखने पर स्पष्ट होता है कि वे मूलतः स्वच्छंदतावादी आदर्शों की संगति में हैं। भावों की आवेग पूर्ण अभिव्यक्ति तथा कल्पना के महत्त्व को पंत ने मुक्त भाव से स्वीकार किया है। इसके अलावा नये भावों के अनुरूप नये वर्ण-विन्यास तथा प्राचीन परिधानों के स्थान पर नये परिधानों की आवश्यकता पर भी उन्होंने बल दिया है। पल्लव के अपने प्रवेश में उन्होंने नयी छायावादी कविता का पक्ष लेते हुए काव्य संबंधी पूर्ववर्ती मान्यताओं को तर्कपूर्ण ढंग से काटा है। पंत के काव्य-चिंतन में भी इस प्रकार हमें स्वच्छंदतावादी चेतना से अनुप्राणित नये संकेत और प्रतिमान दिखाई पड़ते हैं।

हिन्दी के स्वच्छंदतावादी कवि चिंतकों में महादेवी वर्मा का प्रदेय भी अत्यंत महत्त्वपूर्ण है। काव्य के अंतर्गत अनुभूति अथवा भावना तत्त्व की केन्द्रीयता को स्वीकार करते हुए भी महादेवी ने बुद्धि तत्त्व को भी समान महत्त्व दिया है। इस संदर्भ में उन्होंने भावना, ज्ञान और कर्म के एक सम पर मिलने को ही युग प्रवर्तक साहित्यकार के जन्म का कारण माना है।[२५] काव्य में अनुभूति तत्त्व को महत्त्व देते हुए तथा चिंतन के बल पर उस अनुभूति को और भी गरिमामय रूप में उपस्थित करने का आग्रह करते हुए उनका कहना है कि कविता सबसे बड़ा परिग्रह है; क्योंकि वह विश्व मात्र के प्रति स्नेह की स्वीकृति है। वह जीवन के अनेक कष्टों को उपेक्षा के योग्य बना देती है; क्योंकि उसका सृजन स्वयं महती वेदना है। वह शुष्क सत्य को आनंद में स्पंदित कर देती है; क्योंकि अनुभूति स्वयं मधुर है। यद्यपि महादेवी की अपनी कविता वैयक्तिक संवेदनाओं पर आधारित कविता है; किन्तु सिद्धांततः वे कविता को लोकहृदय का प्रतिबिम्ब मानती हैं। इस संबंध में उनका कहना है कि सच्चा कलाकार लोकहृदय को पहचाने बिना नहीं हो सकता और जो लोकहृदय को पहचानता है, वही अमर होता है, जनता उसी को जीवित रखती है। साहित्य के उद्देश्य की चर्चा करते हुए उनका कथन है कि साहित्य का उद्देश्य समाज के अनुशासन के बाहर स्वच्छंद मानव स्वभाव में उसकी मुक्ति को अक्षुण्ण रखते हुए समाज के लिए अनुकूलता उत्पन्न करना है।'[२६] काव्य में वे अंतर्जगत और बहिर्जगत का समन्वित रूप देखना चाहती हैं। उनके लिये कविता में जीवन का उसकी समग्रता में चित्रित होना आवश्यक है। इस संबंध में उनके विचार बहुत स्पष्ट हैं। उनका कहना है कि 'हमारी मानसिक वृत्तियों की ऐसी सामंजस्यपूर्ण एकता साहित्य के अतिरिक्त और कहीं संभव नहीं। उसके लिए न हमारा अंतर्जगत त्याज्य है और न बाह्य जगत; क्योंकि उसका विषय संपूर्ण जीवन है, आंशिक नहीं। कविता की चरितार्थता वे व्यष्टि सीमित जीवन को समष्टि व्यापक जीवन तक फैलाने में देखती हैं तथा उस कविता को सच्ची कविता स्वीकार करती हैं, जिसके अंतर्गत न केवल

व्यष्टिगत अनुभूति समष्टिगत अनुभूति के रूप में ढाल दी गई हो, वरन् जिसमें कवि ने संभाव्य सत्य को निष्ठा के साथ अभिव्यक्त किया हो। महादेवी, जैसा कि हम कह चुके हैं, काव्य में बुद्धितत्त्व की स्थिति स्वीकार करती हैं; किन्तु प्रधानता वे हृदय से अनुशासित रहकर ही सक्रियता पाती है। इसी से उसका दर्शन न बौद्धिक तर्क प्रणाली और न सूक्ष्म बिन्दु तक पहुँचाने वाली विशेष विचार-पद्धति, वह तो जीवन को, चेतना और अनुभूति के समस्त वैभव के साथ स्वीकार करता है।[२७]

महादेवी की अधिकांश रचनाएँ गीतात्मक रचनाएँ हैं। सच पूछा जाय तो स्वच्छंदतावाद का अधिकांश सृजन ही प्रगीतमय है और जब महादेवी गीत अथवा प्रगीत तत्त्व की व्याख्या करती हैं, तो उन्हीं स्वच्छंदतावादी मान्यताओं को सामने लाती हैं, जिनका संबंध देश-विदेश के दूसरे स्वच्छंदतावादी कवि चिंतकों से है। उनके अनुसार गीत का चिरंतन विषय रागात्मिका वृत्ति से संबंध रखने वाली सुखदुखात्मक अनुभूति ही है। गीत और कुछ नहीं सुख-दुख की भावावेशमयी अवस्था विशेष का गिने-चुने शब्दों में स्वर साधना के उपयुक्त चित्रण कर देना है।[२८]

हिन्दी में नई छायावादी काव्य-रचना के उद्‌भव के समय पूर्ववर्ती आचार्यों द्वारा उसका जो विरोध हुआ, उसके संदर्भ में महादेवी ने भी छायावाद के पक्ष को स्पष्ट करते हुए अपनी मान्यताएँ प्रस्तुत की है। स्वच्छंदतावाद की भाँति हिन्दी का छायावाद भी पूर्ववर्ती शास्त्रीयता विजड़ित विषय-प्रधान कविता के विरुद्ध वैयक्तिक अभिव्यक्ति को प्रमुखता देते हुए सामने आने वाला एक आंदोलन था। महादेवी वर्मा के ये विचार छायावाद के इस विद्रोह पक्ष को पूरी तरह स्पष्ट कर देते हैं। उन्होंने लिखा है कि 'छायावाद के जन्म का मूल कारण भी मनुष्यों के इसी स्वभाव (बंधनों से) में छिपा हुआ है। उसके जन्म से प्रथम कविता के बंधन इस सीमा तक पहुँच चुके थे और सृष्टि के बाह्याकार पर इतना अधिक लिखा जा चुका था कि मनुष्य अपनी अभिव्यक्ति के लिए रो उठा, स्वच्छंद छंद के चित्रित उन मानव अनुभूतियों का नाम छाया उपयुक्त ही था और मुझे तो आज भी उपयुक्त लगता है।'[२९] अपने इस कथन में महादेवी ने स्पष्ट रूप से आत्माभिव्यंजना के पक्ष को प्रस्तुत किया है। उन्होंने इस तथ्य को रेखांकित किया है कि छायावादी काव्य-रचना स्वानुभूति प्रधान होती है और उसके अंतर्गत वैयक्तिक उल्लासमयी भावनाओं का चित्रण होता है। पश्चिमी स्वच्छंदतावाद में भी रहस्य तथा अध्यात्म की प्रवृत्तियाँ प्रारंभ से अंतर्निहित रही हैं और हिन्दी की छायावादी कविता में उनके दर्शन किये जा सकते हैं। अन्य छायावादी कवियों की भाँति महादेवी ने भी छायावाद अथवा स्वच्छंदतावाद के प्रकृति-प्रेम तथा प्रकृति के माध्यम से आध्यात्मिक संकेतों की व्यंजना को छायावादी कविता की आवश्यक विशेषता माना है। छायावाद के अंतर्गत कल्पनाओं की बहुरूपता को भी उन्होंने प्रधान महत्त्व दिया है।

उनके अनुसार छायावाद तत्त्वतः प्रकृति के बीच में जीवन का उद्गीत है, अतः कल्पनाएँ बहुरंगी और विविध रूपी है।[३०] अन्य छायावादी कवियों की भाँति महादेवी ने भी नई काव्य-रचना के लिए नई कला और शिल्प की आवश्यकता पर बल दिया है। शैली की सांकेतिकता नए छंदबंधों में, सूक्ष्म सौंदर्य अनुभूति का चित्रण, भाषा का मार्दव जैसी बातों को उन्होंने विशेष रूप से रेखांकित किया है। समग्रतः अन्य छायावादी कवियों की भाँति महादेवी ने भी नई छायावादी काव्य-रचना के संदर्भ में कविता की प्रकृति उसके भाव तथा शिल्प का जो विवेचन किया है, उससे ध्वनित होता है कि वे भी इस कविता के मूल्यांकन के लिए नए काव्य-प्रतिमानों की आवश्यकता पर बल देती है।

अब तक हमने पश्चिम की स्वच्छंदतावादी कविता के उद्भव, उसकी दार्शनिक पृष्ठभूमि, उसके रचयिताओं के काव्य-चिंतन तथा हिन्दी की समानधर्मा छायावादी कविता और उसके निर्माताओं के काव्य संबंधी विचारों का परिचय दिया है। यह विवेचन हमने इसलिये किया है ताकि पूर्ववर्ती काव्य-रचना से स्वच्छंदतावादी नयी काव्य-रचना का वैशिष्ट्य सामने आ सके और उसके मूल्यांकन के संदर्भ में सामने आने वाले नये काव्य प्रतिमानों के आविर्भाव का औचित्य प्रमाणित हो सके। हिन्दी के छायावादी कवियों की सर्जना तथा उनके काव्य संबंधी विचारों से मौलिक संकेत लेकर तथा पश्चिम के स्वच्छंदतावादी काव्य और उसके रचयिताओं के काव्य-चिंतन से प्रेरणा लेकर ही हिन्दी में स्वच्छंदतावादी दृष्टिकोण वाले नये काव्य-विचारकों का उदय हुआ। जैसा कि हम कह चुके हैं स्वच्छंदतावादी दृष्टिकोण से साहित्य या काव्य की समीक्षा करने वाले जो नए विचारक हिन्दी समीक्षा जगत में आये, उनमें आचार्य नन्ददुलारे वाजपेयी, आचार्य हजारीप्रसाद द्विवेदी एवं डॉ. नगेन्द्र का नाम प्रमुख है। हिन्दी समीक्षा तथा हिन्दी काव्य-चिंतन को इन समीक्षकों का प्रमुख प्रदेय यह है कि उन्होंने परंपरागत समीक्षा-पद्धति से हटकर नये युग की नई काव्य सर्जना के मूल्यांकन के लिए नए प्रतिमानों की बात की, उन्होंने न केवल नए प्रतिमानों की बात ही नहीं की, वरन् उनका स्वरूप स्पष्ट करते हुए उनके आधार पर नई काव्य-सर्जना की परीक्षा भी की। कहने की आवश्यकता नहीं कि साहित्येतर मानदंडों को महत्त्व देने वाली पूर्ववर्ती समीक्षा की तुलना में प्रथम बार हिन्दी समीक्षा जगत में एक ऐसी समीक्षा का उदय हुआ, जिसके प्रतिमान मूलतः साहित्य के भीतर से ही खोजे और प्रस्तुत किये गये थे । इस बात में भी कोई संदेह नहीं है कि इन नये काव्य प्रतिमानों के कारण ही हिन्दी में पहली बार एक ऐसी समीक्षा-पद्धति का स्वरूप स्पष्ट हुआ जो काव्य को एक स्वतंत्र सत्ता की मान्यता देते हुए उसके सौंदर्य और महत्त्व को पहली बार समग्रता से सामने लाने में समर्थ हुई । इस स्वच्छंदतावादी समीक्षा- पद्धति द्वारा काव्य के मूल्यांकन से

संबंधित जो प्रतिमान अथवा जो दृष्टि सामने लायी गयी, उसे हम निम्नलिखित प्रकार से व्यक्त कर सकते हैं–

१. स्वच्छंदतावादी काव्य-दृष्टि इस बात को रेखांकित करती है कि किसी रचना के मूलवर्ती स्रोत अन्यत्र न होकर कवि अथवा कलाकार के अंतर्गत ही विद्यमान रहते हैं। उसके आंतरिक संस्थान में रचना की संपूर्ण संभावनाओं के एक मात्र आधार हैं।
२. कोई भी कलाकृति निर्मिति के बाद स्वतःपूर्ण और जैविक समग्रता से युक्त होती है। उसके अंतर्गत वस्तु और रूप इस प्रकार अनुस्यूत रहते हैं कि उन्हें पृथक् नहीं किया जा सकता।
३. वस्तु और रूप का यह अंतर्भाव केवल कवि-कल्पना के माध्यम से ही संभव है।
४. इसके माध्यम से असाधारण सौंदर्य की निष्पत्ति काव्य के क्षेत्र में उसको आत्मिक लयात्मक प्रकाशन के निकट ले जाती है, काव्य-सत्ता इसीलिए स्वयं में सर्वथा भिन्न न होकर अन्य कलाओं के निकट है।

स्वच्छंदतावादी समीक्षा के प्रमुख आचार्य पं. वाजपेयी ने 'हिन्दी साहित्य बीसवीं शताब्दी' नामक अपनी कृति में अपनी व्यावहारिक समीक्षा की जो सप्त सूत्री दी है और 'नया साहित्य : नये प्रश्न' शीर्षक अपनी दूसरी पुस्तक के निष्कर्ष के अंतर्गत साहित्य की जो अंतरंग व्याख्या प्रस्तुत की है, वह उन सूत्रों को पुष्ट करती है, जिनका उल्लेख हम ऊपर कर चुके हैं। स्पष्ट है कि सर्वथा नई भावभूमि और नये कला, शिल्प को लेकर सामने आने वाली काव्य-रचना के मूल्यांकन के लिए कविता के नये प्रतिमान चाहिए ही। 'हिंदी साहित्य : बीसवीं शताब्दी' नामक पुस्तक में अपनी व्यावहारिक समीक्षा में सात सूत्रों की चर्चा करते हुए आचार्य वाजपेयी ने कहा है कि इन सूत्रों में क्रमशः ऊपर से नीचे प्रमुखता कम होती गई है। ये सूत्र निम्नलिखित हैं :

१. रचना में कवि की अंतर्वृत्तियों (मानसिक उत्कर्ष-अपकर्ष) का अध्ययन।
२. रचना में कवि की मौलिकता, शक्तिमत्ता और सृजन की लघुता-विशालता (कलात्मक सौष्ठव) का अध्ययन।
३. रीतियों, शैलियों और रचना के बाह्यांगों का अध्ययन।
४. समय और समाज तथा उनकी प्रेरणाओं का अध्ययन।
५. कवि की व्यक्तिगत जीवनी और रचना पर उसके प्रभाव का अध्ययन (मानस विश्लेषण)।
६. कवि के दार्शनिक, सामाजिक और राजनीतिक विचारों आदि का अध्ययन।
७. काव्य के जीवन संबंधी सामंजस्य और संदेश का अध्ययन।

आचार्य वाजपेयी के अनुसार साहित्य के मानसिक और कलात्मक उत्कर्ष का आकलन करने में ये सूत्र ही काम दे सकते हैं। इन सूत्रों को प्रस्तुत करते हुए उन्होंने आचार्य शुक्ल द्वारा अपनायी गयी समीक्षा-पद्धति की सीमाओं की चर्चा की है। उनका कहना है कि शुक्ल जी का ध्यान सदैव काव्य के उदात्त स्वरूप और उसमें निहित लोकादर्शवाद की ओर रहा है। काव्य के उदात्त स्वरूप को उन्होंने प्रबंध काव्य में सीमित कर दिया और लोकादर्शवाद को एक सामान्य नैतिक आधार देकर बहुत कुछ रूढ़ बना दिया है। जीवन का वैचित्र्य और बहुरूपता, लोकादर्शों की प्रवृत्ति और परिवर्तन तथा काव्य स्वरूप का नवविकास और विन्यास उनका ध्यान अधिक आकृष्ट न कर सके। फलतः उनकी समीक्षा में बड़ी हद तक एकरूपता है और निजी विचारों की छाप है। विश्लेषण का समारोह, ऐतिहासिक अध्ययन विशेष रूप से बीसवीं शताब्दी के नवोन्मेषपूर्ण और प्रसरणशील साहित्य के लिए अपेक्षित थी।[३१]

काव्य के स्वरूप के विषय में भी, जैसा कि हमने अभी कहा है, आचार्य वाजपेयी के विचार पूर्ववर्ती आचार्यों से भिन्न हैं। उनके इन विचारों को हम काव्य या साहित्य के संबंध में स्वच्छंदतावादी दृष्टिकोण का प्रतिनिधि मान सकते हैं। उनके ये विचार उन्हीं के शब्दों में संक्षेप में निम्नलिखित है :

१. साहित्य का मानव जीवन से चिरंतन संबंध हैं। मानव जीवन ही साहित्य का उपादान और विषय वस्तु रहा है और रहेगा। विकासशील मानव जीवन के महत्त्वपूर्ण या मार्मिक अंशों की अभिव्यक्ति, यही साहित्य की मोटी परिभाषा हो सकती है।

२. मानव जीवन के विविध रूपों की अभिव्यक्ति जिस विशेष प्रकार से साहित्य में होती है, वह प्रकार कल्पना प्रकार कहलाता है।

३. मानव जीवन और कल्पना प्रकार में किस प्रकार का संबंध है, क्या मानव जीवन (काव्य-वस्तु) इस कल्पना प्रकार में पूरी तरह समाहित हो जाता है, दूसरे शब्दों में क्या कल्पना के माध्यम के अतिरिक्त किसी अन्य माध्यम से भी मानव-जीवन की अभिव्यक्ति साहित्य में हो सकती है, इस प्रश्न का उत्तर देते हुए आचार्य वाजपेयी कहते हैं कि कल्पना ही काव्य या साहित्य का एक मात्र नियामक तत्त्व है।

४. कल्पना का स्वरूप आचार्य वाजपेयी के विचार से रूपकात्मक है; किन्तु रूप की इस सत्ता को उन्होंने भावाश्रित माना है। दूसरे शब्दों में उनके विचार से साहित्य भी भावाश्रित रूप ही है। इस भावाश्रित रूप से भिन्न साहित्य में कोई दूसरी वस्तुवत्ता रह ही नहीं सकती।

५. रूप या भावाश्रित रूप जैसे शब्दों को स्पष्ट करते हुए वे कहते हैं कि अपने व्यापक अर्थ में रूप या भावाश्रित रूप एक मनोवैज्ञानिक पदार्थ है, जिसके विविध उन्मेष-

स्वप्न, दिवास्वप्न, बाल-कल्पना तथा साहित्य में इनकी विशेष प्रकृति सार्वजनीन बनने की रही है। कल्पना तो व्यक्ति करता है; परन्तु रूप बहुजन संवेद्य होता है। इसी कारण इस रूप तत्त्व में अंग-संगति, अनुक्रम तथा बौद्धिक ग्राह्यता की बहुमुखी सामग्री रहा करती है। यह सारी सामग्री शब्दों का परिधान धारण कर उपस्थित होती है।

६. 'साहित्य' शब्द के प्रयोग की विशेषता बतलाते हुए आचार्य वाजपेयी का कहना है कि इसके लिए भारतीय आचार्यों ने ध्वनि तत्त्व की उद्भावना की है, अर्थगर्भता और सार्वजनिक ग्राह्यता उसके विशेष गुण हैं।

७. अंत में इस सम्पूर्ण साहित्य-व्यापार का लक्ष्य स्पष्ट करते हुए आचार्य वाजपेयी का कहना है कि रूप या सौंदर्य की सृष्टि द्वारा उच्चकोटि के लौकिक या अलौकिक आनंद का उद्रेक ही साहित्य और कलाओं का लक्ष्य है।[३२]

आचार्य शुक्ल द्वारा किये गये काव्य-विवेचन और आचार्य वाजपेयी द्वारा किये गये इस काव्य-विवेचन को साथ-साथ रखकर देखने पर काव्य संबंधी आदर्शवादी तथा स्वच्छंदतावादी धारणा का अंतर अपने आप स्पष्ट हो जाता है। आचार्य वाजपेयी द्वारा दी गई काव्य की परिभाषा भी आचार्य शुक्ल की परिभाषा से भिन्न महत्त्व रखती है। आचार्य वाजपेयी के अनुसार 'काव्य तो प्रकृत मानव अनुभूतियों का नैसर्गिक कल्पना के सहारे ऐसा सौंदर्यमय चित्रण है जो मनुष्य मात्र में स्वभावतः अनुरूप भावोच्छ्वास और सौंदर्य संवेदन उत्पन्न करता है।[३३]

आचार्य वाजपेयी की इस परिभाषा में प्रकृत मानव अनुभूतियों, नैसर्गिक कल्पना, सौंदर्यमय चित्रण तथा अनुरूप भावोच्छ्वास तथा सौंदर्य-संवेदन जैसे शब्दों को विशेष रूप से रेखांकित किया जा सकता है, जिनमें ही काव्य-रचना के नये प्रतिमान निहित हैं।

हमारे कहने का आशय यहाँ यह नहीं है कि आचार्य वाजपेयी आचार्य द्विवेदी अथवा डॉ. नगेन्द्र की काव्य संबंधी मान्यताएँ पूर्ववर्ती मान्यताओं से बिल्कुल भिन्न हैं। हमारा आशय यहाँ यही प्रस्तुत करना है कि हिन्दी स्वच्छंदतावाद के इन समीक्षकों ने नई काव्य रचना की प्रकृति और नये युग संदर्भों को दृष्टि में रखते हुए ही काव्य-मूल्यांकन के नये प्रतिमान निर्देशित किये हैं तथा परंपरागत मान्यताओं से अलग नहीं हुए हैं, जहाँ उन्हें परम्परागत मान्यताएँ नये युग की काव्य-रचना को समझने और परखने में अनुपयोगी प्रतीत हुई है। इनके काव्य-चिंतन में ऐसे अनेक उदाहरण देखे जा सकते हैं, जहाँ इन्होंने न केवल नयी काव्य-रचना के अनुरूप अनेक परम्परागत मान्यताओं में संशोधन-परिवर्द्धन किया है, उन्हें नयी व्याप्ति दी है, वरन् कभी-कभी ऐसी परम्परागत मान्यताओं को पूरी तरह स्वीकार भी किया है, जो बदले हुए समय के संदर्भों में भी अपनी सार्थकता रखने में समर्थ हुईं।

उदाहरण के लिये हम हिन्दी के स्वच्छंदतावादी समीक्षकों के रस-चिंतन को ही ले सकते हैं। हिन्दी के स्वच्छंदतावादी काव्य-चिंतन के तीनों प्रमुख पुरस्कर्ता आचार्य वाजपेयी, आचार्य हजारीप्रसाद द्विवेदी एवं डॉ. नगेन्द्र रस की सत्ता को पूरी तरह स्वीकार करते हैं; किन्तु वे उस अर्थ में रसवादी नहीं हैं, जिस अर्थ में आचार्य पं. रामचन्द्र शुक्ल थे। ऊपर के अपने विवेचन में हमने काव्य संबंधी आचार्य वाजपेयी की जो परिभाषा प्रस्तुत की है, उसके अंतर्गत आचार्य वाजपेयी ने कविता के लिए मनुष्य मात्र में स्वभावतः अनुरूप भावोच्छ्वास और सौंदर्य-संवेदन उत्पन्न करने की जो बात कही है, उसी क्रम में उनका कहना है कि इसी सौंदर्य-संवेदन को भारतीय पारिभाषिक शब्दावली में रस कहते हैं। इसके साथ-साथ उनकी यह भी टिप्पणी है कि यद्यपि यह स्वीकार करना होगा कि रस का हमारे यहाँ दुरुपयोग भी कम नहीं किया गया। आचार्य वाजपेयी ने रस का संबंध जीवन की व्यापक भूमिकाओं से जोड़ा है। उन्होंने रस के ऊपर चढ़े शास्त्रीयता के जाल को हटाते हुए उसे नये काव्य की परीक्षा के लिए अधिक उपयोगी बनाकर प्रस्तुत किया है। रस की रूढ़ियों पर उनका विश्वास नहीं है। उनका कथन है कि कला की परीक्षा किसी पूर्व निश्चित दार्शनिक अथवा साहित्यिक सिद्धांत को लेकर नहीं की जा सकती। सिद्धांत सीमित है, जबकि कला की कोई सीमा नहीं; केवल सौंदर्य को ही कला की सीमा या बंधन माना जा सकता है।[३४]

इस संदर्भ में उनका यह भी कहना है कि काव्य का वास्तविक सौंदर्य कवि के काव्योत्कर्ष की भावात्मक परीक्षा में निहित है। भावना, अनुभूति या संवेदन ही वह तत्त्व है, जिसके आधार पर समीक्षा के स्थायी मानदंड का निर्माण किया जा सकता है। इसी में कला का सौष्ठव निहित है। वाजपेयी जी कला के सौहार्य या सौष्ठव के अंतर्गत कला के समस्त उपकरणों का समावेश मानते हैं। अनेक स्थलों पर उन्होंने काव्यगत संवेदन की चर्चा की है और उसके अंतर्गत अभिव्यक्त-सौष्ठव तथा जीवन-सौंदर्य दोनों को परिगणित किया है। कहना न होगा कि आचार्य वाजपेयी का यह काव्यगत संवेदन न केवल भारतीय रसमत के समान हैं, वरन् उसे हम काव्यात्मक अनुभूति का पर्याय भी मान सकते हैं। आचार्य वाजपेयी रस का संबंध मानवतावाद से भी स्थापित करते हैं। उनका कहना है कि समाज के आदर्शों में परिवर्तन होने के बावजूद जीवन के मूलभूत तथ्य नहीं बदला करते। जीवन के ये मूलभूत तथ्य ही मानवतावाद की संज्ञा के अधिकारी हैं। भारतीय आचार्यों ने जिसे रस कहा है, वह जीवन की मौलिक और मूल्यवान यही मानव भावना है। काव्य के सौष्ठव की परीक्षा इसी व्यपाक मानवतावाद के आधार पर की जा सकती है। उन्होंने लिखा है कि 'जब हम कहते हैं कि रस काव्य की आत्मा है, तब हमारा आशय यह होता है कि प्रत्येक काव्य में, यदि वह वस्तुतः काव्य है, समाज के लिए आह्लादकारी, भावात्मक, नैतिक और बौद्धिक अनुभूतियों का

संकलन होगा ही। 'रस' शब्द से आचार्यों का आशय काव्य की इसी मानवतावादी सत्ता से है।[३५] भावात्मक और नैतिक अनुभूतियों के साथ-साथ बौद्धिक अनुभूति को भी अपने रस-चिंतन में जोड़कर पूर्ववर्ती रस-चिंतन में एक नए अध्याय की सृष्टि की है और उसे अधिक व्यापक बनाया है। जहाँ वे नैतिक अनुभूतियों की बात करते हैं, वहाँ भी उनका आशय बहुत उदात्त नैतिक चेतना से है जो स्थूल नीति-तत्त्व से भिन्न है।

आचार्य वाजपेयी की भाँति आचार्य हजारीप्रसाद द्विवेदी ने भी अपने उदात्त मानवतावादी चिंतन के संबंध में काव्य और रसतत्त्व की व्याख्या की है। आचार्य द्विवेदी का साहित्य संबंधी यह अभिमत अत्यधिक चर्चित है : 'मैं साहित्य को मनुष्य की दृष्टि से देखने का पक्षपाती हूँ, जो वाग्जाल मनुष्य को दुर्गतिहीनता और परमुखापेक्षा से बचा न सके, जो उसकी आत्मा को तेजोद्दीप्त न बना सके, जो उसके हृदय को परदुखकातर और संवेदनशील न बना सके उसे साहित्य कहने में मुझे संकोच होता है।'[३६] वे मनुष्य के अलावा बाकी सारी बातों को गौण मानते हैं। साहित्यकार के सारे प्रयत्नों का लक्ष्य वे मनुष्य का उत्थान मानते हैं। अलंकार, छंद, रस का अध्ययन मनुष्य को समझने का ही साधन है, ये अपने आप में कोई स्वतंत्र चरम मान नहीं। साहित्य, उनके अनुसार, किसी एक व्यक्ति की मानसिक कल्पना नहीं है। वह समूची सामाजिक चेतना का अनुसरण है। सारे मानव समाज को सुंदर बनाने की साधना का नाम ही उनके अनुसार साहित्य है। उसे वे मनुष्य की सबसे सूक्ष्म और महनीय साधना का प्रकाश मानते हैं। वस्तुतः मनुष्य को केन्द्र में रखकर आचार्य द्विवेदी का यह मानवतावादी साहित्य-चिंतन देखा जाय, तो रस-सिद्धांत से विलग नहीं है। स्वच्छंदतावादी चिंतकों ने रस की जिस उदात्त भावभूमि की चर्चा की है। आचार्य द्विवेदी का साहित्य-चिंतन उसी की व्याख्या कहा जा सकता है। मनुष्य के मंगल की बात या लोक के मंगल की बात आचार्य शुक्ल ने भी की है; किन्तु आचार्य द्विवेदी का लोकमगंल किसी आदर्श पुरुष की अवधारणा पर आधारित न होकर सामान्य मनुष्यत्व की अवधारणा पर आधारित है। वैसे काव्य के जिस लोक सामान्य भूमिका का विवेचन आचार्य शुक्ल ने किया है, आचार्य द्विवेदी के मानवतावादी काव्य-चिंतन में उसको और भी विस्तार दिया गया है। अन्य स्वच्छंदतावादी चिंतकों की भाँति आचार्य द्विवेदी भी काव्य में अनुभूति को केन्द्रीय मानते हैं और यह भी कहते हैं कि काव्य में अभिव्यक्त होने के बाद अनुभूति वैयक्तिक न रहकर सामाजिक हो जाती है। कवि की अनुभूति ही पाठक के भीतर वासना रूप में स्थित भावों को उद्बुद्ध करके रस-संचार करती है। रस की लोकोत्तरता का विरोध और उसकी लोकपरकता का समर्थन करते हुए उनका कहना है कि जब रस को अनिर्वचनीय कहा जाता है, तो उसका अर्थ अमानवीय नहीं है। इसका अर्थ केवल इतना है कि इसे व्याख्या द्वारा नहीं समझाया जा सकता । उसे केवल अनुभव किया जा सकता है। वह

एक मात्र अनुभव का ही विषय है।[३७].

हिन्दी के स्वच्छंदतावादी काव्य-चिंतन के उन्नयन में डॉ. नगेन्द्र का योगदान भी प्रथम दो आचार्यों के समान ही महत्त्वपूर्ण है। यद्यपि डॉ. नगेन्द्र ने परंपरागत रस-सिद्धांत की शास्त्रीयता को उपर्युक्त दो आचार्यों की तुलना में आगे बढ़कर मान्यता दी है; किन्तु उन्होंने पश्चिमी मनोविज्ञान के साथ परम्परागत रस-सिद्धान्त का संबंध जोड़कर उसे आचार्य शुक्ल की तुलना में अधिक व्यापक आधार प्रदान किया है। स्वच्छंदतावादी चिंतकों के अंतर्गत डॉ. नगेन्द्र का उल्लेख करने में हमें इस कारण कोई हिचक नहीं है कि अपने काव्य चिंतन में उन्होंने भी स्वच्छंदतावादी काव्य-चिंतन की मूल निष्पत्तियों को पूरी स्वीकृति प्रदान की है।

आत्माभिव्यक्ति को ही साहित्य का मूल तत्त्व मानते हुए उन्होंने साहित्य के संबंध में अपनी स्वच्छंदतावादी धारणा को बिल्कुल स्पष्ट कर दिया है। उनके अनुसार - आत्माभिव्यक्ति ही वह मूल तत्त्व है, जिसके कारण कोई व्यक्ति साहित्यकार और उसकी कृति साहित्य बन पाती है।[३८] आत्माभिव्यक्ति को हम डॉ. नगेन्द्र का मूल काव्य-सिद्धांत कह सकते हैं। अपने काव्यमत को और भी अधिक स्पष्ट करते हुए उनका कहना है कि 'साहित्य मूलतः हृदय व्यापी है और इसका माध्यम अनुभूति है। मानव मात्र के हृदय में देशकाल की सीमा का अतिक्रमण करता हुआ राग का तार अनुस्यूत है। रागात्मक धरातल पर जीवन के सभी स्थूल भौतिक भेद मिट जाते हैं। यह शुद्ध, शाश्वत मानवीय धरातल साहित्य का सहज धरातल है। मानव अपने अंतरतम रूप में जो है, वही साहित्य का विषय है। यहाँ मनुष्य न नीतिवादी है, न बुद्धिवादी - वह विशुद्ध रागात्मक है। इसी से साहित्य का संबंध है।'[३९]

डॉ. नगेन्द्र ने आत्माभिव्यक्ति के सिद्धांत का संबंध रस-सिद्धांत से जोड़ते हुए भारतीय और पश्चिमी साहित्य-सिद्धांतों में एक समन्वय स्थापित करने का प्रयास किया है। रस-चिंतन पर उनकी अखंड आस्था है, वे रस को साहित्य का चरम मान मानते हैं, जिसकी अखंडता में व्यष्टि और समष्टि, सौंदर्य और उपयोगिता, शाश्वत और सापेक्षिक का अंतर मिट जाता है। उनके अनुसार अन्य कथित मान या तो रस के एकांगी-व्याख्यान हैं या फिर असाहित्यिक मान हैं, जिनका आरोप साहित्य के लिए अहितकर है।

साहित्य के सौंदर्यमूलक और उपयोगितामूलक मूल्यों की चर्चा करते हुए उनका कहना है कि ये एक-दूसरे के पूरक हैं और इन दोनों में सापेक्षिक मूल्य आनंद का ही अधिक है। रस को वे अनिवार्यतः आनंदमयी स्थिति मानते हैं; क्योंकि संवेदन अपने आप में न कटु है न मधुर है। कटुता और माधुर्य तो अनुभूति के गुण हैं। जब संवेदनों में सामंजस्य और अन्विति स्थापित हो जाती है, तो अनुभूति मधुर होती है अन्यथा कटु।

किन्तु अंततः जीवन के कटु अनुभव भी काव्य में अपने तत्त्व रूप संवेदनों के समन्वित हो जाने से आनंदप्रद बन जाते हैं।'[४०]

काव्य के तत्त्व की चर्चा करते हुए स्वच्छंदतावादी दृष्टि के अनुरूप ही डॉ. नगेन्द्र ने अनुभूति को सर्वोपरि माना है। इसके उपरांत उन्होंने कल्पना तत्त्व को अनुभूति तत्त्व के सहायक तत्त्व की स्थिति दी है। कल्पना के विधायक रूप को डॉ. नगेन्द्र ने महत्त्व दिया है। उसे वे अनुभव और बुद्धि पर आश्रित मानते हैं, अनुभूति से विच्छिन्न कल्पना को वे कोरी करामात कहते हैं। आचार्य वाजपेयी की भाँति वे भी कविता को किसी सिद्धान्त का वाहक स्वीकार नहीं करते। कविता के कला और शिल्प पक्ष संबंधी उनका विवेचन भी इसी तथ्य पर बल देता है कि वह काव्य के अनुभूति तत्त्व को पुष्ट करे।

आचार्य शुक्ल रसवादी आचार्य थे; किन्तु उनका रसवादी-चिंतन उनके लोकमंगलवादी साहित्य-सिद्धान्त का अनुवर्ती था। रस से मिलने वाले आनंद में ही कविता का साध्य मान लेने को आचार्य शुक्ल ने इस आधार पर अस्वीकार किया था कि यह तो मार्ग को ही अंतिम गन्तव्य मान लेना है। कविता की सार्थकता उन्होंने कर्म की उत्तेजना में स्वीकार की और कर्म की इस उत्तेजना का संबंध अपने लोकमंगलवादी चिंतन से जोड़ा। आचार्य शुक्ल के बाद नई स्वच्छंदतावादी समीक्षा के आचार्यों ने आचार्य शुक्ल की साहित्य दृष्टि को साहित्येतर प्रतिमानों पर आधारित मानते हुए उसकी सीमाओं का निर्देश किया। उन्होंने उपयोगितावाद को स्थूल मानदंड घोषित करते हुए सौंदर्यजनित आनंद को ही सर्वोच्च मान्यता दी। उन्होंने कालरिज के इस कथन को पूरी तरह स्वीकार किया कि सौंदर्य के माध्यम से सद्यः आनंदोद्रेक के लिए भावों को जाग्रत करना ही काव्य का उद्देश्य है। राजनीति, अर्थनीति, समाजनीति, धर्मनीति आदि को साहित्य को प्रभावित करने वाले तत्त्वों के रूप में स्वीकार करते हुए उन्होंने इन्हें साहित्य का विधायक तत्त्व स्वीकार नहीं किया। उन्होंने भावावेग और अनुभूति को ही साहित्य के केन्द्रीय तत्त्व के रूप में मान्यता दी। अनुभूतिजन्य सहज आनंद को ही उन्होंने काव्य का प्रधान उद्देश्य माना, और इसका संबंध सत्य और शिव से भी स्थापित किया। साहित्य समीक्षा में उन्होंने मूलतः साहित्यिक और मनोवैज्ञानिक सत्यों को केन्द्र में रखा और काव्य की परीक्षा करते हुए उसकी भाव-छवियों पर ही अपनी दृष्टि प्रधान रूप से केंद्रित की। उन्होंने न केवल आ. शुक्ल द्वारा प्रवर्तित साहित्य-दृष्टि का विरोध किया, वरन् परवर्ती प्रगतिवादी साहित्य-दृष्टि को भी इस आधार पर अस्वीकार किया कि 'वह साहित्य के मनोवैज्ञानिक और कलात्मक सौष्ठव की अपेक्षा उसमें अभिव्यक्त वर्गवादी सिद्धान्तों को अधिक महत्त्व देती है और वर्गवाद के आधार पर ही साहित्य का नया मानदंड स्थिर करना चाहती है।'[४१] उन्होंने इस साहित्य दृष्टि को साहित्य-सिद्धान्त के रूप में मानने से इन्कार किया।

स्वच्छंदतावादी समीक्षा की इस साहित्य दृष्टि का परिणाम यह हुआ कि काव्य में प्रगीतों को विशेष महत्त्व मिला और वस्तु तथा विषय की प्रधानता वाले प्रबंधकाव्य गौण हो गये। उन्होंने अपनी इस साहित्य दृष्टि का निर्माण नये छायावादी काव्य के आधार पर किया। इस छायावाद की व्याख्या उन्होंने विस्तार से की और अनुभूति की केन्द्रीयता के साथ-साथ उसका संबंध व्यापक राष्ट्रीय तथा मानवीय भूमियों से जोड़ा। इस संदर्भ में आचार्य हजारी प्रसाद द्विवेदी के मानवतावादी चिंतन का उल्लेख हम कर चुके हैं।

समग्रतः स्वच्छंदतावादी समीक्षा साहित्य या काव्य के मूल्यांकन के संदर्भ में ऐसे नये प्रतिमानों को सामने लायी, जो पूर्ववर्ती समीक्षा में उतने मुखर नहीं थे। इन नये प्रतिमानों के आधार पर इस समीक्षा-दृष्टि ने साहित्य या काव्य में निहित भाव तथा सौंदर्य तत्त्व की मार्मिक व्याख्या की। पहली बार साहित्य या काव्य का मूल्यांकन साहित्य तथा काव्य से संबंध रखने वाले तत्त्वों के आधार पर ही संभव हो सका।

सार रूप में स्वच्छंदतावादी समीक्षा द्वारा प्रस्तुत काव्य-दृष्टि को हम निम्नलिखित प्रकार से समझ सकते हैं -

(क) स्वच्छंदतावादी समीक्षा-दृष्टि काव्य तत्त्वों में बहिर्मुखता के स्थान पर एक अंतर्मुखी प्रमाण के रूप में स्वीकार की जा सकती है। इसके अंतर्गत प्रथम बार कवि के स्वतंत्र व्यक्तित्व, उसकी स्वतंत्र अनुभूतियों, लालसाओं तथा संघर्षों को काव्य में स्वीकृति प्राप्त हुई तथा नये जीवन-मूल्यों की प्रतिष्ठा के साथ-साथ, इसने कविता के अंतर्गत व्यक्तिनिष्ठ प्रयोग की प्रवृत्ति को प्रोत्साहित किया।

(ख) स्वच्छंदतावादी समीक्षा-दृष्टि ने परंपरा से चली आती हुई निर्जीव काव्य रूढ़ियों को अमान्य करते हुए साहित्य तथा काव्य में व्यक्तिगत अनुभूतियों की केन्द्रीयता को स्वीकार किया । उसने युग के अनुकूल जीवन-दर्शन और विशुद्ध काव्यगत प्रतिमानों के आधार पर ही कविता के मूल्यांकन की बात उठायी। कविता के अंतर्गत आत्मनिष्ठता तथा स्वानुभूति के विस्तार को सर्वोच्च महत्त्व दिया गया।

(ग) परम्परागत वस्तु का ही नहीं वरन् परम्परागत काव्य-शिल्प का भी विरोध करते हुए स्वच्छंदतावादी समीक्षा ने अभिनव वस्तु-विधान, नई भाषा, नए छंद, नए रूप, नई शैली, नई अलंकार-योजना की आवश्यकता को प्रतिपादित किया। रचना के भीतर से निश्चित सौंदर्य-मानों को ही रचना की परख का आधार माना गया।

(छ) आत्मानुभूति की मौलिक अभिव्यक्ति के साथ-साथ कविता में भावना, ज्ञान तथा कर्म के समन्वय पर बल देते हुए कल्पना तत्त्व को काव्य-रचना की विधायक शक्ति के रूप में मान्यता दी गई।

(ङ) काव्य में आनंद तत्त्व को उद्देश्य के रूप में स्वीकार किया गया, जिसे सौंदर्य

जनित भी बताया गया।

(च) राष्ट्रीयता तथा सामाजिक संदर्भों को काव्य-रचना के प्रेरक तत्त्वों के रूप में अस्वीकार नहीं किया गया; किन्तु उन्हें विधायक नहीं माना गया।

भारतेन्दु हरिश्चन्द्र को आधुनिक साहित्य का जनक कहा जाता है। जैसा कि हमने देखा है, रचनात्मक साहित्य के साथ-साथ भले ही अत्यंत अल्प मात्रा में, उन्होंने साहित्य-समीक्षा के क्षेत्र में भी कतिपय नये प्रस्थान बिन्दुओं का निर्देश किया, जिन्हें आगे के समीक्षकों ने और भी अधिक विकसित और पल्लवित करते हुए मान्य साहित्य सिद्धांतों का रूप प्रदान किया। उदाहरण के लिये नाटक की विवेचना करते हुए भारतेन्दु ने परंपरागत तत्त्वों में समृद्धि करते हुए 'समाज-संस्कार' तथा 'देश- वत्सलता' नामक दो नये तत्त्वों का जिक्र किया था। अपने जीवन काल में भारतेन्दु को इतना समय नहीं मिल पाया था कि वे साहित्य-समीक्षा के विषय में कोई निश्चित दृष्टिकोण सामने रखते अथवा स्फुट रूप में कही गयी अपनी बातों को विस्तार से विश्लेषित करते किंतु उन्हीं के समय में उन्हीं के मंडल के दूसरे समीक्षकों ने अपने चिंतन में उनकी दृष्टि का विनियोग करते हुए, जो बातें सामने रखीं, उनसे उनकी अपनी समीक्षा-दृष्टि सामने आयी, भारतेन्दु के विचारों का पल्लवन भी हुआ। श्री बालकृष्ण भट्ट ने अपने साहित्य-चिंतन में 'समाज-संस्कार' तथा 'देश-वत्सलता' जैसे तत्त्वों को स्वीकार करते हुए साहित्य की और भी विस्तृत तथा व्यापक व्याख्या की। साहित्य को उन्होंने जन-समूह के हृदय का विकास तथा जन-समूह के हृदय का प्रतिबिम्ब माना और इस प्रकार यह प्रतिपादित किया कि साहित्य के अंतर्गत ऐसे भावों का ही चित्रण होना चाहिए, जो सामान्य जन के भाव हों। प्रकारान्तर से उन्होंने साहित्य और साहित्यकार के लोकहृदय से जुड़ने की बात कही और इसी में साहित्य या काव्य का स्थायित्व भी देखा। आचार्य महावीरप्रसाद द्विवेदी ने यद्यपि साहित्य के नैतिक आधार को आवश्यकता से अधिक महत्त्व प्रदान किया; किन्तु ऐसा नहीं है कि वे साहित्य की प्रकृति से परिचित न हों अथवा पूर्ववर्ती साहित्य-चिंतकों द्वारा दी गई स्थापनाओं से उनके अपने साहित्य-चिंतन का कोई संबंध न हो। वस्तुतः उन्होंने अपने पूर्ववर्ती साहित्य-चिंतकों की बातों को अपने चिंतन में पूरी तरह समाहित करते हुए साहित्य के ऐसे मूलभूत गुणों की ओर हमारा ध्यान आकर्षित किया, जो उसे स्थायी बनाते हैं। द्विवेदी जी भी विशुद्ध साहित्यिक समीक्षक नहीं थे और यही कारण है कि उनकी समीक्षा-दृष्टि में हमें गहराई नहीं देख पड़ती; किन्तु द्विवेदी जी सच्चे साहित्य-मर्मज्ञ अवश्य थे और उनके साहित्य-चिंतन में उनकी यह साहित्य-मर्मज्ञता बराबर दिखाई देती है। साहित्य का संबंध उन्होंने मानव जीवन की व्यापक अनुभूतियों से जोड़ा और कवियों तथा रचनाकारों से आग्रह किया कि वे मानव जीवन की समूची विविधता को साहित्य या काव्य में स्थान दें। उन्होंने

समूचे मानव जीवन को साहित्य का विषय घोषित करते हुए एक प्रकार से उसकी व्यापक प्रकृति का ही उद्‌घोष किया। रस और आनंद को महत्त्व देते हुए, उन्होंने इनके सतही रूप के प्रति रचनाकारों को सावधान किया। आचार्य द्विवेदी पहले साहित्य चिंतक हैं, जिन्होंने साहित्य में सहजता का समर्थन किया तथा ऐसी तमाम साहित्यिक रूढ़ियों का विरोध किया, जो इस सहजता में बाधक बनती हैं। उन्होंने मिल्टन की सादगी, असलियत और जोश जैसी काव्य-परिभाषा को स्वीकार करते हुए प्रकारान्तर से ईमानदार अनुभूतियों वाले सहज काव्य को अपना समर्थन प्रदान किया। साहित्य तथा काव्य के भाव-पक्ष के क्षेत्र में ही नहीं, उसकी कला या शिल्प-पक्ष के संबंध में भी उन्होंने रूढ़ियों से हटकर उदार तथा नये निर्देश दिये। जैसा कि हम कह चुके हैं उनका काव्य-चिंतन बहुत तात्त्विक नहीं है; किन्तु उसमें वे सारी संभावनाएँ विद्यमान हैं, जो आगे चलकर आचार्य शुक्ल जैसे काव्य-मनीषी और सिद्ध आलोचक के माध्यम से एक अत्यंत प्रौढ़ और तात्त्विक काव्य-चिंतन के रूप में साकार हुई।

नई स्वच्छंदतावादी समीक्षा के पुरस्कर्ताओं ने आचार्य शुक्ल के काव्य-चिंतन पर प्रश्न भले ही लगाये हों, इस नाते उनके चिंतन की सीमाओं को उभारा हो कि उन्होंने काव्य की परीक्षा मूलतः काव्येतर मानदंडों से की और परिणामस्वरूप युग की नयी काव्य प्रवृत्तियों की उपेक्षा की; किन्तु जैसा कि इन स्वच्छंदतावादी काव्य-चिंतकों में शीर्ष महत्त्व रखने वाले आचार्य वाजपेयी का ही कथन है – महत्त्व सीमाओं का नहीं सीमाओं के भीतर किये गये कार्य का है। आचार्य शुक्ल के काव्य-चिंतन को प्रस्तुत करते हुए दूसरे अध्याय में हम उनकी उपलब्धियों की विस्तृत चर्चा कर चुके है। हम यहाँ उन्हें दुहराना नहीं चाहते; किन्तु इतना पुनः कह देना चाहते हैं कि स्वच्छंदतावादी काव्य चिंतकों ने आचार्य शुक्ल की आलोचना ही नहीं की है। उन्होंने समीक्षा के क्षेत्र में उनके अभूतपूर्व योगदान की सराहना भी की है और उससे प्रेरणा ग्रहण करने की बात भी स्वीकार की है। देखा जाय तो काव्य-चिंतन के क्षेत्र में जो भी विचार और विचार-दृष्टियाँ देश और विदेश के समीक्षकों द्वारा अब तक सामने आई हैं, उनका एक मात्र सहृदय को यह बोध देना ही रहा है कि वह श्रेष्ठ काव्य को अश्रेष्ठ या सामान्य स्तर के काव्य से अलग कर सके और कविता के श्रेष्ठत्व को बिना किसी शंका के पहचान और परख सके। इसके अलावा काव्य समीक्षा अथवा काव्य संबंधी चिंतन का कोई महत्त्वपूर्ण पक्ष नहीं दिखाई पड़ता। आचार्य शुक्ल के चिंतन में भले ही कतिपय सीमाएँ रही हों; किन्तु जहाँ तक सच्ची काव्य मर्मज्ञता का प्रश्न है, उनके विरोधियों तक ने उसे स्वीकार ही नहीं किया, मुक्त कंठ से सराहा भी है। यही नहीं उन्होंने यह भी कहा है कि आचार्य शुक्ल सहृदयों को भी अच्छे और बुरे काव्य में भेद कर सकने का विवेक देने में समर्थ और सहायक सिद्ध हुए हैं। कविता के स्वरूप, उसकी प्रकृति और उसके चरित्र

की आचार्य शुक्ल को कितनी सार्थक पहचान थी इसका परिचय हम उनसे संबंधित अध्याय में कविता के संबंध में उनके विचारों का उल्लेख करते हुए दे चुके हैं। कविता को भावयोग के समकक्ष मानते हुए लोकजीवन की मार्मिक अनुभूतियों के साथ उसके जुड़ने की हिमायत करते हुए नर-क्षेत्र और प्रकृति-क्षेत्र अर्थात् जीवन की समग्रता तक उसके विस्तार की बात करते हुए, विशेषत्व से निर्विशेषत्व तक पहुँचने में ही उसकी चरितार्थता बताते हुए तथा रस की अत्यंत गहरी सत्ता से उसका संबंध स्थापित करते हुए उन्होंने काव्य की प्रकृति, उसके स्वरूप और उसके प्रयोजन का जो भी विवेचन किया है, वह सीमाओं से परे तो है ही, उनके काव्य संबंधी प्रौढ़ चिंतन का भी परिचायक है।

आचार्य शुक्ल के उपरांत सामने आने वाली स्वच्छंदतावादी समीक्षा में पुरानी शास्त्रीय रूढ़ियों से विद्रोह की भूमिका दिखाई पड़ती है; किन्तु शास्त्रीयता की राह पर चलते हुए ही शास्त्र की रूढ़ियों का जितना प्रखर विरोध हमें आचार्य शुक्ल में दिखाई पड़ता है, वह अन्यत्र दुर्लभ है। यह सही है कि उन्होंने कविता के सर्वोच्च प्रतिमान के रूप में परम्परागत रस-तत्त्व को मान्यता दी, किन्तु यह भी उतना ही सच है कि आचार्य शुक्ल का रस-विवेचन परम्परागत शास्त्रीय रूढ़ियों के जाल को न केवल छिन्न-भिन्न करते हुए सामने आया है, वरन् रस की नयी और मानवीय व्याख्या का श्रेय भी उन्हें प्राप्त है। वे परम्परागत रस-सिद्धान्त को आधुनिक संदर्भों में फिर से जीवित करने वाले आचार्य हैं और इस क्रम में उनके द्वारा की गई रस की व्याख्या इतनी क्रांतिकारी है कि उसके अभाव में रस-सिद्धान्त को आधुनिक संदर्भों में प्रतिष्ठा निल ही नहीं सकती थी। कहा जा सकता है कि आचार्य शुक्ल का रस-चिंतन शास्त्र की रूढ़ियों से मुक्त है। कविता को और कविता से मिलने वाले रस तथा आनंद को लोकजीवन के संदभा में ही विश्लेषित करके और उसे मानवीय जीवन में ही पूरी व्याप्ति देकर उन्होंने युगान्तरकारी कार्य सम्पन्न किया है। आचार्य शुक्ल पर उनके लोकमंगलवादी चिंतन के संबंध में नीतिवाद का प्रश्रय देने का आरोप लगाया जाता है; किन्तु गहराई से विचार करें, तो लोकमंगलवादी भूमिका के कट्टर समर्थक होते हुए भी आचार्य शुक्ल स्थूल नीतिवाद के पोषक नहीं रहे। अपनी लोकमंगलवादी चिंतना में वे कुछ दूर तक अवश्य चले गये हैं और इस नाते प्रबंध काव्यों की तुलना में प्रगीत जैसे काव्य-रूपों की उपेक्षा भी हुई है। किन्तु उनकी लोकमंगलवादी चिंतना को यदि उनकी रसवादी चिंतना तथा काव्य संबंधी उनकी समझ के साथ रखकर विचार किया जाय, तो स्पष्ट होगा कि उनकी लोकमंगलवादी चिंतन और उनका रसवादी चिंतन वस्तुतः एक-दूसरे में घनिष्ठता पूर्वक अनुस्यूत हैं। दोनों एक-दूसरे के पूरक हैं और उन्हें पृथक् नहीं किया जा सकता। आचार्य शुक्ल के काव्य-चिंतन की जो सीमाएँ हैं। वे भी वस्तुतः उनके युग और उनके समय की सीमाएँ

हैं, जिन्हें वे जितनी दूर तक लाँघ सकते थे, उन्होंने लाँघा और जहाँ नहीं लाँघ पाये, उस क्षति की पूर्ति आगे के समीक्षकों द्वारा हुई। हिन्दी के स्वच्छंदतावादी काव्य-चिंतन में पश्चिम के स्वच्छंदतावादी काव्य की तुलना में सामाजिकता तथा मानवीय भूमिका के प्रति जो खास आग्रह दिखाई पड़ता है, उसे बहुत कुछ आचार्य शुक्ल के काव्य-चिंतन की प्रेरणा माननी चाहिए। कविता की अलौकिक दिव्य अथवा लोकेतर व्याख्याओं को इतना कड़ा विरोध आचार्य शुक्ल कर चुके थे कि आगे के स्वच्छंदतावादी समीक्षकों को उससे भिन्न दिशाओं में जाने की आवश्यकता ही अनुभव न हुई। आचार्य शुक्ल द्वारा निर्मित इस पीठिका के अभाव में बहुत संभव था कि हिन्दी का स्वच्छंदतावादी काव्य-चिंतन भी पश्चिम की भाँति एकदम आत्मवादी आधारों पर स्थित हो जाता और फलतः कविता की अलौकिक तथा रहस्यवादी व्याख्याओं के लिये नये रास्ते खुल जाते। हम यह बात जोर देकर कह सकते हैं कि भारतेन्दु से प्रारंभ होकर आचार्य शुक्ल तक हिन्दी काव्य-चिंतन का जो स्वरूप सामने आया, उसमें उसने न केवल आगामी स्वच्छंदतावादी काव्य-चिंतन को अनुशासित किया, बल्कि उसके बाद भी स्पष्ट होने वाले प्रगतिवादी काव्य-चिंतन के विकास के लिये एक ठोस भारतीय संबल प्रदान किया। जैसा हम आगे चलकर देखेंगे कि हिन्दी का प्रगतिवादी काव्य-चिंतन अपनी दार्शनिक प्रेरणाओं में बहुत कुछ मार्क्सवादी विचार-दर्शन से प्रभावित है; किन्तु उसके निर्माण में भारतेन्दु से लेकर आचार्य शुक्ल तक के काव्य-चिंतन की भी गहरी सक्रियता है। जिस भौतिकवादी दार्शनिक चिंतन को उसके अंतर्गत प्रश्रय मिला है, वह पूरी तरह पश्चिम की अथवा मार्क्सवाद की ही देन नहीं है; वरन् उसके मूल में आचार्य शुक्ल के उस वस्तुवादी चिंतन का गहरा योग है, जो आचार्य शुक्ल की 'विश्व-प्रपंच' पुस्तक की भूमिका में बहुत स्पष्ट होकर सामने आयी है। कविता की लोकमंगलवादी व्याख्या के साथ-साथ उसकी भाव-सत्ता के प्रति जो विशेष ध्यान हिन्दी के प्रगतिवादी काव्य-चिंतन में दिया गया है, उसका बहुत कुछ श्रेय आचार्य शुक्ल को भी है।

आचार्य शुक्ल के काव्य-चिंतन की सीमाओं के विषय में हिन्दी के स्वच्छंदतावादी काव्य चिंतकों ने विस्तार से प्रकाश डाला है। इस स्वच्छंदतावादी काव्य-चिंतन में उक्त सीमाओं से हटकर काव्य-विवेचन की एक नई दिशा भी बड़ी समग्रता के साथ और बड़े स्पष्ट रूप में उभरकर सामने आयी है। कहा जा सकता है कि काव्य-सत्ता को उसी के भीतर से पहचानने और परखने का प्रयास हिन्दी काव्य-चिंतन के क्षेत्र में पहली बार स्वच्छंदतावादी समीक्षा के अंतर्गत हुआ है। इस संदर्भ में आचार्य वाजपेयी और डॉ. नगेन्द्र का प्रदेय विशेष रूप से महत्त्वपूर्ण हैं। ये वे समीक्षक हैं, जिन्होंने काव्य-विवेचन के संदर्भ में बाहरी प्रतिमानों को लागू करने का प्रतिरोध इस आधार पर किया; ताकि काव्य-विवेचन की शुद्धता बनी रहे। उस पर बाहरी शक्तियों और बाहरी तत्त्वों का

हस्तक्षेप न होने पाये। ऐसा नहीं है कि ये समीक्षक कविता के सामाजिक आधार की अवमानना करने वाले थे, अथवा काव्य का संबंध शेष जीवन से काटकर देखने की हिमायत करने वाले थें, हिन्दी के ये आचार्य भी कविता की मानवीय, सामाजिक, राष्ट्रीय तथा सांस्कृतिक आकृति के उतने ही प्रवर्तक हैं, जितने की आचार्य शुक्ल अथवा उनके पूर्ववर्ती आचार्य। इनके काव्य-चिंतन का सारा बल वस्तुतः इस ओर रहा है कि कविता की रचना उसके आस्वाद अथवा उसके मूल्यांकन के प्रतिमानों की व्याख्या करते हुए उसके साहित्यिक तथा मनोवैज्ञानिक पक्ष को ही विशेष रूप से प्रधानता मिले, दीगर तत्त्व केवल सहायक बनकर ही सामने आएँ। इससे कविता का काव्यत्व तथा मूल्यांकन की वस्तुपरकता सुरक्षित रहेगी; अन्यथा कविता से बाहर की शक्तियों की प्रधानता काव्य-तत्त्व को निर्जीव करके छोड़ देगी। मुख्य प्रश्न केवल बल का है कि कविता की व्याख्या करते समय बल कविता के भीतर से निश्चित किए हुए सौंदर्य प्रतिमानों पर ही रहे। अपनी इसी चिंतना से प्रेरित होकर इन समीक्षकों ने काव्य में अनुभूति तत्त्व की केन्द्रीयता का प्रतिपादन किया तथा उसकी निर्मिति में कल्पना-शक्ति के विशेष महत्त्व की चर्चा की। कविता को भावना, कल्पना, बुद्धि तथा कर्म - इन सबका समन्वय मानते हुए उन्होंने मूल्यांकन के प्रतिमानों की साहित्यिकता पर इस कारण बल दिया कि अच्छे और बुरे काव्य की पहचान करते समय कविता के अंतरंग तत्त्व ही हमारे सामने रहें। उन्हें प्रभावित और प्रेरित करने वाले दूसरे तत्त्व हमारे निर्णय को दूषित न करें। स्वच्छंदतावादी काव्य चिंतकों के इस प्रदेय का महत्त्व इस कारण है कि यदि कविता की साहित्यिक तथा मनोवैज्ञानिक जमीन पर ये इतना बल न देते, तो बहुत संभव था कि आचार्य शुक्ल की- सी काव्य मर्मज्ञता न रखने वाले लोगों के द्वारा कविता की पहचान और उसकी परख के ऐसे प्रतिमान गढ़ दिये जाते कि कविता का काव्यत्व ही हमारी पहचान और परख के बाहर हो जाता।

इस प्रकार हम देखते हैं कि भारतेन्दु हरिश्चंद्र से लेकर स्वच्छंदतावाद तक हिन्दी काव्य-चिंतन ऐसी उपलब्धियाँ कर लेता है, जो काव्य के अंतरंग और बहिरंग को पूरी सामर्थ्य के साथ हमारे समक्ष उद्घाटित करने में सक्षम हो जाती है। आचार्य शुक्ल के काव्य-चिंतन और उनके बाद के स्वच्छंदतावादी काव्य-चिंतन को समग्रता में लेने पर हम ऐसे प्रतिमानों को पा जाते हैं, जिनके आधार पर काव्य के अंतरंग सौंदर्य से साक्षात्कार करते हुए हम उसके सामाजिक महत्त्व से भी परिचित हो सकें।

संदर्भ

१. हिन्दी साहित्य : बीसवीं शताब्दी : आचार्य नंददुलारे वाजपेयी, पृ. ९३।

२. वही, पृ. ८७।
३. नया साहित्य : नए प्रश्न : आचार्य नंददुलारे वाजपेयी, पृ. ७९।
४. मार्क्सवादी साहित्य चिंतन : डॉ. शिवकुमार मिश्र, पृ. ९७।
५. वही, पृ. ७४।
६. वही, पृ. ७५।
७. वही, पृ. ७६।
८. साहित्य-समीक्षा के पाश्चात्य मानदंड : डॉ. राजेन्द्र वर्मा, पृ. ९७।
९. इतिहास और आलोचना : डॉ. नामवर सिंह, पृ. १२८।
१०. काव्य-कला तथा अन्य निबंध : जयशंकर प्रसाद, पृ. ४२।
११. स्कंदगुप्त (प्रथम अंक) : जयशंकर प्रसाद, पृ. २१।
१२. काव्य-कला तथा अन्य निबंध : जयशंकर प्रसाद, पृ. ३८।
१३. हिन्दी काव्यशास्त्र का इतिहास : डॉ. भगीरथ मिश्र, पृ. ३६९।
१४. काव्य-कला तथा अन्य निबंध (प्राक्कथन) : जयशंकर प्रसाद।
१५. साहित्यावलोन : विनयमोहन शर्मा, पृ. ११४।
१६. काव्य-कला तथा अन्य निबंध : जयशंकर प्रसाद, पृ. १२३।
१७. वही, पृ. १२३-१२४।
१८. वही, पृ. १२८।
१९. प्रबंध-प्रतिमा : निराला।
२०. प्रल्लव (प्रवेश) : पंत।
२१. आधुनिक काव्य-रचना और विचार : आचार्य नंददुलारे वाजपेयी, पृ. १५।
२२. पल्लव (प्रवेश) : पंत, पृ.१५।
२३. वही, पृ. १८५।
२४. वही, पृ. १७।
२५. पथ के साथी : महादेवी, पृ. ८।
२६. क्षणदा : महादेवी, पृ. १२२।
२७. दीपशिखा (भूमिका) : महादेवी, पृ. १७।
२८. यामा : महादेवी, पृ. ७।
२९. आधुनिक कवि (भूमिका) : महादेवी, पृ. १७-१८।
३०. महादेवी का विवेचनात्मक गद्य, पृ. ९४।
३१. हिन्दी साहित्य : बीसवीं शताब्दी : आचार्य नंददुलारे वाजपेयी, पृ.२८-२९
३२. नया साहित्य : नये प्रश्न : आचार्य नंददुलारे वाजपेयी, पृ. ३४।
३३. आधुनिक साहित्य : आचार्य नंददुलारे वाजपेयी, पृ. ७।

३४. हिन्दी साहित्य : बीसवीं शताब्दी : आचार्य नंददुलारे वाजपेयी, पृ. ८३।
३५. आलोचना, अंक २२, पृ. ५।
३६. अशोक के फूल : आ. हजारीप्रसाद द्विवेदी, पृ. ७९।
३७. साहित्य का मर्म : आ. हजारीप्रसाद द्विवेदी, पृ. १६।
३८. विचार और विवेचन : डॉ नगेंद्र, पृ. ५२।
३९. विचार और विश्लेषण : डॉ. नगेंद्र, पृ. १०६।
४०. वही, पृ. २९।
४१. आधुनिक साहित्य : आचार्य नन्ददुलारे वाजपेयी, पृ. २८८।

अध्याय-४

प्रगतिवादी काव्य-चिंतन : सामाजिक यथार्थ तथा साहित्य की सामाजिक संदर्भता

प्रस्तावना

हिन्दी कविता में छायावाद जिन मूल्यों, आदर्शों और प्रवृत्तियों को लेकर अवतरित हुआ और इनसे युक्त होकर कविता की जो आकृति सामने आयी। यह सर्वविदित है कि पुरानी पीढ़ी के आचार्यों द्वारा उसे सहज समर्थन नहीं मिल सका। नई छायावादी कविता को अपने समर्थन के लिए नये समीक्षकों और नई समीक्षा–दृष्टि की आवश्यकता हुई। किन्तु युग और परिस्थितियों के बदलने के साथ ही छायावादी कविता को भी पृष्ठभूमि में चला जाना पड़ा और युग–सापेक्ष नई प्रगतिशील कविता के लिए मार्ग प्रशस्त करना पड़ा। छायावाद की समाप्ति के उपरांत जिस प्रगतिशील कविता का हिंदी कविता के मंच पर आगमन हुआ, वह अपने साथ मूल्यांकन के नये प्रतिमान भी लायी और इस प्रकार हिन्दी समीक्षा के क्षेत्र में भी एक नई दृष्टि की प्रतिष्ठा हुई।

यहाँ यह तथ्य दृष्टि से ओझल नहीं किया जा सकता कि प्रगतिशील कविता हो अथवा प्रगतिवादी समीक्षा, इनमें से किसी का भी उद्भव और विकास शून्य में नहीं हुआ है। एक नये दर्शन तथा एक नई जीवन–दृष्टि से अनुप्राणित होते हुए भी वे अपनी पूर्ववर्ती परम्परा से विच्छिन्न नहीं हैं। इसे मात्र संयोग नहीं कहा जा सकता कि जिस प्रकार छायावादी कविता के उपरांत जन्म लेने वाली प्रगतिशील कविता के प्रारम्भिक पुरस्कर्ता छायावाद के ही पंत और निराला जैसे कवि थे, उसी प्रकार प्रगतिवादी समीक्षा के लिए पथ–प्रशस्त करने वालों में आचार्य शुक्ल और स्वतः स्वच्छंदतावादी समीक्षा के पुरस्कर्ता आचार्य वाजपेयी और आचार्य हजारीप्रसाद द्विवेदी जैसे समीक्षकों का भी योग है। जहाँ तक प्रगतिवादी समीक्षा का संबंध है, हम तो यहाँ तक कह सकते हैं कि वह भारतेन्दु के समय से विकसित होने वाली लोकोन्मुख चेतना का ही एक विकास है, जिसे और भी संपुष्ट करने में मार्क्सवादी–समाजवादी दर्शन की सक्रिय भूमिका रही।

भारतेन्दु युग में बालकृष्ण भट्ट जैसे समीक्षकों ने साहित्य को जन-समूह के हृदय का विकास माना था। आचार्य महावीरप्रसाद द्विवेदी ने भी साहित्य की सामाजिक संदर्भता पर सदैव बल दिया। आचार्य शुक्ल की समीक्षा में ऐसे तत्त्वों की घनीभूत स्थिति दिखाई पड़ती है, जो आगे चलकर प्रगतिवादी समीक्षा में मार्क्सवादी दर्शन के नये आलोक में और भी विकसित और पल्लवित हुए हैं।

आचार्य शुक्ल तो लोकमंगल की कसौटी को लेकर साहित्य तथा काव्य के मूल्यांकन में प्रवृत्त हुए थे; किन्तु जब स्वच्छंदतावादी समीक्षा-दृष्टि के पुरस्कर्ता आचार्य वाजपेयी साहित्य की सामाजिक संदर्भता पर बल देते हुए हिन्दी की प्रगतिवादी समीक्षा का इसलिए स्वागत करते हैं कि उसने साहित्य के मूल्यांकन की एक नई और तेजस्वी दृष्टि हमें दी है, तो हमें मानना पड़ता है कि युग-संदर्भों के बदलने के साथ एक जीवित और जाग्रत मस्तिष्क में उथल-पुथल होना और नये मोड़ का आना स्वाभाविक है। महादेवी वर्मा के काव्य पर अपना अभिमत देते हुए आचार्य वाजपेयी ने जो प्रश्न उठाया है, वह स्पष्ट करता है कि वे विशुद्ध सौंदर्यवादी अथवा भावनावादी समीक्षक नहीं थे। इसके विपरीत वे सामाजिक-दृष्टि से ऐसे जागरूक विचारक थे, जो साहित्य और जीवन का अनिवार्य संबंध मानते थे। महादेवी वर्मा की कविता के संदर्भ में उठाया गया प्रश्न यह है : प्रश्न यह है कि साहित्यिक रचना का एकदम स्वतंत्र मूल्य है अथवा उसका मूल्य उसके सामाजिक सम्पर्क और प्रभाव में है? यदि साहित्य सामाजिक और वास्तविक जीवन स्रोत से अपना रस ग्रहण करना छोड़ देता है, तब केवल कल्पना या वैयक्तिक संवेदना की भूमि पर की गई रचना का साहित्यिक सामाजिक अथवा सांस्कृतिक मूल्य किस प्रकार आँका जाय?[१]

अपनी परवर्ती कृतियों में विशेषतः 'राष्ट्रीय साहित्य तथा अन्य निबंध' शीर्षक समीक्षात्मक कृति में आचार्य वाजपेयी ने ऐसी अनेक स्थापनाएँ दी हैं, जो उन्हें स्वच्छंदतावादी चिंतन से अधिक प्रगतिवादी चिंतन के निकट लाती हैं। उदाहरण के लिए साहित्य तथा कविता में वस्तु और रूप संबंधी विवाद पर अपना अभिमत देते हुए उन्होंने स्पष्ट कहा है कि वे साहित्य तथा कविता में वस्तु-तत्त्व की प्रमुखता देखना चाहते हैं। साहित्य तथा कविता की सामाजिक संदर्भता पर यहाँ और भी दो कदम आगे बढ़कर आचार्य वाजपेयी ने अपना अभिमत प्रस्तुत किया है। आचार्य हजारीप्रसाद द्विवेदी का संबंध भी समीक्षा की स्वच्छंदतावादी धारा से जोड़ा जाता है; किन्तु रचनात्मक साहित्य की भाँति उनकी समीक्षा-दृष्टि में भी मानववादी चिंतना का आधिपत्य है।

अपने इस विवेचन में हमारा मूल आशय इसी तथ्य को प्रतिपादित करना है कि हिन्दी की प्रगतिशील कविता हो अथवा प्रगतिवादी समीक्षा, मार्क्सवादी-समाजवादी विचार-दर्शन से अनुप्राणित होते हुए भी वे अपनी धरती और उस धरती की चिंतन-

परम्परा से कटी हुई नहीं हैं। हिन्दी की प्रगतिशील कविता तथा प्रगतिवादी समीक्षा पर प्रायः इस प्रकार का आरोप लगा दिया जाता है, मानो उनका विदेश से आयात किया गया हो।

हिन्दी की प्रगतिवादी समीक्षा तथा उसे प्रेरित करने वाली मार्क्सवादी दार्शनिक चिंतना का परिचय देने और उनका विश्लेषण करने के पूर्व संक्षेप में हम इस तथ्य पर कुछ प्रकाश डालना चाहेंगे कि अंततः वे कौन सी परिस्थितियाँ थी, जिन्होंने कविता तथा समीक्षा के क्षेत्र में नई दृष्टि तथा उसे अनुप्राणित करने वाली मार्क्सवादी-समाजवादी चेतना के लिए पथ प्रशस्त किया। इसके साथ ही हम इस बात की भी संक्षिप्त चर्चा करना चाहेंगे कि युग की बदली हुई परिस्थितियों से प्रेरित होकर किस रूप में और किस प्रकार से इस मार्क्सवादी-समाजवादी चेतना से भारतीय जीवन, भारतीय साहित्य तथा हिन्दी साहित्य में अपनी अभिव्यक्ति की। हिन्दी की प्रगतिवादी समीक्षा के मूल में मार्क्सवादी दर्शन की गहरी प्रेरणा को स्वीकार करते हुए भी इस विवेचन द्वारा हम इस विचार को सामने रखना चाहेंगे कि हिन्दी की नई सर्जना तथा नये चिंतन का मार्क्सवादी विचार धारा से अनुप्राणित होना तत्कालीन संदर्भों में बिलकुल स्वाभाविक था।

हिन्दी में छायावाद युग की परिसमाप्ति सन् १९३६ के आसपास मानी जाती है। छायावाद युग की समाप्ति के साथ-साथ हिन्दी में प्रगतिवादी युग का प्रारंभ भी सन् १९३६ ई. में ही स्वीकार किया जाता है। किन्तु हिन्दी में प्रगतिवादी युग का प्रारंभ भले ही सन् १६३६ ई. में हुआ हो, उसकी प्रेरक मार्क्सवादी-समाजवादी चेतना के बीज भारतीय जन-जीवन पर कुछ पहले ही पड़ चुके थे। वस्तुतः मार्क्सवादी-समाजवादी चेतना की अभिव्यक्ति देश के जन जीवन में सन् १९३०-३१ ई. के आसपास ही अपने निशान छोड़ने लगती है। तत्कालीन आर्थिक, राजनीतिक, सामाजिक और सांस्कृतिक परिस्थितियाँ ही इस नई चेतना का वाहक बनती हैं और उसे जीवन के विविध क्षेत्रों में प्रचारित तथा प्रसारित करती हैं।

यों तो भारत में मार्क्सवादी-समाजवादी विचार सन् १९१७ ई. के बाद ही प्रवेश पाने लगते हैं; किन्तु देश की धरती में अंकुरित होने और अपनी झड़ें जमाने में उन्हें कुछ समय लगता है। फिर भी सन् १९१७ की सफल रूसी क्रांति एक ऐसी घटना थी, जिसका गहरा प्रभाव उसी समय देश के जन-जीवन पर पड़ा और पराधीन भारत में चल रहे राष्ट्रीय आंदोलन के कर्णधारों ने क्रांति की इस सफलता से न केवल एक नई दृष्टि पायी, वरन् एक नया कार्यक्रम भी प्राप्त किया। यह रूसी क्रांति और उसके साथ सामने आने वाली समाजवादी विचारधारा का ही प्रभाव था कि राष्ट्रीय आंदोलन के जो नेता किसी समय राजनीतिक स्वतंत्रता की माँग तक ही सीमित थे, वे देश की आर्थिक स्वतंत्रता के लिए भी सन्नद्ध हो उठे। कराँची नगर में सन् १९३१ में हुए कांग्रेस

अधिवेशन में पहली बार स्वतंत्रता आंदोलन के मंच से देश की आर्थिक स्वतंत्रता की माँग की गयी और यह भी संकल्प किया गया कि स्वाधीन होने के उपरांत देश समाजवाद के पथ पर ही चलेगा।'[२] सन् १९३०-३१ के आसपास समाजवादी विचार इतने प्रबल हो उठते हैं कि किसानों और मजदूरों के संगठनों में और उनके क्रिया-कलापों में उनकी स्पष्ट भूमिका देखी जा सकती है। सन् १९२७ के अंत में यूरोप से लौटने के उपरांत पंडित जवाहरलाल नेहरू अपने प्रत्येक वक्तव्य में अपने समाजवादी संकल्प को दुहराते और समझौते का रास्ता छोड़कर साम्राज्यवाद के विरुद्ध व्यापक जन-आंदोलन की बात करते हैं। सन् १९३६ ई. के लखनउ में हुए कांग्रेस अधिवेशन में अध्यक्ष पद से भाषण देते हुए जवाहरलाल नेहरू स्पष्टतः कहते हैं कि 'जैसा कि आप लोगों को मालूम है, मुझे हर समस्या के प्रति समाजवादी दृष्टिकोण में बड़ी भारी दिलचस्पी है। इस पद्धति के पीछे जो सिद्धान्त है, उसे हमें समझना चाहिए। इससे हमारी दिमागी उलझन दूर होती है और हमारे काम की कुछ उपयोगिता हो जाती है।'

देश के आर्थिक-सामाजिक जीवन में भी सन् १९३०-३१ के लगभग एक विशेष संक्रांति की स्थिति दिखायी पड़ती है। गरीबी मँहगाई, बेकारी और मंदी से पीड़ित देश की लक्ष-लक्ष जनता बावजूद अपनी विपन्नता के, इस बात के लिए तैयार होती है कि केवल साम्राज्यवाद से ही नहीं, सामंतवाद और पूँजीवाद से भी निर्णायक युद्ध का प्रारंभ हो जाय। अब तक उसे इस तथ्य का एहसास हो चुका था कि कैसे क्रांति की सफलता के २० वर्षों के भीतर ही अर्ध-खेतिहर रूस ने देश को अशिक्षा और गरीबी से मुक्त कर दिया। वह अपने राष्ट्रीय नेताओं पर वह दबाव डालती है कि वे भी क्रांतिकारी कार्यक्रम अपनाकर शोषण तथा गरीबी से उन्हें मुक्ति दिलायें। अखिल भारतीय किसान सभा तथा अखिल भारतीय ट्रेड यूनियन कांग्रेस जैसे संगठन मजदूरों की आकांक्षा को नया उत्कर्ष देने लगते हैं।

मार्क्सवादी-समाजवादी चेतना देश की सामान्य जनता के साथ-साथ इसी समय भारतीय बुद्धिजीवियों को भी नये विचारों से स्पंदित करती है। राष्ट्रीय कांग्रेस के भीतर समाजवादी आदर्शों से अनुप्राणित कांग्रेस समाजवादी दल की स्थापना तो हो चुकी थी। देश के बुद्धिजीवी अपने मंच से इस समाजवादी चेतना का स्वर बुलंद करते हैं। सन् १९३०-३१ के आसपास 'जागरण' तथा 'हंस' जैसी पत्र-पत्रिकाएँ आगे बढ़कर मार्क्सवादी-समाजवादी चेतना के प्रचार-प्रसार में हाथ बँटाती है। २८ जनवरी, सन् १९३४ के जागरण के संपादकीय में प्रेमचंद लिखते हैं कि 'साम्यवाद का विरोध वही तो करता है, जो दूसरों से ज्यादा सुख भोगना चाहता है, जो दूसरों को अपने अधीन रखना चाहता है। जो अपने को भी दूसरों के बराबर समझता है, जो अपने में कोई सुर्खाब का पर लगा हुआ नहीं देखता, जो समदर्शी है, उसे साम्यवाद से विरोध क्यों

होने लगा।'[३] सन् १९३६ ई. तक देश के सम्पूर्ण जीवन में मार्क्सवादी-समाजवादी चेतना गहराई से अपने निशान अंकित करती है। सन् १९३६ ई. के बाद राष्ट्रीय आंदोलन अधिकाधिक वामपंथ की ओर बढ़ता जाता है । सन् १९३६ ई. में ही प्रगति की आकांक्षा करने वाले भारतीय बुद्धिजीवी 'प्रगतिशील लेखक संघ' नामक संस्था की स्थापना करते हैं, जिसके उपरान्त केवल हिन्दी में ही नहीं, देश की समूची भाषाओं के साहित्य में नये प्रगतिशील आंदोलन और प्रगतिशील युग का प्रारंभ होता है।

वस्तुतः प्रगतिशील लेखक संघ की स्थापना के बीज सन् १९३५ ई. में पड़ जाते हैं; जबकि लंदन में शिक्षा प्राप्त करने वाले कुछ प्रगतिशील बुद्धिजीवी एक घोषणा-पत्र तैयार कर अपने भारतीयों के पास उसे अनुमोदन के लिए भेजते हैं। इस घोषणा-पत्र में कहा गया था : 'पुरानी संस्कृति टूट जाने के साथ हमारे साहित्य में हर रोज के जीवन की वास्तविकता से हट जाने की एक आत्मघाती इच्छा ने जन्म लिया है। हमारा नया साहित्य वास्तव और प्राकृतिक को छोड़कर अवास्तव और आध्यात्मिक की ओर जा रहा है। जमीन का आश्रय छोड़ कल्पना का आश्रय खोज रहा है। इस कारण उसकी रचना-शैली अंधे नियम के भयानक जाल में फंस गयी है। उसकी भावधारा शून्य और विकारग्रस्त हो रही है। हमारा समाज जो नया रूप धारण कर रहा है, उसको साहित्य में प्रतिबिम्बित करना और वैज्ञानिक युक्तिवाद की साहित्य में प्रतिष्ठा करना, प्रगतिशील चिंताधारा को वेगवती करना - यही हमारे लेखकों का कर्तव्य है। हम लोग जन-साधारण के जीवन से हर प्रकार की कला का मिलाप चाहते हैं। हम चाहते हैं कि सहित्य हर रोज के जीवन के चित्रों को अंकित करे और भविष्य की जो परिकल्पना हम कर रहे हैं, उसको पूरा करने में सहायता प्रदान करे। जो कुछ हमारे विचार और बुद्धि को साफ करेगा, समाज की व्यवस्था और रीतियों की युक्ति के साथ परीक्षा करके उस समाज को कर्मशील और नियमशील समाज में बदलने में हमारी सहायता करेगा, उसको हम प्रगतिशील कहकर ग्रहण करेंगे।'[४] भारतीय बुद्धिजीवियों द्वारा इस घोषणा-पत्र का अनुमोदन होता है और देश में 'भारतीय प्रगतिशील लेखक संघ' नामक संस्था की नींव डाली जाती है।

प्रगतिशील लेखक संघ के लखनऊ में हुए पहले अधिवेशन की अध्यक्षता करते हुए प्रेमचंद ने साहित्य के उद्देश्यों पर प्रकाश डालते हैं और भारतीय लेखकों से एक ऐसे साहित्य की रचना का आग्रह करते हैं, जो समाजवादी चेतना से परिपुष्ट हो। इसे संयोग नहीं मानना चाहिए कि सन् १९३६ ई. में लखनऊ नगर में भारतीय राष्ट्रीय कांग्रेस के अधिवेशन से अध्यक्षीय वक्तव्य देते हुए जवाहरलाल नेहरू ने समाजवाद की बात भी दुहराते हैं।

आगे भी प्रगतिशील लेखक संघ के अनेक अधिवेशन हुए, जिनमें साहित्यकारों

को युग की नई आवश्यकताओं के अनुरूप चेतना से युक्त साहित्य लेखन के लिए प्रेरित किया गया।

प्रगतिशील लेखक संघ और उसकी स्थापना के उपरान्त साहित्य जगत में व्याप्त सक्रियता को साहित्य की समस्त विधाओं में लक्ष्य किया जा सकता है। कथा साहित्य के क्षेत्र में प्रेमचंद युग प्रवर्तन कर ही चुके थे। आवश्यकता इस बात की थी कि प्रेमचंद के सामाजिक यथार्थ को समाजवादी चेतना के नये आलोक में और भी अधिक प्रखर बनाकर प्रस्तुत किया जाय। मार्क्सवादी-समाजवादी प्रेरणा से अनुप्राणित कथाकारों ने इस कार्य को क्षमता के साथ सम्पन्न किया। कविता के क्षेत्र में प्रगतिवाद के नये युग का प्रारंभ हुआ और जैसा कि हम कह चुके हैं, उसके पुरस्कर्ता छायावाद के ही पंत और निराला जैसे कवि बने। अपने द्वारा सम्पादित 'रूपाभ' नामक पत्र के पहले अंक में संपादकीय वक्तव्य लिखते हुए सुमित्रानंदन पंत ने घोषणा की : 'हमारा विचार 'रूपाम' में संपादकीय देने का नहीं था। ... किन्तु कविता के स्वप्न-भवन को छोड़कर हम इस खुरदरे पथ पर क्यों उतर आएँ, इस संबंध में दो शब्द लिखना आवश्यक हो जाता है। इस युग में जीवन की वास्तविकता ने जैसा उग्र आकार धारण कर लिया है, उससे प्राचीन विश्वासों में प्रतिष्ठित हमारे भाव और कल्पना के मूल हिल गये हैं। श्रद्धा-अवकाश में पलने वाली संस्कृति का वातावरण आंदोलित हो उठा है और काव्य की स्वप्न-जड़ित आत्मा जीवन की कठोर आवश्यकता के उस नग्न रूप से सहम गयी है। अतएव, इस युग की कविता स्वप्नों में नहीं पल सकती। उसकी जड़ों को अपनी पोषण-सामग्री ग्रहण करने के लिए कठोर धरती का आश्रय लेना पड़ रहा है, और युग-जीवन ने उसके चिर-संचित स्वप्नों को जो चुनौती दी है, उसे स्वीकार करना पड़ रहा है। ... हमारा उद्देश्य उस इमारत में थूनियाँ लगाने का कदापि नहीं है, जिसका कि गिरना अवश्यंभावी है। हम तो चाहते है, उस नवीन के निर्माण में सहायक होना, जिसका प्रादुर्भाव हो चुका है। वह नवीन समाजवैज्ञानिक विचारों और आदर्शों से पुष्टि पाता हुआ असंख्य जनता के कल्याण को ही अपना ध्येय मानता है। यदि हम में सत्य के प्रति वास्तविक उत्साह है, तो हम अपने महान उत्तरदायित्व की अवहेलना नहीं कर सकते। ... हमारा निश्चित ध्येय प्रगति की शक्तियों को सक्रिय सहयोग देना ही होगा।'[५]

मार्क्सवादी-समाजवादी चेतना द्वारा रचनात्मक साहित्य के क्षेत्र में जो नया प्रवर्तन हुआ, उसमें विचार और चिंतन के क्षेत्र में भी अपनी सशक्त अभिव्यक्ति की। इसके फलस्वरूप हिन्दी समीक्षा जगत में एक नई प्रगतिशील समीक्षा-दृष्टि का आविर्भाव हुआ और कविता के मूल्यांकन के ऐसे प्रतिमान सामने लाये गये, जो मार्क्सवादी-समाजवादी चेतना से अनुप्राणित होकर बदले हुए युग-संदर्भों में कविता तथा साहित्य को एक नई कसौटी पर कसकर नई मूल्यवत्ता देने में समर्थ हुई।

मार्क्सवादी दर्शन का साहित्य-चिंतन के क्षेत्र में प्रतिफलन

मार्क्सवादी चेतना से अनुप्राणित और पूर्ववर्ती हिन्दी समीक्षा में प्रगतिशील अंशों से जुड़ी हुई हिन्दी की मार्क्सवादी अथवा प्रगतिवादी समीक्षा की चर्चा करने से पहले यह स्पष्ट कर देना आवश्यक होगा कि मार्क्सवादी साहित्य-चिंतन और मार्क्सवादी समीक्षा का अपना भारतेतर इतिहास भी है। रूस और पश्चिमी देशों में तथा एशियाई देशों में चीन में मार्क्सवादी साहित्य-चिंतन की एक समर्थ आकृति हमें दिखाई पड़ती है। हिन्दी की प्रगतिवादी समीक्षा ने जिससे पर्याप्त अंशों में प्रेरणा ग्रहण की है। इन देशों के मार्क्सवादी साहित्य चिंतकों ने मार्क्सवादी दर्शन का संबल लेते हुए उसकी नींव पर साहित्य-चिंतन के जिस भवन का निर्माण किया है, उसका अपना सम्पन्न इतिहास है। साहित्य के और साहित्य-समीक्षा के बुनियादी प्रश्नों पर हिन्दी के प्रगतिवादी समीक्षकों की मान्यताएँ उपर्युक्त पश्चिमी देशों के मार्क्सवादी साहित्य चिंतकों की मान्यताओं से अपनी अभिन्नता सूचित करती है। हिन्दी की प्रगतिवादी समीक्षा की मौलिकता इस बात में है कि उसके अंतर्गत पहली बार हिन्दी के प्रगतिवादी समीक्षकों ने साहित्य के कतिपय ऐसे बुनियादी प्रश्नों पर भी अपना अभिमत प्रस्तुत किया है, जो शुद्ध रूप से भारतीय साहित्य-चिंतन के प्रश्न रहे हैं। हिन्दी के प्रगतिवादी समीक्षकों का रस-चिंतन इसी कोटि में आता है, जिसके बारे में पश्चिम के मार्क्सवादी साहित्य-चिंतन में हमें कुछ भी उपलब्ध नहीं होता। हमारे कहने का तात्पर्य मात्र इतना है कि हिन्दी की प्रगतिवादी समीक्षा कविता के मूल्यांकन के प्रतिमानों की अपनी चर्चा में जहाँ बहुत दूर तक हिन्दीतर और भारतेतर मार्क्सवादी साहित्य-चिंतन से अपना सादृश्य सूचित करती है, वहीं व्यावहारिक तथा सैद्धांतिक समीक्षा के अनेक महत्त्वपूर्ण मुद्दों पर उसका अपना मौलिक दृष्टिकोण भी हमें प्राप्त होता है।

जहाँ तक पश्चिम के मार्क्सवादी साहित्य-चिंतन का प्रश्न है, मार्क्सवादी दृष्टि से सम्पन्न साहित्य चिंतकों ने मार्क्सवादी दर्शन के प्रामाणिक व्याख्याताओं की स्थापनाओं का आधार लेते हुए क्रमशः एक भरेपूरे मार्क्सवादी सौंदर्यशास्त्र का निर्माण किया है। मार्क्सवादी सौंदर्यशास्त्र के इस निर्माण में दो प्रकार के विचारकों का योगदान विशेष रूप से स्पष्ट है । प्रथमतः वे विचारक आते हैं, जो मूलतः साहित्य चिंतक न होकर दार्शनिक अथवा राजनीति के क्षेत्र के व्यक्ति हैं; और जिन्होंने अपनी प्रखर मेधा के फलस्वरूप जीवन की दूसरी बुनियादी समस्याओं पर विचार करते समय उन्हीं के एक अंश के रूप में प्रसंगतः साहित्य और कला पर भी मार्मिक टिप्पणियाँ की हैं। ऐसे विचारकों में स्वयं मार्क्सवादी दर्शन के प्रणेता मार्क्स और ऐंगिल्स तथा उस दर्शन को सामाजिक जीवन में व्यावहारिक रूप देने वाले लेनिन, ट्राटस्की, स्टेलिन और माओ-त्से-तुंग जैसे विचारकों

का नाम लिया जा सकता है । साहित्य और कला तथा उसके बुनियादी प्रश्नों पर इन विचारकों के महत्त्वपूर्ण विचार है, जिन्हें विशुद्धतः साहित्य और कला की भूमि पर कार्य करने वाले चिंतकों ने अपने कृतित्व में विकसित और पल्लवित किया है। मार्क्सवादी सौंदर्यशास्त्र के निर्माण में इसके उपरांत दूसरी कोटि के उन विचारकों का योगदान है, जो मूलतः साहित्य चिंतक हैं, जिन्होंने कला और साहित्य का तलस्पर्शी अध्ययन करते हुए उसके केन्द्रीय प्रश्नों पर मार्क्सवादी सौंदर्यशास्त्र का प्रासाद निर्मित किया है। ऐसे विचारकों में विभिन्न देशों के प्रबुद्ध साहित्यकारों के नाम लिये जा सकते हैं। रूस के लूनाचास्की, प्लेखानोव, मैक्सिम गोर्की, इलिया एहरनवर्ग, इंग्लैन्ड के काडवेल और राल फॉक्स, अमेरिका के हावर्ट फास्ट, हंगरी के जार्जलुकाच, आस्ट्रिया के अर्नफिसर का नाम इस संबंध में विशेष उल्लेखनीय है। यद्यपि इन देशों में युवा साहित्य समीक्षकों की एक लम्बी पंक्ति है, जिसने मार्क्सवादी दृष्टिकोण से साहित्य और कला के मूलभूत सवालों पर विस्तारपूर्वक चर्चा की है। इन समस्त विचारकों और साहित्य-चिंतकों के सम्मिलित प्रयास के फलस्वरूप ही मार्क्सवादी साहित्य-चिंतन की एक स्पष्ट आकृति सामने आयी है, जो परंपरागत साहित्य-चिंतन से इस अर्थ में विशिष्ट है कि उसमें पहली बार एक ऐसी दृष्टि की नियोजना की गयी है, जो उसे एक नया महत्त्व प्रदान करती है। जैसा कि हम कह चुके हैं मार्क्सवादी दर्शन के साथ-साथ हिन्दी की प्रगतिवादी समीक्षा में प्रेरणा-स्रोत के रूप में अपने पूर्ववर्ती तथा अपने समानान्तर विकसित पश्चिम के इस मार्क्सवादी साहित्य-चिंतन से भी पर्याप्त प्रेरणा ग्रहण की है।

हिन्दी की प्रगतिवादी समीक्षा और कविता के नये प्रतिमानों का प्रश्न

हिन्दी की प्रगतिवादी समीक्षा द्वारा उपन्यस्त कविता के नये प्रतिमानों की चर्चा हम कविता तथा कला के संबंध में उसकी मूलभूत मान्यताओं के संदर्भ में करेंगे। इसके पूर्व हम यह देखेंगे कि कविता की मूल्यवत्ता की परख का आधार क्या हो अथवा उसे क्या होना चाहिए? यह आवश्यक है कि इस बात को स्पष्ट किया जाय कि कविता के संबंध में प्रगतिवादी विचारकों की मूलभूत समझ क्या है। बिना इस समझ को स्पष्ट किये उसकी कसौटियों का निर्देश अप्रासंगिक होगा।

मार्क्स ने साहित्य और कलाओं को समाज के ऊपरी ढाँचे की वस्तु माना है। समाज का आर्थिक-भौतिक जीवन वह आधार है, जिसके ऊपर खड़ी अधिरचना में ही साहित्य और कलाओं की स्थिति है। इससे सीधा निष्कर्ष यह निकलता है कि कविता का उद्‌भव सामाजिक जीवन के बीच से ही होता है और समाज का आर्थिक-भौतिक जीवन उसे नियमित और अनुकूलित करता है। हिन्दी के प्रगतिवादी समीक्षकों ने भी

कविता के उद्भव पर विचार करते हुए इसी तथ्य पर बल दिया है कि जिस भाव-जगत या विचार-जगत को साहित्य और कविता का आधार माना जाता है, वह भाव-जगत या विचार-जगत सामाजिक- भौतिक जीवन से निरपेक्ष न होकर उसी की प्रतिच्छाया होता है। मनुष्य की चेतना भूत तत्त्व से भिन्न न होकर उसका एक गुण होती है। इसी आधार पर प्रगतिवादी समीक्षकों ने सिद्ध किया है कि कविता या कला कोई दैवीय देन न होकर हमारे इसी सामाजिक जीवन की उत्पत्ति है। ये वे विशिष्ट मानवीय उपलब्धियों हैं, जिन्हें सामाजिक जीवन के साथ अपने निरंतर सम्पर्क और संघर्ष के फलस्वरूप मनुष्य ने अर्जित किया है। न केवल इनका उद्भव, बल्कि इनका प्रयोजन और विकास भी इसी सामाजिक जीवन के भीतर और इसी लोक के भीतर होता है। प्रगतिवादी समीक्षकों की यह मान्यता आचार्य शुक्ल की उस मान्यता से बिलकुल मेल खाती है, जिसके अंतर्गत उन्होंने कहा है कि मनुष्य लोकबद्ध प्राणी है। उसका अपनी सत्ता का ज्ञान तक लोकबद्ध है। अतएव, कविता तथा कलाएँ भी इसी लोक जीवन के भीतर जन्म लेती है और विकसित होती हैं। यही नहीं, जैसा कि स्पष्ट है कि हिन्दी के प्रगतिवादी समीक्षकों ने कविता या कला को सामाजिक जीवन के साथ निरंतर विकासशील भी माना है। यद्यपि कविता की रचना व्यक्ति मानस में ही होती है; किन्तु जो व्यक्ति मानस कविता की रचना करता है, वह एक सामाजिक व्यक्ति का मानस होता है। अतएव कविता व्यक्ति मानस की कविता होते हुए भी सामाजिक और सांस्कृतिक भूमियों को आत्मसात् किये हुए होती है और इस प्रकार वैयक्तिक होते हुए वैयक्तिक नहीं होती, उसके निर्माण में सामाजिक तथा सांस्कृतिक शक्तियाँ निरंतर सक्रिय रहती हैं। डॉ. रामविलास शर्मा ने कविता को एक महान सामाजिक क्रिया माना है, जो सामाजिक विकास के समानान्तर विकसित होती रहती हैं।'[६] मुक्तिबोध भी उसे एक ऐसी इयत्ता के रूप में देखते हैं, जिसमें न केवल सांस्कृतिक परम्पराओं का समाहार होता है, वरन् जिसके अंतर्गत प्रगतिशील जीवन-मूल्य भी प्रकट होते रहते हैं।

प्रगतिवादी समीक्षकों ने चूँकि कविता को सामाजिक जीवन के बीच से जन्म लेते हुए स्वीकार किया है और उसके निर्माण में युग की भौतिक शक्तियों तथा यथार्थ जीवन की प्रेरणा भी मानी है, अतएव उनकी मान्यता है कि काव्य का विवेचन भी उसकी सामाजिक-आर्थिक आधारों को केन्द्र में रखकर होना चाहिए। मुक्तिबोध ने इसी अर्थ में कविता को एक सांस्कृतिक प्रक्रिया कहा है; क्योंकि उनका विचार है कि कविता के अंतर्गत कवि भावावेगों के साथ-साथ अपने जीवन-मूल्य भी अभिव्यक्त करता रहता है। कविता के अंतर्गत रचनाकार की सक्रियता और सार्थकता इस बात में देखी जाती है कि अपने विशिष्ट जीवनानुभवों को, अपने विशिष्ट भाव समुदाय को अपनी निजी और विशिष्ट भूमि से उठाकर वह सर्वसामान्य भूमि पर प्रतिष्ठित कर दे।

काव्य के तत्त्वों पर भी हिन्दी की प्रगतिवादी समीक्षा में पर्याप्त विस्तार से विचार हुआ है । प्रगतिवादी समीक्षकों की मान्यता है कि कविता के निर्माण में मनुष्य का इंद्रियबोध, भाव-जगत और विचार-जगत प्रमुख तत्त्वों के रूप में स्थित रहते हैं। मनुष्य के इन्द्रियबोध का संसार बहुत विशाल होता है। यह इन्द्रियबोध एक बाह्य प्रत्यक्ष जगत का अनुभव है। इन्द्रियों से इस जगत का बोध होता है, इन्द्रियाँ उसकी सृष्टि नहीं करतीं। यह इन्द्रियबोध समस्त काव्य-तत्त्वों में अपेक्षाकृत अधिक स्थायी होता है और इसका संबंध किसी एक देश या जाति के मनुष्य से न होकर प्रायः मनुष्य मात्र से होता है। मनुष्य का भाव-जगत इसी इन्द्रीयबोध के फलस्वरूप विकसित होने वाली इयत्ता है। इस भाव-जगत को मनुष्य सामाजिक विकास के साथ निरंतर सम्पन्न और समृद्ध किया करता है। इसके उपरांत विचारों का स्थान आता है, जो इन्द्रियबोध और भाव-जगत की तुलना में कम स्थायी होते हैं। मनुष्य का भाव जगत व्यक्ति के मन में ही होता है; किन्तु उसका परिष्कृत और समृद्ध रूप सामाजिक जीवन और सामाजिक विकास से ही संभव हुआ है। इस भाव-जगत का आधार व्यक्तिगत और सामाजिक दोनों ही कोटि की अनुभूतियाँ हैं।'[७]

स्वच्छंदतावादी साहित्य चिंतकों की भाँति प्रगतिशील समीक्षकों ने भी काव्य की चर्चा करते समय भाव-तत्त्व अथवा अनुभूति-तत्त्व पर बहुत बल दिया है; किन्तु इस अनुभूति-तत्त्व की व्याख्या प्रगतिवादी समीक्षकों ने अपनी दार्शनिक मान्यताओं के संदर्भ में की है। स्वच्छंदतावादी समीक्षकों की भाँति प्रगतिवादी समीक्षकों ने काव्यगत अनुभूति को मात्र सौंदर्य तक ही सीमित नहीं किया है; वरन् सामाजिक जीवन के पुनर्निर्माण में इस अनुभूति की सक्रियता पर बल दिया है। वैयक्तिक अनुभूति के स्थान पर यहाँ सामाजिक अनुभूति की ही चर्चा हुई है। काव्यगत अनुभूति तभी सार्थक होती है, जब वह व्यक्ति के जीवन को सुसंस्कृत बनाने के साथ-साथ उसकी सौंदर्य-भावना का परिष्कार करने के साथ-साथ उसे जीवन के संघर्षों में हिस्सा लेने में भी समर्थ बनाएँ।[८] अनुभूति की जिस सामाजिकता की चर्चा ऊपर की गई है, उस पर हिन्दी के प्रगतिवादी समीक्षकों ने प्रायः एक स्वर से बल दिया है। भाव तत्त्व का विवेचन करते हुए अमृतराय और मुक्तिबोध दोनों ने उसे एक दीर्घ कालीन अविच्छिन्न मानसिक प्रक्रिया की उपज माना है। भाव एक ओर वैयक्तिक भी हैं, किन्तु दूसरी ओर सामाजिक भी। डॉ. शर्मा के अनुसार भावों की स्थिति अपरिवर्तनीय नहीं होती है, न मनुष्य के भाव चिरंतन होते हैं। अतः रस-विवेचन में जिन स्थायी भावों की कल्पना की गई है, वे यथार्थ की कसौटी पर खरे नहीं उतरते। जिस मनुष्य जीवन से इन भावों का जन्म होता है, वह स्वयं ही अत्यंत जटिल हैं, अतः भावों का सरलीकृत विभाजन मनोवैज्ञानिक नहीं कहा जा सकता है। भाववादी विचारकों के विपरीत उनकी यह मान्यता है कि अन्य

भौतिक वस्तुओं की भाँति मनुष्य के भाव और विचार भी परिवर्तनशील हैं। उनकी आदिम वृत्तियों के परिवर्तन की प्रक्रिया इतनी मंद होती है कि हम उन्हें जान नहीं पाते और उन्हें अपरिवर्तनीय कह देते हैं। वर्ग विभाजित समाज में व्यक्तिगत स्वार्थ की जो प्रवृत्तियाँ शाश्वत मानी गई हैं; वर्गहीन समाज में उनका अभाव दिखाई देता है।[९] भाव का विवेचन करते हुए डॉ. रामविलास शर्मा ने कहा है कि मनुष्य के भाव-जगत का संबंध अनिवार्यतः यथार्थ जीवन से ही होना चाहिए; क्योंकि यह यथार्थ जीवन ही मनुष्य के भाव-जगत का स्रोत होता है। डॉ. शर्मा परंपरागत रसशास्त्रियों की तरह भाव को अपरिवर्तनीय नहीं मानते। वे उन्हें परिवर्तनशील कहते हैं। यद्यपि यह परिवर्तन अकस्मात न होकर शनैः-शनैः होता है।

विचार-तत्त्व के लिए कहा जा चुका है कि वह अपेक्षाकृत शीघ्र परिवर्तनीय होता है; किन्तु प्रगतिवादी समीक्षकों ने कविता में कोरे विचार-तत्त्व की स्थिति स्वीकार नहीं की है। इसके स्थान पर उन्होंने कविता के अंतर्गत भावना तथा बुद्धि या विचार-तत्त्व के अंतरावलम्बन की बात की है। उनका कहना है कि मनुष्य की भावना उन्हीं क्षेत्रों में सक्रिय होती है जो वस्तुतः ज्ञान द्वारा ग्रहीत होती है। भावना के उचित प्रकार के लिये बुद्धि जहाँ ज्ञान का आधार प्रस्तुत करती है। मुक्तिबोध ने कविता के लिए एक जीवन-दृष्टि की अनिवार्यता भी मानी है।[१०] ताकि कवि अपने भाव-जगत को अनुशासित कर सके; बिना इसके वह अपने आवेग या उद्वेगजनित आकुलता को बांधकर नियंत्रित कर उसे ज्ञानात्मक संवेदन या संवेदनात्मक ज्ञान के रूप में नहीं प्रस्तुत कर सकता ।[११]

ऐन्द्रिय बोध, भाव और विचार-तत्त्व की चर्चा के उपरांत काव्य के तत्त्वों के अंतर्गत प्रगतिवादी समीक्षकों ने कल्पना तत्त्व की चर्चा भी की है। यद्यपि प्रगतिवादी समीक्षकों ने यथार्थ-जगत को कविता का स्रोत माना है और उसी से इन्द्रिय-बोध, भाव या विचार जगत के निर्माण की बात की है, किन्तु कल्पना तत्त्व के महत्त्व को उन्होंने दृष्टि से ओझल नहीं किया है। काव्य की निर्माण प्रक्रिया में कल्पना तत्त्व के महत्त्व को सर्वाधिक विस्तार से मुक्तिबोध ने अभिव्यक्ति दी है। मुक्तिबोध ने कल्पना को स्वानुभूत जीवन की पुनः सृजन करने वाली शक्ति कहा है।[१२] उनके अनुसार कलाकृति के अंतर्गत रचनाकार अपनी विधायक कल्पना के द्वारा जीवन की पुनर्रचना करता है और उसकी यह पुनर्रचना कलाकृति के रूप में सामने आती है। कल्पना का दूसरा महत्त्वपूर्ण कार्य परम्परा से कविगण उसकी सहायता लेते आये हैं, मन के भावों को सौंदर्यपूर्वक प्रस्तुत करने से है। कवि की सृजनशील कल्पना इस कार्य को सम्पादित करती है। प्रगतिवादी समीक्षकों ने स्वच्छंदतावादी साहित्य चिंतकों की भाँति कल्पना को निर्बाध सक्रिय होने वाली नहीं माना है। इसके विपरीत उन्हें इस बात पर बराबर जोर दिया है कि कल्पना को अनिवार्यतः अनुभूति से जुड़ा हुआ होना चाहिए। डॉ. नामवरसिंह का यह कथन कि

'तीव्र भावना रूप में उदात्त कल्पना का उदय होता है' इसी तथ्य की पुष्टि करता है।[१३] गजानन माधव मुक्तिबोध ने अपनी 'कामायनी : एक पुनर्विचार' शीर्षक कृति में स्वच्छंदतावादी तथा प्रगतिवादी यथार्थवादी कल्पना का अन्तर पूरी तरह से स्पष्ट कर दिया है। कलाकृति को स्वानुभूत जीवन की कल्पना द्वारा पुनर्रचना मानते हुए वे कहते हैं कि 'यथार्थवादी शिल्प के अंतर्गत कलाकृति यथार्थ प्रस्तुत करती है; किन्तु भाववादी रोमांटिक शिल्प के अंतर्गत कल्पना अधिक स्वतंत्र होकर जीवन की स्वानुभूत विशेषताओं को समष्टि चित्रों द्वारा, प्रतीक चित्रों द्वारा, प्रस्तुत करती है। मुक्तिबोध का अभिप्राय यहाँ यह है कि रोमांटिक कल्पना के अंतर्गत भाव पक्ष प्रधान और विभाव पक्ष गौण और प्रच्छन्न हो जाता है; जबकि यथार्थवादी कल्पना में विभाव पक्ष प्रधान रहता है।[१४]

जहाँ तक कविता के अंतर्गत शैली तत्त्व की चर्चा का प्रश्न है, प्रगतिवादी समीक्षकों ने उस पर बहुत विचार नहीं किया है। प्रगतिवादी समीक्षा में मुख्य विचार कविता के वस्तु-तत्त्व पर केन्द्रित रहा है। शैली तत्त्व को वे गौण मानते हैं, जिसको अभिव्यक्ति का माध्यम कहा गया है। नामवरसिंह के अनुसार शैली वस्तुतः कथन की भंगिमा या कथन वैशिष्ट्य का ही नाम है जो रचना में पथ-विन्यास की नवीनता के कारण आती है। इसका संबंध भी कवि के भावावेग एवं कल्पना से होता है।[१५] स्पष्ट है कि यहाँ प्रगतिवादी समीक्षकों का मन्तव्य यह है कि भावावेग के साथ सामने आने वाली वस्तु अपनी शैली को साथ ही लेकर आती है।

परम्परागत हिन्दी समीक्षा में काव्य की आत्मा के प्रश्न पर भी विस्तार पूर्वक विचार हुआ है। मार्क्सवादी दर्शन से अनुप्राणित हिन्दी की प्रगतिवादी समीक्षा आत्मा जैसी किसी सत्ता को स्वीकार नहीं करती; किन्तु कविता के केन्द्रीय वस्तु के रूप में कुछ विशेषताओं की स्थिति होने पर उसने अवश्य जोड़ दिया है। उदाहरण के लिए प्रगतिवादी समीक्षकों का कथन है कि 'चूँकि कविता की अनिवार्यता जीवन और समाज को विकसित करने वाला होना चाहिए अतएव उसमें मर्मस्पर्शिता का होता नितान्त आवश्यक है।'[१६] 'साहित्यकार सामाजिक उत्तरदायित्व को भूलकर अगर आत्मा की अखंडता और रस के स्वयं-प्रकाश ब्रह्मानंद सहोदर की बातें दुहराता रहेगा, तो वह समाज के विकास में कभी भी सहायक न हो सकेगा।'[१७] इस मर्मस्पर्शिता का सीधा सम्बन्ध कविता के अन्तर्गत चित्रित भाव-जगत तथा अनुभूति-तत्त्व से है, जिसे परम्परागत समीक्षा में रस का संवाहक माना गया है। रस और आनन्द की जितनी गहरी चर्चा परम्परागत शास्त्रीय समीक्षा में हुई है, उतने विस्तार से इन तत्त्वों पर प्रगतिवादी समीक्षा में विचार नहीं हुआ है। हिन्दी की प्रगतिवादी समीक्षा में रस-विवेचन पर और उसके द्वारा निर्देशित कविता की प्रयोजनशीलता पर हम आगे विचार करेंगे, और तभी हम इस तथ्य को स्पष्ट करेंगे कि रस और आनन्द जैसे तत्त्वों को प्रगतिवादी समीक्षा में

उपेक्षित नहीं किया गया है; वरन् उसे नए संदर्भो में विश्लेषित और विवेचित करते हुए एक सीमा तक स्वीकार भी किया गया है।

जहाँ तक कविता को प्रेरित करने वाले उपकरणों का प्रश्न है, परम्परागत समीक्षा में प्रतिभा, व्युत्पत्ति और अभ्यास की विशद् चर्चा हुई है। छायावादी समीक्षकों ने कवि की भावात्मक प्रतिभा को इस संदर्भ में सर्वोच्च महत्त्व प्रदान किया है। जहाँ तक प्रगतिवादी समीक्षकों का प्रश्न है; तो इस संदर्भ में उन्होंने बाह्य-जगत को काव्य या साहित्य का प्रेरणा-स्रोत माना है। यह बाह्य-जगत ही कवि के इन्द्रिय-बोध, भाव जगत तथा विचार जगत की सृष्टि करता है और यही कवि सर्जना की प्रेरणा भी देता है। इसीलिए प्रगतिवादी समीक्षकों का मत है कि रचनाकार का सम्बन्ध इस यथार्थ-जगत से घनिष्ठतम होना चाहिए। इस बाह्य-जगत से रचनाकार का सम्पर्क जितना प्रगाढ़ होगा, उसकी काव्य प्रेरणा भी उतनी ही जीवन्त होगी। यह यथार्थ-जगत ही काव्य-रचना को जीवित रखता है, जिस सीमा तक रचना या रचनाकार इस यथार्थ-जगत से कट जाते हैं, उसी सीमा तक वे दुर्बल भी हो जाते हैं। कविता के सामाजिक स्वरूप पर तथा साहित्य की समाज संदर्भता पर हम इस तथ्य को और भी स्पष्ट करेंगे कि यथार्थ-जगत से साहित्य और कविता का सम्बन्ध प्रगतिवादी समीक्षा में कितने दृढ़ आधारों पर स्वीकार किया गया है।

वैसे प्रतिभा, व्युत्पत्ति और अभ्यास जैसे परम्परागत काव्य हेतुओं पर प्रगतिवादी समीक्षकों ने अपने अभिमत दिये। प्रतिभा का समर्थन करते हुए डॉ. शिवदानसिंह चौहान ने तो स्पष्ट कहा है कि 'काव्य और कला का निर्माण अंततः लेखक या कलाकार की प्रतिभा पर आश्रित है। जिसमें प्रतिभा नहीं है, उसके प्रयोग चमत्कार विधान या उच्छृंखल आत्म-प्रदर्शन से अधिक कुछ भी नहीं हो सकते।'[१८] डॉ. नामवर सिंह ने प्रतिभा शक्ति को अपनी सहमति दी है और प्रगतिवाद के अन्य समीक्षकों ने भी प्रतिभा शक्ति के महत्त्व का आख्यान किया है; किन्तु यहाँ यह स्पष्ट हो जाना चाहिए कि प्रतिभा शक्ति की जो व्याख्या प्रगतिवादी समीक्षकों ने की है, वह उसकी परम्परागत व्याख्या से भिन्न है और वह अपना वस्तुवादी आधार लिए हुए है। प्रगतिवादी समीक्षा प्रतिभा को कोई दैवी देन नहीं मानते; वरन् उसके मूल में भौतिक शक्तियों का योग स्वीकार करते हैं। प्रतिभा मानव बुद्धि की वह विशिष्टता है, जिसे उसकी एकान्त सम्पत्ति नहीं माना जा सकता। यह प्रतिभा ऐसे तत्त्वों द्वारा निर्मित और पुष्ट होती है, जो कवि के मन के बाहर भौतिक जगत में स्थित होते हैं। यदि प्रतिभा दैवी देन होती, तो क्या कारण है कि बहुत से रचनाकार अपने प्रारम्भिक रचनाकाल में जीवन्त रचनाएँ देकर परवर्ती रचनाकाल में निःशेष हो जाते हैं। इससे स्पष्ट है कि प्रतिभा का सामाजिक जीवन के सम्पर्क से निरन्तर पुष्ट और प्राणवान होते रहना आवश्यक है। यह भी सच है कि

रचना-शक्ति को विशुद्धतः लेखक के भीतर मान लेना प्रतिभा को कुंठित करना है। प्रकाशचन्द्र गुप्त ने कहा है कि 'जिस रचनाकार का जीवन से सम्पर्क नहीं है, समाज से कोई सम्बन्ध नहीं है, उसकी कला-दृष्टि अतिशय कल्पनाजीवी, एकाकी और जीवन-शून्य हो जाती है।'[१९] प्रतिभा के अतिरिक्त व्युत्पत्ति और अभ्यास जैसे हेतुओं को प्रगतिवादी समीक्षा में मान्यता मिली है। मुक्तिबोध ने व्युत्पत्ति और अभ्यास दोनों तत्त्वों को स्वीकार किया है क्योंकि कला भी अन्ततः एक साधना है। कलाकार अथवा कवि बाह्य-जगत से प्राप्त सम्पदा को अपने श्रम, अध्ययन और अभ्यास से जितना पुष्ट करेगा, उसकी रचना और उसका रचना-जगत उतना ही समर्थ बनकर उभरेगा। किन्तु जैसा कि हम कह चुके हैं, प्रगतिवादी समीक्षकों ने सबसे अधिक बल जीवन की मूल धारा के साथ कवि के सम्पर्क पर दिया है। इस सम्बन्ध में उनका कहना है कि 'कला की मूल प्रेरणा उसके तत्त्व, उस आत्म सम्पदा के अंग होते हैं जो अपने वास्तविक जीवन में सम्वेदनात्मक रूप में अर्जित की जाती है। मूल जीवन धारा से कटकर कवि की प्रतिभा का स्रोत सूख जाता है क्योंकि न तो कलाकार की प्रतिभा निर्विकल्प होती है, न उसकी कला ही।'[२०]

समग्रतः इस विषय पर प्रगतिवादी समीक्षकों के मत का निचोड़ यह है कि कवि की सर्जना को प्रतिभा, व्युत्पत्ति और अभ्यास तीनों तत्त्व प्रेरित करते हैं; किन्तु कवि की प्रतिभा उसके सामाजिक सम्पर्क और बाह्य-जगत के यथार्थ के साथ उसकी कैसी और कितनी सम्पृक्ति है, इस बात पर निर्भर है। जहाँ तक कलात्मक अभिव्यक्ति का प्रश्न है, उसके सारे उपकरण, भाषा - बिम्ब, प्रतीक आदि - अंततः अपनी सामाजिक संदर्भता रखते हैं; कवि को अभिव्यक्ति के इन माध्यमों पर निरन्तर अधिकार बनाये रखने के लिए अभ्यास की आवश्यकता भी पड़ती है।

हिन्दी के प्रगतिवादी समीक्षकों ने अपने काव्य-विवेचन के अन्तर्गत कविता में चित्रित होने वाली विषय-वस्तु पर भी अपने विचार व्यक्त किये हैं। काव्य-विषय के चुनाव को लेकर प्रत्येक युग में रचनाकार तथा विचारकों की अपनी धारणाएँ रही हैं। प्रायः ऐसा भी देखा गया है कि कुछ विशेष काव्य-युगों में कविता कुछ विशिष्ट विषयों को लेकर ही सामने आती रही है; ताकि उन विषयों से ऐसी सम्वेदना उत्पन्न की जा सके, जो उस काव्य द्वारा आकांक्षित है; उदाहरण के लिए छायावादी युग में काव्य-विषयों का वैविध्य नहीं देख पड़ता। छायावादी कविता की सम्वेदना कतिपय विशिष्ट विषयों की परिधि में ही चक्कर लगाती रहती है। हिन्दी कविता ही नहीं, पश्चिमी काव्य जगत में भी कभी-कभी तो यहाँ तक निर्देश कर दिया जाता रहा है कि कविता के लिए कौन-से विषय उपयुक्त हैं और कौन से नहीं है। जहाँ तक हिन्दी की प्रगतिवादी समीक्षा का प्रश्न है, इस सम्बन्ध में प्रगतिवादी समीक्षकों के विचार पर्याप्त स्पष्ट हैं। हम पहले

ही यह निर्देशित कर चुके हैं कि प्रगतिवादी समीक्षा के अंतर्गत यह वस्तु-जगत ही कविता या कला का स्रोत माना गया है। इस वस्तु-जगत का प्रसार अनन्त और असीम है। मार्क्सवादी दर्शन के अन्तर्गत जिस पदार्थ या भूत तत्त्व को प्राथमिक माना गया है उसके सम्बन्ध में स्पष्ट कह दिया गया है कि पदार्थ या भूत से आशय वह संपूर्ण वस्तुगत सत्ता है, जो हमारे मस्तिष्क अथवा हमारी इच्छा शक्ति से अपना प्रथम अस्तित्व रखती है तथा जिसके अपने विकास नियम और अपनी स्वतंत्र गतिविधियाँ हैं। आचार्य शुक्ल ने भी इस वस्तु-जगत को अनन्त रूपात्मक माना है। मार्क्सवादी विचारकों का भी कहना है कि इस वस्तुगत सत्ता के अनन्त रूप सें मनुष्य अपनी ज्ञान इन्द्रियों के माध्यम से इन रूपों से परिचय प्राप्त करता है। समग्रतः इस वस्तु-जगत के अन्तर्गत वह सब कुछ आ जाता है, जो मानवीय मस्तिष्क से स्वतंत्र उसके बाहर स्थित है और मस्तिष्क के द्वारा विविध ज्ञान इन्द्रियों की सहायता से जाना जाता है या जाना जा सकता है। इस वस्तु-जगत के अतिरिक्त अन्य किसी सत्य को मार्क्सवादी दर्शन के अन्तर्गत स्वीकार नहीं किया गया है।

मार्क्सवादी दर्शन की इसी व्याख्या का आधार लेकर और इस मान्यता के संदर्भ में कि कविता इसी अनन्त रूपात्मक वस्तु-जगत की एक विशिष्ट मानवीय उपलब्धि है; हिन्दी के प्रगतिवादी समीक्षकों ने कहा है कि कविता का विषय कोई भी हो सकता है बशर्ते कि उसका सम्बन्ध इस वस्तु-जगत से हो। मनुष्य अथवा मानवीय जीवन से सम्बन्ध रखने वाली कोई भी वस्तु कविता का विषय बन सकती है। इस वस्तु-जगत से सम्बन्ध रखने वाली हर वस्तु काव्य की वस्तु है और प्रगतिवादी समीक्षकों ने ऐसे कोई निर्देश नहीं दिये हैं कि कुछ वस्तुओं को अथवा कुछ विशिष्ट भावों को कविता के अन्तर्गत स्वीकार कर शेष को उससे बाहर कर दिया जाय। जिस बात पर प्रगतिवादी समीक्षकों ने बल दिया है वह यह है कि कविता का विषय कुछ भी हो किन्तु कविता के अंतर्गत उसका भाव गर्भित होना आवश्यक है। प्रगतिवादी समीक्षक के लिए 'कविता एक ऐसी निर्मित है जिसमें भाव के संसार की बातें होती हैं, जो मन को रमाती हैं। उसका क्षेत्र इतना व्यापक है कि वह किसी भी विषय पर हो सकती है। खेत, खलिहान सड़क से लेकर महल आकाश तक किसी की कल्पना का साकार रूप बन सकती है। यहाँ तक कि समाचार पत्रों में प्रकाशित वे भावात्मक विवरण भी काव्य की संज्ञा प्राप्त कर सकते हैं, जो भावों को जाग्रत करते हैं।'[२१] जैसा कि अभी हमने कहा, प्रश्न केवल इस बात का है कि विषय को भावना की परिधि में कविता के अन्तर्गत आना चाहिए । ऐसा इसलिए कि कविता में रचनाकार न तो इतिहास लिखता है और न घटनाओं का दस्तावेज प्रस्तुत करता है उसके अन्तर्गत वह हृदय पक्ष को अभिव्यक्त देता है और जीवित व्यक्तियों की भावनाओं को प्रगट करता है।[२२] कहने का तात्पर्य यह

है कि काव्य-विषय के क्षेत्र में प्रगतिवादी समीक्षा किसी भी प्रकार के प्रतिबन्ध को स्वीकार नहीं करती; दूसरी बात जिस पर प्रगतिवादी समीक्षा में बल दिया गया है और जिसका संकेत हम ऊपर कर चुके हैं, वह यह है कि इन सारे विषयों का कोई न कोई भौतिक आधार अवश्य होना चाहिए। इस वस्तु-जगत से परे जो लोकोत्तर जगत माना गया है उससे प्रगतिवादी समीक्षा और प्रगतिवादी कविता का कोई भी सम्बन्ध नहीं है। काव्य-विषय के भौतिक आधार की चर्चा प्रगतिवादी समीक्षा में इसीलिए की गई है कि कविता का रचनाकार व्यक्ति इसी संसार का प्राणी होता है और नाना प्रकार की भौतिक और सामाजिक शक्तियाँ उसके मानस को भी नियंत्रित और अनुशासित करती हैं। इसलिए 'जब कोई प्रगतिवादी समीक्षक काव्य-विषय की चर्चा करता है, तो उसके साथ उन संपूर्ण शक्तियों को भी दृष्टि से ओझल नहीं होने देता, जो विषय-चयन से लेकर काव्य-सृजन तक कवि-चेतना का परोक्षतः एक बड़ी सीमा तक नियमन एवं संचालन करती है।'[२३] काव्य-विषय के सम्बन्ध में रचनाकार को संपूर्ण बाह्य-जगत को थाह लेने की छूट देते हुए भी प्रगतिवादी समीक्षा एक अन्य बिन्दु पर रचनाकार को निर्देशित करती है और वह यह है कि ऐसे ही काव्य-विषय कविता को समर्थ बनाते हैं, जो जीवन को उसकी समग्रता में अभिव्यक्ति दे सकें। रागेय राघव के शब्दों में, 'किसी भी युग का साहित्य तभी जन मानस में उतरता है, जब वह जीवन का सांगोपांग चित्रण करता है। सृष्टि की मूल समस्या, समाज की मूल व्यवस्था, प्रकृति, व्यक्ति और समस्त वस्तुओं का चित्रण साहित्य के आधार क्षेत्र में है । इन सबका चित्रण जब भाव पक्ष से सान्निध्य स्थापित करता है, तभी वह काव्य बनता है।'[२४]

प्रगतिवादी समीक्षा जैसा कि कहा जा चुका है, इस बात पर बल देती है कि काव्य-विषय का मानव अनुभूति से जुड़ा रहना आवश्यक है और जहाँ तक अनुभूति का प्रश्न है, वह मृदु, कोमल, कठोर कैसी भी हो सकती है। मानव जीवन से संपृक्त प्रत्येक वस्तु चाहे वह सुन्दर हो या असुंदर, चाहे उसे देखकर मन उल्लास से नाच उठे या गुस्सा, पीड़ा, आक्रोश या प्रतिहिंसा से भर उठे, काव्य का उपयुक्त विषय हो सकती है।[२५]

काव्य-विषयों और उनके मानवीय अनुभूतियों से जुड़े होने की शर्त के साथ साथ हिन्दी की प्रगतिवादी समीक्षा इस बात का भी आग्रह करती है कि केवल काव्य-विषयों का चुनाव भी अथवा अनुभूति से उनका लगाव भी सार्थक कविता की सृष्टि नहीं कर सकता, जब तक कि यह बात भी स्पष्ट न हो जाये कि आखिर जिन्दगी के जिन प्रश्नों को अथवा चारों ओर फैले हुए मानव जीवन के जिन रूपों को कवि ने अपनी रचना का विषय बनाया है, उनके प्रति उसका अपना दृष्टिकोण क्या है – दृष्टिकोण पर यह आग्रह प्रगतिवादी समीक्षा द्वारा प्रतिपादित काव्य या साहित्य की प्रयोजनीयता से सम्बन्ध रखता है। इस विषय की चर्चा हम अगले पृष्ठों में करेंगे; किन्तु यहाँ इतना स्पष्ट कर देना

आवश्यक है कि प्रगतिवादी समीक्षा कवि से जीवन और जगत के प्रति एक खरे दृष्टिकोण की माँग करती है। यह दृष्टिकोण ऐसा होना चाहिए, जो प्रगतिवादी समीक्षा की साहित्य की प्रयोजनशीलता सम्बन्धी धारणा की पुष्टि करता हो। संक्षेप में कहना चाहें, तो कह सकते हैं कि प्रगतिवादी समीक्षा में ऐसे दृष्टिकोण को त्याज्य माना गया है, जो संसार, मनुष्य तथा जीवन के बारे में नैतथ्य का अथवा अनास्ता का प्रतिपादन करे। मनुष्य तथा जीवन को उदात्त रूप में प्रस्तुत करने वाला, उन्हें अन्धकार से उठाकर प्रकाश की ओर ले जाने वाला दृष्टिकोण ही प्रगतिवादी समीक्षा में स्वीकार किया गया है।

मार्क्सवादी विचारकों का यह मत है कि समाज का अब तक इतिहास वर्गों में बँटा हुआ इतिहास है। कम्यूनिस्ट पार्टी के घोषणा-पत्र में मार्क्स ने स्पष्ट लिखा है : 'अब तक के समाज का इतिहास वर्ग संबँधों का इतिहास है। स्वतंत्र मनुष्य और दास, अभिजात वर्ग और साधारण प्रजा, सामंत और उसके कम्मी, शिल्पसंघ के मालिक और मजदूर कारीगर, संक्षेप में पीड़क और पीड़ित, सदा से एक दूसरे का विरोध करते आए हैं। वे कभी छिपे, कभी प्रकट रूप से, लगातार एक दूसरे से लड़ते रहे हैं। ऐसी लड़ाई का अंत हर बार या तो समाज का सारा ढाँचा बदलने में हुआ है या लड़ने वाले दोनों वर्गों की बर्बादी में हुआ है। ... आधुनिक पूँजीवादी समाज सामंती समाज के ध्वंस से पैदा हुआ है। उसमें समाज के वर्ग विरोधों को खत्म नहीं किया है। उसने वर्गों के स्थान पर नए वर्ग, पीड़न के पुराने तरीकों के बदले नए तरीके और संघर्ष के पुराने स्वरूपों की जगह नए स्वरूप खड़े कर दिए हैं। किन्तु दूसरे युगों की तुलना में हमारे युग की, पूँजीवादी युग की विशेषता यह है कि वर्ग विरोधों को इसने सीधा सादा बना दिया है। आज पूरा समाज दिनों-दिन दो विशाल प्रतिस्पर्धी शिविरों में, एक दूसरे के खिलाफ खड़े दो विशाल वर्गों में - पूँजीपति और मजदूरों में, बँटता जा रहा है।'[२६] कम्यूनिस्ट पार्टी के घोषणा-पत्र के इस लम्बे उद्धरण को देने में हमारा आशय यह है कि काव्य-विषय से संबंधित प्रगतिवादी समीक्षा के उस सामयिक आग्रह को भी स्पष्ट कर दिया जाये; समीक्षकों ने रचनाकारों का ध्यान जिसकी ओर बार-बार आकर्षित किया है। उनका कथन है कि वर्गबद्ध समाज में कवि या रचनाकार का सामयिक कर्तव्य है कि वह ऐसे विषयों को भी कविता में स्थान दें, जो शोषक और शोषित वर्गों की इस निर्णायक लड़ाई में शोषित वर्गों का पक्ष लेते हुए स्पष्ट हों; यही कारण है कि प्रगतिवादी समीक्षकों ने रचना के अन्तर्गत सामान्य जन की शोषण से मुक्ति की आकांक्षा, उसके दुख-दर्द, हर्ष-विशाद, भविष्य के स्वप्न तथा उसके निर्णायक संघर्ष को अधिकाधिक चित्रित करने का आग्रह किया है, जो अन्ततः सामान्य जनता की मुक्ति का मार्ग प्रशस्त करे। प्रगतिवादी रचनाओं में विषय के रूप में सामान्य जन और उसके संघर्ष का चित्रण इसीलिए प्रधान रूप से दिखायी पड़ता है । किन्तु, जैसा कि हमारे ऊपर के विवेचन से

स्पष्ट है, प्रगतिवादी समीक्षा रचनाकार पर विषय के चुनाव से सम्बन्धित ऐसा कोई भी बंधन नहीं लगाती, जिसको कि कविता की प्रशस्त आकृति किसी भी रूप में संकुचित हो। एक वाक्य में कहना चाहें तो कह सकते हैं कि इस वस्तु-जगत से सम्बन्धित हर विषय प्रगतिवादी रचना की सीमा में ग्राह्य है, जो मानव जीवन की समग्रता को चित्रित करता हुआ समाज हित तथा लोक हित के लिए विधायक बने; अथवा जो मनुष्य के मन में जीवन्त और स्वस्थ संवेदना जगाकर उसे भौतिक तथा आध्यात्मिक दोनों भूमियों पर परितृप्ति दे सके।

कविता की प्रयोजनीयता

प्रगतिवादी समीक्षा के अंतर्गत जब हम कविता की प्रयोजनीयता के विषय में चर्चा करते हैं, तो उसे दो भूमियों पर देखना आवश्यक हो जाता है। एक भूमि वह है, जहाँ प्रगतिवादी समीक्षकों ने और देश-विदेश के मार्क्सवादी साहित्य चिंतकों ने कविता की प्रयोजनीयता का विचार तात्कालिक संदर्भों से ऊपर उठते हुए व्यापक तथा गहरे स्तरों पर किया है; और दूसरे वह भूमि है जहाँ इस विषय का विवेचन समाज तथा युग जीवन की वर्तमान स्थितियों के संदर्भ में हुआ है। पहली भूमि पर कविता की प्रयोजनीयता मनुष्य की भौतिक ही नहीं, उसके आध्यात्मिक जीवन अर्थात् उसकी समग्रता को ध्यान में रखकर निर्देशित की गई है। प्रगतिवादी समीक्षकों ने इस तथ्य को स्वीकार किया है कि मनुष्य केवल भौतिक दृष्टि से ही सुखी और संतुष्ट नहीं होना चाहता, वह अपनी आध्यात्मिक तथा आत्मिक भूख को भी शांत करना चाहता है और कविता एक ऐसा साधन है, जो उसे इस भूमि पर सुख और संतोष प्रदान करती है। वह मनुष्य की जिजीविषा को बढ़ाने के साथ-साथ उसे उसके जीवन को उच्च स्तर का आनंद प्रदान करती है; वह उसकी अपूर्णता को पूर्णता में बदलती है और इस प्रकार उसके आंतरिक संसार को सम्पन्न करती है। उसके आत्म विस्तार में सहायता प्रदान कर वह उसे मनुष्यत्व की ऊँची भूमि पर ले जाती है। वह मनुष्य और मनुष्य के बीच संवाद कायम करते हुए उनके हृदयों को जोड़ने के लिए सेतु का कार्य करती है। यही कारण है कि प्रगतिवादी समीक्षा में इस बात का विरोध नहीं किया गया है कि कविता अंततः मनुष्य को उच्चस्तरीय आनंद प्रदान करती है। जैसा कि हम प्रगतिवादी समीक्षा के रस-विवेचन के अंतर्गत देखेंगे, हिन्दी के प्रगतिवादी समीक्षकों ने रस और आनंद जैसी परम्परागत स्थापनाओं को अस्वीकार नहीं किया है; किन्तु वे कविता की प्रयोजनीयता को उन्हीं तक सीमित मानकर ठहर नहीं गये हैं। कविता की सार्थकता उन्होंने इस बात में भी मानी है कि वह अंततः मनुष्य की जिंदगी और मनुष्यत्व के उच्च आदर्शों की ओर ले जाए, मनुष्यता के लिए आवश्यक लक्ष्य के प्रति उसके मन में आस्था तथा प्रेम उत्पन्न करे और

मनुष्य को अधिक मानवीय तथा सुसंस्कृत बनाने में और उसे मनुष्यता की सही दिशाओं में अग्रसर करने में अपना महत्त्वपूर्ण योग दे। प्रगतिवादी समीक्षकों ने इन लक्ष्यों की पूर्ति को कविता का सही चरित्र माना है।

किन्तु, यह ध्यान रखना चाहिए कि हिन्दी की प्रगतिवादी समीक्षा में मानव जीवन से अलग कविता पर विचार नहीं किया गया है। मानव जीवन को उच्च और उदात्त भूमियों की ओर उन्मुख करने वाली एक प्रभावशाली सत्ता के रूप में ही कविता हिन्दी की प्रगतिवादी समीक्षा में विचार और विवेचन का विषय बनी है और इसे ही वहाँ किसी भी कविता के मूल्यांकन का वास्तविक प्रतिमान माना गया है। परंपरा से साहित्य और कविता के प्रयोजन को लेकर इस बात पर जो विवाद चलता आया है कि कविता कविता के लिए ही है अथवा जीवन के लिए; कविता का लक्ष्य स्थूल मनोरंजन है अथवा वह किन्हीं उदात्त मानवीय लक्ष्यों के प्रति समर्पित है? इस विवाद का बड़ा स्पष्ट उत्तर प्रगतिवादी समीक्षा के अंतर्गत दिया गया है। प्रगतिवादी समीक्षा इस संदर्भ में स्पष्ट ही सस्ते मनोरंजन अथवा कला कला के लिए जैसी धारणाओं का तिरस्कार कर कविता या कला को जीवन की गहरी भूमिकाओं से जोड़ती है। वह कविता की सार्थकता मनुष्य को कर्म की वास्तविक उत्तेजना देने, उसे कर्मशील बनाने और एक स्वस्थ समाज तथा स्वस्थ संसार की रचना में उसका हाथ बँटाने में स्वीकार करती है। जैसा कि श्री रामेश्वर शुक्ल अंचल ने लिखा है कि 'साहित्य और कुछ नहीं, वह एक सम्पूर्ण कल्याणकारी, जनता के समस्त हितों की रक्षा करने वाला सौंदर्य और कला की समस्त उपलब्धियों की, प्रत्येक वर्ग, प्रत्येक श्रेणी के लिए एक-सी उपयोगी और एक सी आनन्ददायक माननेवाली योजना का ही सांस्कृतिक आंदोलन है।'[२७] उनके अनुसार साहित्य या कविता का एक महत्त्वपूर्ण लक्ष्य 'मनुष्य के जीवन में अनुराग पैदा करने वाली स्थिति की पुनः सर्जना है।'[२८]

जैसा कि ऊपर हमने निर्देशित किया है, प्रगतिवादी समीक्षा के अंतर्गत कविता या साहित्य की प्रयोजनीयता को समाज तथा युग के वर्तमान संदर्भों में विवेचित किया गया है। इस भूमि पर प्रगतिवादी समीक्षकों ने अपनी यह मान्यता व्यक्त की है कि चूँकि मानव समाज वर्गों में बँटा हुआ समाज है और समाज में प्रारंभ से ही वर्ग-संघर्ष की स्थितियाँ विद्यमान रहीं; अतएव जब तक इस वर्ग-संघर्ष का परिणाम शोषित वर्ग अथवा सर्वहारा वर्ग की विजय के रूप में स्पष्ट नहीं हो जाता, तब तक अर्थात् एक वर्गबद्ध समाज में, कविता का मुख्य प्रयोजन है कि वह सर्वहारा को वर्ग-चेतन बनाये और उसकी इस निर्णायक लड़ाई में उसके हाथों में एक हथियार के रूप में अपनी सार्थकता सूचित करे। इसी संदर्भ में डॉ. रामविलास शर्मा का कहना कि कविता जिन बहुमुखी उद्देश्यों का विधान करती है उनमें से एक उद्देश्य सर्वहारा वर्ग की चेतना को

उद्‍बुद्ध करना और उसके कल्याण का मार्ग प्रशस्त करना भी है।[२९] हिन्दी के प्रगतिवादी समीक्षकों का मत है कि वर्गहीन कला, वर्गहीन समाज में ही उत्पन्न हो सकती है, अब तक चूँकि वर्गहीन समाज विश्व के किसी देश में स्थापित नहीं हो सका है, अतः अब तक की सारी कला, सारा साहित्य वर्ग युक्त समाज की उपज है।[३०] इस वर्ग युक्त समाज में कविता की सार्थकता सामाजिक उत्थान और मनुष्य के उत्कर्ष में सहायता देने में देखी जा सकती है और ऐसा वह तभी कर सकती है, जब वह विशाल सर्वहारा वर्ग का पक्षधर बने और उसी के प्रति समर्पित हो। वर्गबद्ध समाज में शोषण और अन्याय से विशाल सर्वहारा वर्ग की मुक्ति के अलावा कविता का और कोई उद्देश्य नहीं हो सकता। प्रगतिवादी समीक्षा में रचनाकार को जन सामान्य की आकांक्षाओं और आशाओं को चित्रित करने, मानवीय शोषण तथा वर्ग-संघर्ष आदि को कविता का विषय बनाने आदि का जो आग्रह किया गया है, उसका ही सही संदर्भ है।

साहित्य तथा कविता को आधार के ऊपर स्थित ऊपरी ढाँचे की वस्तु मानने वाले मार्क्स की आधार और अधिरचना संबंधी जिस मान्यता का जिक्र हम पिछले पृष्ठों में कर चुके हैं, उसके अंतर्गत इस तथ्य को भी स्पष्ट किया गया है कि यद्यपि आधार ही ऊपरी ढाँचे को नियमित और अनुकूलित करता है; किन्तु ऊपरी ढाँचा भी आधार को प्रभावित करता है और जब-तब उसने परिवर्तन भी ला देता है। इस आधार पर मार्क्सवादी साहित्य चिंतकों ने कविता की सार्थकता इस बात में देखी है कि वह आर्थिक-सामाजिक रूपान्तरण में अपनी विशिष्ट भूमिका का निर्वाह करे। जिस समाज में सदियों से वर्ग-संघर्ष की स्थितियाँ हों, एक छोटा-सा वर्ग उत्पादन के साधन पर अधिकार करके विशाल मनुष्यता को शोषण और दमन की चक्की में पीस रहा हो, कविता का और रचनाकारों का इस संघर्ष से तटस्थ रहना समाज से निरपेक्ष होकर आत्मलीन और आत्म-केन्द्रित बन जाना, नितांत अनुचित है। कविता की सार्थकता समाज की उन प्रगतिशील शक्तियों के साथ जुड़ने में है। प्रगतिवादी समीक्षकों ने इसीलिए ऐसी हर कविता और हर साहित्य की भर्त्सना की है, जो आज के संघर्षशील युग में समाज से विमुख होकर व्यक्तिवादी विचारणा को पुष्ट करते हों। इस संबंध में हिन्दी के प्रसिद्ध समीक्षक मुक्तिबोध ने कहा है कि 'जब तक (नई) कविता वर्तमान ह्रासग्रस्त अधोपतनशील सभ्यता की असलियत नहीं पहचानती, सभ्यता के मूलभूत प्रश्नों से अपने को नहीं जोड़ लेती, मानवता के भविष्य निर्माण के संघर्ष में जब तक वह स्वयं को संयोजित नहीं कर पाती, जब तक उसमें उत्पीड़ित और शोषित मुखों के बिम्ब दिखाई नहीं देते, उनके ह्रदयों का आलोक दिखाई नहीं देता, तब तक हमारा कार्य सचमुच अधूरा रहेगा।' इस संदर्भ में इन्होंने इटली के प्रसिद्ध कवि दोमेनिको कादोरेसी के वक्तव्य का उल्लेख किया है, जिसमें इस कवि ने कहा है कि कला को

अपने औजार उठा लेना चाहिए; शायद बारूद भी जरूरी है कि जिससे चट्टानें तोड़ी जा सकें और युग के उन स्पंदनशील सप्रमाण भाव निर्झरों को मुक्त किया जा सके, जो इन चट्टानों के नीचे दबे हुए हैं, मनुष्य की मनुष्य के साथ बातचीत शुरू करनी होगी। मनुष्य समाज के साथ वार्तालाप आरंभ करना होगा। अब समय आ गया है कि हम अतीत के रहस्यात्मक जादुई, धुंधले मंत्र सूत्रों को त्याग दें यदि विशुद्ध काव्य हमें जीवन ही से पूर्णतः पृथक् करता है तो उस काव्य को विशुद्ध रखने की आवश्यकता ही क्या है। हम गोल चहार दीवारी को तोड़कर निकल जायें; और कूदकर खाईयाँ लाँघ लें, हम स्वगत भाषण और एकालाप से हटकर वार्तालाप की ओर जाएं। निस्संगता से हटकर संघर्ष में योग दें, अलग-अलग टुकड़ों में काम न कर अखंड पूर्ण रचना न करें। लोगों की आँखों के सामने हम मुंह की गरीबी और दारिद्रय की स्थिति स्पष्ट करें और हो सके तो हम उनकी मुक्ति के और सांत्वना के शब्द निकालें।[३१]

ऐसी स्थिति में प्रगतिवादी समीक्षकों ने इस बात पर बल दिया है कि आज के कवि के लिए सबसे अधिक आवश्यकता अपनी चेतना का संस्कार करने की है; और वह तब तक अपनी चेतना का संस्कार नहीं कर सकता, जब तक कि वह विश्व चेतस् न हो। जरूरी है कि आज का कवि जगत के लिये द्वंद्वों का अध्ययन करे अपनी सम्पूर्ण चेतना द्वारा आज की वास्तविकता की तह में घुसे और ऐसी विश्व-दृष्टि का विकास करे, जिससे व्यापक जीवन जगत की व्याख्या हो सके; और अंतर्जगत के महत्त्वपूर्ण आंदोलनों का बोध हो सके; वही आज की कविता के लिए जरूरी है। वह सामान्य जनता के जीवन के साथ जुड़कर उसके गुणों और उसके संघर्षों की प्रेरणा ले, जो जीवन-विवेक सामान्य जन के हृदयों में संचित है, उसे ग्रहण करें और फिर कलात्मक रूप में उसे उन्हीं को वापस कर दे वर्गबद्ध समाज में यदि कविता की कोई भी प्रयोजनीयता हो सकती है तो वह यही है कि आज की कविता का एक मात्र उद्देश्य व्यापक लोकहित ही हो सकता है; और प्रगतिवादी समीक्षा के अंतर्गत इसी कसौटी पर कविता की मूल्यवत्ता को परखा गया है। स्पष्ट है कि प्रगतिवादी समीक्षा की यह मान्यता आचार्य शुक्ल की लोकमंगल की मान्यता से पूरी तरह मेल खाती है। आचार्य शुक्ल ने वर्गबद्ध समाज अथवा वर्ग-संघर्ष की बात अवश्य नहीं की है; किन्तु अन्यायियों तथा अत्याचारियों से लोक रक्षा की, जो बात की है, वह वर्ग-बद्ध समाज की प्रगतिवादी धारणा से अलग नहीं है। प्रगतिवादी समीक्षा ऐसी कविता के निर्माण पर बल देती है और उसी को मनुष्य तथा समाज के लिए उपयोगी मानती है, जिसे पूरी तरह 'जनता की और जनता के लिए' कविता की संज्ञा दी जा सके । स्पष्ट है कि प्रगतिवादी समीक्षा की यह मान्यता ऐसी कविता की उपेक्षा नहीं करती, जिसमें प्रत्यक्षतः जन संघर्षों का चित्रण न किया गया हो। वह ऐसी कविता और ऐसे साहित्य को भी जनता

की कविता तथा जनता का साहित्य मानती है, जो सामयिक जन संघर्ष से अलग होते हुए भी मनुष्य की उदात्तवृत्तियों का चित्रण करता हो तथा उनमें उदात्त सौंदर्य-बोध तथा उदात्त जीवन-दृष्टि ही उत्पन्न करता हो। स्पष्ट है कि इस साहित्य के अंतर्गत महान रचनाकारों द्वारा रचित साहित्य भी शामिल हो जाता है। वर्गबद्ध समाज में प्रगतिवादी समीक्षा द्वारा प्रतिपादित कविता की प्रयोजनशीलता को लक्ष्य कर प्रायः ऐसा आरोप किया जाता है कि प्रगतिवादी समीक्षा ऐसे काव्य या साहित्य की उपेक्षा करती है, जिसमें तात्कालिक संघर्षों का अथवा सर्वहारा वर्ग का चित्रण न हो; किन्तु हमारे उक्त कथन से इस आरोप का निराकरण हो जाता है। जनता के साहित्य को परिभाषित करते हुए मुक्तिबोध ने कहा है कि 'जनता के मानसिक परिष्कार, उसके आदर्श मनोरंजन से लगाकर उसे क्रांति पक्ष पर मोड़ने वाला साहित्य, मानवीय भावनाओं का उदात्त वातावरण उपस्थित करने वाला साहित्य, जनता के जीवन चित्रण वाला साहित्य, मन को मानवीय और जन को जन-जन करने वाला साहित्य शोषण और सत्ता के घमंड को दूर करने वाले स्वातंत्र्य और मुक्ति के गीतों वाला साहित्य प्राकृतिक शोभा और स्नेह के सुकुमार दृश्यों वाला साहित्य.....। इस प्रकार का सारा साहित्य जनता का साहित्य कहा जाय वशर्ते कि वह मन को मानवीय और जन को जन जन बना सके और जनता को मुक्ति पथ पर अग्रसर कर सके। साहित्य के संबंध में यही दृष्टिकोण जनता का दृष्टिकोण है।'[३२] इसी भूमि पर डॉ. रामविलास शर्मा ने भी कालिदास के साहित्य का विवेचन करते हुए उसे न केवल अभिनंदनीय कहा है अनुकरणीय भी माना है। कालिदास के काव्य में निहित उदात्त मनुष्यता के सर्जक तत्त्वों का विवेचन करने के उपरांत उन्होंने निष्कर्ष दिया है कि कालिदास के सात्यि के ये सब तत्त्व स्थायी ही नहीं है वे आधुनिक भारतीय साहित्य में अंतर्धारा की भांति प्रवाहित हुए है।[३३]

समग्रतः जहाँ तक कविता या साहित्य की प्रयोजनीयता का प्रश्न है 'कला कला के लिए' और 'कला जीवन के लिए' जैसे परम्परागत विवाद में प्रगतिवादी समीक्षा स्पष्टतः 'कला जीवन के लिए' – इस पक्ष का समर्थन करती है और वर्गबद्ध समाज की आवश्यकता को देखते हुए यहाँ तक प्रतिपादित करती है कि कविता या कला जीवन के लिए ही नहीं अथवा समाज के लिए भी नहीं वरन् जीवन तथा समाज में अनाचार और शोषण से 'विशाल सामान्य जन की मुक्ति' के लिए है। वैसे जैसा कि हम स्पष्ट कर चुके हैं कि प्रगतिवादी समीक्षा उसी कविता अथवा उसी साहित्य को मानवीय संदर्भों में मूल्यवान मानती है, जो मनुष्य को खंड मनुष्यता से आगे सम्पूर्ण मनुष्यता के स्तर तक पहुँचाए; उसकी भौतिक तथा आध्यात्मिक आकांक्षाओं की पूर्ति करे; मनुष्य और मनुष्य के बीच खड़ी दीवालों को तोड़कर उन्हें व्यापक मनुष्यता के सूत्र में गुथे, मनुष्य को और इस संसार को एक नए और स्वस्थ रूप में ढालने की अपनी जिम्मेदारी निभाते

हुए अपने को सार्थक करे। व्यावहारिक भूमिका पर प्रगतिवादी समीक्षा ने अपने इसी दृष्टिकोण का आधार लेकर साहित्य या काव्य की विवेचना की है। स्पष्ट है कि प्रगतिवादी समीक्षा का यह प्रतिमान हिन्दी समीक्षा की पूर्ववर्ती तत्संबंधी मान्यताओं का तिरस्कार नहीं करता । हम देख चुके हैं कि भारतेन्दु से लेकर प्रगतिवादी समीक्षा तक साहित्य चिंतकों की ऐसी परम्परा रही है, जिन्हें कविता या साहित्य की प्रयोजनीयता मानवीय सुख-दुख को प्रतिबिम्बित करने, समाज हित के साथ जुड़े रहने और लोक की आकांक्षाओं को उसकी वाणी देने में मानी है।

कविता का वर्गीय आधार

मार्क्सवादी साहित्य-चिंतन तथा प्रगतिवादी समीक्षा पर ही नहीं मार्क्सवादी विचारधारा पर ही यह आरोप लगाया जाता है कि वह वर्गवाद को प्रश्रय देती अर्थात् मनुष्य और मानव समाज को उनकी समग्रता में न देखकर टुकड़ों में अर्थात् उन्हें वर्गों में बाँटकर देखती है। इस समय हमारा उद्देश्य इस आरोप का विवेचन करते हुए उसके संबंध में मार्क्सवादी विवेचकों ने जो उत्तर दिए हैं, उनका भी जिक्र न करके केवल वस्तु-स्थिति को स्पष्ट करना है तथा मार्क्सवादी साहित्य-चिंतन और प्रगतिवादी समीक्षा से साहित्य और कला संबंधी वर्गीय दृष्टिकोण का परिचय देना है। प्रगतिवादी समीक्षा में काव्य या साहित्य की मूल्यवत्ता की परीक्षा करते समय उनके वर्गीय आधार को समझना आवश्यक माना गया है; अतएव जरूरी हो जाता है कि हम मार्क्सवादी अथवा प्रगतिवादी समीक्षा के इस प्रतिमान से परिचय प्राप्त करें।

मार्क्सवादी विचारकों की मान्यता है कि वर्गबद्ध समाज में साहित्य और कलाएँ भी वर्ग-हितों को प्रतिबिम्बित करती हैं, जिनमें शासक वर्ग के हितों की प्रधानता होती है। रचनाकार कलाकारों के अपने वर्ग-संस्कार उनकी जीवन-दृष्टि के रूप में उनकी कृतियों में प्रतिबिम्बित होते हैं। पूँजीवादी समाज-व्यवस्था के अंतर्गत जिसमें सब कुछ धन की ही तुला में तौला जाता है पूँजीपति वर्ग शासक होने के नाते सारे धन पर एकाधिकार रखता है; फलतः साहित्य-कला-संस्कृति सब उसकी दासी होकर रह जाती हैं। वे सब शासक वर्ग की आशाओं आकांक्षाओं को व्यक्त करने में ही अपनी इतिह कर्तव्यता समझती है।[३४]

सन् १९३६ ई. में हंस के लिए लिखे गए अपने प्रसिद्ध सम्पादकीय वक्तव्य 'महाजनी सभ्यता' में प्रेमचंद ने इन सारी स्थितियों का बड़ा ही मार्मिक विवेचन किया है। उन्होंने दिखाया है कि किस प्रकार पूँजीवादी व्यवस्था में शासक वर्ग साहित्य और कलाओं को अपना दास बनाकर उन्हें अपने हित में इस्तेमाल करता है।[३५] लगभग प्रत्येक प्रगतिवादी समीक्षक ने इस तथ्य की ओर ध्यान आकर्षित किया है कि बिना

समाज की वर्गीय भूमिका को समझे साहित्य और कलाओं का समुचित मूल्यांकन नहीं हो सकता । लेखकों और रचनाकारों से भी उनका आग्रह है कि वे उत्पादन संबंधों व उत्पादक शक्तियों के संघर्ष को समझें और अपनी कला द्वारा विकासमान शक्तियों को सहारा देकर और उनसे स्वयं जीवन प्राप्त करके मनुष्य और समाज की मुक्ति की ओर अग्रसर हों।[३६] अब तक का सारा साहित्य वर्ग–विभक्त समाज का साहित्य है। इस तथ्य को रेखांकित करते हुए अमृत राय का कहना है कि जो लिखित साहित्य हम तक पहुँचता है, वह वर्ग–विभक्त समाज की उपज है; इसलिये उस पर वर्ग–भेद की छाप है। यहाँ तक कि प्राचीन साहित्य के अंतर्गत चित्रित वर्ग–भेद तथा जाति–भेद के दृष्टांत हमें मिलते हैं; वे सब तत्कालीन समाज के वर्ग–भेद के ही दृष्टांत हैं।[३७] वर्ग–बद्ध समाज में प्रत्येक लेखक चूँकि किसी न किसी वर्ग से सम्बद्ध होता है; अतएव उसकी रचना में उसके वर्गीय संस्कारों का प्रतिबिम्ब अनिवार्य है। वह जीवन को अपनी वर्गीय दृष्टि से देखते हुए ही उसका अंकन करता है और इसीलिये उसकी रचना की मूल्यवत्ता को परखने के लिए जरूरी है कि उसके वर्गीय आधार को समझा जाय। इस स्थिति पर मुक्तिबोध ने पर्याप्त विस्तार से अपने विचार व्यक्त किए हैं। उनका कहना है कि एक ही समाज के अंतर्गत विभिन्न वर्गों और उस वर्ग के व्यक्तियों के पारम्परिक संबंधों का आधार उनकी आर्थिक स्थिति होती है : 'एक ही समाज में विभिन्न वर्गों की रुचियों, दृष्टियों तथा सामाजिक एवं नैतिक संस्कारों में भेद होता है। व्यक्ति पर्याप्त सीमा तक चेतन अथवा अचेतन संस्कारों से बँधा होता है और उसका साहित्य इन वर्गीय संस्कारों और दृष्टियों से मुक्त नहीं हो पाता।'[३८] मुक्तिबोध ने प्रसाद की कामायनी का अध्ययन करते हुए उसके वर्गीय आधारों को पहचानने का भी प्रयास किया है। उनके निष्कर्षों से कोई भले ही सहमत न हो, किन्तु उनका अध्ययन और उनके निष्कर्ष इस तथ्य को अवश्य प्रतिपादित करते हैं कि वर्गबद्ध समाज में रचनाकार तथा रचना के वर्गीय आधार को समझे बिना रचना का मूल्यांकन नहीं हो सकता । कामायनी के बारे में उनका कहना है कि 'कामायनी जीवन की पुनर्रचना है – ऐसे जीवन की पुनर्रचना कि जिस जीवन के प्रति लेखक अत्यंत दीर्घकाल से प्रतिक्रियाएँ करता आया था, जिसे वह अपने अंतस्तल में अनुभूत करता रहा ... मानो वह उसकी निजी गोपनीय सम्पत्ति हो। लेखक ने उस संचित प्रतिक्रियाओं और अनुभूतियों द्वारा एक फिलासफी तैयार की। लेखक के संवेदनात्मक उद्देश्यों ने स्वानुभूत जीवन का कथासार एक फैंटेसी के रूप में बाँध दिया और अपने इच्छित विश्वासों के आधार पर समाधान उपस्थित किया। फलतः उस फैंटेसी में लेखक का पूरा व्यक्तित्व, पूरा स्वानुभूत जीवनसार, पूरा इच्छित जीवन–दर्शन उतर आया और साथ ही मानव–संबँधों का वह क्षेत्र घोषित हुआ जिस मानव–संबंध में लेखक ने साँसें लीं, अपना जीवन जिया और जिसके मूल्यों, आदर्शों को सम्पादित कर उस मानव संबंध क्षेत्र

की, अर्थात् अपने वर्ग की दृष्टि को ही दार्शनिकत्व प्रदान किया।'[३९]

कविता तथा कला के वर्गीय आधारों की समझ हमें उनकी अंतर्वस्तु के उन पक्षों तक ले जाती है, विशुद्ध साहित्यिक मानपदंडों के आधार पर साहित्य तथा कला की परीक्षा करने वाले समीक्षक जिन्हें नहीं देख पाते। उदाहरण के लिए छायावादी कविता में जिस दुख, पीड़ा, असंतोष अथवा पलायन की स्थितियों का चित्रण हुआ या छायावादोत्तर कविता के बच्चन और अंचल जैसे कवियों के काव्य में तथा मध्यवर्ग के द्वारा रचे गये अधिकांश साहित्य में कम प्रयोगवादी काव्य में जिस मोहभंग की स्थिति दिखाई देती है और उसके फलस्वरूप निराशा, पराजय और अनास्था के जो स्वर सुनाई पड़ते हैं, इन सबका तात्त्विक ज्ञान हम कविता तथा कला के वर्गीय आधारों का विवेचन करके प्राप्त कर सकते हैं। इसी आधार पर काडवेल ने इंग्लैंड की रोमांटिक कविता का मूल्यांकन किया है और इसी आधार पर शिवदानसिंह चौहान ने हिन्दी की छायावादी कविता में व्याप्त असंतोष की व्याख्या की है।

मार्क्सवादी विचारकों ने कहा है कि समाज में जैसे-जैसे वर्ग-संघर्ष प्रखर होता जाता है, शोषित और पीड़ित सर्वहारा वर्ग की युद्ध मुद्राएँ भी तेज हो उठती हैं। ऐसे अवसर पर यह अपवाद भी देखने को मिलता है कि अनेक रचनाकार अपनी वर्ग-भूमिका का त्याग कर विशाल सर्वहारा वर्ग से एक हो जाते हैं और अपने साहित्य तथा कला में उस सर्वहारा वर्ग की आशाओं तथा आकांक्षाओं को प्रतिपादित करते हैं; किन्तु यह स्थिति प्रायः महान रचनाकारों की ही होती है या उन रचनाकारों की जो मूलतः ईमानदार हैं। अमृतराय ने इस तथ्य को स्वीकार किया है और कहा है कि विशेष परिस्थितियों में ऐसा हो सकता है कि कलाकार के रूप में अपनी ईमानदारी और सच्चाई को बनाए रखने के लिए अपने वर्ग हितों का विरोध करना उसके लिए अनिवार्य हो जाए।[४०]

प्रगतिवादी समीक्षा कविता के वर्गीय आधार का विवेचन करते हुए समीक्षकों का ध्यान इस तथ्य की ओर भी आकर्षित करती है कि कविता के वर्गीय आधार का अध्ययन अथवा रचनाकार के वर्गीय मानस का अध्ययन कोई सरल कार्य नहीं है। इस तथ्य की ओर सबसे अधिक बल मुक्तिबोध ने दिया। उनका कहना है कि वर्गीय चेतना बाहर की स्थूल सीमाओं का अतिक्रमण कर मनुष्य के मनोयोग तक फैली हुई है। उसके बाह्य पक्ष के साथ-साथ एक आंतरिक पक्ष भी है, जिसे एक ही व्यक्ति में होने वाले दो विपरित संस्कारों के द्वंद्व रूप में देख सकते हैं। वर्गों में विभाजन केवल व्यक्ति समूहों का ही नहीं, प्रवृत्ति समुदायों का भी हो सकता है। इसको समझना अपेक्षाकृत कठिन कार्य है।[४१]

प्रगतिवादी समीक्षकों ने इस तथ्य को भी रेखांकित किया है कि वर्गीय संस्कार रचनाकार में सदा-सदा के लिए बद्ध-मूल नहीं हो जाते, रचनाकार अपनी सीमाओं से

उठने में मदद देता है। कहने का तात्पर्य यह है कि कविता तथा कला के वर्गीय आधार की बात प्रगतिवादी समीक्षा में अथवा मार्क्सवादी साहित्य-चिंतन में हल्के स्तर पर नहीं उठायी गयी है; वरन् उनके अंतर्गत उसका गंभीर विवेचन भी हुआ है। इतना निश्चित है कि वर्गबद्ध समाज में रचनाकार कतिपय अपवादों को छोड़कर वर्ग संस्कारों से मुक्त नहीं हो पाता; उसकी रचना पर उनका प्रतिबिम्ब पड़ता है। उसकी वर्गीय दृष्टि उसकी रचनाओं की दिशाओं को निर्धारित करती है; अतएव, बिना रचना के वर्गीय आधार को परखे उसका सम्यक् मूल्यांकन नहीं हो सकता । जहाँ तक इस वर्गीय आधार को परखकर रचना के संबंध में कोई निर्णय देने का प्रश्न प्रगतिवादी समीक्षा इस बात का निर्देश करती है कि किसी रचना की समीक्षा करते समय निर्णय इसी आधार पर दिया जाता है कि रचना कहाँ तक अपने समय के सत्ताधारी वर्ग के प्रभाव से प्रभावित है अथवा कहाँ तक उस प्रभाव का अतिक्रमण कर विशाल सर्वहारा वर्ग के दृष्टिकोण को अपना सका है। उसकी रचना का मूल स्वर प्रभुवर्ग की आकांक्षाओं को उजागर करता है अथवा वह सर्वहारा वर्ग के उद्देश्यों के साथ है । वर्गबद्ध समाज में सर्वहारा वर्ग की आशाओं-आकांक्षाओं और संकल्पों को स्वर देने वाले, उसे उदात्त स्थितियों तक आगे ले जाने की पहल करने वाले साहित्य या काव्य को ही प्रगतिवादी समीक्षा में सही अर्थों में मूल्यवान माना गया है। उसने उसी कविता या कला की सार्थकता स्वीकार की है, जो शासक वर्ग की मनोभावनाओं की तुलना में व्यापक जन सामान्य की भौतिक तथा आध्यात्मिक आकांक्षाओ को उजागर करती है।

प्रगतिवादी समीक्षा की मान्यता है कि सच्ची और सही कविता का जन्म वर्गहीन समाज-व्यवस्था में ही संभव हो सकेगा; क्योंकि तब रचनाकार सच्चे अर्थों में स्वतंत्र होगा और उन असंगतियों से मुक्त होगा; एक वर्ग-बद्ध समाज में जो उसकी संभावनाओं को बाधित करती है; तब रचनाकार आर्थिक दुश्चिंताओं से मुक्त, सामाजिक विषमताओं से स्वतंत्र सही मायने में आंतरिक तथा बाह्य तनावों से मुक्त सृजन करने की स्थिति में होगा और इसीलिये उसकी रचना श्रेष्ठ और समर्थ होगी... और तभी वह साहित्य और कला के साथ अपनी सच्ची अंतरंगता स्थापित कर सकेगा।[४२]

किन्तु इसका अर्थ यह नहीं है कि वर्ग-बद्ध समाज में रची जाने वाली कविता गुणात्मक दृष्टि से कोई हीन कविता है क्योंकि प्रगतिवादी समीक्षकों ने इस तथ्य का भी बार-बार उल्लेख किया है कि वर्ग-बद्ध समाज में भी महान् रचनाकार अपनी वर्गीय सीमाओं का अतिक्रमण करते हुए श्रेष्ठ कविता करते रहे हैं। प्रगतिवादी समीक्षकों ने इस स्थिति की ओर इस कारण बार-बार जोर दिया है ताकि मूल्यांकन के संबंध में गलत और एकांगी दृष्टिकोण न अपनाया जाय।

कविता और समाज : कविता की सामाजिक संदर्भता का प्रश्न

हम कविता के स्वरूप और कविता के उद्भव आदि प्रश्नों की चर्चा करते हुए इस तथ्य को स्पष्ट कर चुके हैं कि कविता सामाजिक जीवन की उपज है, अपनी ज्ञानेन्द्रियों के माध्यम से जिसके सम्पर्क में आता है और जिससे परिचय प्राप्त करता है। कविता सामाजिक जीवन के विकास क्रम में मनुष्य ने जो संघर्ष किया है और जो विशिष्ट उपलब्धियाँ की हैं, उन्हीं उपलब्धियों में से एक है। इन्द्रिय-बोध, भावबोध और विचार जो किसी भी कविता या कला के मूल में स्थित होते हैं, इसी वस्तु-जगत तथा इसी सामाजिक जीवन द्वारा हमें प्राप्त होते हैं। अतएव कविता और सामाजिक जीवन का संबंध अभिन्न संबंध है, दोनों को पृथक् नहीं किया जा सकता। इस भूमि पर मार्क्सवादी तथा प्रगतिवादी समीक्षकों ने इस तथ्य को भी प्रस्तुत किया है कि चूँकि कविता और समाज का संबंध बहुत घनिष्ठ और अंतर्वर्ती संबंध है, अतएव यदि साहित्य या कविता के इतिहास को सामाजिक जीवन के इतिहास का अंग माना जाय तो अधिक सही होगा।[४३] इस मान्यता को स्वीकार करने में किसी को इस कारण आपत्ति नहीं होनी चाहिए कि रूप, भावना और विचार की जिस अन्विति में कविता और कला का रूपायन होता है, उसका समाजनिरपेक्ष होना किसी भी प्रकार संभव नहीं है। कलाकार जिस सौंदर्य की सृष्टि भी करता है वह भी समाजनिरपेक्ष किसी व्यक्ति की कल्पना की उपज न होकर सामाजिक जीवन और सामाजिक विकास से घनिष्ठ रूप में संबंधित होता है।[४४] प्रश्न यहाँ इस बात का नहीं है कि कविता और सामाजिक जीवन के बीच किस प्रकार का संबंध है, प्रश्न केवल इस बात पर बल देने का है कि यह संबंध बहुत सरल संबंध नहीं होता; जैसा कि प्रायः मान लिया जाता है और जिसे स्पष्ट करते समय भद्दी गल्तियाँ की जाती है; स्वयं प्रगतिवादी समीक्षक भी जिनसे अलग नहीं हैं। कविता या कला को सीधे-सीधे सामाजिक जीवन का प्रतिबिम्ब मानना अथवा उन्हें विशुद्धतः आर्थिक-सामाजिक जीवन से नियत और अनुकूलित मानना एक प्रकार का यांत्रिक निष्कर्ष है, जिसने प्रगतिवादी समीक्षा के व्यावहारिक विवेचन को बहुत कुछ गुमराह किया है। ऐसा इसलिए हुआ कि मार्क्स और ऐंगिल्स की मूल स्थापना को ठीक से, उसकी द्वंद्वात्मक भूमि पर न समझकर उसे यांत्रिक रूप में समझा गया है। हम पिछले पृष्ठों में मार्क्स की यह स्थापना दे चुके हैं कि कविता तथा कला आर्थिक भौतिक जीवन रूपी आधार पर खड़ी ऊपरी संरचना का अंग है और इस आधार द्वारा नियत और अनुकूलित होती है। मार्क्स और ऐंगिल्स की इस मान्यता के आधार पर प्रगतिवादी समीक्षाकों में से कुछ ने कविता या कला को सीधे आर्थिक जीवन से अनुकूलित और अनुशासित कर दिया है। जैसे वे मात्र उससे अनुकूलित और प्रभावित हों तथा बदले में

आर्थिक-सामाजिक जीवन को प्रभावित करने में उनका कोई योग न हो। यह कविता या कला के उस चरित्र की उपेक्षा करना है जहाँ उन्हें सामाजिक जीवन को रूपान्तरित करने वाली शक्ति के रूप में स्वीकार किया गया है। सच पूछा जाय तो मार्क्स और ऐंगिल्स ने कहीं भी ऐसा नहीं कहा है कि कविता या कलाएँ केवल आर्थिक-भौतिक जीवन से प्रभाव ही ग्रहण करती हैं, उन्हें बदले में प्रभावित नहीं करती हैं। मार्क्स और ऐंगिल्स ने इस विषय पर अपनी मान्यताएँ एकाधिकार बार स्पष्ट की हैं। ऐंगिल्स ने स्पष्टतः कहा है कि साहित्य और कलाएँ आर्थिक-भौतिक जीवन से प्रभावित, अनुकूलित और नियत जरूर होती है; किन्तु बदले में उन्हें प्रभावित भी करती हैं। ऐंगिल्स के शब्द इस संबंध में इस प्रकार हैं - धर्म, राजनीति, दर्शन, साहित्य कला आदि के विकास का आधार आर्थिक आधार है; लेकिन इन सबका एक दूसरे पर तथा आर्थिक आधार पर भी प्रभाव पड़ता है। ऐसी बात नहीं है कि आर्थिक आधार ही एक मात्र सक्रिय कारण है और बाकी सब चीजें निष्क्रिय रूप से प्रभाव ग्रहण करती हैं। उन्होंने साहित्य, कला तथा आर्थिक भौतिक जीवन के बीच एक अंतःक्रिया की स्थिति स्वीकार की है। इतनी स्पष्ट मान्यता के बावजूद साहित्य और कलाओं तथा सामाजिक जीवन से उनके संबंध निर्धारण में प्रगतिवादी समीक्षकों ने भूलें की हैं। डॉ. रामविलास शर्मा ने इस तथ्य पर विस्तार से प्रकाश डालते हुए इस बारे में प्रगतिवादी समीक्षा की मूल मान्यता को बड़े निर्भ्रांत रूप से स्पष्ट किया है। उनका कहना है कि सामाजिक जीवन का यथार्थ अपने संश्लिष्ट रूप में ही साहित्य और कला में प्रतिबिम्बित होता है। समाज कोई सीधी इकाई न होकर अनेक प्रकार की असंगतियों तथा अंतर्विरोधों से युक्त संश्लिष्ट वस्तु है। सामाजिक विकास से सम्बद्ध कला के अनेक तत्त्व जहाँ आर्थिक जीवन पर निर्भर होते हैं, उनका एक स्पष्ट वर्ग आधार होता है, वे आर्थिक व्यवस्था के बदलने पर या उसके कुछ समय के बाद परिवर्तित हो जाते हैं; वहाँ अनेक तत्त्व अपेक्षाकृत स्थायी होते हैं, वर्गों से पर वह और बहुत कुछ अपरिवर्तनशील होते हैं।[४५] उनका आग्रह है कि कविता कला या साहित्य का मूल्यांकन करते समय तथा आर्थिक-सामाजिक जीवन के संबंधों का रूप स्पष्ट करते हुए इस तथ्य को पूरी तरह समझ लेना चाहिए। बड़े विश्वास के साथ उन्होंने इस बात को प्रस्तुत किया है कि ऐसा नहीं होता कि समाज के रथ में लेखक पीछे बँधा हुआ हो और उसके पीछे-पीछे लीक पर चलता हुआ घिसटता हो। लेखक सारथी होता है जो लीक देखता हुआ साहित्य की बागडोर सँभालते हुए उसे उचित मार्ग पर ले चलता है।[४६]

डॉ. नामवर सिंह ने साहित्य और समाज के संबंधों के बीच एक कड़ी के रूप में लेखक के व्यक्तित्व को मान्यता दी है। उनका कहना है कि साहित्य रचना की प्रक्रिया में समाज लेखक और साहित्य एक-दूसरे को इस तरह प्रभावित करते हैं कि इनमें से प्रत्येक क्रमशः परिवर्तित और विकसित होता रहता है। समाज से लेखक, लेखक से

साहित्य और साहित्य से पुनः समाज।[47] लेखक अपने व्यक्तित्व के माध्यम से समाज को साहित्य का रूप देता है। वह भले ही ऐसा कहे उसने अपने निजी सुख के लिए रचना की है; किन्तु उसके इस स्वांतः सुख में चूँकि उसका अपना दृष्टिकोण, उद्देश्य, अनुभव, अनुभूति, विचार, विश्वास सब कुछ निहित है और ये सब सामाजिक जीवन में बराबर उपस्थित रहता है।[48] साहित्य और सामाजिक जीवन के संबंधों के बारे में अमृतराय की मान्यताएँ भी बिलकुल स्पष्ट हैं। उन्होंने भी इस तथ्य के बारे में किसी भी प्रकार का भ्रम नहीं रहने दिया कि मार्क्सवादी समीक्षा अथवा समीक्षक न तो कलाकार की पूर्ण निरपेक्ष वर्ग-समाज और तत्कालीन परिस्थितियों से ऊपर उठी हुई सत्ता को स्वीकार करता है और न इस भोंड़े मत को कि कलाकार अपनी कृति में तत्कालीन परिस्थितियों का ज्यों का त्यों प्रतिबिम्ब उतारता है।[49] मार्क्सवादी समीक्षा इस तथ्य पर बार-बार बल देती है कि जीवन की वास्तविकता को देखने के कारण जिस प्रकार कलाकार समाज से प्रभावित होता है, उसी प्रकार वह सामाजिक जीवन को भी प्रभावित करता है। कलाकार की स्थिति परिस्थिति सापेक्ष अवश्य है; किन्तु वह परिस्थितियों का दास नहीं है परिस्थितियों का विधायक है। परिस्थितियाँ यदि उसका निर्माण करती हैं तो वह भी परिस्थितियों का निर्माण करता है। एक बार कलाकार के विचारों की उत्पत्ति हो जाने पर वे अपने विकास नियमों से परिचालित होने लगते हैं; क्योंकि अपने उनके निर्माण में आपेक्षिक स्वतंत्रता प्राप्त हो जाती है ... अतः कलाकार परिस्थितियों से प्रभावित होते हुए भी उनका दास नहीं होता उसकी अपेक्षिक स्वतंत्रता उसके पास रहती ही है।[50]

कविता तथा सामाजिक जीवन के बीच के संश्लिष्ट संबंधों को स्पष्ट करना इसलिये आवश्यक था कि हिन्दी की प्रगतिवादी समीक्षा कविता या साहित्य की समाजिक संदर्भता को उसकी मूल्यवत्ता के एक महत्त्वपूर्ण कारण के रूप में देखती है। प्रसिद्ध मार्क्सवादी समीक्षक क्रिस्तोफर काडवेल ने तो कविता की इस समाजिक संदर्भता को उसमें अस्तित्व की एक अनिवार्य शर्त माना है। कविता या कला की परिभाषा देते हुए उनका कहना है कि कला समाजरूपी सीप से उत्पन्न एक मोती की तरह है। कविता या कला की यह परिभाषा ही उसकी सामाजिक संदर्भता को स्पष्ट कर देती है।[51]

कविता तथा सामाजिक जीवन की अभिन्नता के इस स्वरूप पर बल देने का कारण ही कविता के मूल्यांकन के लिए उसकी सामाजिक संदर्भता की परख तथा पहचान को प्रगतिवादी समीक्षकों ने उस मूल्यांकन की एक अनिवार्य शर्त माना है। उनका कहना है कि कविता या कला का मूल्यांकन और वह भी सही मूल्यांकन उनकी समाजिक संदर्भता के इस प्रतिमान की उपेक्षा करने पर हो ही नहीं सकता। यह सही है कि कविता या कला के कुछ अपने नियम होते हैं; उनकी अपनी स्वायत्तता भी होती है, जिसके संबंध में आगामी पृष्ठों में हम अपने विचार व्यक्त करेंगे। किन्तु कुल मिलाकर कविता की या कला

की समीक्षा सामाजिक संदर्भता के प्रतिमान को छोड़कर नहीं की जा सकती। काडवेल के अनुसार कविता की परीक्षा करने का अर्थ यह नहीं है कि केवल उसकी अंतर्वस्तु को ही देखा और परखा जाय। कविता या कला की परीक्षा का अर्थ उसके उन स्रोतों की भी परीक्षा करना है, जिन्होंने उसे वह अंतर्वस्तु प्रदान की है; ये स्रोत और कुछ नहीं, हमारा सामाजिक जीवन ही है। इन श्रोतों की परख के लिए हमें कविता से बाहर आना ही पड़ेगा, उसके दायरे से निकलना ही पड़ेगा और कविता से बाहर आने अर्थ है समाज के भीतर खड़ा होना। अतएव समाज संदर्भता की परख किये बिना कविता या कला की सही परख नहीं हो सकती।[५२]

हिन्दी की पूर्ववर्ती समीक्षाओं में कविता का मूल्यांकन करते समय उसकी सामाजिक संदर्भता पर ध्यान दिया गया है। आचार्य द्विवेदी, आचार्य शुक्ल और यहाँ तक कि स्वच्छंदतावादी समीक्षकों ने भी सामाजिक संदर्भता की बात अपनी दृष्टि से ओझल नहीं की है। किन्तु प्रगतिवादी समीक्षा में कविता के मूल्यांकन का यह प्रतिमान अपनी सम्पूर्ण वैज्ञानिकता के साथ एक प्रमुख प्रतिमान बनकर सामने आया है। यहाँ कविता और समाज के बीच किस प्रकार के जटिल और संश्लिष्ट संबंध होते हैं, उनका गहराई में किया गया विवेचन उपलब्ध होता है। यहाँ कविता को विशुद्धतः सामाजिक–भौतिक जीवन की उपज मानकर उसकी सामाजिक संदर्भता को एक मुख्य कसौटी के रूप में प्रस्तुत किया गया है। इसीलिए हिन्दी की प्रगतिवादी समीक्षा द्वारा प्रस्तुत कविता की मूल्यवत्ता की परख का यह प्रतिमान पूर्ववर्ती दृष्टियों की तुलना में विशिष्ट है। इसी आधार पर हिन्दी के स्वच्छंदतावादी समीक्षक आचार्य वाजपेयी ने प्रगतिवादी समीक्षा के इस प्रदेय को मुक्त कंठ से स्वीकार किया है : 'हिन्दी समीक्षा को उसने दो वस्तुएँ मुख्य रूप से दी हैं। प्रथम यह कि प्राज्ञ साहित्य का संबंध सामाजिक वास्तविकता है और वही साहित्य मूल्यवान है, जो उक्त वास्तविकता के प्रति सजग और संवेदनशील है। दूसरे, वह जो साहित्य सामाजिक वास्तविकता से जितना ही दूर होगा, वह उतना ही काल्पनिक और प्रतिक्रियावादी कहा जायगा, न केवल सामाजिक–दृष्टि से अनुपयोगी होगा, वरन् साहित्यिक दृष्टि से भी ... होगा।'[५३]

कला नियमों की स्वायत्तता का प्रश्न

पिछले पृष्ठों में हमने प्रगतिवादी समीक्षा द्वारा प्रस्तुत उसके केन्द्रीय प्रतिमान की चर्चा की है, कविता के मूल्यांकन के संदर्भ में प्रगतिवादी समीक्षकों ने जिस पर सर्वाधिक बल दिया है अर्थात् कविता की समाज संदर्भता। स्पष्ट है कि जहाँ इस प्रतिमान के प्रति प्रगतिवादी समीक्षकों का मूलवर्ती आग्रह है, वहाँ कविता और समाज के ऊपर के पृष्ठों में निर्देशित संश्लिष्ट संबंधों को न समझने के कारण इस प्रतिमान का ऐसा उपयोग भी कुछ समीक्षकों

द्वारा होता रहा है, जिसमें उसे सतही तौर पर कविता का मूल्यांकन करते समय लागू किया गया है। कविता की समाजिक संदर्भता एक सिद्ध बात है और प्रगतिवादी समीक्षकों ने उसे आग्रह के साथ प्रस्तुत किया है। किन्तु सामाजिक-दृष्टि से कविता का मूल्यांकन करते समय ऐसा भी नहीं होना चाहिए कि कविता की अपनी अंतःप्रकृति की उपेक्षा हो जाय और केवल सामाजिक प्रतिमान ही सर्वस्व बनकर रह जाय। चूँकि ऐसा हुआ है यही कारण है कि प्रगतिवादी समीक्षा और मार्क्सवादी साहित्य-चिंतन पर भी इस प्रकार के आरोप लगाये गये है कि उसके अंतर्गत कविता की स्वायत्तता को बाधित किया गया है, उसकी उपेक्षा और अवमानना भी की है। इस प्रकार के आरोप कुछ तो ऐसे व्यक्तियों के द्वारा लगाये गये हैं, जो कविता या कला के मूल्यांकन में विशुद्ध साहित्यिक प्रतिमानों का आग्रह करते हैं। चूँकि इस प्रश्न के आरोपकर्ता एक अतिवाद का विरोध करते हुए स्वयं एक दूसरे प्रकार के अतिवाद के शिकार हैं; अतएव उनके तर्कों में विस्तार में जाने की आवश्यकता नहीं है। उनके विषय में इतना ही कहा जा सकता है कि प्रगतिवादी समीक्षा विशुद्ध साहित्यिक प्रतिमान अथवा विशुद्ध सौंदर्यशास्त्र जैसी किसी धारणा को मान्यता नहीं देती। काडवेल ने तो यहाँ तक कहा है कि विशुद्ध साहित्यिक प्रतिमानों की बात अथवा विशुद्ध सौंदर्यशास्त्र की बात करने वाले भी जब-जब कविता या कला के मूल्यांकन करने में सक्रिय हुए हैं, उन्होंने स्वतः ऐसे प्रतिमानों का उपयोग किया है, जो न तो विशुद्ध साहित्यिक हैं और न विशुद्ध सौंदर्यशास्त्र। ऐसी स्थिति में विशुद्ध साहित्यिक प्रतिमानों की बात निरर्थक-सी हो जाती है।[५४]

किन्तु हिन्दी की प्रगतिवादी समीक्षा तथा मार्क्सवादी समीक्षा पर कविता की अंतःप्रकृति की उपेक्षा करने का आरोप ऐसे व्यक्तियों के द्वारा भी लगाया गया है जो विशुद्ध कलावादी नहीं है, वे कविता या कला की समाजिक संदर्भता को स्वीकार करते हैं; फिर भी इस बात पर जोर देते हैं। चूँकि कविता तथा कला की अपनी एक विशिष्ट बुनावट होती है; अतः उसकी उपेक्षा नहीं करनी चाहिए। प्रगतिवादी समीक्षकों में से कुछ ने इस तथ्य की ओर ध्यान नहीं दिया है।

प्रगतिवादी समीक्षकों में से कुछ ने स्वतः अपने सहधर्मियों की इस सीमा की ओर ध्यान आकर्षित किया है और संबंध में उनका सही दृष्टिकोण का प्रतिपादन किया है। इस विषय पर सर्वाधिक विस्तृत विचार गजानन माधव मुक्तिबोध के हैं जिन्होंने अपनी समीक्षा में बार-बार इस तथ्य की ओर ध्यान आकर्षित किया है कि कविता या कला का मूल्यांकन करते समय उसकी अंतःप्रकृति को समझना और उसे ध्यान में रखना आवश्यक है। मुक्तिबोध के अतिरिक्त डॉ. नामवरसिंह ने भी इस विषय पर स्पष्ट चर्चा की है और कहा है कि 'साहित्य के इतिहास में भौतिकवाद का प्रयोग करते समय, ऐतिहासिक भौतिकवाद की पहली चेतावनी यह है कि विज्ञान, दर्शन, संगीत, चित्रकला

आदि की भाँति साहित्य के भी अपने नियम हैं; इसलिये उन नियमों की जानकारी पहले होनी चाहिए। यदि हम साहित्य की रूपतत्त्व संबंधी विशेषताएँ नहीं जानते तो भौतिकवाद के सामान्य सिद्धान्त इस दिशा में हमारी कोई सहायता नहीं कर सकते। साहित्य का भी अपना शास्त्र है और उस शास्त्र की महान परम्परा है – रस- विवेक, अलंकार-विधान, पदचयन, छन्दज्ञान, शैली-सिद्धि, नाट्य-विधान, औपन्यासिक कला, कहानी-कौशल आदि उसके विविध अवयव हैं। साहित्य के इतिहासकार के लिए इनकी बारीकियों का ज्ञान आवश्यक है। लेकिन यह यहाँ भी समझना लाजमी है कि इन साहित्यिक या कलात्मक बारीकियों का ज्ञान साधन ही हो सकता है, साध्य नहीं; रचयिता के लिए भी, पाठक के लिए भी। केवल इसी हद तक साहित्य तथा उसके नियमों की सत्ता स्वतंत्र है। इसके अतिरिक्त प्रायः अन्य सभी सर्जनात्मक बिन्दुओं पर उसके नियम अन्य वस्तु और विचारों से सम्बद्ध हैं। इसीलिए साहित्य तथा उसके नियमों की जड़े स्वयं साहित्य में ही नहीं बल्कि उसके बाहर भी हैं; और इस बाहर का अर्थ है वातावरण, परिस्थिति और समाज।"[५५]

कविता की समाजिक संदर्भता का विवेचन करते हुए हम काडवेल के भी लगभग समान कथन का उल्लेख कर चुके हैं, जिसके अंतर्गत उसने कहा है कि कविता का अध्ययन कविता की अंतर्वस्तु का अध्ययन नहीं है; वरन् उसके स्रोतों का अध्ययन भी है और इन स्रोतों के लिए हमें बाहर अर्थात् समाज के भीतर जाना ही पड़ता है। डॉ. नामवर सिंह के कथन का वैशिष्ट्य यह है कि उन्होंने जहाँ इन स्रोतों अर्थात् समाज की चर्चा की है और कविता की जड़ों का उसमें होना बताया है, उसके अलावा उन्होंने यह भी कहा है कि कविता के कुछ अपने स्वायत्त नियम भी होते हैं और जिनकी जानकारी भी समीक्षक को होनी चाहिए; बिना इस जानकारी के और बिना इन नियमों को कविता के मूल्यांकन का आधार बनाए – मात्र सामाजिक प्रतिमानों को लागू करना एक प्रकार की एकांगिता होगी।

गजानन माधव मुक्तिबोध ने भी इस प्रकार की एकांगिता का विरोध किया है। ऐसे समीक्षकों को जो केवल साहित्य या कविता के सौंदर्यात्मक मनोवैज्ञानिक पक्ष को ही महत्त्व देते हैं, उसके सामाजिक और समाजशास्त्रीय पक्ष को निरर्थक मानते हैं; मुक्तिबोध की दृष्टि में वे सम्पूर्ण मानव सत्ता के सामने अपराधी हैं। उनका कहना है कि जो लोग साहित्य के केवल सौंदर्यात्मक मनोवैज्ञानिक पक्ष को परम मानकर चलते हैं, वे समूची मानव सत्ता के प्रति दिलचस्पी न रख सकने के अपराधी तो हैं ही, साहित्य के मूलभूत तत्त्व, उनके मानवीय अभिप्राय तथा मानव विकास में उनके ऐतिहासिक योगदान अर्थात् दूसरे शब्दों में साहित्य का स्वरूप-विश्लेषण तथा मूल्यांकन न कर पाने की भी अपराधी हैं।[५६] किन्तु मुक्तिबोध ने ऐसे लोगों की भी आलोचना की है,

जो साहित्य के ऐतिहासिक अथवा समाजशास्त्रीय विवेचन में ही समीक्षा की सार्थकता देखते हैं और उसके सौंदर्यात्मक मनोवैज्ञानिक पक्ष की अवहेलना करते हैं। इस संबंध में उनका कहना है कि 'साहित्य का अध्ययन एक प्रकार से मानव सत्ता का अध्ययन है; अतएव जो केवल ऊपरी तौर पर साहित्य का ऐतिहासिक विहंगावलोकन अथवा समाजशास्त्रीय निरीक्षण कर चुकने में ही अपनी इति कर्तव्यता समझते हैं, वे भी एकपक्षीय अतिरेक करते है।'[५७] समग्रतः उनका कहना यह है कि समीक्षा का सही प्रतिमान वह है, जिसमें उक्त दोनों पक्षों की आवश्यक स्थिति हो। उनके अनुसार आवश्यकता तो इस बात की है कि आलोचना में ऐतिहासिक, समाजशास्त्रीय तथा मनोवैज्ञानिक सौंदर्यात्मक विवेचन की सम्पूर्ण एकात्मकता रहे।"[५८]

जैसा कि ऊपर हमने कहा मुक्तिबोध ने अपनी समीक्षा में कविता या कला की अंतःप्रकृति अथवा उनके स्वायत्त तंत्र की विशद विवेचना की है और जोर देकर इस बात को कहा है कि कविता या कला-रचना के अपने जो विशिष्ट नियम हैं; उनके प्रति उपेक्षा कदापि नहीं होनी चाहिए। किन्तु मुक्तिबोध ने एक स्तर पर यदि कविता या कला के इस स्वायत्त तंत्र को अपनी स्वीकृति दी है तो दूसरे स्तर पर वे यह कहना भी नहीं भूले हैं कि यह स्वायत्त तंत्र पूरी तरह से जीवन सापेक्ष है। कला की स्वायत्तता सही बात है; किन्तु किसी भी स्थिति में वह समाजनिरपेक्ष तथा जीवननिरपेक्ष नहीं हो सकती। कैसी भी काव्यानुभूति या कलानुभूति क्यों न हो, अंततः वह समाज और जीवन में ही अपना स्रोत सूचित करती है। कविता या कला आदि स्वतंत्र हैं, तो केवल इसी अर्थ में कि जो भाव बीज कलाकार के अंतःकरण में उदित होकर उसके सारे संवेदनों और अनुभवों द्वारा परिपोषित होकर विस्तार ग्रहण करके उसके अंतर्मन को आच्छादित करते हुए अपनी अभिव्यक्ति लक्ष्य की ओर विकास-यात्रा करता है, तो उस भावबीज की विकास यात्रा और उसकी अभिव्यक्ति अपने आप में विभिन्न और अनुकूल विपरीत तत्त्वों का एक गतिशील किन्तु संगतिबद्ध और सामंजस्यबद्ध रूप बन जाती है। उस भावबीज की (इस प्रकार की) गतिशील अभिव्यक्ति के दौरान यह सामंजस्यबद्धता का तथा उसके भीतर के तत्त्वों के विभिन्न अंतःसंबँधों में एक गतिशील संयति की स्थापना का - यह जो शब्दात्मक - भावात्मक प्रयास है, उसके अपने विशेष नियम हैं, जो कलाकार द्वारा अपने अंतःकरण में अपने अपने ढंग से अनुभूत तथा विकसित होते हैं। कला की स्वतंत्रता का अर्थ है कला तत्त्वों के अंतःसंगठनशील गतिशील का अर्थात् कला की स्वाभाविकता का निर्वाह।[५९] मुक्तिबोध ने यहाँ स्पष्ट शब्दों में कला की स्वायत्तता का समर्थन किया है। कविता या कला को पुनर्रचित जीवन लोक की अपनी एक आटोनामी है; उसका अपना एक स्वायत्त तंत्र है। किन्तु उनके शब्दों में कला की यह स्वतंत्रता जीवन सापेक्ष है; वह जीवन जो भाव रूप में अंतःकरण में स्थित है, वह

उसी पर निर्भर है। कलाकार की स्वतंत्रता का अर्थ यह है कि कलाकार मन चाहे जैसे भावों को मन चाही जैसी शैली में प्रकट करने के लिए स्वतंत्र है, किन्तु कलाकार की यह स्वतंत्रता समाजसापेक्ष और समाज स्थितिसापेक्ष है।[६०] कविता या कला का जो स्वायत्त तंत्र है, वह इसलिए सापेक्ष है, क्योंकि वह वास्तविक जीवनानुभावों के ठोस आधार पर खड़ा हुआ है और उसके बिना वह असंभव है।

अतएव यह आवश्यक है कि कविता या कला की स्वायत्तता पर पूरी तरह से ध्यान रहे। किन्तु यह भी आवश्यक है कि उस पर इतना ध्यान न रहे कि उसकी जीवनसापेक्षता को नंजरअंदाज कर दिया जाय। कविता तथा कला की अंतःप्रकृति की प्रगतिवादी समीक्षा में अवमानना नहीं हुई है; यह अलग बात है कुछ लोगों ने उसकी उपेक्षा की हो, जहाँ तक प्रगतिवाद के वरिष्ठ और प्रामाणिक समीक्षकों का मत है, उन्होंने सदैव कविता तथा कला की स्वायत्तता को मान्यता दी है।

कविता और सामाजिक यथार्थ

प्रगतिवादी समीक्षा के अंतर्गत रचना तथा रचनाकार के लिए सामाजिक यथार्थ के चित्रण को आवश्यक माना गया है। प्रगतिवादी समीक्षा चूँकि सामाजिक नियमों तथा यथार्थ-जगत को कविता या कला का स्रोत मानती है, अतएव उसका इस यथार्थ के चित्रण पर बल देना स्वाभाविक भी है। जहाँ रोमांटिक काव्य-दृष्टि कल्पना की केन्द्रीयता को लेकर सक्रिय हुई थी, वहाँ प्रगतिवादी काव्य-दृष्टि यथार्थ को महत्त्व देती है प्रगतिवादी समीक्षकों ने कविता तथा कला में चर्चित होने वाले इस यथार्थ का बड़ा ही विशद वर्णन किया है। रचनाकार तथा कवि के यथार्थ बोध पर बल देते हुए प्रगतिवादी समीक्षकों का कहना है कि चूँकि साहित्य और कलाएँ इस वस्तु-जगत को मूर्त और प्रतिबिम्बित भी करती हैं; इस वस्तु-जगत का परिचय मनुष्य अपनी ज्ञानेन्द्रियों के द्वारा प्राप्त करता है और समाज के विकास के साथ-साथ अपने अनुभवों को निरंतर समृद्ध करता जाता है। अतएव, रचनाकार के लिए आवश्यक है कि वह सामाजिक जीवन के इस यथार्थ के प्रति एक सही दृष्टिकोण बनाये और उसी के अनुरूप कविता या कला में उसका चित्रण करे।

प्रश्न यह है कि सामाजिक जीवन का यह यथार्थ कविता या कला में किस रूप में आना चाहिए। यहाँ यह स्पष्ट हो जाना चाहिए कि प्रगतिवादी समीक्षा सामाजिक यथार्थ को कविता या कला में ज्यों का त्यों चित्रित किये जाने के पक्ष में नहीं है। वह इस धारणा को स्वीकार नहीं करता कि कविता या कला समाज का दर्पण है। डॉ. रामविलास शर्मा ने इसी संदर्भ में कहा है कि 'यदि साहित्य समाज का काम यथार्थ जीवन को प्रतिबिम्बित करना ही होता, तो वह प्रजापति का दर्जा न पाता । वास्तव में प्रजापति ने जो समाज

बनाया है, उससे असंतुष्ट होकर नया समाज बनाना कवि का जन्म सिद्ध अधिकार है।'[६१] कहने का तात्पर्य यह है कि प्रगतिवादी समीक्षा साहित्य एवं कला को एक रचनात्मक इयत्ता के रूप में स्वीकार करता है, जहाँ बाह्य-यथार्थ अपनी सारी प्रामाणिकता के साथ पुनर्रचित होता है। साहित्य एवं कलाएँ दर्पण नहीं हैं, जो निष्क्रिय रूप से मात्र बाह्य-यथार्थ का अक्स उतार देती हों; कारण कि ऐसी स्थिति में उनकी अपनी महत्ता तथा विशिष्टता ही संदिग्ध हो उठती है।[६२]

यहीं एक और प्रश्न उपस्थित होता है कि कविता और कला में पुनर्रचित होने वाले इस यथार्थ का महत्त्व क्या है? बाह्य-यथार्थ अधिक स्वाभाविक एक समग्र होता है। कविता का अंतर्गत पुनर्रचित रूप में सामने आता है। इस पुनर्रचित यथार्थ का अपना कोई वैशिष्ट्य यदि न होता, तो उसे चित्रित करने की आवश्यकता ही क्या थी; प्रकृति के यथार्थ की तुलना में पाठक उस यथार्थ को स्वीकार ही क्यों करता। इस प्रश्न का उत्तर देते हुए प्रगतिवादी समीक्षकों का कहना है कि 'बाह्य-यथार्थ के अधिक सजीव और समग्र होने के बावजूद कलाकृति में चित्रित उस यथार्थ के प्रति पाठक या दर्शक इसी कारण आकृष्ट होते हैं कि उनमें वह यथार्थ अधिक सुधरे और व्यवस्थित रूप में चित्रित होता है। रचनाकार या कलाकार यहाँ मात्र फोटो खींचने वालों से अधिक रचनाकार या स्रष्टा है, जो बाह्य-यथार्थ से उसके प्रतिनिधि रूपों को चुनता है, उन्हें व्यवस्थित और कलात्मक रूप देता है, उन्हें इस प्रकार आयोजित करता है कि वे मूल यथार्थ की अनुकृति मात्र न होकर अपने में एक पुनः-सृष्टि होते हैं और यही कारण है कि कला या साहित्य के प्रति पाठक या दर्शक आकृष्ट होते हैं, क्योंकि उनमें चित्रित यथार्थ अधिक नुकीला और अधिक प्रतिनिधि होता है। साहित्यकार को जो रचयिता, सृष्टा या प्रजापति कहा गया है, वह इसी कारण कि वह यथार्थ की अनुकृति न करके उसका अपनी कृति में सृजन करता है। फोटोग्राफिक यथार्थ चित्रण की पद्धति से सच्ची कलाकृति का कोई संबंध नहीं है; सच्ची कलाकृति यथार्थ का दर्पण न होकर यथार्थ की सर्जिका होती है। दूसरे, दर्पण केवल सतह की वस्तुओं को ही प्रतिबिम्बित करता है, जबकि साहित्य एवं कला के अंतर्गत यथार्थ का अंग बनकर यथार्थ के वे रूप भी आते हैं, जो सतह पर ही दिखायी न देकर सतह के अंदर निहित होते हैं, जो तत्काल का सत्य न होकर अतीत और आगत का सत्य भी होते हैं। दूसरे शब्दों में, साहित्य या कला के अंतर्गत चित्रित यथार्थ अतीत और आगत की संभावनाओं को भी मूर्त करता है, जो महज कोरी कल्पनाएँ न होकर वैज्ञानिक दृष्टि के संदर्भ में देखे गये जीवन की यथार्थ आकृति होती है, जिसका उद्‌भव अनिवार्य है।'[६३]

यथार्थ और यथार्थ चित्रण की इस भूमि पर मार्क्सवादी साहित्य-चिंतन के अंतर्गत समाजवाद की रूपरेखा स्पष्ट की गई है, जिसे साहित्य और कला के केन्द्रीय

प्रतिमान के रूप में महत्त्व मिला है। इस 'समाजवादी यथार्थवाद' नामक यथार्थ-दृष्टि के सर्वप्रथम प्रवक्ता मैक्सिम गोर्की थे और जिसे परवर्ती मार्क्सवादी चिंतकों ने और भी सँवारकर साहित्य एवं कला के केन्द्रीय प्रतिमान के रूप में प्रस्तुत किया है। अधिक विस्तार में न जाकर संक्षेप में इस 'समाजवादी यथार्थवाद' की रूपरेखा को इस प्रकार स्पष्ट किया जा सकता है :

१. वस्तुगत यथार्थ का उसकी क्रांतिकारी विकास की भूमिका में समाजवादी यथार्थ-दृष्टि के आधार पर चित्रण।
२. समाज विकास की द्वंद्वामूलक प्रक्रिया में प्रगतिशील तथा प्रतिगामी शक्तियों की परख।
३. ऐतिहासिक विकास की मूलभूत अंतर्धाराओं का ज्ञान, नए को समर्थन देकर जर्जर प्राचीन का बहिष्कार, ऐतिहासिक समझ, जीवन के पाजिटिव पक्ष पर अधिक बल।
४. समाज में व्याप्त वर्ग-संघर्ष तथा वर्गीय असंगतियों का गहरा और सूक्ष्म विश्लेषण तथा उद्‌घाटन।
५. मनुष्य के सम्पूर्ण व्यक्तित्व का अंकन, जीवित, सक्रिय तथा सामाजिक मनुष्य की प्रतिष्ठा, 'पाजिटिव हीरो' की सृष्टि।
६. भविष्य के एक क्रांतिकारी, रचनात्मक तथा वैज्ञानिक दृष्टि से सम्पन्न तर्क-सम्मत विजन का मूर्तीकरण।[६४]

'समाजवादी यथार्थवादी' की यही मूल आकृति है, जिसे हिन्दी के प्रगतिवादी समीक्षकों ने भी स्वीकार किया है।

कला तथा साहित्य में वस्तु और रूप

कला और साहित्य में वस्तु और रूप के प्रश्न को लेकर काफी समय से विवाद चलता आया है। प्रश्न यह है साहित्य या काव्य में वस्तु-तत्त्व प्रमुख होता है अथवा रूप-तत्त्व? यह विवाद इस सीमा तक भी खींचा गया है कि वस्तु और रूप प्रमुखता देते हुए समीक्षा की भिन्न धारणाएँ ही बन गई हैं। यह स्थिति कविता या कला के सही मूल्यांकन के लिए बाधक ही सिद्ध हुई है। मार्क्सवादी तथा प्रगतिवादी समीक्षकों ने इस संबंध में अपनी स्पष्ट मान्यताएँ व्यक्त की हैं और किसी प्रकार के भी भ्रम को नहीं रहने दिया है। जहाँ तक सैद्धांतिक स्थापना का प्रश्न है, प्रगतिवादी समीक्षकों का स्पष्ट अभिमत है कि कविता या कला-रचना को वस्तु या रूप जैसे विभागों में विभाजित नहीं किया जा सकता। वस्तु और रूप किसी भी कविता या कला में अभिन्न रहते हैं। डॉ. रामविलास शर्मा के अनुसार कला के क्षेत्र में 'गिरा अरथ जल बीचि सम' की ही तरह रूप और

विषय-वस्तु 'कहियत भिन्न न भिन्न' है।[६५] अतएव उन्हें अलग-अलग मानकर अलग-अलग मतवाद खड़ा करना समीचीन नहीं है; किन्तु इस बात का अभिप्राय यह नहीं है कि व्यावहारिक भूमि पर विषय-वस्तु और रूप-तत्त्व के बारे में उनका सापेक्षिक स्थिति के बारे में कोई मत निर्धारित नहीं किया जा सकता। कविता या कला में दोनों ही स्थित रहते हैं; किन्तु प्रमुखता रूप की अपेक्षा वस्तु-तत्त्व की ही होती है और होनी चाहिए। कविता या कला का मूल्यांकन रूप-तत्त्व करते समय प्रतिमान के रूप में वस्तु-तत्त्व की प्रमुखता प्रगतिवादी समीक्षा की एक विशेष उपलब्धि कही जा सकती है। डॉ. रामविलास शर्मा के अनुसार 'कला और विषय-वस्तु दोनों समान रूप से साहित्य रचना के लिए निर्णायक महत्त्व की नहीं है निर्णायक भूमिका हमेशा विषय-वस्तु की होती है। जिसके पास उच्च कोटि के विचार नहीं है, भावावेश नहीं है, यथार्थ का गहरा ज्ञान नहीं हैं, वह सिर्फ कला को निखारने के संदर्भ में उत्कृष्ट साहित्य नहीं रच सकता।'[६६] मुक्तिबोध ने इसी भूमिका पर अपने चिंतन को सक्रिय किया है। उनका अभिमत है कि आलोचना दो प्रकार की होती है : एक रूप की, दूसरी तत्त्व की। महत्त्वपूर्ण बात यह है कि रूप अपनी स्थिति के लिए तत्त्व पर ही अवलम्बित होता है। तत्त्व अपने प्रकट होने की प्रक्रिया में रूप निर्धारित और विकसित करता है। इसलिए तत्त्व की आलोचना रूप की आलोचना से अधिक मूलभूत है।[६७] मुक्तिबोध ने यहीं एक प्रश्न उठाया है कि आपत्ति की जाती है कि यह तत्त्व जो समीक्षा का विषय है, साहित्यिक तत्त्व है (साहित्य में प्रकट तत्त्व है) न कि जीवन में जिया जाने वाला तत्त्व। जीवन में जिये जाने वाले तत्त्व साहित्यिक समीक्षा के बाहर की चीज है – मुक्तिबोध ने इस आपत्ति को एकदम निराधार माना है। उनका कहना है कि 'साहित्य में प्रकट होने वाले तत्त्व की सत्यता सिद्धांतों और समीक्षक कल्पनाओं द्वारा नहीं जांची जा सकती, उसे जाँचने का एक मात्र आधार वास्तविक जीवन में पाये जाने वाले तत्त्व ही हैं। इसके लिए आवश्यक है कि लेखक और समीक्षक दोनों में वास्तविक जीवन की संवेदन ज्ञानात्मक और ज्ञान संवेदनात्मक समीक्षा-शक्ति विकसित हो। जिसके लिये लेखक की यह जीवनगत समीक्षा-शक्ति वही होगी, वह अपनी संवेदनाओं के माध्यम से जीवन तथ्यों का सही-सही मूल्यांकन और चित्रण करेगा। उसकी दृष्टि उतनी गहरी और विशाल होगी। समीक्षक की सफलता के लिए भी यही स्थिति आवश्यक है।''[६८]

अतएव निष्कर्ष यह है कि कविता तथा कला में वस्तु और रूप दोनों एकत्र स्थिति में होते हुए भी, महत्त्वपूर्ण होते हुए भी, समान महत्त्व के नहीं हैं। वस्तु-तत्त्व निश्चित रूप से रूप-तत्त्व की तुलना में केन्द्रीय या प्रधान है; किन्तु रूप-तत्त्व की उपेक्षा या अवहेलना में कदापि संगत नहीं है। जिन कृतियों में स्थूल रूप से वस्तु-जगत की यथार्थता का नियोजन किया जाता है, वे कृतियाँ प्रगतिवादी समीक्षकों द्वारा सदा ही

आलोचना का पात्र बनी हैं। डॉ. नामवर सिंह ने कहा है कि किसी भी रचना में विषय या वस्तु की प्रमुखता के नाम पर यदि किसी विचार धारा अथवा दल का अनुकथन मात्र किया गया है, तो वह वांछित नहीं है; ऐसा काव्य वस्तु-प्रधान काव्य भी नहीं माना जावेगा।[६९] डॉ. रामविलास शर्मा ने और भी स्पष्ट रूप से अपना मत व्यक्त किया है। उनके अनुसार 'प्रगतिशाली साहित्य रूप सौष्ठव का तिरस्कार करके दो कदम आगे नहीं चल सकता, यह सौष्ठव कला को प्रभावशाली बनाने में बहुत बड़ा कारण है। काव्य कौशल की ओर ध्यान न देकर रचनाकार अपनी कृति को असमर्थ ही बनायेगा।'[७०] किन्तु ऐसे रचनाकार जो रूप-तत्त्व के विशेष आग्रही होते हैं और उसके ऊपर प्रमुखता देते हैं, वे भी सही लीक पर नहीं है। ऐसे रचनाकारों ने अलग रूप-तत्त्व को प्रमुखता देने वाले ऐसे समीक्षकों को, प्रगतिवादी समीक्षकों को, बार-बार इस तथ्य से परिचित कराया है कि रूप सदैव वस्तु-जगत की यथार्थता पर ही आधारित होता है। रूप का स्रोत यह वस्तु-जगत ही है। आचार्य रामचन्द्र शुक्ल ने 'रसात्मक-बोध के विविध रूप' शीर्षक अपने निबंध के प्रारंभ में बड़ी स्पष्टता के साथ इस तथ्य की व्यंजना की है कि यह यथार्थ-जगत ही सारे रूपों का स्रोत है, जब हमारी आँख बाहर की ओर देखने को प्रवृत्त होती है, तब रूप हमें बाहर दिखाई देते हैं और जब हम भीतर की ओर देखते हैं, तो वही रूप हमें मन के भीतर दिखाई देते हैं। इस संबंध में उनके शब्द हैं संसार सागर की रूप ही। रूप और कला को सर्वस्व मानने वाले और प्रमुखता देने वाले रचनाकारों तथा समीक्षकों से डॉ. रामविलास शर्मा का कहना है कि 'कला का यह रूप हवा में नहीं निखरता, फूल के रूप-रंग के लिए जिस तरह धरती की आवश्यकता होती है, उसी तरह किसी भी कलात्मक कृति का सौंदर्यात्मक निखार उसकी विषय-वस्तु की सामाजिकता से जुड़ा है। जब कोई रचनाकार इस विषय-वस्तु के सामाजिक महत्त्व के प्रति उदासीन होकर कला के सौंदर्य की ओर दौड़ता है, तो बहुधा उसे निराश होना पड़ता है।'[७१] यहाँ डॉ. शर्मा ने केवल विषय-वस्तु को महत्त्वपूर्ण ही नहीं माना, इस तथ्य को भी स्पष्ट किया है कि इस विषय-वस्तु का सामाजिक होना अनिवार्य है। सामाजिकता कला-वस्तु का अनिवार्य पक्ष है। कला में रूप और वस्तु के सामाजिक आधारों को स्पष्ट करते हुए डॉ. रामविलास शर्मा का यह भी अभिमत है कि सामाजिक मान्यताओं के साथ कला के रूप में परिवर्तन कला रूपों के सामाजिक पक्ष की ही पुष्टि करता है।

समग्रतः कहा जा सकता है कि प्रगतिवादी समीक्षा में कविता या कला की रूपवादी व्याख्या को स्वीकार नहीं किया गया है इसके विपरीत प्रगतिवादी समीक्षा वस्तु और रूप के बीच जैविक संबंध स्वीकार कर आगे बढ़ती है। महान रचनाकार और महान समीक्षक दोनों के यहाँ वस्तु और रूप का कोई कृत्रिम विभाजन नहीं दिखाई

पड़ता; उनके यहाँ 'कला कृति की और वस्तु-रूप दोनों ही अविभाज्य होते हैं। दोनों मिलकर एक संघटित आत्मिक अनुभव की ईकाई बनते हैं, इसी को कला अभिव्यंजित करती है। इन दोनों को काटकर पृथक् करने में कला के अंतःसंघटन के भंग होने का भय रहता है। वस्तु और रूप के आंतरिक एक्य में कला का प्राण है।'[७२]

अब हम इस प्रश्न पर भी प्रगतिवादी समीक्षा की मान्यता स्पष्ट करना चाहेंगे कि क्या वस्तु-तत्त्व में परिवर्तन रूप को प्रभावित करता है अथवा रचनाकार यदि नई कला-वस्तु को पुराने शिल्प में उतारने का प्रयास करें, तो उसके क्या परिणाम होंगे? प्रगतिवादी समीक्षकों ने इन प्रश्नों का उत्तर प्रस्तुत किया है। उदाहरण के लिये डॉ. नामवर सिंह ने पुरानी शैली के गीतों और घिसे-पिटे प्रतीकों वाली कविता को लेकर यह मान्यता प्रस्तुत की है कि 'इनमें अभिव्यक्त जनवादी भावों में जीवंतता नहीं है। इसका एक कारण यह भी बताया गया है कि इस प्रकार की रचना करने वाले कवि-कलाकार जीवन की परिस्थितियों को ऊपर से ग्रहण करने वाले होते हैं। इसके विपरीत नई वास्तविकता के साथ जैसे-जैसे कवि का संबंध अंतरंग और गहरा होता जाता है, उसके भाव तथा विचार क्रमशः बदलते जाते हैं; हर नई वस्तु और उसके संपर्क से जगा हुआ भाव कवि में नए रूप और नये शब्द की चेतना जगाता है। मतलब है कि जीवन के घनिष्ठ सम्पर्क से प्राप्त शक्तिशाली वस्तु-रूप की सीमा को स्वीकार नहीं करती है। ऐसी स्थिति में यदि पुराने रूप में नई वस्तु को रखने का प्रयास किया जाता है, तो उसका परम्परागत ढाँचा चरमराने लगता है और काव्य-वस्तु की शक्तिमत्ता पुराने शिल्प को भी रचना के शिल्प के स्तर पर परिवर्तित कर देती है। ऐसी स्थिति में जहाँ पुराने शिल्प में जीवन के नवीनतम यथार्थ के रूपायन का प्रयास होता है, वस्तु और रूप की सामंजस्य की भूमिका समाप्त हो जाती है और शक्तिशाली वस्तु-तत्त्व का सृजनात्मक रूपांतरण कर देता है।[७३]

समग्रतः हिन्दी के प्रगतिवादी समीक्षकों ने रूप और वस्तु के द्वैत को अस्वीकार किया है और कविता या कला के मूल्यांकन में दोनों मानदंडों के अलग--अलग प्रयोग का भी विरोध किया है, उनका मूल अभिमत ऐसी समीक्षा-दृष्टि का विकास है, जो वस्तु और रूप दोनों की आवश्यक स्थिति को स्वीकार करते हुए कृति को उसकी सम्पूर्णता में परखने का प्रयास करे। शिवदानसिंह चौहान के अनुसार ऐसा करके ही आलोचक रचना के भाव-संस्कारी और चेतना-विकासी सौंदर्य और सामाजिक मूल्यों को एक साथ आँकता हुआ अपनी भाषा के साहित्य में अथवा उससे आगे बढ़कर विश्व-साहित्य में उसके स्थान का सही निर्णय कर सकता है।[७४]

हिन्दी की प्रगतिवादी समीक्षा में ही नहीं, वरन् पश्चिम के मार्क्सवादी साहित्य-चिंतन में वस्तु-रूप के इस विवाद को गहराई में जाकर उभारा गया है और सही

निष्कर्षों तक पहुँचने का प्रयास किया गया है। रूपवादी अथवा कलावादी दृष्टि के बारे में पश्चिम के मार्क्सवादी विचारकों ने भी यही अभिमत दिया है कि जिस रचनाकार का संबंध सामाजिक जीवन से कट जाता है कला अथवा रूप-तत्त्व की ओर वही देखते हैं; किन्तु इससे इनकी रचना प्राणवान होने के बजाय और भी दुर्बल हो जाती है। वस्तु-तत्त्व और रूप-तत्त्व दोनों की बुनियादी एकता को स्वीकार करते हुए भी पश्चिम के मार्क्सवादी चिंतकों ने भी रूप-तत्त्व की तुलना में वस्तु-तत्त्व की आपेक्षिक प्रमुखता घोषित की है।

परम्परा और आधुनिकता

हिन्दी की प्रगतिवादी समीक्षा में कविता तथा कला के मूल्यांकन के संदर्भ में परम्परा तथा आधुनिकता पर भी विचार किया गया है। प्रगतिवादी समीक्षकों द्वारा कविता तथा कला के वर्गीय आधारों का जो प्रतिपादन हुआ है और जिसके अंतर्गत अब तक की कला तथा कविता को वर्गबद्ध समाज की देन माना गया है। प्रगतिवादी समीक्षकों के इस विवेचन को ठीक से न समझ पाने के कारण बहुधा उस पर परम्परा के अवमूल्यन का आरोप लगाया जाता है। दूसरी ओर प्रगतिवादी समीक्षकों ने जिस प्रकार आज के साहित्य तथा कला में परिचय के आधुनिकतावादी मूल्यों का खंडन किया है, उसे दृष्टि में रखते हुए उस पर आधुनिकतावादी जीवन-दृष्टि की अवमानना करने का आरोप भी लगाया गया है। प्रगतिवादी समीक्षा के अंतर्गत परम्परा तथा आधुनिकता के विषय में जो अवधारणा सामने आयी है वह इन आरोपों का निराकरण करती है।

जहाँ तक परंपरा के अवमूल्यन का प्रश्न है, हम कह चुके हैं कि प्रगतिवादी समीक्षकों ने वर्गबद्ध समाज की सम्पूर्ण कविता या कला को प्रतिक्रियावादी नहीं माना है। उन्होंने बार-बार इस तथ्य को प्रस्तुत किया है कि वर्गबद्ध समाज में महान कविता वर्गीय सीमाओं का अतिक्रमण करती रही है। दूसरे, जिस मार्क्सवादी विचार-दर्शन को प्रगतिवादी समीक्षा प्रेरणा-स्रोत के रूप में स्वीकार करती है; उसके अंतर्गत भी बड़े स्पष्ट रूप में इस तथ्य को विवेचित किया गया है कि पुराने और नये के संबंध में सही वैज्ञानिक धारणा क्या हो सकती है। पीछे हम दिखा चुके हैं कि कोई भी नई वस्तु अपनी पूर्ववर्ती वस्तु का सर्वथा निषेध नहीं करती; अर्थात् हर नई वस्तु में पूर्ववर्ती वस्तु का जीवंत अंश सदैव विद्यमान रहता है। इस आधार पर प्रगतिवादी समीक्षकों ने परम्परा को भी देखा और परखा है तथा परम्परा के प्रगतिशील तथा जीवंत अंश के प्रति अपनी सम्पृक्ति सूचित की है। प्रगतिवादी समीक्षा के अंतर्गत जो व्यावहारिक विवेचन हुआ है, उसे भी अपने कथन के प्रभाव स्वरूप हम प्रस्तुत कर सकते हैं – डॉ. रामविलास शर्मा ने परम्परा के संबंध में इसी वैज्ञानिक दृष्टि का आशय लेते हुए कालिदास और तुलसी

के साहित्य की मार्मिक समीक्षा की है। अतएव जहाँ तक परम्परा के अवमूल्यन का प्रश्न है, हिन्दी की प्रगतिवादी समीक्षा के साथ उसका कोई संबंध नहीं है। गलत दृष्टिकोण के कारण हो सकता है कि स्फुट रूप से कुछ लोगों ने भ्रांत स्थापनाएँ की हों; किन्तु उनके कारण समग्र प्रगतिवादी समीक्षा को दोष नहीं ठहराया जा सकता। समीक्षक से प्रगतिशील वैज्ञानिक दृष्टि सदैव यह आग्रह करती रही है कि वह परम्परागत अथवा प्राचीन कविता तथा कला का मूल्यांकन करते समय परम्परा के विषय में अपनी वैज्ञानिक दृष्टि को जीवित रखे; जिस युग की उपज वह कला तथा कविता है, उस युग का अध्ययन करे; उसके प्रगतिशील अंशों को अलगाये, उसके अंतर्विरोधों को परखे और तब यह देखे कि कोई भी प्राचीन कविता किस स्तर तक अपने युग के अंतर्विरोधों से मुक्त हो सकी है, वह कहाँ तक अपने समय की प्रगतिशील चेतना से जुड़ी है और तभी वह उस कविता के बारे में अपना संतुलित निर्णय दे। प्राचीन कला तथा साहित्य के विषय में प्रगतिवादी समीक्षा-दृष्टि का यही आग्रह है।

जहाँ तक आधुनिकतावादी दृष्टिकोण का प्रश्न है, आज जिस आधुनिकतावादी दृष्टि को प्रचारित किया जा रहा है, वह मूलतः युद्धोत्तर यूरोप में विकसित और पनपी बीमार जीवन-दर्शन की उपज है। मानवीय जीवन के जो ह्रासशील पक्ष हैं, उन्हें आधुनिकतावाद के आवरण में प्रस्तुत करने का आज एक फैशन-सा चल पड़ा है। अस्तत्ववादी दर्शन ने इससंबंध में इस तथाकथित आधुनिकतावादी दृष्टि को सबसे अधिक प्रेरणा प्रदान की है। अकेलापन, अनास्था, संत्रास, मूल्यहीनता, भय, पराजय-बोध, क्षणवाद आदि को ही आज आधुनिकतावादी दृष्टिकोण का प्रतिनिधि माना जाता है; या फिर वस्तु से पराङ्मुख होकर कला और शिल्प के नये-नये प्रयोग आज आधुनिकतावाद के नाम पर कविता कला तथा साहित्य में खपाये जा रहे हैं। निश्चय ही प्रगतिवादी समीक्षा-दृष्टि इस प्रकार की आधुनिकता का अथवा इस आधुनिकतावादी कला-दृष्टि का तीव्र विरोध करती है। प्रगतिवादी समीक्षा के अंतर्गत हम यह प्रदर्शित कर चुके हैं कि प्रगतिवादी समीक्षा कविता या कला की प्रयोजनीयता मनुष्य के खंड व्यक्तित्व को पूर्ण बनाने तथा कविता या कला को समाज के क्रांतिकारी रूपान्तरण में सक्रिय रूप से सहायता देने में मानती है। अतएव, ऐसी जीवन-दृष्टियाँ, जिनके अंतर्गत मानव व्यक्तित्व के विघटन को केन्द्रीय वस्तु के रूप में चित्रित किया जाता है अथवा जो वस्तु से कटकर केवल कला और शिल्प के नये-नये प्रयोगों को ही वास्तविक कला के रूप में प्रचारित करती हैं, इन जीवन-दृष्टियों से प्रगतिवादी जीवन-दृष्टि सदैव संघर्ष करती रही है। वह रचनाकारों से आग्रह करती है कि वे पतनशील और पराजयवादी मनोवृत्तियों के स्थान पर जीवन के विधायक रूप को ही प्रस्तुत करें। जीवन के अंधकारपूर्ण पक्ष की अवहेलना करने का निर्देश उसका नहीं है; किन्तु अंधकारमय पक्ष का चित्रण करते हुए

भी रचनाकार यह देखने का प्रयास करे कि उस अंधकार में भी प्रकाश फैलाने वाली शक्तियाँ कौन हैं, और फिर उन प्रकाशपूर्ण शक्तियों को अपनी सारी आत्मीयता के साथ उभारे।

समग्रतः प्रगतिवादी समीक्षा के अंतर्गत आधुनिकतावादी दृष्टि के नाम पर वास्तविक आधुनिक दृष्टि का नहीं, वरन् उसके नाम पर प्रचारित होने वाली ह्रासशील विचारधाराओं का विरोध किया गया है। प्रगतिवादी समीक्षकों ने बड़े स्पष्ट शब्दों में कहा है कि आधुनिकता समूचे दृष्टिकोण में होती है, उस दृष्टिकोण में जो सारे चिंतन-सर्जन के बीच प्राणशक्ति के रूप में प्रतिष्ठित होता है। गजानन माधव मुक्तिबोध ने स्पष्ट कहा है कि 'अनास्थावादी काव्य-दृष्टि आधुनिक भाव-बोध नहीं है; क्योंकि उसमें जन साधारण के भयानक जीवन-संघर्ष तज्जनित संताप और विरोध भावनाओं के लिए स्थान नहीं है।'[७५]

सौंदर्य का सामाजिक और वस्तुवादी आधार

काव्य-चिंतन के क्षेत्र में प्रारंभ से ही सौंदर्य-तत्त्व की विवेचना होती रही है और काव्यशास्त्र के आचार्यों ने विशेषतः पश्चिम के आचार्यों ने सौंदर्य को कला तथा कविता के केन्द्रीय तत्त्व के रूप में मान्यता दी है। सौंदर्य की नाना परिभाषाएं एवं व्याख्याएँ भी समय-समय पर सामने आती रही हैं। जहाँ तक भारतीय काव्यशास्त्र का प्रश्न है, हमारे यहाँ सौंदर्य शब्द को लेकर और उसे काव्य या कला का केन्द्रीय तत्त्व मानकर तो चर्चा नहीं हुई; किन्तु ऐसी बात नहीं है कि भारतीय काव्यशास्त्रियों के चिंतन में वह अभिप्राय न रहा हो, जिसे पश्चिमी सौंदर्यशास्त्रीय सौंदर्य-तत्त्व के अंतर्गत विचार का विषय बनाते रहे है। 'रमणीय' शब्द की जो भी व्याख्याएँ भारतीय काव्यशास्त्र में हुई हैं, गहरे स्तर पर उतर कर अलंकार का जो विवेचन हुआ है और जहाँ तक रस को कविता की आत्मा मानते हुए जो कुछ कहा गया है, उसमें सौंदर्यतत्त्व की पूरी स्थिति देखी जा सकती है। जहाँ तक हिन्दी समीक्षा का प्रश्न है, स्वच्छंदतावादी युग के समीक्षकों ने रस की तुलना में सौंदर्य-तत्त्व की विशेष चर्चा और व्याख्या की है और उन्होंने उसे कविता या कला के केन्द्रीय तत्त्व के रूप में स्पष्ट मान्यता दी है। 'हिन्दी साहित्य : बीसवीं शताब्दी' शीर्षक कृति में समीक्षक के कार्य को निर्देशित करते हुए आचार्य वाजपेयी ने कहा है कि आलोचक का पहला और प्रमुख कार्य है, कला का अध्ययन और उसके सौंदर्य का अनुसंधान। यही नहीं, वे यहाँ तक कहते हैं कि किसी भी सिद्धांत के संबंध में कभी भी मतैक्य नहीं हो सकता; किन्तु सौंदर्य के संबंध में कभी दो रायें नहीं हो सकतीं।[७६] यह तो हम अपनी आगे की चर्चा में स्पष्ट करेंगे कि सौंदर्य के संबंध में भाववादी तथा वस्तुवादी दार्शनिक दृष्टि का आधार लेकर चलने वाले समीक्षकों की दो रायें हैं; किन्तु यहाँ इतना ही पर्याप्त है कि इस बात को स्वीकार कर लिया जाए

कि कविता या कला की परख में सौंदर्य-तत्त्व की परख यदि केन्द्रीय नहीं, तो भी वह एक महत्त्वपूर्ण स्थान अवश्य रखती है। सच पूछा जाय तो भारतीय काव्यशास्त्रियों के यहाँ जो स्थिति और जो महत्त्व रस का रहा है, पश्चिम में वही स्थिति और वही महत्त्व सौंदर्य-तत्त्व का माना जा सकता है।

रस और सौंदर्य में यह जो आशयगत अभिन्नता है, उसकी चर्चा स्वच्छंदतावादियों ने भी की है, जिनका दृष्टिकोण भाववादी दार्शनिक दृष्टि के आधार पर निर्मित है और उन वस्तुवादियों ने भी की है, जो भौतिकवादी दार्शनिक चिंतना को लेकर साहित्य-समीक्षा के क्षेत्र में आगे बढ़े हैं। अपने एक निबंध में कविता की परिभाषा प्रस्तुत करते हुए आचार्य वाजपेयी ने स्पष्टतः कहा है कि 'काव्य तो प्रकृत मानव अनुभूतियों का नैसर्गिक कल्पना के सहारे ऐसा सौंदर्यमय चित्रण है, जो मनुष्य मात्र में स्वभावतः अनुरूप भावोच्छ्वास और सौंदर्य संवेदन उत्पन्न करता है। इसी सौंदर्य संवेदन को भारतीय पारिभाषिक शब्दावली में रस कहते हैं।'[७७] सौंदर्य और रस में इसी प्रकार की अभिन्नता स्थापित करते हुए डॉ. रामविलास शर्मा का कहना है कि 'सौंदर्य का अर्थ है सुंदर वस्तु से हुई प्रेरणा (इस्टीमुलस)। नारी नामक प्रेरणा-केन्द्र पुरुष को चिरकाल से बाधित करता रहा है। नारी भी 'कन्डीशंड इस्टीमुलस' पुरुष की रसानुभूति हुई, (कन्डीशंड रिफलेक्स) रस और सौंदर्य का यही मौलिक संबंध है।'[७८] डॉ. शर्मा के अनुसार सौंदर्य वस्तुतः कलाकृति का उत्कर्ष है और रस उस उत्कर्ष की सहृदयजन्य प्रतीति। इस भूमि पर सौंदर्य और रस में संबंध स्थापित करने की चेष्टा की गई है।

प्रश्न उठता है कि जिस सौंदर्य को कविता या कला के केन्द्रीय तत्त्व के रूप में मान्यता प्राप्त हुई है, आखिरकार वह है क्या? अनेक लोगों ने अनेक प्रकार से सौंदर्य के स्वरूप को स्पष्ट किया है। जहाँ तक प्रगतिवादी समीक्षा का प्रश्न है, अपनी भौतिकवादी दार्शनिक चिंतना की भूमि पर प्रगतिवादी समीक्षकों ने भी सौंदर्य की परिभाषा उसकी स्थिति तथा उसके वस्तुगत आधार पर दी है और उसकी विस्तृत चर्चा की है। चूँकि सौंदर्य-तत्त्व की परख को कविता या कला की परख का एक महत्त्वपूर्ण प्रतिमान माना गया है; अतः आवश्यक है कि सौंदर्य विषयक प्रगतिवादी धारणा का निर्भ्रान्त रूप से स्पष्टीकरण हो। डॉ. रामविलास शर्मा उन प्रगतिवादी समीक्षकों में हैं, जिन्होंने सौंदर्य के संबंध में विस्तृत चर्चा की है। उनके अनुसार प्रकृति, मानव जीवन तथा ललित कलाओं के आनंददायक गुण का नाम सौंदर्य है।[७९] गजानन माधव मुक्तिबोध सौंदर्य को जीवन-मूल्य मानते हैं और उसका उद्‌गम मनुष्य के भीतर मनोवेगों के उदात्तीकरण में देखते हैं।[८०] वे आगे भी कहते हैं कि इस उदात्तीकरण के लिए न केवल विषय-वस्तु के यथार्थ से तन्मयता आवश्यक है, वरन् उस यथार्थ के प्रति लेखक अथवा कलाकार के अंतःकरण की संतुलित तथा यथार्थ भाव-दृष्टि भी आवश्यक

है; अर्थात् उस विषय-वस्तु के यथार्थ से विभिन्न यथार्थों के परस्पर संबंध तथा जीवन में उसके विशिष्ट स्थान के सचेत आकलन ग्रहण की पीठिका पहले से तैयार होनी चाहिए।[८१] इसी से जुड़ा एक दूसरा सवाल यह है कि जब प्रकृति, मानव जीवन तथा ललित कलाओं के आनंदमय गुण का नाम सौंदर्य है, तो कविता या कला में जिस कुरूप और असुंदर का चित्रण होता है, उसे क्या कहना चाहिए। डॉ. रामविलास शर्मा ने इसका उत्तर देते हुए कहा है कि कला के कुरूप और असुंदर चित्रण विवादी स्वरों के समान हैं, जो राग के रूप को निखार देते हैं। बीभत्स का चित्रण देखकर हम उससे प्रेम नहीं करने लगते; हम उस कला से प्रेम करते हैं, जो हमें बीभत्स से घृणा करना सीखाती है ... जिसे हम कुरूप, असुन्दर और बीभत्स कहते हैं, कला में उसकी परिणति सौंदर्य में होती हैं।[८२]

फिर प्रश्न उठता है कि सौंदर्य की स्थिति कहाँ होती है? भाववादी दार्शनिक दृष्टि का आधार लेने वाले समीक्षक सौंदर्य की स्थिति रचयिता के मन में अथवा उसकी आत्मा में मानते हैं; जबकि भौतिकवादी दार्शनिक चिंतना का आधार लेने वाले प्रगतिशील काव्य-चिंतकों का मत है कि सौंदर्य की स्थिति वस्तु-जगत में होती है, कला या कविता में वस्तु-जगत का यह सौंदर्य ही अनेक रूपों में रूपायित होता है। आचार्य रामचंद्र शुक्ल यद्यपि पूरी तरह वस्तुवादी समीक्षक नहीं माने जा सकते; किन्तु जहाँ तक सौंदर्य-तत्त्व का प्रश्न है, उनका मत प्रगतिशील समीक्षकों के मत से अपनी अभिन्नता सूचित करता है। उन्होंने भी सौंदर्य को व्यक्तिगत न मानकर वस्तुगत माना है। उनका कहना है कि सुन्दर वस्तु से पृथक् सौंदर्य की कोई स्थिति नहीं। हिन्दी के प्रगतिवादी समीक्षकों ने, जैसा कि हम कह चुके हैं। चारों ओर फैले इस अनंत रूपात्मक वस्तु-जगत में ही सौंदर्य की स्थिति मानी है, मनुष्य अपनी ज्ञानेन्द्रियों के सहारे जिससे परिचित होता है। इसी आधार पर डॉ. रामविलास शर्मा ने कहा है कि इन्द्रियों से जिस सौंदर्य की अनुभूति होती है, बाह्य-जगत में उसकी वस्तुगत सत्ता है। सौंदर्य की सत्ता बाह्य-जगत में मानते हुए डॉ. रामविलास शर्मा ने उन आपत्तियों की चर्चा भी की है, जो इस मत के बारे में उठाई जा सकती हैं। वे कहते हैं कि व्यक्ति के मन में सौंदर्य की सत्ता मानने वालों का मुख्य तर्क यह है कि एक ही वस्तु भिन्न-भिन्न व्यक्तियों को सुन्दर अथवा असुन्दर लगती है। हमें अपने देश के पहाड़ बहुत सुन्दर लगते हैं, दूसरों के लिए वे साधारण पर्वत मात्र हैं। माँ को अपना बच्चा बहुत सुन्दर लगता है। दूसरों के लिए वह अन्य साधारण बच्चों जैसा ही है। सौंदर्य की अनुभूति इतनी व्यक्तिगत है कि शेक्सपियर या तुलसीदास को गढ़ने वाले दो व्यक्तियों की प्रतिक्रियाएँ एक-सी नहीं हो सकतीं।[८३]

व्यक्ति-मन में सौंदर्य की सत्ता मानने वालों के उक्त तर्कों का डॉ. शर्मा ने उत्तर दिया है। उनका कहना है कि 'इस तरह के तर्कों में पहला दोष यह है कि उनमें इन्द्रिय-

बोध और भावों को एक ही वस्तु मान लिया है। दूसरा दोष यह है कि भावों और इन्द्रिय-बोध की व्यापकता को अस्वीकार किया गया है। यदि हमें अपने ही देश के पर्वत अच्छे लगें, तो दूसरे देशों के पर्वतों को हम कभी भी सुन्दर न कहें; यदि किसी को एल्पस और हिमालय दोनों सुन्दर लगते हैं, तो इससे यही सिद्ध होगा कि व्यक्तिगत संबंधों के अतिरिक्त भी सौंदर्यानुभूति की कोई सामान्य भूमि है। यदि पर्वतों का रूप साधारणतः लोगों को प्रिय हो, यदि वे अपने देश के अतिरिक्त अन्य देशों के प्राकृतिक सौंदर्य पर भी मुग्ध हो सकते हों और मुग्ध होते हैं, तो इससे इन्द्रिय-बोध की सार्वजनीनता सिद्ध होती है ... यह इन्द्रिय-बोध एक बाह्य प्रत्यक्ष जगत का अनुभव है।'[८४] जहाँ तक भाव-जगत का प्रश्न है, भाव-जगत का आधार व्यक्तिगत और सामाजिक दोनों ही कोटि की अनुभूतियों और इन अनुभूतियों का आधार मनुष्य का सामाजिक जीवन है। यह वस्तुगत आधार होने से ही हम एक दूसरे के अनुभव को जानते पहचानते हैं, भिन्नता के होते हुए भी इस वस्तुगत आधार के कारण हम एक दूसरे के निकट आते है।[८५]

डॉ. शर्मा का सौंदर्य संबंधी उक्त विवेचन स्पष्ट शब्दों में सौंदर्य के वस्तुगत तथा सामाजिक आधार का आख्यान करता है। गजानन माधव मुक्तिबोध ने और भी विशदता के साथ इस आधार को स्पष्ट किया है। 'सौंदर्य-प्रतीति और सामाजिक-दृष्टि' शीर्षक अपने निबंध में उन्होंने कहा है कि जिस समाज में सौंदर्य-प्रतीति और सामाजिक-दृष्टि में परस्पर विरोध माना जाता है अथवा दूसरे शब्दों में इन दोनों के भीतर किसी आंतरिक गहरी एकता का अस्तित्व नहीं माना जाता, वह समाज भी खूब है और वे दार्शनिक या विचारक भी खूब हैं, जो इन मान्यताओं को लेकर चलते हैं।[८६]

मुक्तिबोध ने गहराई में जाकर सौंदर्य-प्रतीति का संबंध सामाजिक-दृष्टि से जोड़ते हुए यहाँ तक कहा है कि केवल सौंदर्य ही नहीं, हमारी आस्था में जो कुछ है, वह सब समाज प्रदत्त है; चाहे वह निष्कलुष अनिंद्य सौंदर्य का आदर्श ही क्यों न हो। हमारा सामाजिक व्यक्तित्व हमारी आत्मा है और इस आत्मा का सारतत्त्व प्राकृतिक रूप से सामाजिक है; व्यक्ति और समाज का विरोध बौद्धिक विक्षेप है, इस विरोध का कोई अस्तित्व नहीं। मुक्तिबोध हिन्दी के उन प्रगतिशील विचारकों में हैं, जिन्होंने आचार्य शुक्ल की परम्परा में ही सौंदर्य का सामाजिक आधार स्पष्ट करते हुए उसका संबंध जीवनानुभूति से स्थापित किया है; अपने काव्य-चिंतन में आचार्य शुक्ल ने काव्यानुभूति और जीवनानुभूति को एक ही माना है। उनका कहना है कि वास्तविक जीवनानुभूतियाँ हमें काव्यानुभूतियों के समान ही रस तथा सौंदर्य के संवेदन प्रदान करती हैं। वे लोग जो सौंदर्य की वस्तुगत सत्ता को स्वीकार नहीं करते; एक ऐसे सौंदर्य की बात करते हैं, जो सामाजिक तथा मानवीय जीवन से संबंध न रखकर केवल एक विशिष्ट मानसिक द्रवण

मात्र रह जाता है। मुक्तिबोध ने ऐसे सौंदर्यवादियों के मत का दृढ़ता के साथ खंडन किया है। उन्होंने आरोप लगाया है कि ये वे लोग हैं, जो यह सिद्ध करते हैं कि वास्तविक जीवनानुभूति सौंदर्यानुभूति से भिन्न स्तर की और भिन्न श्रेणी की वस्तु है। वे सौंदर्यानुभूति को जीवन के एक निगूढ़ क्षण में होने वाला कल्पनोद्भास या पूर्ण मानसिक द्रवण मानते हैं। वे जीवनानुभूति को सौंदर्यानुभूति से पृथक् ही नहीं बताते, वरन् उसके समानान्तर भी साबित करते हैं। दूसरे शब्दों में, इन सौंदर्यवादियों का आशय है कि रचनाकार सौंदर्यानुभूति के विशेष क्षण में उपस्थित होने वाले अंतस्तत्त्वों से बाहर न जाय। मुक्तिबोध ने सिद्ध किया है कि जीवनानुभूति सौंदर्यानुभूति से पृथक् और समानान्तर न होकर उसी का एक उदात्तीकृत रूप है, जीवनानुभवों का ही वह एक कल्पनोद्भासित पुनः अनुभव उसमें जीवनानुभवों का संवेदनापूर्ण कल्पना के द्वारा पुनः सृजन होता है। यह शर्त उन्होंने अवश्य रखी है कि इस पूरे अनुभव में रचनाकार की आत्मबद्ध दशा का परिहार होना जरूरी है।[८७] मुक्तिबोध का कहना है कि ऐसा नहीं है कि अपनी व्यक्ति-सत्ता से ऊपर उठने की प्रवृत्ति केवल सौंदर्यानुभवों के क्षणों में – सौंदर्यानुभूति के क्षणों में ही होती है, वह जीवन के सामान्य अनुभवों के भीतर भी हुआ करती है। वस्तुतः सौंदर्यानुभूति का क्षण-जीवन वास्तविक जीवन का ही एक अंग है, जो इसी वास्तविक जीवन को न केवल अधिक सम्पन्न बनाया है वरन् उसे अधिक स्निग्ध, सुगम और सार्थक बनाता है।[८८] सौंदर्यानुभूतियाँ मानव के अंतःकरण में वास्तविक जीवन के वास्तविक अनुभव काल में ही संचित होती रहती हैं। अतएव उन्हें जीवनानुभूति से अलग नहीं माना जा सकता। यही कारण है कि मुक्तिबोध ने कविता या कला की सौंदर्यवादी मनोवैज्ञानिक व्याख्या के साथ-साथ ऐतिहासिक समाजशास्त्रीय दृष्टि अपनाने पर भी बल दिया है। उनका कहना है कि सौंदर्य केवल विधान तक ही सीमित न होकर आंतरिक होता है। सौंदर्य की यह आंतरिकता वस्तुतः अनुभूति के मूल में स्थित मानव-संबंधों विश्व-दृष्टि तथा जीवन-मूल्यों से बनती हैं। ये जीवन-मूल्य, मानव-संबंध तथा विश्व-दृष्टि होती हैं, जो साहित्यिक सांस्कृतिक क्षेत्र में अपने को अभिव्यक्त करती है। अतएव महत्त्वपूर्ण बात यह है कि सौंदर्यात्मक मनोवैज्ञानिक पक्ष की सम्यक् समीक्षा के लिए ऐतिहासिक समाजशास्त्रीय पक्ष पहले आवश्यक है।[८९]

यह इसलिये जरूरी है कि मानव संबंध, विश्व-दृष्टि तथा जीवन-मूल्य परिवर्तमान होते हैं और देखा यह गया है कि इनके बदलते ही सौंदर्यमान भी बदल जाते हैं। ऐसा न होता तो छायावादी कवि के लिए ब्रजभाषा की कविता छींट की ओढ़नी न प्रतीत होती और सूर-तुलसी के प्रति सम्पूर्ण श्रद्धा रखते हुए भी वे राम और कृष्ण को अपने काव्य का आधार बनाने में संकोच न करते। हमने देखा है कि समय के साथ-साथ न केवल कविता के विषय बदले हैं, छंद-विधान बदले हैं; बल्कि अभिरुचियाँ भी बदल

गई हैं; सौंदर्य के मूल्यवान मानों को हमने स्वीकार किया है और उसकी जो धारणाएँ समय के साथ निष्प्रभ होती गई हैं, उन्हें छोड़ दिया है।

कहने का तात्पर्य यह है कि प्रगतिवादी समीक्षा के लिए सौंदर्य की सत्ता वस्तुगत है और इसी कारण उसका दृढ़ सामाजिक आधार भी है। सामाजिक जीवन से काटकर सौंदर्य-तत्त्व की विवेचना करने वाला शुद्ध सौंदर्य जीवन-सापेक्ष और समाज-सापेक्ष मूल्य है; वह मनोवेगों के उदात्तीकरण का ही प्रतिफल है और इन मनोवेगों का उदात्तीकरण जितनी मात्र में होगा, सौंदर्य भी उतना ही बढ़िया या घटिया होगा।

हिन्दी की प्रगतिवादी समीक्षा में कविता तथा कला का मूल्यांकन करते समय सौंदर्य के संबंध में इसी धारणा को दृष्टिपथ में रखा गया है। कविता तथा कला की परख में सौंदर्य के इस प्रतिमान को प्रगतिवादी समीक्षा में प्रमुखता मिली है तथा हर ऐसी सौंदर्य-दृष्टि का उसमें दृढ़ विरोध पाया जाता है, जो सौंदर्य को समाज तथा जीवन से निरपेक्ष एक नितांत आत्मगत मूल्य के रूप में स्वीकार कर कविता तथा कला की समीक्षा में आगे बढ़ती है।

रस-विवेचन का वस्तुगत आधार

भारतीय काव्यशास्त्र में काव्य की आत्मा के प्रश्न को लेकर गहराई से चिंतन हुआ है। इस क्रम में जो सम्प्रदाय सामने आए, वे रस, रीति, अलंकार, वक्रोक्ति और ध्वनि सम्प्रदायों के रूप में ख्यात हैं। यद्यपि इन सम्प्रदायों ने अपने द्वारा प्रस्तुत केन्द्रीय तत्त्व को भी काव्य की आत्मा घोषित किया है, किन्तु इन सबका अंतर्भाव अंततः रस-सम्प्रदाय में कर दिया गया है और यह तथ्य लगभग मान्य हो गया कि कविता की आत्मा अथवा कविता के सर्वोच्च प्रतिमान के रूप में भारतीय काव्यशास्त्र के अंतर्गत रस की ही स्थिति है। भारतीय काव्यशास्त्र के अंतर्गत यह विवेचन भरत मुनि से लेक आधुनिक समय तक विस्तृत है और इस विकास में यद्यपि नाना प्रकार से रस की व्याख्या की जाती रही है; किन्तु जहाँ तक उसे काव्य की आत्मा अथवा काव्य का सर्वोच्च प्रतिमान मानने का प्रश्न है, आचार्य और विचारक प्रायः एक मत रहे हैं। यदि देखा जाय तो रस-विवेचन की यह विकास-यात्रा अपनी व्याख्याएँ चिंतन के कई सोपान सूचित करती हैं। जहाँ तक रस के आदि व्याख्याता और प्रवर्तक भरत मुनि का संबंध है, उन्होंने रस की चर्चा नाट्य विवेचन के अंतर्गत की, जिसे बाद में कविता के अंतर्गत स्वीकार कर लिया गया। भरत के यहाँ रस की जो व्याख्या की गई है, वह विशुद्ध लौकिक भूमि पर की गई है; उसमें दर्शन का आवरण नहीं बढ़ाया गया। रस के संबंध में उनका मुख्य सूत्र है 'विभावानुभाव-व्यभिचारिसंयोगद्रसनिष्पत्तिः'। यह पूछे जाने पर कि रस का स्वरूप कैसा होता है, उन्होंने विशुद्ध लौकिक उदाहरण देते हुए उसके स्वरूप की

व्याख्या की। भरतमुनि के रस-विवेचन को हम रस-विवेचन का पहला सोपान मान सकते हैं। भरत के बाद उनके रससूत्र की जो व्याख्याएँ हुईं और उनके आधार पर जो नई विचार-सरणियाँ स्पष्ट हुईं, वे अपना-अपना एक स्पष्ट दार्शनिक आधार ग्रहण करते हुए देखी जाती हैं। वे दार्शनिक आधार भाववादी दर्शन के आधार हैं, जिनके प्रमुख प्रवक्ताओं के रूप में अभिनव गुप्त से लेकर आनंदवर्धन तक के सभी आचार्य आते हैं। यहाँ आकर रसतत्त्व और उससे मिलने वाला आनंद ब्रह्मानंद सहोदर की कोटि तक पहुँच जाता है। यह रस-विवेचन का दूसरा सोपान है। मध्यकाल में रस-चिंतन के क्षेत्र में कुछ नये आयाम जुड़ते हैं और रस को अधिकाधिक शास्त्रीय भूमिका से सम्बद्ध कर दिया जाता है। इसे रस-विवेचन का तीसरा सोपान कहा जा सकता है। आधुनिक युग में रस की व्याख्या नैतिक और मनोवैज्ञानिक आधार ग्रहण करती है और मनोवैज्ञानिकता का आग्रह उसके अंतर्गत प्रबल हो उठता है। इसे रस-विवेचन की चौथी सीढ़ी मान सकते हैं। भारतीय आचार्यों का भरतमुनि से लेकर आज तक का जो रस-विवेचन है, उसे, जैसाकि शिवदानसिंह चौहान ने कहा है, भाववादी दार्शनिक चिंतन की सर्वोत्कृष्ट उपलब्धि कहा जा सकता है।[९०] इन मुद्दों पर हिन्दी के प्रगतिवादी समीक्षकों को अपनी निजी मेधा को प्रदर्शित करने का विशेष अवसर नहीं मिला है; किन्तु रस-विवेचन की एक भूमि वह भूमि है, जिसमें हिन्दी के प्रगतिवादी समीक्षकों ने वैज्ञानिक भौतिकवादी दार्शनिक चिंतन को पहली बार व्यावहारिक रूप से लागू करने की चेष्टा की है और इस कार्य में उन्हें बहुत दूर तक सफलता प्राप्त हुई है। हिन्दी के प्रगतिवादी समीक्षकों ने निश्चय ही परम्परागत आचार्यों से भिन्न पथ पर चलते हुए रस की सम्पूर्ण लोकोत्तर व्याख्याओं का दृढ़ता पूर्वक खंडन किया है और पहली बार रस-विवेचन को एक वस्तुवादी सामाजिक आधार देने की कोशिश की है।

जहाँ तक रस को काव्य की आत्मा मानने का प्रश्न है इस भूमि पर प्रगतिवादी समीक्षकों ने रस को अपने विचार का विषय बनाया ही नहीं है; क्योंकि रस को काव्य की आत्मा कहना ही भाववादी चिंतन के क्षेत्र में पहुँच जाना है। उन्होंने इस प्रकार के विवेचन से अपने को अलग रखते हुए मुख्य रूप से यह जानने की कोशिश की है कि परम्परागत रस-चिंतन को, चूँकि उसके मूल में उच्च कोटि की मेधा का योग है, कहाँ तक स्वीकार या अस्वीकार किया जा सकता है।

हिन्दी के प्रगतिवादी समीक्षक काव्य के अंतर्गत रसतत्त्व की प्रमुखता से इन्कार नहीं करते। जिस प्रकार भारतीय आचार्यों ने भाव को रस का मूल माना है, वे भी कविता के अंतर्गत भावों की प्रमुख सत्ता को स्वीकार करते हैं। उदाहरण के लिए डॉ. रामविलास शर्मा किसी भी काव्य-रचना में मर्मस्पर्शिता को अनिवार्य तत्त्व मानते हैं।[९१] रांगेय राघव भी यह कहते हैं कि काव्य वही है, जिसमें भाव के संसार की बातें होती

हैं और जिस बात में रस नहीं वह काव्य नहीं कहला सकता।[९२]

प्रकाशचंद गुप्त भी यह कहते हैं कि उत्कृष्ट काव्य का प्राणरस मानवीय अनुभूति, गहरी संवेदना तथा मानव जीवन का मर्मस्पर्शी निरूपण है।[९३] शिवदानसिंह भी भावात्मकता या रसात्मकता को कविता की प्रारंभिक कसौटी के रूप में स्वीकार करते हैं।[९४] इसी तरह अमृतराय भी इस बात को स्पष्टतः स्वीकार करते हैं कि जिन रचनाओं में अधिक संवेदनीयता होती है, हृदय को स्पर्श करने की शक्ति होती है, वे अधिक उत्तम होती हैं और जिनमें ये गुण कम होते हैं, वे उसी अनुपात में कम अच्छी होती हैं।[९५] गजानन माधव मुक्तिबोध भी भावानुभूति को महत्त्व पूर्ण मानते हैं।

हिन्दी के प्रगतिवादी समीक्षकों के रस-संबंधी उक्त मतों को हमने इसी कारण एक स्थान पर एकत्र किया है, ताकि यह जाना जा सके कि जहाँ तक कविता में रस की स्थिति का प्रश्न है या जहाँ तक कविता में भाव या रस की प्रमुखता का प्रश्न है, हिन्दी के प्रगतिवादी समीक्षक उसे स्वीकार करते हैं। वे यहाँ तक स्वीकार करते हैं कि कविता में भाव-तत्त्व अनिवार्य है, यह भाव-तत्त्व रस-रूप में परिणत होता है और यह रस अंततः पाठक या श्रोता को आनंद प्रदान करता है; किन्तु यही वह बिन्दु है, जहाँ से परम्परागत रस-चिंतन और हिन्दी की प्रगतिवादी समीक्षा का मतभेद प्रारंभ हो जाता है।

हम पहले ही कह चुके हैं कि रस-विवेचन की उपर्युक्त बातों को हिन्दी के प्रगतिवादी समीक्षकों ने परम्परागत आचार्यों की व्याख्या के संदर्भ में नहीं स्वीकार किया है, अपनी निजी व्याख्या के संदर्भ में स्वीकार किया है। परम्परागत आचार्यों की सारी लोकोत्तर व्याख्याओं को उन्होंने अमान्य किया है और जहाँ वे इन परम्परागत आचार्यों से अपना स्पष्ट मतभेद सूचित करते हैं, वह एक ऐसी भूमि है, अपनी दार्शनिक चिंतना के संबंध में जिस भूमि पर वे ठहर ही नहीं सकते थे। भारतीय आचार्यों ने रस को आस्वादपरक माना है और उसका मूलभूत लक्ष्य चर्वणा विश्रांति को ही स्वीकार किया है; अर्थात् भारतीय आचार्यों के मत से कविता का चरम उद्देश्य केवल आनंद प्रदान करना है, उनके अनुसार, यह आनंद ही, जिसे वे ब्रह्मानंद सहोदर कहकर व्याख्यायित करते हैं, कविता का साध्य है। प्रगतिवादी विचारक इस चर्वणा विश्रांति को अथवा आनंद को ही कविता का साध्य मानने वाले परम्परागत रस-चिंतन को स्वीकार नहीं करते। ध्यान देने की बात है कि परम्परागत रस-चिंतन से इस बिन्दु पर आचार्य शुक्ल ने भी अपना मतभेद प्रकट किया है। लोकमंगलवादी आचार्य शुक्ल ने स्पष्ट कहा है कि आनंद को कविता का साध्य मानना मार्ग को ही गन्तव्य मान लेना है। उनके अनुसार कविता का लक्ष्य चर्वणा विश्रांति न होकर कर्म की उत्तेजना देने में हैं; सहृदय को कर्म-क्षेत्र में सक्रिय करने में है। आचार्य शुक्ल की रस संबंधी मान्यता को हिन्दी के प्रगतिवादी समीक्षकों ने अपना पूरा समर्थन दिया है।

डॉ. रामविलास शर्मा ने भी इस संदर्भ में स्पष्टतः कहा है कि साहित्य से आनंद मिलता है। यह अनुभव सिद्ध बात है कि साहित्यशास्त्र यहाँ समाप्त नहीं होता बल्कि यहीं से उसका श्रीगणेश होता है।[९६] वे यह भी कहते हैं कि केवल मर्मस्पर्शिता से ही काम नहीं चल सकता, कविता में व्यक्ति और समाज को विकसित करने की क्षमता भी होनी चाहिए।[९७] रांगेय राघव का भी मत है कि कविता का भाव के संसार से जुड़ना और उसका सरस होना आवश्यक है; किन्तु कविता का एक भौतिकवादी आधार भी है; यह आधार सामाजिक जीवन का आधार है।[९८] अमृतराय का कहना है कि यद्यपि कविता एक ऐसी सर्जना है, जो गहरी अनुभूति के बिना संभव नहीं है; लेकिन वह समाज से अलग नहीं है, समाज का अंश ही है।[९९] और मुक्तिबोध भी भावानुभूति का संबंध उन जीवन-मूल्यों से मानते हैं, जो उस अनुभूति को तपाकर उसे साहित्यिक दृष्टि से अधिक मूल्यवान बना देते है।[१००] कहने का तात्पर्य यह है कि हिन्दी के प्रगतिवादी समीक्षक रस-विवेचन के परम्परागत स्वरूप को उसी सीमा तक स्वीकार करते हैं, जिस सीमा तक वह मानवीय तथा सामाजिक आधार से जुड़ा हुआ है तथा इस बिंदु से आगे जहाँ वह परम्परागत रस-विवेचन प्रगतिवादी धारणा के विपरीत कविता की प्रयोजनीयता को सीमित करता है, वे उसका दृढ़ता से खंडन करते हैं। हिन्दी के प्रगतिवादी समीक्षकों के परम्परागत रस-चिंतन से मतभेद की अन्य महत्त्वपूर्ण भूमियाँ भी हैं। भारतीय रसवादी आचार्यों ने जहाँ भावों को अपरिवर्तनीय माना है, वहाँ प्रगतिवादी समीक्षा, उन्हें परिवर्तनशील मानते हैं।[१०१] उनका कहना है कि चूँकि रसशास्त्रियों ने भावों को अपरिवर्तनीय माना है, यही कारण है कि पुरानी समाज-व्यवस्था और तदनुगत सामाजिक और पारिवारिक संबंधों को भी अपरिवर्तनीय समझने के लिए बाध्य हुए हैं।[१०२] प्रगतिवादी समीक्षक सामाजिक जीवन के विकास के साथ भावों का विकास भी स्वीकार करते हैं। यही नहीं, उनके अनुसार सामाजिक जीवन के विकास-क्रम में भावों का रूप भी परिवर्तित होता है और नये भावों और नई अनुभूतियों का जन्म भी होता है। डॉ. रामविलास शर्मा ने स्पष्ट कहा है कि चूँकि भावनाएँ चिरंतन नहीं है; अतएव, साहित्य की विषय-वस्तु नौ रसों में ढलने का विरोध करती है।[१०३]

हिन्दी के प्रगतिवादी समीक्षकों ने रस की व्याख्या के संबंध में सामने आने वाली परम्परागत आचार्यों की लोकोत्तरवादी धारणा का जो खंडन किया है, उसका उल्लेख हम कर चुके हैं। उनके अनुसार रसानुभूति को जीवन-निरपेक्ष नहीं कहा जा सकता। डॉ. शिवकुमार मिश्र के शब्दों में कहूँ, तो 'समग्रतः रस सिद्धान्त से मार्क्सवादी समीक्षकों का विरोध उसकी अलौकिक तथा लोकोत्तर व्याख्याओं, उसके मध्यकालीन नियम-विजड़ित स्वरूप एवं उसकी उस सीमा से हैं, जहाँ वह आनंद को ही साध्य मानकर साहित्य या काव्य की मूलभूत दायित्व-चेतना से अपने को पृथक् कर लेता है; अन्यथा

रस-विवेचन की अनेक भूमिकाओं के प्रति उनकी सहमति है।'[१०४]

किन्तु, इस स्वीकृति को सम्पूर्ण नहीं मानना चाहिए; जैसा कि महेन्द्रचंद्र राय ने लिखा है कि 'मार्क्सीय दर्शन केवल चिंतनात्मक दर्शन नहीं है; बल्कि एक क्रांतिकारी कर्मात्मक दर्शन है। कर्म से ही मानव मन में नाना भाव, भावना और मनोवेग मनुष्य को नवीन कर्मों में प्रेरित कर केवल बाह्य परिस्थितियों में ही परिवर्तन नहीं ला रहे हैं; बल्कि मनुष्य को अर्थात् उसकी भावना-वासनाओं को भी रूपान्तरित कर रहे हैं। इसीलिए साहित्य केवल निष्क्रिय मानसिक रसास्वादन की वस्तु नहीं हो सकता। साहित्य का भी सामाजिक उत्तरदायित्व है और वह दायित्व केवल श्रुति-स्मृति-सदाचार की रक्षा करने का दायित्व नहीं है, केवल प्रचलित श्रेणी विशेष द्वारा प्रतिष्ठित आदर्श के अनुगमन का दायित्व नहीं है; वरन् समाज के ढाँचे को आमूल बदल देने का दायित्व भी है। मार्क्सवादी चिंतक साहित्य में रस-सृष्टि को अस्वीकार नहीं करना चाहते, कलागत सौंदर्य की वह उपेक्षा नहीं करना चाहते; किन्तु साहित्य के क्रांतिकारी उद्देश्य को भी वह किसी भी कारण से भूलना नहीं चाहते।[१०५]

कुल मिलाकर रस-विवेचन की प्रगतिवादी दृष्टि यही है, जिसके अंतर्गत रस के वस्तुगत सामाजिक तथा मानवीय आधार की व्यापक स्वीकृति है। कविता के मूल्यांकन के संदर्भ में रस के प्रतिमान को हिन्दी की प्रगतिवादी समीक्षा अस्वीकार नहीं करती; किन्तु, इतना अवश्य चाहती है कि यह प्रतिमान अपने सामाजिक-मानवीय आधारों के साथ, अपनी लोकोत्तर व्याख्याओं को छोड़कर, अधिक सम्पूर्ण बनकर अर्थात् समाज के क्रांतिकारी रूपान्तरण में काव्य या साहित्य की सक्रिय भागीदारी का निर्देश देते हुए सामने आए। यदि उसे इस भूमि पर नहीं लाया जाता, तो उसे स्वीकार करने का उनके लिए कोई प्रश्न नहीं है।

संदर्भ

१. आधुनिक साहित्य (भूमिका) : नन्ददुलारे वाजपेयी, पृ. ३३।
२. कांग्रेस का इतिहास : पट्टाभि सीतारमैया।
३. जागरण, २६ जनवरी, १९३४।
४. डॉ. हीरेन्द्र मुखर्जी : प्रगतिशील आंदोलन का प्रारंभ, नया साहित्य, सितम्
१९५१।
५. रूपाभ : संपादकीय, जुलाई, १९३८।
६. प्रगति और परम्परा : डॉ. रामविलास शर्मा, पृ. ३०।
७. आस्था और सौंदर्य : डॉ. रामविलास शर्मा, पृ. २६।

८. हिन्दी साहित्य की जनवादी परम्परा : प्रकाशचंद गुप्त, पृ. ६।
९. लोकजीवन और साहित्य : डॉ. रामविलास शर्मा, पृ. १२)
१०. नयी कविता का आत्मसंघर्ष तथा अन्य निबंध : मुक्तिबोध, पृ. ३०।
११. वही, पृ. ८३।
१२. कामायनी एक पुनर्विचार : मुक्तिबोध, पृ. ३।
१३. छायावाद : डॉ. नामवरसिंह, पृ. ७७।
१४. कामायनी : एक पुनर्विचार मुक्तिबोध, पृ. ३-४।
१५. छायावाद : डॉ. नामवरसिंह, पृ. १०४।
१६. प्रगति और परम्परा : डॉ. रामविलास शर्मा, पृ. ५०।
१७. वही, पृ. ११६।
१८. साहित्य की समस्याएँ : शिवदानसिंह चौहान, पृ. ६६।
१९. हिन्दी साहित्य की जनवादी परम्परा : प्रकाशचन्द्र गुप्त, पृ. १०।
२०. नयी कविता का आत्मसंघर्ष तथा अन्य निबंध : मुक्तिबोध, पृ. ३६।
२१. काव्य-कला और शास्त्र : रांगेय राघव, पृ. २०-२१।
२२. वही, पृ. ३५।
२३. शुक्लोत्तर काव्य-चिन्तन : डॉ. श्यामबिहारी राय, पृ. २८६।
२४. काव्य कला और शास्त्र : डॉ. रांगेय राघव, पृ. ५६।
२५. नयी समीक्षा : अमृतराय, पृ. ३३।
२६. मेनीफेस्टो आफ दी कम्यूनिस्ट पार्टी : मार्क्स और फ्रेडरिक एंग्लिस, पृ. ३५।
२७. समाज और साहित्य : रामेश्वर शुक्ल अंचल, पृ. ३।
२८. समाज और साहित्य : रामेश्वर शुक्ल अंचल, पृ. १०।
२९. प्रगति और परम्परा : डॉ. रामविलास शर्मा, पृ. ६।
३०. नयी समीक्षा : अमृतराय, पृ. ८।
३१. नई कविता का आत्मसंघर्ष तथा अन्य निबंध : मुक्तिबोध, पृ. १६-२०।
३२. नये साहित्य का सौंदर्यशास्त्र : मुक्तिबोध, पृ. ७६, ८०।
३३. आस्था और सौंदर्य : डॉ. रामविलास शर्मा, पृ. ८३।
३४. मार्क्सवादी साहित्य-चिंतन : डॉ. शिवकुमार मिश्र, पृ. ३५४।
३५. महाजनी सभ्यता : प्रेमचंद।
३६. प्रगति और परम्परा : डॉ. रामविलास शर्मा, पृ. ५२।
३७. नई समीक्षा : अमृतराय, पृ. ७।
३८. शुक्लोत्तर काव्य-चिंतन : डॉ. श्यामबिहारी राय, पृ. ३०७।

३९. कामायनी : एक पुनर्विचार : मुक्तिबोध, पृ. १४।
४०. नयी समीक्षा : अमृतराय, पृ. ६।
४१. शुक्लोत्तर काव्य-चिंतन : डॉ. श्यामबिहारी राय, पृ. ३०९।
४२. मार्क्सवादी साहित्य-चिंतन : डॉ. शिवकुमार मिश्र, पृ. ३५७।
४३. विराम चिह्न : डॉ. रामविलास शर्मा, पृ. ६६।
४४. आस्था और सौंदर्य (भूमिका) : डॉ. रामविलास शर्मा, पृ. ६६।
४५. वही, पृ. ३४।
४६. प्रगति और परम्परा : डॉ. रामविलास शर्मा, पृ.३।
४७. इतिहास और आलोचना : डॉ. नामवर सिंह, पृ. ३८।
४८. वही, पृ. ४४।
४९. नई समीक्षा : अमृतराय, पृ. १४।
५०. वही, पृ. ११।
५१. इलूजन एंड रियलिटी : क्रिस्तोफर काडवेल, पृ. ९।
५२. वही।
१०४. मार्क्सवाद और साहित्य : डॉ. महेन्द्रचन्द्र राय, पृ. १६७-१६८।
५३. नया साहित्य नए प्रश्न : नंददुलारे वाजपेयी।
५४. इलूजन एण्ड रियलिटी : काडवेल - भूमिका।
५५. इतिहास और आलोचना : डॉ. नामवर सिंह, पृ. १८३।
५६. नये साहित्य का सौंदर्यशास्त्र : मुक्तिबोध, पृ. ११२।
५७. वही।
५८. वही।
५९. नये साहित्य का सौंदर्यशास्त्र : मुक्तिबोध, पृ. १६-२०।
६०. वही, पृ. २१।
६१. स्वाधीनता और राष्ट्रीय साहित्य : डॉ. रामविलास शर्मा, पृ. ७८।
६२. मार्क्सवादी साहित्य-चिंतन : डॉ. शिवकुमार मिश्र, पृ. ३६७।
६३. वही, पृ. ३६७-३६८।
६४. आधुनिक कविता और युग-दृष्टि : डॉ. शिवकुमार मिश्र, पृ. १५।
६५. आस्था और सौंदर्य : डॉ. रामविलास शर्मा, पृ. ५२।
६६. प्रगतिशील साहित्य की समस्याएँ : डॉ. रामविलास शर्मा, पृ. ८।
६७. नयी कविता का आत्मसंघर्ष तथा अन्य निबंध : मुक्तिबोध, पृ. १०४।
६८. वही, पृ. १०५।
६९. इतिहास और आलोचना : डॉ. नामवर सिंह, पृ. ५६।

७०. प्रगति और परम्परा : डॉ. रामविलास शर्मा, पृ. ५६।
७१. वही, पृ. ५६।
७२. सहचिंतन : अमृतराय, पृ. ६७।
७३. इतिहास और आलोचना : डॉ. नामवर सिंह, पृ. ७३।
७४. आलोचना के मान : शिवदानसिंह चौहान, पृ. ५१-५२।
७५. नयी कविता का आत्मसंघर्ष तथा अन्य निबंध : मुक्तिबोध, पृ. १८३।
७६. हिन्दी साहित्य : बीसवीं शताब्दी : नंददुलारे वाजपेयी, पृ. ७६।
७७. आधुनिक साहित्य : पं. नंददुलारे वाजपेयी, पृ. ४०७।
७८. जनभारती : रस-विशेषांक : डॉ. रामविलास शर्मा।
७९. आस्था और सौंदर्य : डॉ. रामविलास शर्मा, पृ.२०।
८०. नये साहित्य का सौंदर्यशास्त्र : मुक्तिबोध, पृ. १३४।
८१. वही।
८२ आस्था और सौंदर्य : डॉ. रामविलास शर्मा, पृ. २०।
८३. आस्था और सौंदर्य : डॉ. रामविलास शर्मा, पृ.२३।
८४. वही, पृ. २४।
८५. वही।
८६. नयी कविता का आत्मसंघर्ष तथा अन्य निबंध : मुक्तिबोध, पृ. ५६।
८७. वही, पृ. ६५।
८८. वही, पृ.१६८।
८९. वही, पृ. १२३।
९०. आलोचना के सिद्धांत : शिवदानसिंह, चौहान।
९१. प्रगति और परम्परा : डॉ. रामविलास शर्मा, पृ. ५०।
९२. काव्य-कला और शास्त्र : रांगेय राघव, पृ. २०।
९३. साहित्य धारा : प्रकाशचंद गुप्त, पृ. ६।
९४. आलोचना के मान : शिवदानसिंह चौहान, पृ. ५१।
९५. नई समीक्षा : अमृतराय, पृ. ३०।
९६. लोकजीवन और साहित्य : डॉ. रामविलास शर्मा, पृ. ७।
९७. प्रगति और परम्परा : डॉ. रामविलास शर्मा, पृ. ५०।
९८. काव्य-कला और शास्त्र : रांगेय राघव, पृ. ३५।
९९. सहचिंतन : अमृतराय, पृ. ४७।
१००. एक साहित्यिक की डायरी : मुक्तिबोध, पृ. १२६।
१०१. लोकजीवन और साहित्य : डॉ. रामविलास शर्मा, पृ. १६८।

१०२. मार्क्सवाद और साहित्य : डॉ. महेन्द्रचन्द्र राय, पृ. १६८।
१०३. लोकजीवन और साहित्य : डॉ. रामविलास शर्मा, पृ. १२।
१०४. मार्क्सवादी साहित्य-चिंतन : डॉ. शिवकुमार मिश्र, पृ. ५१।
१०५. मार्क्सवाद और साहित्य : डॉ. महेन्द्रचन्द्र राय, पृ. १६७-१६८।

पंचम अध्याय

प्रयोगवादी काव्य-चिंतन : प्रयोगवादी समीक्षा

प्रस्तावना

प्रगतिशील आंदोलन द्वारा प्रेरित रचनाशीलता और इस आंदोलन द्वारा उपन्यस्त साहित्य तथा काव्य के नये प्रतिमानों का युग अभी समाप्त भी न हुआ था कि सन् १६४३ ई. में हिन्दी जगत प्रयोग के एक नये 'वाद' से परिचित हुआ। ऐसा नहीं था कि हिन्दी के प्रबुद्ध पाठक इसके पहले सर्जना के संदर्भ में कृती कवियों द्वारा किये गये प्रयोगों अथवा उनकी प्रयोगशीलता से परिचित न हों। जयशंकर प्रसाद से लेकर निराला तक छायावादी कवियों ने स्वतः अनेक स्तरों पर अपनी सर्जना के दौरान कविता के रूप और शिल्प से संबंधित नये प्रयोगों के प्रति अपनी रुझान प्रदर्शित की थी। प्रसाद ने 'शेरसिंह का शस्त्र-समर्पण', 'पेशोला की प्रतिध्वनि' तथा 'प्रलय की छाया' जैसी कविताएँ नये अतुकांत छंद में लिखी थीं। पंत के 'स्वच्छंद छंद' और निराला द्वारा किये गये 'मुक्त छंद' के प्रवर्तन की बात छोड़ भी दें, तो अपनी परवर्ती सर्जना में निराला ने रचनागत प्रयोगों की एक पूरी की पूरी शृंखला से हिन्दी पाठकों को परिचित कराया था। जाहिर है कि इन तमाम प्रयोगों के प्रति हिन्दी के पाठक वर्ग ने स्वागत का भाव ही सूचित किया था और इन्हें कृती कवियों की रचनाशीलता के स्वाभाविक और सहज अंग के रूप में मान्यता दी थी। इन रचनाकारों ने भी इन प्रयोगों को अपनी रचना की आंतरिक माँग के रूप में प्रस्तुत किया था। उनके संबंध में न तो उन्होंने कोई विशेष दावे ही किये थे और न उसके संबंध में लम्बे-चौड़े वक्तव्य देकर उनकी एकांत महत्ता का प्रतिपादन ही किया था; किन्तु सन् १९४३ ई. में 'तारसप्तक' नामक संकलन के प्रकाशन के साथ प्रयोग के जिस 'वाद' का आविर्भाव हिन्दी कविता के क्षेत्र में और उसके साथ-साथ हिन्दी के काव्य-चिंतन के क्षेत्र में हुआ, वह कुछ विलक्षण अवश्य था। विलक्षण इसलिए कि उसे लेकर इस संकलन में दिये गये अपने वक्तव्य तथा अपनी संपादकीय प्रस्तावना में जो बातें कहीं, उनसे हिन्दी के सामान्य पाठकों को ही नहीं, हिन्दी के प्रबुद्ध पाठकों तथा शीर्षस्थ समीक्षकों तक को कुछ ऐसा अनुभव हुआ, जैसे सर्जना तथा चिंतन के क्षेत्र

में कोई नई चीज बलात् आरोपित की जा रही है। इसीलिए इस संकलन के प्रकाशन के साथ ही, हिन्दी काव्य-जगत में और हिन्दी काव्य-चिंतन के क्षेत्र में भी, प्रयोग के नये वाद की जो चर्चा प्रारंभ हुई, वह संबंधित पक्षों के न चाहते हुए भी, एक अर्से तक चलती रही। आज प्रयोगवाद को लेकर चलने वाली चर्चा ही शांत हो गई है, प्रयोगवाद नाम का सर्जनात्मक तथा वैचारिक आंदोलन भी पृष्ठभूमि में चला गया है, किन्तु एक लम्बे समय तक चलने वाली चर्चा के क्रम में सर्जना तथा चिंतन दोनों ही आयामों पर कुछ ऐसी नई बातें अवश्य सामने आईं, जो वैसे तो अब इतिहास बन चुकी हैं, किन्तु जिनकी उपेक्षा करना संभव नहीं है।

जैसा कि हमने अपने ऊपर के विवेचन में कहा है, प्रयोगवाद की चर्चा का प्रारंभ मूलतः एक विशिष्ट प्रकार की सर्जना और उसके साथ होने वाले प्रयोगों के संदर्भ में ही हुआ था; किन्तु इस विशिष्ट सर्जना की युगीन अनिवार्यता के औचित्य को सिद्ध करने के लिए उसके समर्थकों ने चूँकि एक सिद्धांत पक्ष भी प्रस्तुत किया था। अतएव, यह चर्चा केवल सर्जना तक ही सीमित न रहकर चिंतन के क्षेत्र तक व्याप्त हो उठी थी। पूर्ववर्ती सर्जना से अपनी सर्जना के वैशिष्ट्य को प्रतिपादित करते हुए उस सर्जना को सही संदर्भों में पहचानने और परखने के लिए, जो नयी मान्यताएँ तथा जो नए विचार सर्जक कवियों के द्वारा सामने लाये गये थे, जिसे हम प्रयोगवादी समीक्षा के नाम से अभिहित करते हैं, वह और कुछ नहीं, उन्हीं नई मान्यताओं और सिद्धांतों का प्रतिरूप है। यों तो 'तारसप्तक' नामक संकलन में संपादक अज्ञेय के अतिरिक्त छः अन्य नये रचनाकारों की रचनाएँ भी संकलित थीं; किन्तु सिद्धांत प्रतिपादन का मुख्य कार्य अज्ञेय द्वारा ही सम्पन्न हुआ था। इस नाते यदि प्रयोगवादी काव्य के प्रवर्तन के साथ-साथ अज्ञेय को प्रयोगवादी काव्य-समीक्षा के प्रवर्तन का भी श्रेय दिया जाय, तो अनुचित न होगा। यद्यपि अज्ञेय ने एकाधिक बार प्रयोग के किसी भी वाद से अपना नाम जोड़ने का विरोध किया है; किन्तु उनके न चाहने के बावजूद, प्रयोगवाद और उसके इतिहास के साथ उनका नाम अनिवार्य रूप से सम्बद्ध हो गया है। अज्ञेय न केवल छायावादोत्तर कविता के एक श्रेष्ठ सर्जक हैं, वे छायावादोत्तर समीक्षा तथा छायावादोत्तर काव्य-चिंतन के एक समर्थ पुरस्कर्ता भी हैं। आधुनिक अंग्रेजी कविता में सर्जना तथा चिंतन दोनों ही क्षेत्र में आधुनिकतावादी नये विचारों का प्रवर्तन का जो श्रेय टी. एस. इलियट को दिया जाता है, लगभग वही श्रेय छायावादोत्तर सर्जना तथा छायावादोत्तर काव्य-चिंतन के क्षेत्र में अज्ञेय को प्राप्त है। उनकी साहित्य संबंधी मान्यताएँ न केवल विचारोत्तेजक हैं, उन्होंने एक पूरी की पूरी पीढ़ी की रचनाशीलता तथा चिंतन पर अपनी गहरी छाप भी छोड़ी है। काव्य-रचना तथा नये युग की नई काव्य-रचना के मूल्यांकन के जिन नये प्रतिमानों को अज्ञेय ने प्रस्तुत किया है, वे विरोध के लक्ष्य भले ही बने हों;

किन्तु उपेक्षणीय कदापि नहीं हैं।

अज्ञेय ने तो प्रयोग के किसी भी वाद से अपना संबंध जोड़े जाने का विरोध किया था; किन्तु प्रयोग के बाद की चर्चा के क्रम में ही बिहार के तीन 'प्रयोगाभ्यासी' रचनाकारों तथा विचारकों के सम्मिलित प्रयास के रूप में 'नकेनवाद' नामक एक ऐसे काव्यांदोलन का उद्भव भी इसी समय हुआ, जिसे चल रहे प्रयोगवाद का पूरक माना जा सकता है। बिहार के ये प्रयोगाभ्यासी रचनाकार तथा विचारक थे नलिन विलोचन शर्मा, केसरी कुमार तथा नरेश। 'नकेन शब्द का निर्माण इन्हीं लोगों के नामों के पहले अक्षर को लेकर हुआ। ये वे रचनाकार तथा विचारक हैं, जिन्होंने अज्ञेय के विपरीत आगे बढ़कर अपने को प्रयोगवादी घोषित किया। अपने 'नकेन के प्रपद्य' नामक काव्य-संकलन में प्रयोगों की भूमि पर रची गयी रचनाओं के साथ-साथ इन्होंने इस संकलन की भूमिका में अपनी रचनाओं के औचित्य को सिद्ध करने के लिए 'पस्पशा' शीर्षक पुस्तक में जो वक्तव्य दिया, वह इनकी रचनाओं के सिद्धांत पक्ष को प्रस्तुत करता है। कहने की आवश्यकता नहीं कि इन 'नकेनवादियों' के साहित्य तथा काव्य संबंधी विचार दूर तक अज्ञेय के अपने विचारों का समर्थन करते हैं और यही नहीं, उनसे दो कदम आगे बढ़कर प्रयोगों और प्रयोगों के 'वाद' की अनिवार्यता सिद्ध करते हैं। जहाँ अज्ञेय ने अपनी चर्चा के क्रम में बार-बार इस तथ्य को प्रस्तुत किया है कि प्रयोग का अपना कोई 'वाद' नहीं होता, वहाँ 'नकेनवादियों' ने प्रयोग के 'वाद' की न केवल खुलकर हिमायत की है, वरन् प्रयोग को ही कविता तथा कला का साध्य घोषित किया है।

प्रयोगवादी काव्य-समीक्षा में काव्य का स्वरूप

काव्य की आत्मा

प्रयोगवादी समीक्षा के शीर्ष कवि चिंतक अज्ञेय ने कविता से संबंध रखने वाले बुनियादी प्रश्नों पर यद्यपि परम्परागत पद्धति से भिन्न नए विचारों का प्रतिपादन किया है; किन्तु विचारों के नयेपन के बावजूद काव्य संबंधी उनके अभिमत को ऐसे कुछ शीर्षकों के अंतर्गत सुविधापूर्वक रखा जा सकता है, जो काव्य-विवेचन के सिलसिले में परम्परा से मान्य रहे हैं। उदाहरण के लिए काव्य की आत्मा क्या है, इस प्रश्न को लेकर परम्परा से विचार होता रहा है और अज्ञेय ने यद्यपि सीधे इस प्रश्न पर अपना अभिमत नहीं दिया है; फिर भी काव्य के केन्द्रीय तत्त्व के रूप में उन्होंने जिन बातों की ओर ध्यान आकर्षित किया है, उन्हें काव्य की आत्मा शीर्षक के अंतर्गत विवेचित किया जा सकता है। हम कह चुके हैं कि इस प्रश्न पर अज्ञेय के विचार परंपरागत विचारों से न

केवल भिन्न है; वरन् नये भी हैं। किसी परम्परागत काव्य-सम्प्रदाय की चर्चा न करते हुए भी अज्ञेय ने काव्य के आंतरिक गुण के रूप में चमत्कार की स्थिति स्वीकार की है। उनके अनुसार 'काव्य का रस कवि में या कवि के जीवन में, या वर्ण्य-विषय या अनुभूति में, या किसी शब्द विशेष में नहीं है, वह काव्य-रचना की चामत्कारिक तीव्रता में है।'[१] स्पष्ट ही यहाँ अज्ञेय ने अभिव्यक्ति की वक्रता को ही वहाँ प्रदान किया है, जिसके संबंध में डॉ. सुरेशचन्द्र गुप्त का यह मत सही लगता है कि अज्ञेय का यह विचार भारतीय आचार्यों द्वारा प्रतिपादित वक्रोक्ति सिद्धांत से बहुत दूर नहीं है।[२] अपने लेखन में कुछ अन्य स्थलों पर भी अज्ञेय ने चमत्कार को केन्द्र में रखते हुए कविता के आंतरिक गुण की ओर संकेत करने का प्रयास किया है। उदाहरण के लिए 'दूसरा सप्तक' के वक्तव्य में अज्ञेय के इन विचारों को देखा जा सकता है। वे लिखते हैं : 'जरा भाषा के मूल प्रश्न पर – शब्द और उसके अर्थ संबंध पर ध्यान दीजिए। शब्द में अर्थ कहाँ से आता है, क्यों और कैसे बदलता है, अधिक या कम व्याप्ति पाता है?' एक छोटा-सा उदाहरण देते हुए वे अपनी बात को आगे इस प्रकार स्पष्ट करते हैं : हम कहते हैं 'गुलाबी'; और उससे एक विशेष रंग का बोध हमें होता है। निस्संदेह इसका अभिप्राय है गुलाब के फूल के रंग जैसा रंग। यह उपमा उसमें निहित है। आरंभ में 'गुलाबी' शब्द से उसके रंग तक पहुँचने के लिए गुलाब के फूल की मध्यस्थता अनिवार्य रही होगी। उपमा के माध्यम से ही अर्थलाभ होता रहा होगा। उस समय यह प्रयोग चामत्कारिक रहा होगा; पर अब वैसा नहीं है। अब हम शब्द से सीधे रंग तक पहुँच जाते हैं। फूल की मध्यस्थता अनावश्यक है; अब उस अर्थ का चमत्कार मर गया है; अब वह अभिधेय हो गया है और अब इससे भी अर्थ में कोई बाधा नहीं होती कि हम जानते हैं गुलाब कई रंगों का होता है – सफेद, पीला, लाल – यहाँ तक कि लगभग काला; तब यह क्रिया भाषा में निरंतर होती रहती है और भाषा के विकास की अनिवार्य क्रिया है। चमत्कार मरता रहता है और चामत्कारिक अर्थ अभिधेय बनता रहता है; यों कहें कि कविता की भाषा निरंतर गद्य की भाषा होती जाती है। इस प्रकार कवि के सामने हमेशा चमत्कार की सृष्टि की समस्या बनी रहती है; वह शब्दों को निरंतर नया संस्कार देता चलता है और वे संस्कार क्रमशः सार्वजनिक मानस में बैठकर फिर ऐसे हो जाते हैं कि उस रूप में कवि के काम के नहीं रहते; बासन अधिक घिसने से मुलम्मा छूट जाता है।'[३] अपनी इस मान्यता को सिद्ध करते हुए ही अज्ञेय ने नये कवि का पक्ष लेते हुए कहा है कि अभिधेय अर्थ से युक्त शब्द तो केवल मिट्टी अथवा वह कच्चा माल है, जिससे कि कवि ऐसी रचना करता है, जिसके द्वारा एक नया अर्थ देकर उसमें नया जीवन डाल दे। वाक् और अर्थ से सम्पृक्त पार्वती-परमेश्वर के प्रति कवि की प्रार्थना इसी लिए है। इस प्रार्थना को हँसकर उड़ा देना अथवा उसमें निरा वैचित्र्य देखना

ठीक नहीं है। जैसा कि हम आगे चलकर देखेंगे – अज्ञेय के लिए परम्परागत साधारणीकरण की मान्यता भी इसी संदर्भ में है कि क्रमशः मृत होते हुए और अभिधेय बनते हुए चामत्कारिक अर्थ से क्षीण हुई शब्द की रागोत्तेजक शक्ति को पुनः नया अर्थ देकर तीव्र करना। दूसरे शब्दों में हम कह सकते हैं कि उपर्युक्त मान्यता में अज्ञेय का मुख्य आशय – शब्दों को नये अर्थ संदर्भों से जोड़कर उनमें ताजगी, नवीन अनुभूति और चेतना को उसकी नवीनता एवं सम्पूर्णता में अभिव्यंजित करने की क्षमता प्रदान करना है। जैसा कि डॉ. श्यामबिहारी राय का कहना है कि 'शब्दों के परम्परागत अर्थ के साथ संस्कार और संवेदना का प्रश्न भी अनिवार्य रूप से जुड़ा रहता है; किन्तु परिवेश के परिवर्तन की गति की सापेक्षिकता में संस्कारों के परिवर्तन की गति मंद होती है; अतः कवि नवीन चेतना और नई संवेदना के अनुकूल बनाकर उसका प्रयोग कविता में करता है। यही अर्थगत नवीनता कविता का आवश्यक गुण (आत्मा) मानी जा सकती है।'[४]

कहने की आवश्यकता नहीं कि अपने उपर्युक्त वक्तव्य में अज्ञेय ने ध्वनि-तत्त्व को पर्याप्त महत्त्व प्रदान किया है; क्योंकि शब्द में नया चामत्कारिक अर्थ ध्वनि-तत्त्व के अभाव में संभव नहीं है। किंतु यहाँ कवि को एक नई समस्या का सामना करना पड़ता है; और वह समस्या है शब्द में नया चामत्कारिक अर्थ भरने के क्रम में सामने आने वाली दुरूहता। अज्ञेय इस दुरूहता की समस्या से विशेष परेशान नहीं दिखाई पड़ते; इसे वे कवि की विवशता मानते हैं। प्रयोगवाद का प्रवर्तन करते हुए 'तारसप्तक' के अपने वक्तव्य में अज्ञेय ने नये कवि का पक्ष लेते हुए कहा है : 'कवि अनुभव करता है कि भाषा का पुराना व्यापकत्व उसमें नहीं है – शब्दों के साधारण अर्थ से बड़ा अर्थ हम उसमें भरना चाहते हैं, पर उस बड़े अर्थ को पाठक के मन में उतार देने के साधन अपर्याप्त हैं; वह या तो अर्थ कम पाता है या कुछ भिन्न पाता है ... जीवन की जटिलता को अभिव्यक्त करने वाले कवि की भाषा का किसी हद तक गूढ़, अलौकिक अथवा दीक्षा द्वारा गम्य हो जाना अनिवार्य है; किन्तु वह उसकी शक्ति नहीं विवशता है; धर्म नहीं आपद्धर्म है।'[५] अज्ञेय ने अपनी इन मान्यताओं के संदर्भ में जिस रचनाशीलता की हिमायत की है, उसमें कवि के इस लक्ष्य की पूर्ति के लिए कल्पना-तत्त्व और बुद्धि-तत्त्व दोनों के सहयोग को अपेक्षित माना है।

अज्ञेय प्रयोगवाद के उन कवि चिंतकों में हैं, जिन्होंने परम्परागत काव्यशास्त्र के अध्ययन में भी दिलचस्पी दिखाई है। जैसा हम कह चुके हैं, परम्परागत मान्यताओं को उनके मूलरूप में ग्रहण न करते हुए उन्होंने नये वस्तु-तत्त्व तथा विचार-तत्त्व से उन्हें सम्पन्न किया है। परम्परागत आचार्यों ने जहाँ रस को काव्य की आत्मा के रूप स्वीकार किया है, वहाँ अज्ञेय ने चमत्कार की बात कहकर वक्रोक्तिजन्य चमत्कार को मान्यता दी है। किन्तु ऐसा नहीं है कि इस प्रसंग में उन्होंने रस की चर्चा छोड़ दी हो; जिन तत्त्वों

द्वारा कवि–मानस का असर एक चामत्कारिक योग उत्पन्न करता है ... उन्हें दो श्रेणियों में बाँटा जा सकता है : स्थायी भाव और संचारी भाव। कवि इनसे जो चमत्कार उत्पन्न करता है, पाठक के मन पर जो प्रभाव डालता है, वह कला के क्षेत्र के बाहर कहीं किसी तरह प्राप्त नहीं हो सकता – कला का रस कला में ही प्राप्तव्य है।[६] कहने की आवश्यकता नहीं कि अज्ञेय ने यहाँ काव्य तथा कला में रस–तत्त्व को स्वीकार करते हुए भी उसकी मूल गुणवत्ता चमत्कार में देखी है। जिसे आचार्यों ने रसानुभूति कहा है, वह एक ही भाव के द्वारा उत्पन्न हो सकती है या अनेक भावों के सम्मिश्रण या भावों या अनुभूतियों के संयोग से। ये प्रश्न तभी सार्थक हैं, जबकि भावों और अनुभूतियों का यह संयोग चामत्कारिक हो। उनकी मान्यता है कि कवि के हृदय में एकत्र नाना प्रकार की अनुभूतियाँ, शब्द, बिम्ब तब तक रस रूप में परिणत नहीं हो सकते, जब तक की कवि–प्रतिभा के योग से वे एक चमत्कार उत्पन्न न करें। उनका आशय कुछ इस प्रकार का है कि 'जब विभिन्न अनुभूतियाँ और भावनाएँ चामत्कारिक योग में लिप्त होती हैं और जब इस क्रिया की तीव्रता में विभिन्न परिचित उपकरणों से नूतन चामत्कारिक वस्तु का निर्माण होता है, तभी कला में रस की प्राप्ति होती है।'[७] उनका एकाधिक बार यह कहना रहा है कि 'जितना ही रचना करने वाला मन – कवि मानस – अनुभव करने वाले मानस से पृथक् और दूर होगा, उतना ही चमत्कार पूर्ण उन अनुभूतियों और भावों का संगम होगा, जो कविता रूपी प्रतिमा की मिट्टी है।'[८]

इस प्रकार यदि हम अज्ञेय की रस–संबंधी मान्यता को सूक्ष्म रूप में रखना चाहें, तो कह सकते हैं कि रस का समर्थन उन्होंने किया है; किन्तु उसकी उत्पत्ति स्थायी भावों और संचारी भावों के चामत्कारिक संयोग में मानी है; दूसरे उनका कहना यह भी है कि रचना में चामत्कारिकता के परिष्कृत मानस की माध्यमिकता, तटस्थता, पृथक्त्व या अलगाव द्वारा आती है, मतलब रस और कहीं नहीं काव्य–रचना ही चामत्कारिक तीव्रता में ही है।

यहाँ यह भी स्पष्ट हो जाना चाहिए कि विशुद्ध उक्ति–वैचित्र्य के द्वारा अज्ञेय चमत्कार की सृष्टि नहीं मानते। उनके अनुसार उक्ति की वक्रता भी कविता कही जायेगी, जब उसमें स्थायी और संचारी भावों का चामत्कारिक योग हो। अधिक गहराई पर जाकर देखा जाय, तो इस प्रकार अज्ञेय कोरे शिल्पवादी नहीं ठहरते और न वे कोरे चमत्कारवादी ही हैं। चमत्कार शब्द को उन्होंने मात्र टेकनीक अथवा शिल्प तक ही सम्बद्ध न रखकर भावों और अनुभूतियों से जोड़ा है। परम्परागत रूप में रस को काव्य की आत्मा के रूप में उन्होंने अवश्य मान्यता नहीं दी; क्योंकि वे कविता में बुद्धि तथा विचार–तत्त्व की अनिवार्य स्थिति भी मानते हैं; किन्तु रस–संबंधी चिंतन का उन्होंने सर्वथा तिरस्कार भी नहीं किया। उसे नया आशय दिया है। समग्रतः हम कह सकते हैं

कि जहाँ तक प्रयोगवादी समीक्षा का प्रश्न है, 'काव्य की आत्मा' जैसे मुद्दे को उसके अंतर्गत नये रूप में उठाया गया है। यद्यपि प्रयोगवादी समीक्षा के प्रतिनिधि चिंतक अज्ञेय ने चमत्कार को ही काव्य के आंतरिक गुण अथवा आत्मा के रूप में मान्यता दी है; किन्तु उसे कोरा चमत्कार न मानकर उन्हीं गहरे आशयों से युक्त करके देखना चाहिए, जो कि अज्ञेय ने उसमें भरे हैं और जिसमें रस-तत्त्व भी एक अनिवार्य तत्त्व के रूप मौजूद है।

काव्य के तत्त्व

हिन्दी की प्रयोगवादी समीक्षा के अतर्गत काव्य-तत्त्वों की चर्चा भी अज्ञेय ने विस्तार से की है। प्रयोगवादी काव्य ही नहीं, प्रयोगवादी काव्य-चिंतन पर भी अनेक समीक्षकों का यह आरोप रहा है तथा प्रयोगवादी काव्य-चिंतन एवं प्रयोगवादी काव्य के विषय में पाठकों के बीच भी यह आम धारणा प्रचलित रही है कि प्रयोगवादी रचनाकार और विचारक अनुभूति जैसे परम्परागत, काव्य के सर्वमान्य तत्त्व को मान्यता नहीं देते। बहुत समय तक प्रयोगवादी रचनाओं को नितांत चामत्कारिक और बुद्धि प्रसूत कहकर उपेक्षित किया जाता रहा है। प्रयोगवादी रचनाओं तथा प्रयोगवादी काव्य-चिंतन पर गहराई से विचार करने पर सत्य दूसरे ही रूप में सामने आता है। प्रयोगवादी समीक्षा के पुरस्कर्ता अज्ञेय ने बड़े स्पष्ट शब्दों में, अनुभूति को काव्य के प्राथमिक और अनिवार्य तत्त्व के रूप में मान्यता दी है। यह सही है कि अनुभूति के साथ-साथ बुद्धि अथवा बौद्धिकता को भी आज के संदर्भों में पर्याप्त वहाँ दिया है; किन्तु अनुभूति के संबंध में उनकी धारणा बराबर यही बनी रही है कि अनुभूति काव्य का अनिवार्य तत्त्व है और आज के यंत्रयुग में भी, कम से कम रचना के संदर्भ में जिसमें एक सचेतन मानव मस्तिष्क का योग होता है, उसे अमान्य नहीं किया जा सकता। बड़े स्पष्ट शब्दों में उन्होंने कहा है 'हम यंत्र के सहारे उन्नति करते हैं, यंत्र में जैसे नैतिक बोध नहीं है, वैसे ही अनुभूति भी नहीं है। पर हम जैसे नैतिकता से मुक्त नहीं हो सके हैं, वैसे ही अनुभूति से मुक्ति भी हमने नहीं पायी है। इस प्रकार यंत्र के सहारे क्रमशः आगे बढ़ते हुए हम पाते हैं कि उसी अनुपात में यंत्र के संदर्भ में हमारी अनुभूति का मूल्य दिन-दिन कम होता जाता है। अगर हम इससे इस नतीजे पर पहुँच सकते कि स्वयं अपनी अनुभूति को नगण्य मान लेते तो शायद समस्या न होती; पर वैसा हम नहीं कर सकते। संवेदनशील प्राणी (और लेखक कुछ अधिक संवेदनशील होता है, कम नहीं चाहे इसी रूप में कि कुछ क्षेत्रों या आयामों में उसकी संवेदना अधिक तीव्र या घनी हो जाती है; भले ही कुछ दूसरे में संकुचित हो जाय या कुंद हो जाय) अनुभूति को अमान्य कभी नहीं कर सकता। परिणाम यह होता है कि वह अनुभूति पर अतिरिक्त आग्रह करने लगता है।

आलोचक इसे असंतुलन कहकर उड़ा दे सकते हैं या वे प्रश्न उठा सकते हैं, जैसा कि कुछ शास्त्रीय आलोचकों ने उठाया है कि अनुभूति की इतनी चर्चा से लाभ क्या – निजी सुख–दुख या संघर्ष आखिर निजी ही तो है, उससे जो व्यापक या सार्वजनिक उपलब्धि हो, वही सामने लानी चाहिए। किन्तु उपलब्धि की व्यापकता खंडन किये बिना भी यह कहा जा सकता है कि कलाकार के सत्य और वैज्ञानिक के सत्य में अंतर है, तो यही कि कलाकार का सत्य रागात्मक संबंध पर आश्रित है अर्थात् मानवीय संघर्षों और अनुभूतियों के संदर्भ में ही सार्थक है उसे संदर्भ से काटकर ग्रहण नहीं किया जा सकता।'[९]

अज्ञेय के इतना लम्बा उद्धरण देने के पीछे हमारा आशय यही है कि अनुभूति के संबंध में प्रयोगवादी मत को उसके सर्वाधिक प्रामाणिक और प्रतिनिधि पुरस्कर्ता के माध्यम से स्पष्ट कर दिया जाए। कहने की आवश्यकता नहीं कि अनुभूति पर अज्ञेय का आग्रह एक तात्त्विक आग्रह है, जो उसे काव्य–रचना के संदर्भ में प्राथमिक और अनिवार्य वहाँ देता है।

प्रयोगवाद, प्रयोगवादी रचना और प्रयोगवादी चिंतन पर क्षणवाद को प्रश्रय देने का आरोप भी लगाया गया है। यहाँ इस आरोप के औचित्य अथवा उसके समर्थन तथा विरोध में कही गयी बातों को प्रस्तुत करना हमारा उद्देश्य नहीं है। हमने यहाँ इस प्रश्न को इसलिए उठाया है कि क्षण की चर्चा के संदर्भ में भी अज्ञेय ने अनुभूति को ही प्राथमिक मानते हुए अपनी बात स्पष्ट की है। क्षण की यह चर्चा अनुभूति संबंधी प्रयोगवादी मत को और भी अधिक स्पष्ट कर देती है। अज्ञेय कहते हैं : 'अनुभूति और परिस्थिति में जब विपर्यय, असंतुलन या विरोध होता है, तब कलाकार अनुभूति पर आग्रह करता है। यदि वह अतिरिक्त आग्रह है, तो इसीलिए कि वह संतुलन और सामंजस्य का आग्रह है ... जब–जब परिस्थिति और अनुभूति में ऐसा विपर्यय हुआ है, तब–तब ऐसा आग्रह पाया गया है। क्षण का आग्रह क्षणिकता का आग्रह नहीं है; अनुभूति की प्राथमिकता का आग्रह है और अनुभूति को अनुभावक से अलग नहीं किया जा सकता। अनुभूति द्वितीय है; क्योंकि कोई दूसरे की अनुभूति नहीं भोग सकता। सहानुभूति में सह विशेषण में ही इसकी स्वीकृति है और कवि साधारणीकरण द्वारा जिस अनुभूति का प्रेषण करता है, वह काव्यानुभूति जीवन की अनुभूति से अलग होती है।[१०]

उपर्युक्त वक्तव्य में यद्यपि अज्ञेय ने काव्यानुभूति और जीवनानुभूति का प्रश्न भी उठाया है; किन्तु विषयांतर न हो, इसके लिए हम सम्प्रति इस प्रश्न पर विचार नहीं करेंगे। अज्ञेय के उपर्युक्त दो वक्तव्यों के आधार पर हमने स्पष्ट कर दिया है कि काव्य के अंतर्गत वे अनुभूति तत्त्व को सर्वोपरि वहाँ देते हैं; अर्थात् नये रागात्मक संबंधों से

उत्पन्न मानवीय अनुभूति को ही उन्होंने काव्य के प्रमुख तत्त्व के रूप में मान्यता दी है।

कतिपय अन्य स्थलों पर भी अज्ञेय ने इस तथ्य पर बल दिया है कि रचना के अंतर्गत लेखक को अपना अनुभूत ही लिखना चाहिए।[११] यह भी कि कवि का कथ्य उसकी आत्मा का सत्य होता है।[१२] स्पष्ट है कि आत्मा का यह सत्य आत्मानुभूत सत्य ही है; अतएव वह अनुभूति का ही पर्याय है। अज्ञेय की यह मान्यता है कि काव्यानुभव आनंदप्रद ही होता है। वे कहते हैं कि साहित्य के सुंदर से जो अनुभूति होती है, वह आनंदपूर्ण है, इस अर्थ में कि वह गोचर अनुभव के सुख से अधिक गौरव पूर्ण है।[१३] अज्ञेय की ये मान्यताएँ परम्परागत मान्यताओं से बहुत कुछ भिन्न नहीं है। उनमें जो नयापन है, वह इस कारण है कि अज्ञेय ने उनके अंतर्गत पश्चिम के कतिपय आधुनिकतावादी काव्य-चिंतकों के मत को जोड़ दिया है। काव्य संबंधी अपनी मान्यताओं में अज्ञेय टी. एस. इलियट के विचारों से तथा मनोविज्ञान की निष्पत्तियों से दूर तक प्रभावित हैं। इस संबंध में उनके निर्वैयक्तिकीकरण तथा अपर्याप्तता की अनुभूति वाली विचारधारा की चर्चा हम यथावसर करेंगे; यहाँ हम इस तथ्य को प्रस्तुत करना चाहते हैं कि जहाँ अज्ञेय ने काव्य-तत्त्वों की चर्चा करते हुए अनुभूति को प्राथमिक और अनिवार्य मानकर परम्परागत मान्यता का साथ दिया है, वहाँ अनुभूति के संबंध में की जाने वाली अपनी चर्चा में वे जब-तब कुछ नयापन भी लाये हैं। उदाहरण के लिए वे यह नहीं मानते कि काव्य में अनुभूति की अभिव्यक्ति की जाती है; वे कला के भावों को व्यक्तित्व से परे मानते हैं; वे उन्हें निर्वैयक्तिक कहते हैं। कविता, इलियट की भाँति ही, उनके लिए अनुभूति की अभिव्यक्ति नहीं, बल्कि अनुभूति से मुक्ति है; किन्तु इसके साथ-साथ वे यह भी कहते हैं कि कविता अनुभूति से मुक्ति अवश्य है; किन्तु कविता के लिए अनुभूति का पहले होना आवश्यक है।[१४] इस बात को आत्मनेपद कृति में भी एक प्रसंग में उन्होंने उठाया है। जेल-जीवन के अपने व्यक्तिगत अनुभवों और उन अनुभवों के अपने साहित्य में रूपायन के प्रश्न को लेकर वे लिखते हैं : 'ऐसे हल्के-फुल्के अनुभव और भी हैं। किन्तु गहरे भी अनेक हैं; कुछ तो इतने गहरे कि अभी तक उनसे वह अलगाव स्थापित नहीं कर सका हूँ, जो उन्हें साहित्य की वस्तु बना दे। अभी तक वे मेरे ही अनुभव अधिक हैं, जिनसे तटस्थता पा सका हूँ; उनमें से कुछ 'शेखर' में आ गये हैं, कुछ....।'[१५] इसी क्रम में रचना के अंतर्गत स्थान पाने वाली अनुभूति के स्वरूप पर विचार करते हुए उन्होंने लिखा है कि 'साहित्य-रचना में चयन भी है, संपुजन भी है, सघनीकरण भी; क्योंकि सागर के विस्तार को एक आलोकवेष्टित बूँद के विपरीत आलोक के छोटे-से दायरे में दिखा देना ही रचनाकार का काम है। लेखक का वह गुण है, जिसे दृष्टि कहा जा सके। शेखर की भूमिका में और अन्यत्र मैंने कहा है कि दुख वह दृष्टि देता है; पर ऐसा हो, तो दुख किसी भी तीव्र

अनुभूति का नाम है – ऐसी अनुभूति जो संवेदना को, चेतना को घनीभूत आलोक रूप दे देती है .... रचनाकार की प्रतिमा ढाके की मलमल का पचास हाथ का थान बुनने में नहीं है, उसे अँगूठी में से गुजार देने में ही है, यद्यपि शिल्पी होने के नाते वही मलमल भी बुनता है और अंगूठी तो उसकी है ही।'[१६]

अपने उपर्युक्त वक्तव्य में अज्ञेय ने यह स्पष्ट कह दिया है कि काव्य अनुभूति की अभिव्यक्ति न होकर अनुभूति से मुक्ति है। जब तक अनुभव लेखक के निजी अनुभव रहते हैं, तब तक वे साहित्य की वस्तु नहीं बनते; जब वे इतने गहरे हो जाते हैं कि लेखक के लिए उन्हें सँभाल पाना कठिन हो जाता है, तब वे साहित्य का अंग बनने के योग्य हो जाते हैं और लेखक उन अनुभवों को साहित्य में व्यक्त कर उनसे मुक्ति पा जाता है। 'तारसप्तक' तथा 'दूसरा सप्तक' के अपने वक्तव्यों में भी अज्ञेय ने कविता की सबसे बड़ी समस्या यह बतायी है कि अपने अनुभवों को अर्थात् व्यक्ति-सत्य को व्यापक सत्य बनाकर लेखक किस प्रकार उन्हें प्रेषणीय भी बना सके, जो अनुभव व्यक्ति का सत्य हैं, जब वे व्यापक सत्य बन जाते हैं, तो वस्तुतः वे व्यक्ति के अनुभव नहीं रहते।

आत्मनेपद के अपने उपर्युक्त वक्तव्य में अज्ञेय ने जो दूसरी महत्त्वपूर्ण बात कही है, वह यह कि हर प्रकार के अनुभव या हर प्रकार की अनुभूतियाँ साहित्य या काव्य का तत्त्व नहीं मानी जा सकतीं। उन्होंने साहित्य-रचना में सम्पुंजन और सघनीकरण के साथ-साथ चयन की भी अनिवार्यता पर बल दिया है, अर्थात् साहित्य-रचना में केवल वही अनुभूतियाँ स्थान पाती हैं, जो अंततः दृष्टि बन सकें; और इसीलिए साहित्यकार अनुभवों की अपनी विशाल राशि में से चयन करता है। अनुभूति संबंधी अज्ञेय के ये विचार बहुत महत्त्वपूर्ण हैं और इनसे प्रयोगवादी रचना तथा प्रयोगवादी चिंतन के संबंध में फैले और फैलाये जाने वाले अनेक भ्रमों का निराकरण होता है।

समग्रतः अनुभूति के संबंध में अब तक की चर्चा से जो निष्कर्ष निकलते हैं; उन्हें हम इस क्रम में रख सकते हैं :

१. प्रयोगवादी काव्य-समीक्षा में अनुभूति को काव्य के प्राथमिक तथा अनिवार्य तत्त्व के रूप में मान्यता दी गयी है।
२. प्रयोगवादी काव्य-समीक्षा में काव्यगत अनुभूति को व्यक्तिगत अनुभूति से भिन्न माना गया है।
३. प्रयोगवादी काव्य-समीक्षा के अंतर्गत कविता को अनुभूति की अभिव्यक्ति नहीं, अनुभूति से मुक्ति माना गया है।
४. प्रयोगवादी काव्य-समीक्षा में इस बात पर बल दिया गया है कि दैनंदिन जीवन की हर अनुभूति काव्य में स्थान नहीं पाती, लेखक अनुभूतियों की विशाल राशि में से चयन

करते हुए ऐसी ही अनुभूतियों को कविता में स्थान देता है, जो ऐसी दृष्टि बन सके, जिसमें संवेदना को, चेतना को घनीभूत आलोक रूप देने की क्षमता हो.

५. प्रयोगवादी समीक्षा में अनुभूति के खरेपन तथा अनुभूति की दिव्यता को महत्त्व दिया गया है।

अनुभूति संबंधी प्रयोगवादी काव्य-समीक्षा की यही मुख्य मान्यता है। किन्तु प्रारंभ में हमने इस तथ्य की ओर भी संकेत किया था कि प्रयोगवादी काव्य-समीक्षा में अनुभूति के साथ-साथ बौद्धिकता को भी महत्त्व दिया गया है। इस बौद्धिकता के कारण निश्चित रूप से आधुनिक वैज्ञानिक तथा यांत्रिक युग के संदर्भ हैं। बौद्धिकता के पक्ष को प्रस्तुत करते हुए अज्ञेय ने स्पष्ट रूप से यह कहा है कि 'साहित्य का सौंदर्य बुद्धि-तत्त्व पर आधारित है और उसका आस्वादन भी बुद्धि-व्यापार है; यानी साहित्य की रचना तथा आस्वादन दोनों ही क्रियाओं में बुद्धि सक्रिय रहती है। इसके अभाव में रचना और आस्वादन दोनों ही संभव नहीं हैं; साहित्य का प्रतिमान बुद्धि द्वारा उपलब्ध है।' किन्तु जैसा कि हमने अभी कहा बुद्धि-तत्त्व की यह स्थिति साहित्य या काव्य के अंतर्गत आधुनिक युग-संदर्भों में अनिवार्य हो गयी है और इससे साहित्य या काव्य को पृथक् नहीं किया जा सकता। किन्तु बुद्धि की यह चर्चा इतनी महत्त्वपूर्ण कभी नहीं हुई है कि वह अनुभूति संबंधी चर्चा को ढँक ले। अतएव हमें यही मानना चाहिए कि सृजन तथा आस्वादन दोनों व्यापारों में बुद्धि-तत्त्व की आवश्यकता का प्रतिपादन करते हुए भी अंततः काव्य-तत्त्व के रूप में प्रयोगवादी समीक्षा में अनुभूति को ही प्राथमिक तथा अनिवार्य माना गया है। अनुभूति के उपरांत ही बुद्धि और कल्पना जैसी बातें आती हैं; किन्तु ये अनुभूति तत्त्व पर प्रधान नहीं बन सकी हैं।

काव्य के विषय

सामान्यतः विचार किया जाय, तो इस बाह्य-जगत की कोई भी वस्तु जो संवेदना के धरातल पर कवि या लेखक को प्रभावित करने में समर्थ है, काव्य-विषय के रूप में ग्रहण किये जाने का आधार रखती है। वैसे भी साहित्य में वर्ण्य-विषय का चुनाव करते समय लेखक का यही दृष्टिकोण रहता है। लेखक या कवि अपने दैनंदिन जीवन में बाह्य-जगत की नाना वस्तुओं, घटनाओं एवं स्थितियों के सम्पर्क में आता है; किन्तु ये सभी वस्तुएँ, घटनाएँ या स्थितियाँ वर्ण्य-विषय के रूप में ग्रहीत होती हैं, जो संवेदना के स्तर पर रचनाकार या लेखक को प्रभावित करती हैं। इनमें नर क्षेत्र के भीतर की स्थितियाँ, घटनाएँ और वस्तुएँ भी होती हैं तथा नर क्षेत्र के बाहर की अर्थात् प्रकृति की भी। कवि या लेखक अपनी संवेदन क्षमता, रुचि तथा प्रवृत्ति के अनुसार सजग रूप से चुनाव करते हुए अपनी रचना के वर्ण्य-विषय चुनता रहता है। यही कारण है कि जहाँ

तक काव्य-विषय का प्रश्न है, उसे लेकर कहीं भी विशेष मतभेद नहीं दिखाई पड़ता। परम्परा से लेकर अब तक इस संबंध में प्रायः यही कहा गया है कि यह बाह्य-जगत एक पुस्तक के समान कवि या लेखक के सामने खुला हुआ है; और कवि या लेखक को अधिकार है कि वह उसके भीतर पैठकर किसी भी विषय-वस्तु, घटना या स्थिति को अपनी रचना में स्थापन दे। यह तो मानवीय जगत की बात हुई। कवियों को इस बात के लिए भी कभी प्रतिबंधित नहीं किया गया कि वे वर्ण्य-विषय के चुनाव में लौकिक जगत तक ही सीमित रहें। अलौकिक अथवा लोकोत्तर भूमिकाओं से काव्य-विषय चुनने को लेकर कवियों तथा लेखकों की आलोचनाएँ अवश्य हुई हैं और आग्रह किया गया है कि लोकबद्ध प्राणी होने के नाते रचना का भी लोकजीवन से ही संबंध होना चाहिए; किन्तु ऐसा साहित्य विपुल मात्रा में रचा गया है, जिसमें लोकोत्तर भूमिकाओं का भी चित्रण हुआ है। कहने का तात्पर्य यह है कि काव्य-विषय को लेकर कवियों और लेखकों को प्रायः स्वतंत्रता ही रही है। काव्य-विषयों का जो बाहुल्य साहित्य या काव्य में दिखाई पड़ता है, उसका प्रधान कारण विषयों का चुनाव करने की यही स्वतंत्रता है। विभिन्न साहित्य धाराओं में काव्य-विषयों को लेकर जो संकोच या विस्तार दिखाई पड़ता है, उसका कारण उन धाराओं से सम्बद्ध कवियों या लेखकों की अपनी रुचियाँ या प्रवृत्तियाँ ही हैं। बहिर्मुख प्रवृत्ति के रचनाकारों ने जहाँ खुली आँखों से और खुले मन से समूचे बाह्य-जगत को देखकर उसके मार्मिक पक्षों को अपनी रचनाओं में उतारा है, तो अंतर्मुख प्रवृत्ति वाले रचनाकारों ने वस्तु-जगत के विस्तार में न जाकर उसके कतिपय विशिष्ट पक्षों अथवा समाज की तुलना में व्यक्ति मन की गहराइयों में उत्तरने तक ही अपने को सीमित रखा है। बहिर्मुख तथा अंतर्मुख साहित्यधाराओं में काव्य-विषयों के विस्तार तथा संकोच का यही मुख्य कारण रहा है।

जहाँ तक प्रयोगवादी समीक्षा का प्रश्न है, काव्य के वर्ण्य-विषय को लेकर उसके अंतर्गत बहुत विस्तृत निर्देश हमें नहीं मिलते। प्रयोगवादी समीक्षा के पुरस्कर्ता अज्ञेय ने इस विषय पर अपने जो विचार व्यक्त किये हैं, वे संक्षिप्त हैं। अज्ञेय इतना अवश्य मानते हैं कि 'कला की सामग्री को सीमित करना अनधिकार चेष्टा है तथा परिस्थितियों को ध्यान में रखकर हम जैसी प्रेरणा चाहते हैं, वह यदि साहित्यकार में स्वभावतया नहीं है, तो हम बलात् उसे पैदा नहीं कर सकते।[१७]

सिद्धांत रूप में अज्ञेय का उक्त कथन बहुत सही है। यह सच है कि साहित्य की समीक्षा को सीमित नहीं किया जाना चाहिए और यह भी कि किसी साहित्यकार में किसी वस्तु, घटना अथवा स्थिति के प्रति स्वभावतः यदि प्रेरणा उत्पन्न नहीं होती, तो उसे बलात् पैदा करने की कोशिश नहीं की जानी चाहिए। किंतु अज्ञेय के ये विचार काव्य-विषय को लेकर व्यक्त किये गये उनके सहज विचार न होकर एक विशेष प्रकार

की प्रतिक्रिया को सूचित करते हैं। ये विचार उन्होंने प्रगतिवादी साहित्यकारों के इस विचार की प्रतिक्रिया में व्यक्त किए हैं कि साहित्य में सामान्य जन का, सामान्य जन की आशाओं, आकांक्षाओं का चित्रण होना चाहिए। दूसरे शब्दों में कहा जा सकता है कि अपने उक्त वक्तव्य में अज्ञेय ने प्रगतिवादियों के इस विचार का विरोध किया है कि साहित्य का विषय जनता है। अज्ञेय ने विस्तारपूर्वक प्रगतिवादियों के इस मत को काटा है और प्रतिक्रिया के आवेग में ऐसी बातें कह गये हैं, जो उनकी मूल स्थापना के पीछे छिपी मनोवृत्ति को उद्घाटित कर देती है। स्पष्ट हो जाता है कि अज्ञेय रचनाकार को काव्य-विषयों के चुनाव की स्वतंत्रता देने के संबंध में उतने उत्सुक नहीं है, जितने इस बात के प्रति कि रचनाकार तथा लेखकों को प्रगतिवादी धारणा से विमुख किया जाय। वे लिखते हैं : 'संसार की अनुभूतियाँ और घटनाएँ साहित्यकार के लिए मिट्टी हैं, जिनसे वह प्रतिमा बनाता है, वह निरी सामग्री है, उपकरण है। वह कलाकार को बाँध नहीं सकती; कलाकार उसका मनमाना प्रयोग कर सकता है, मनचाहे अंशों को स्वीकार या अस्वीकार कर सकता है।'[१८] यहाँ तक तो अज्ञेय के कथन में किसी को कोई आपत्ति नहीं होनी चाहिए; किंतु इसके आगे उन्होंने जो कुछ कहा है, वह उनकी अपनी प्रतिक्रिया को उनकी पूरी मनोवृत्ति के साथ उद्घाटित कर देता है। वे लिखते हैं : 'कलाकार को अमीर या गरीब, सुखी और दुखी, पीड़ित और पीड़क दोनों के बारे में लिखने का समान अधिकार है, यदि वह अपनी कला को अक्षुण्ण रखता है; तो फिर यह भी ध्यान में रखना चाहिए की सुखी और दुखी की कोई आत्यंतिक श्रेणियाँ तो जीवन में हैं नहीं; दुख, अपूर्णता, पीड़ा ये तो सर्वव्यापी हैं। गरीबों ने इसका ठेका नहीं लिया है – इसे वे भी मानेंगे जो स्वयं गरीब हैं और सुख और संतोष भी वर्गभेद नहीं देखते। तब कैसे एक वर्ग का सुख-दुख दूसरे वर्ग के सुख-दुख से अधिक वर्णनीय मान लिया जाय; क्यों न हम दोनों वर्गों से ऊपर उठकर सम्पूर्ण मानवता के गान गाएँ ... अतः वे लोग जो चाहते हैं कि साहित्यकार का क्षेत्र सीमित कर दिया जाय वे भारी भूल करते हैं।'[१९]

स्पष्ट है कि यहाँ अज्ञेय जिस सामान्य मानवता की बात करते हैं, वह अंततः दलित और पीड़ित विराट मानवता से रहित केवल कुछ गिने-चुने मध्यवर्गीय लोगों तक ही सीमित है। कहना न होगा कि अज्ञेय के इन विचारों का ही प्रभाव है कि प्रयोगवादी काव्य-विषय के रूप में केवल मध्यवर्ग की कुंठाएँ एवं क्षयी प्रवृत्तियाँ ही काव्य-विषय के रूप में स्थान पा सकी हैं। यदि अज्ञेय प्रतिक्रिया से हटकर अपनी बातें कह सकते है, तो वे अधिक सारवान और सार्थक बन सकती थीं। उनकी बातों का जो निष्कर्ष है वह यही है कि प्रयोगवादी समीक्षा में काव्य-विषय को लेकर सिद्धांततः तो रचनाकार की स्वतंत्रता का नारा दिया गया है; किंतु व्यवहार में काव्य-विषय तथा काव्य-वस्तु दोनों को एक छोट-से मध्यवर्ग की क्षयी प्रवृत्तियों तक ही सीमित कर दिया गया है।

यों जहाँ अज्ञेय ने प्रतिक्रिया से हटकर सहज भाव से चिंतन किया है, वहाँ उन्होंने कुछ महत्त्वपूर्ण बातें भी कही हैं। उदाहरण के लिए काव्य-विषय और काव्य-वस्तु संबंधी उनके विचारों को लिया जा सकता है।

अज्ञेय काव्य-विषय और काव्य-वस्तु दोनों में भेद करते हैं और उनका यह अभिमत सही है। उनके अनुसार 'काव्य का विषय और काव्य की वस्तु' अलग-अलग चीजें हैं ... कवि कोई नया विषय लेकर भी वही पुरानी वस्तु भी दे सकता है और कोई पुराना विषय लेकर नई वस्तु भी दे सकता है। इसलिए काव्य कैसा है, यह विचार करने के लिए विषय कैसा है या क्या है, नया है या पुराना है अथवा नहीं है, इसकी परीक्षा उतनी आवश्यक नहीं है, जितनी कि उसकी वस्तु की परीक्षा। विषय भी छोटे-बड़े हो सकते हैं, कम या अधिक महत्त्व के हो सकते हैं और उसका भी कुछ विचार तो होगा ही; पर साहित्यिक मूल्यांकन प्रथमतः वस्तु से संबंध रखेगा।'[२०]

काव्य-विषय और काव्य-वस्तु के संबंध में अज्ञेय के ये विचार सार्थक विचार हैं और उनका यह कहना भी सार्थक है कि 'किसी भी कृति की वस्तु अनिवार्यतः मानवीय वस्तु होती है। काव्य पेड़ पर या पहाड़ पर भी हो सकता है, पर पेड़ या पहाड़ उसके विषय होंगे वस्तु नहीं, वस्तु जो भी होगी मानवीय ही होगी; क्योंकि वह विषय के साथ कवि के रागात्मक संबंध का प्रतिबिम्ब होगी - एक संवेदना या चेतना की अपने से इतर के साथ परस्पर प्रतिक्रिया से उद्भूत वस्तु। इसलिए वस्तु की परीक्षा करते समय कृतिकार के मानस की परीक्षा भी आवश्यक होती है।'[२१] कुल मिलाकर अज्ञेय के इन विचारों से किसी को भी असहमति न होनी चाहिए कि 'काव्य-विवेचन में विषय का बहुत कम महत्त्व है, वस्तु का ही है और वस्तु का महत्त्व भी इसलिए है कि वह वस्तु मानवीय है और उसके सहारे हम कृतिकार के मन में पहुँचते हैं; उसकी परख करते हैं कि कैसे वह वस्तु तक पहुँचा, कैसे उसे उसकी संवेदना ने ग्रहण किया और कैसे बहुजन संवेद्य किया प्रेषणीय बनाया।'[२२]

समग्रतः काव्य-विषय को लेकर प्रयोगवादी मान्यता बहुत स्पष्ट है। सिद्धांत रूप में प्रयोगवादियों ने काव्य-विषय के क्षेत्र को संकीर्ण बनाने का विरोध किया है, यह सही है। उन्होंने काव्य में उन्हीं विषयों को ग्रहण किये जाने पर बल दिया है, जिनके साथ रचनाकार का रागात्मक संबंध स्थापित हो सके। उनका यह मत भी स्वीकार्य है। काव्य-विषय और काव्यवस्तु के संबंध में उनके विवेचन को लेकर भी दो मत नहीं हो सकते। सचमुच काव्य में महत्त्व वस्तु का ही होता है। परीक्षित वस्तु ही होती है, विषय नहीं। विषय बेजान होता है, उसमें जान तभी आती है, जब उसका संबंध कवि के रागों से जुड़ता है और वह वस्तु के रूप में ढलता है।

काव्य के प्रेरक उपकरण

काव्य के प्रेरक उपकरणों को लेकर परम्परागत चिंतन के अंतर्गत जो भी चर्चाएँ सामने आई हैं, उनमें प्रतिभा, व्युत्पत्ति और अभ्यास इन कारणों को विशेष महत्त्व प्राप्त हुआ है। परम्परागत काव्य–चिंतन में इनकी चर्चा काव्य–हेतुओं के अंतर्गत हुई है। प्रयोगवादी समीक्षा में परम्परागत चिंतन की रूढ़ियों के प्रति गहरी प्रतिक्रिया का भाव है। परम्परा के विषय में अज्ञेय की मूल धारणा यही रही है कि परम्परा का कवि के लिए कोई अर्थ नहीं है, जब तक वह उसे ठोक–बजाकर, तोड़–मरोड़कर, देखकर आत्मसात् नहीं कर लेता।'[२३] त्रिशंकु में भी एक स्थान पर अज्ञेय का कथन है कि अतीत के कृतित्व का अंधानुकरण विद्या तक ही माना जायेगा। अज्ञेय की इन उक्तियों से यह अर्थ नहीं निकाला जा सकता कि उनके यहाँ परम्परा का अंध विरोध है। उन्होंने परम्परा के अंधानुकरण का विरोध किया है; किन्तु वे परम्परा को अच्छी तरह ठोक–बजाकर, तोड़–मरोड़कर, देखकर आत्मसात् करने के पक्ष में हैं। इसी बिंदु से हम इस तथ्य का प्रतिपादन कर सकते हैं कि काव्य–हेतुओं के संबंध में भी परंपरागत चिंतन को प्रयोगवादी समीक्षा में यथावत् स्वीकृति भले ही न मिली हो; किन्तु प्रतिभा, व्युत्पत्ति और अभ्यास तीनों को उसके अंतर्गत अपने ढंग से महत्त्व दिया गया है।

प्रयोगवादी समीक्षा में काव्य के प्रेरक उपादानों में सर्वाधिक महत्त्व व्युत्पत्ति को प्रदान किया गया; किन्तु व्युत्पत्ति को प्रधानता देते हुए भी प्रतिभा को न केवल नकारा नहीं गया, वरन् उसे मान्यता दी गयी है। 'त्रिशंकु' में एक स्थान पर अज्ञेय ने लिखा है कि कलाकार का मन एक भंडार है, जिसमें अनेक प्राकर की अनुभूतियाँ, शब्द, विचार चित्त में इकट्ठे होते रहते हैं; उस क्षण की प्रतीक्षा में, जबकि कवि–प्रतिभा के ताप से एक नया रसायन, एक चामत्कारिक योग नहीं उत्पन्न हो जायेगा। इस वक्तव्य में अज्ञेय ने कवि–प्रतिभा को पूरी स्वीकृति प्रदान की है। त्रिशंकु के ही अपने एक विशिष्ट निबंध 'कला का स्वभाव और उद्देश्य' में उन्होंने कला की मूल प्रेरणा सामाजिक अनुपयोगिता की अनुभूति के विरुद्ध अपने को प्रमाणित करने के प्रयत्न अर्थात् अपर्याप्तता के विरुद्ध विद्रोह में मानी है।[२४] यहाँ अज्ञेय मुख्य रूप से प्रसिद्ध मनोवैज्ञानिक एडलर से प्रभावित हैं, जिसने व्यक्ति के मन की हीन–भावना को अपनी इस भावना की क्षति–पूर्ति के संबंध में कला का कारण माना है। इस निबंध में अज्ञेय ने एक ऐसे समय की कल्पना की है; जबकि मनुष्य यूथों में रहता था। इस यूथ–समाज में मान लिया जाय कोई व्यक्ति ऐसा हो, जो दैवी कारणों से अपने अन्य साथियों के साथ कार्य करने में असमर्थ हो गया हो, कमजोर पड़ गया हो। अज्ञेय के अनुसार इस व्यक्ति के मन में असमर्थता के कारण यही पीड़ा होगी, पीड़ा की यह अनुभूति उसे प्रेरणा भी देती होगी; यदि इस प्रेरणा

को विनाशात्मक न मानकर रचनात्मक माना जाय, तो ऐसे व्यक्ति के अहं का विद्रोह अनिवार्य रूप से सिद्धि की सार्थकता के जस्टिफिकेशन की खोज करेगा; वह चाहेगा कि यदि वह समाज का साधारण धर्म निबाहने में असमर्थ है, तो वह विशेष धर्म की सृष्टि करे। अज्ञेय के अनुसार : 'हमारे कल्पित कमजोर प्राणी के, हमारे कल्पित समाज के जीवन में भाग लेना कठिन पाकर अपनी अनुपयोगिता की अनुभूति से आहत होकर अपने विद्रोह द्वारा आहत उस जीवन का क्षेत्र विकसित कर दिया है। उसे एक नई उपयोगिता सिखाई है – सौंदर्यबोध पहला कलाकार ऐसा ही प्राणी रहा होगा, पहली कला-चेष्टा ऐसा ही विद्रोह रही होगी; फिर चाहे वह रेखाओं द्वारा प्रकट हुआ हो, चाहे वाणी, चाहे ताल द्वारा, चाहे मिट्टी के लोंदों द्वारा।'[२५] आगे अज्ञेय ने अपनी इस मान्यता का सामान्यीकरण करते हुए कहा है कि अपर्याप्तता को आधुनिक अर्थ में इसी प्रकार समझना चाहिए। यदि कोई व्यक्ति धन की या पद की या किसी दूसरी सत्ता के कारण अपने को अहं के सामने प्रमाणित कर लेता है, तो अपर्याप्तता की भावना उसमें नहीं होगी, न उसके प्रति विद्रोह करने की ललकार उसे मिलेगी। अंततः कंदरावासी कलाकार और आधुनिक कलाकार में कोई विशेष भेद नहीं रहता। दोनों में ही एक अपर्याप्तता की चीत्कार करती है।'[२६] कुल मिलाकर अज्ञेय इस बात का दृढ़तापूर्वक प्रतिपादन करते हैं कि प्रत्येक कला-चेष्टा की जड़ में एक अपर्याप्तता की भावना काम कर रही होती है। अज्ञेय की इस मान्यता का काव्य या कला का स्वरूप-विवेचन करते हुए हम आगे भी विश्लेषण करेंगे। यहाँ उसका उल्लेख करने में हमारा आशय यही है कि हम यह स्पष्ट कर सकें कि काव्य या कला की प्रेरणाओं के अंतर्गत अज्ञेय प्रतिभा को एक महत्त्वपूर्ण स्थान देते हैं; क्योंकि प्रतिभा के अभाव में उनके द्वारा कल्पित कमजोर प्राणी अपर्याप्तता की अनुभूति तथा अपने विद्रोह को कला का रूप नहीं दे पाता। अज्ञेय की इस कल्पना में यद्यपि प्रतिभा को अपर्याप्तता की अनुभूति के साथ जोड़ा गया है, जिसे एक सर्वमान्य तथ्य नहीं माना जाता सकता। किंतु, प्रतिभा को तो स्वीकृति उनके उक्त कथन में मिली है।

जहाँ तक व्युत्पत्ति का प्रश्न है, तो उसकी विस्तृत चर्चा अज्ञेय ने की है। पिछले पृष्ठों में हम इस तथ्य पर प्रकाश डाल चुके हैं कि अज्ञेय काव्य या कला की सामग्री को सीमाबद्ध करने के पक्ष में नहीं हैं। वे समूचे बाह्य-जगत से प्रेरणाएँ लेने की बातें करते हैं; ऐसे सभी विषयों को काव्य का विषय मानते हैं, जिनके साथ कवि का रागात्मक संबंध स्थापित हो सके। व्युत्पत्ति के संदर्भ में चर्चा करते हुए ही अज्ञेय ने अपने से पूर्ववर्ती कृतित्व के अध्ययन की आवश्यकता भी प्रतिपादित की है। त्रिशंकु के 'रूढ़ि और मौलिकता' नामक निबंध में उन्होंने लिखा है कि 'रूढ़ि की साधना साहित्यकार के लिए वांछनीय ही नहीं, साहित्यिक प्रौढ़ता प्राप्त करने के लिए अविवार्य भी है।'[२७]

एक अन्य प्रसंग में उनका कथन है कि साहित्य पढ़ता हूँ, तो उससे प्रेरणा भी मिलती ही है। जब हम किसी कलाकार की प्रतिभा के सामने झुकते हैं, उसमें से स्वयं भी कला के प्रति निष्ठावान होने के कर्तव्य से प्रेरणा पाते हैं।[२८] किंतु, अज्ञेय अध्ययन की अपेक्षा लोकदर्शन के उपरांत पाए गए स्वयं के अनुभवों पर अधिक बल देते हैं। प्रसंगवश अज्ञेय ने अभ्यास के महत्त्व को भी स्वीकार किया है। 'शरणार्थी' कहानी-संग्रह की भूमिका में उन्होंने लिखा है कि 'लेखन-शिल्प का उसके लायक अभ्यास और अध्ययन मैंने किया है; किन्तु साहित्य-शिल्प में आस्था रखते हुए भी यांत्रिक सफलता का उपासक मैं नहीं हुआ, न कभी होना चाहूँगा।'[२९] अज्ञेय के इस कथन में यांत्रिकता का विरोध अवश्य है; किन्तु उचित अभ्यास का विरोध नहीं है। समग्रतः कहा जा सकता है कि व्युत्पत्ति अर्थात् लोक-दर्शन और जगत-दर्शन, समाज-दर्शन से प्राप्त स्वयं के अनुभवों पर सर्वाधिक बल देते हुए और उन्हें काव्य या कला-रचना की सर्वाधिक सशक्त प्रेरणा मानते हुए प्रयोगवादी समीक्षा के अंतर्गत कवि-प्रतिभा को भी महत्त्वपूर्ण स्थान प्राप्त हुआ है। अभ्यास के महत्त्व को भी उसमें अस्वीकार नहीं किया गया; यद्यपि यांत्रिकता के प्रति विरोध भाव अवश्य है।

काव्य का प्रयोजन

काव्य के प्रयोजन को लेकर प्रयोगवादी मान्यता बहुत स्पष्ट नहीं है। प्रयोगवादी काव्य-चिंतन के पुरस्कर्ता अज्ञेय ने इस संबंध में अनेक स्थलों पर अनेक प्रकार की बातें कही हैं, जिनमें कहीं तो स्पष्ट संगति है और कहीं उतना ही स्पष्ट विरोधाभास। यह तथ्य बहुत स्पष्ट है कि प्रयोगवादी काव्य मूलतः व्यक्तिनिष्ठ काव्य है और प्रयोगवादी रचनाकार मूलतः एक अंतर्मुख रचनाकार है। यह व्यक्तिनिष्ठता और अंतर्मुखता प्रयोगवादी काव्य के विषय में प्रायः इस प्रकार की धारणा बनाने में सहायक हुई है कि प्रयोगवादी रचनाकार जिस जीवन-दर्शन से अनुप्राणित है, उसमें लोक या समाज को उतना महत्त्व प्राप्त नहीं है, जितना उसे प्राप्त होना चाहिए। वह समाज की तुलना में व्यक्ति पर केन्द्रित है। इन बातों के संदर्भ में यदि कहा जाय कि प्रयोगवादी मत काव्य के प्रयोजन जैसे प्रश्न को लेकर बहुत स्पष्ट नहीं है, तो अत्युक्ति न होगी; कम से कम यह तो कहा ही नहीं जा सकता है कि प्रयोगवादी समीक्षक काव्य का लक्ष्य लोक अथवा समाज का संस्कार मानता है। किन्तु जैसा कि हमने अभी कहा है, इस विषय में प्रयोगवाद के पुरस्कर्ता अज्ञेय की धारणाएँ बहुत अस्पष्ट हैं। वे लेखक का दायित्व समाज के प्रति भी मानते हैं और अपने प्रति भी। उनके विचारों की पूरी पड़ताल करके ही काव्य के प्रयोजन से संबंध रखने वाले प्रश्न पर उनकी वास्तविक मान्यता को जाना जा सकता है।

'आत्मनेपद' में एक स्थल पर अज्ञेय ने स्पष्ट रूप से लिखा है कि 'मैं व्यक्ति को

अपने प्रति भी उत्तरदायी मानता हूँ समाज प्रति भी। यह कोई नई बात नहीं, पर मैं अपने प्रति उत्तरदायित्व को प्राथमिक मानता हूँ और समाज के प्रति दायित्व को उसी से उपपन्न। यहाँ से मतभेद का क्षेत्र आरंभ हो जाता है और आगे मैं लेखक का, बहैसियत लेखक का एक अतिरिक्त उत्तरदायित्व भी मानता हूँ और एक अतिरिक्त सामाजिक उत्तरदायित्व भी – वह भी गौण अथवा उपपन्न। इसी लिए कलाकार की एकांत साधना को अत्यधिक महत्त्व देता हुआ भी मैं समझता रहा हूँ कि समय-समय पर उसे महत्त्वपूर्ण सामाजिक समस्याओं पर अपना अभिमत प्रकट करना चाहिए।'[३०]

स्पष्ट ही इस कथन में अज्ञेय ने मुख्यतः लेखक के अपने प्रति प्राथमिक दायित्व की चर्चा की है, समाज के प्रति उसका दायित्व बाद में आता है। इसी बात को उन्होंने एक अन्य स्थल पर भी कहा है। उनके अनुसार 'ऐसे लेखक क्रमशः कम होते जा रहे हैं, जो यह कहें कि साहित्यकार का उत्तरदायित्व सबसे पहले अपने प्रति है, दूसरों के प्रति बाद में है या परिणामतः है। आज की परिस्थिति में ऐसा कहना सफलता का नुस्खा नहीं है। इसलिए इस बात को कहने की आवश्यकता बहुत कम लोग मानते हैं – वे भी नहीं जो मन ही मन इसे सही मानते होगें।'[३१]

अज्ञेय के चिंतन का यह एक पक्ष है, जहाँ उन्होंने बड़ी स्पष्टता के साथ इस तथ्य का प्रतिपादन किया है कि लेखक का प्राथमिक दायित्व यह है कि वह अपने प्रति ईमानदार रहे; किन्तु एक दूसरे स्थल पर अपने उक्त कथन से कुछ अलग हटते-से प्रतीत होते हैं। काव्य की रचना स्वान्तःसुखाय होती है अथवा लोक के सुख के लिए, इस प्रश्न का उत्तर देते हुए वे कहते हैं कि 'मैं स्वान्तःसुखाय नहीं लिखता। कोई भी कवि केवल स्वान्तःसुखाय लिखता है अथवा लिख सकता है यह स्वीकार करने में मैंने सदा अपने को असमर्थ पाया है।'[३२] स्पष्ट ही अपने इस वक्तव्य में अज्ञेय ने काव्य में रचयिता के अलावा किसी श्रोता अथवा पाठक की अनिवार्यता पर बल दिया है। कुछ लोगों का विचार है कि पाठक या श्रोता की जो बात अज्ञेय ने यहाँ की है, वह मात्र दिखावा है और कुछ नहीं है; किन्तु पूर्वग्रह छोड़कर यदि विचार करें, तो स्पष्ट होगा कि अज्ञेय भी इस तथ्य को मानते हैं कि रचनाकार का अपने जीवन से बाहर भी एक संसार होता है, जो उसके अपने संसार से विस्तृत है। रचनाकार चाहकर भी इस बाहरी संसार से अपने को अलग नहीं कर सकता; उसे अपने से इतर इस संसार के लोगों के सामने जाना ही पड़ता है और रचनाकार बाहर की दुनिया के लोगों के सामने तभी सही ढंग से जा सकता है, जब उसकी रचना में उसकी आस्था, उसकी निष्ठा, उसकी संवेदना, उसकी सच्चाई व्यक्त हुई हो। वे एक स्थल पर कहते हैं : ''नदी के द्वीप' मैंने किसके लिए लिखा है? अगर कहूँ कि सबसे पहले अपने लिए, तो यह समझा जाय कि यह पाठक की अवज्ञा करना है। कदापि नहीं। बल्कि मैं मानता हूँ कि जो अपने लिए नहीं

लिखा गया, वह दूसरे के सामने उपस्थित करने लायक ही नहीं है। यहाँ 'अपने लिए' की शायद कुछ व्याख्या अपेक्षित है। 'अपने लिए' अर्थात् अपने को यह बात सप्रमाण दिखाने के लिए कि मेरी आस्था, मेरी निष्ठा मेरे संवेदन जाल की सम्पूर्णता और सच्चाई मेरी इन्ट्रीगिटी उसमें अभिव्यक्त हुई है। जब तक अपने सामने इसका जवाब स्पष्ट न हो, तब तक दूसरे के सामने किसी लेखक को जाना नहीं चाहिए।'[३३]

इसी क्रम में आगे अज्ञेय पुनः कहते हैं कि 'नदी के द्वीप सबसे पहले तो मैंने 'अपने लिए' लिखा; फिर अपने बाद संवेदनशील विचारवान प्रौढ़ अनुभूति के पाठक के लिए। स्पष्ट है कि ऐसा कहना यह कहना नहीं कि जनता जनार्दन के लिए। साहित्य पाठक में कुछ तैयारी, अनुकूलता और परिपक्वता माँगता ही है। पुराने आचार्य तो इसे मानते ही आये, आजकल भी यह मत नितांत अमान्य तो नहीं है। जन की दुहाई देने वाले भी प्रत्यक्ष नहीं, तो परोक्ष रूप से मानते हैं कि पाठक की संवेदनाओं की व्यापकता और परिपक्वता का कुछ महत्त्व होता है।'[३४]

अपने उक्त वक्तव्य में अज्ञेय ने स्पष्ट रूप से इस मान्यता का खंडन किया है कि साहित्य की चरितार्थता व्यापक जन समाज तक उसके सम्प्रेष्य होने में है। वे स्वान्तःसुखाय साहित्य नहीं मानते यह बात तो ठीक है; किन्तु साहित्य जन-जन तक सम्प्रेष्य हो, वे ऐसा भी नहीं मानते, कम से कम उस साहित्य के लिए तो नहीं जिसकी रचना वे करते हैं अथवा जिसकी रचना की हिमायत वे करते हैं। इस प्रकार देखा जाय, तो जहाँ तक काव्य के प्रयोजन जैसे प्रश्न को लेकर प्रयोगवादी मत की बात है, तो उसका उत्तर यही है कि प्रयोगवादी मत काव्य का प्रयोजन कवि से इतर समाज के लिए मानता तो है; किन्तु उसका समाज व्यापक जन समाज न होकर कुछ ऐसे गिने-चुने प्रबुद्ध संवेदनशील पाठकों का समाज है, जो प्रयोगवादी रचनाकारों द्वारा सम्प्रेषित वस्तु को समझने और ग्रहण करने की पात्रता रखता है। परम्परागत मान्यता से जिसके अंतर्गत साहित्य का प्रयोजन जन-जन तक उसकी सम्प्रेषणीयता में तथा उसे रसमग्न करने में माना गया है। अज्ञेय की यह मान्यता बहुत मेल नहीं खाती, क्योंकि यहाँ साहित्य की सम्प्रेषणीयता पर प्रश्न-चिह्न लगाया गया है; उसे सीमित किया गया है।

'तारसप्तक' में अज्ञेय ने इस प्रश्न को विस्तार से उठाया है। वहाँ उन्होंने अपनी तथा अपने समानधर्मा रचनाकारों की विशिष्ट प्रयोगों वाली रचना के संदर्भ में भी यह स्वीकार किया है कि उनके सामने यदि कोई सबसे बड़ी और सबसे मौलिक समस्या है तो वह सम्प्रेषणीयता की समस्या है। उन्होंने कहा है कि प्रयोगधर्मी कवि व्यक्ति-सत्य को व्यापक सत्य बनाकर प्रस्तुत करना चाहता है; किन्तु देखता है कि साधारणीकरण की पुरानी प्रणालियाँ बहुत सार्थक नहीं रह गयी हैं। अतएव 'जो व्यक्ति का अनुभूत है, उसे समष्टि तक कैसे उसकी सम्पूर्णता में पहुँचा जाय। यही पहली समस्या है जो

प्रयोगशीलता को ललकारती है। इसके बाद इतर समस्याएँ हैं कि वह अनुभूत ही कितना बड़ा या छोटा, घटिया या बढ़िया, सामाजिक या असामाजिक अथवा अद्य या अंतः या बहिर्मुखी है इत्यादि।'[३५] उन्होंने यह भी कहा है कि वस्तुतः प्रयोगधर्मी रचनाकारों के प्रयोग इसलिए हैं भी । वे यह भी स्वीकार करते हैं कि प्रयोगधर्मी रचनाकार की जिन उलझी हुई अनुभूतियों को वे अक्षुण्ण रूप में पाठक तक पहुँचाना चाहते हैं, सामान्य पाठक उन्हें उस रूप में समझने और ग्रहण करने के योग्य नहीं है; इसी लिए प्रयोगवादी रचनाकार का पक्ष लेते हुए वे कहते हैं कि 'उसे अभी कुछ कहना है, जिसे वह महत्त्वपूर्ण मानता है; इसलिए वह उसे उनके लिए कहता है, जो उसे समझें, जिन्हें वह समझा सके। साधारणीकरण को उसने छोड़ नहीं दिया है; पर वह जितनों तक पहुँच सके, उन तक पहुँचता रहकर और आगे जाना चाहता है, उनको छोड़कर नहीं।'[३६]

अतएव, यह स्पष्ट हो जाता है कि जहाँ तक काव्य के प्रयोजन का प्रश्न है, प्रयोगवादी मत परंपरागत मत के विपरीत एक सीमित पाठक वर्ग के लिए ही काव्य का प्रयोजन मानता है। विरोधियों की बातों का उत्तर देने के लिए अर्थात् तर्क के लिए तर्क करते हुए अज्ञेय भले ही सामान्य मानवता के गीत गाने की बात करें, जैसा कि उन्होंने प्रगतिवादियों को उत्तर देते हुए एक स्थल पर कहा है : 'दुख, अपूर्णता, पीड़ा यों तो सर्वव्यापी हैं। गरीबों ने इनका ठेका नहीं लिया है। इसे वे भी मानेंगे, जो स्वयं गरीब हैं और सुख और संतोष भी वर्ग-भेद नहीं देखते। तब कैसे एक वर्ग का सुख-दुख दूसरे वर्ग के सुख-दुख से अधिक वर्णनीय मान लिया जाय? क्यों न हम दोनों वर्गों के ऊपर उठकर संपूर्ण मानवता के गाने गाएँ।'[३७] उनकी 'सामान्य मानवता' भी और कुछ नहीं केवल एक दिखावा है। उनका लक्ष्य, काव्य-रचना का उनका लक्ष्य, मात्र कुछ गिने-चुने पाठकों के लिए ही है और आनंद, सामाजिक दायित्व लोकदायित्व आदि की जो भी चर्चाएँ उन्होंने की हैं, वे सब इस गिने-चुने खास पाठक वर्ग तक ही सीमित हैं। उसका अतिक्रमण वे नहीं कर पातीं।

वैसे अनेक अवसरों पर काव्य के प्रयोजन जैसे प्रश्न पर अज्ञेय ने कुछ अच्छी बातें भी कहीं हैं, जिनसे कवि का पक्ष सुचारु रूप से स्पष्ट होता है। मैं क्यों लिखता हूँ, इस प्रश्न का उत्तर देते हुए वे कहते हैं कि 'मैं इसी लिए लिखता हूँ कि स्वयं जानना चाहता हूँ कि क्यों लिखता हूँ - लिखे बिना इस प्रश्न का उत्तर नहीं मिल सकता है ... लिखकर ही लेखक उस आभ्यंतर विवशता को पहचानता है, जिसके कारण उसने लिखा और लिखकर ही वह उससे मुक्त हो जाता है। मैं भी उस आंतरिक विवशता से मुक्ति पाने के लिए, तटस्थ होकर उसे देखने और पहचानने के लिए लिखता हूँ। मेरा विश्वास है कि सभी कृतिकार - क्योंकि सभी लेखक कृतिकार नहीं होते, न उनका सब

लेखन कृति होता है – सभी कृतिकार इसलिए लिखते हैं।'[३८]

अज्ञेय बाहरी दबाब के महत्त्व को भी स्वीकार करते हैं और मानते हैं कि आभ्यंतर विवशता के अलावा बाहरी दबाब भी लेखक से लिखवाता है; किन्तु इस संबंध में उनका कहना है कि 'एक तो कृतिकार हमेशा अपने सम्मुख ईमानदारी से यह भेद बनाये रहता है कि कौन-सी कृति भीतरी प्रेरणा का फल है, कौन-सा लेखन बाहरी दबाव का। दूसरे यह भी होता है कि बाहर का दबाव वास्तव में दबाव ही रहता है, वह मानो भीतरी उन्मेष का निमित्त बन जाता है।'[३९] यहाँ अज्ञेय इस तथ्य का प्रतिपादन करते हैं कि जब बाहरी दबाब भीतरी उन्मेष का निमित्त बन जाय, तभी श्रेष्ठ कृति का सृजन होता है। कृतिकार की रचना को समाज अच्छा कहे या बुरा कहे, अज्ञेय के लिए यह महत्त्वपूर्ण नहीं है। उनका कहना है कि 'वह कविता अच्छी है या बुरी, इससे मुझे मतलब नहीं। मेरे निकट यह सच है; क्योंकि वह अनुभूति प्रसूत है, यही मेरे निकट महत्त्व की बात है। मैं कहूँ कि कृतिकार या कवि जब सत्य से ऐसा भीतरी साक्षात् करता है, तब मानो वह एक बली पुरुष की तरह देवताओं का मनोनीत हो जाता है और काव्य कृति ही उसका आत्म-बलिदान है, जिसके द्वारा वह देवताओं से उऋण हो जाता है। यही देवता से उऋण होने की छटपटाहट वह विवशता है, जो लिखाती है – फिर वह ऋण परिशोध तत्काल हो जाय या वर्षों बाद – यह दूसरी बात है।'[४०]

काव्य-संबंधी प्रयोगवादी मत का विवेचन करते हुए हम कह चुके हैं कि प्रयोगवादी समीक्षा में चमत्कार को काव्य की आत्मा कहा गया है; यद्यपि चमत्कार संबंधी अज्ञेय की धारणा व्यापक और विस्तृत है। इस बिंदु पर यह भी कहा जा सकता है कि प्रयोगवादी मत चमन्कार को ही काव्य का मुख्य प्रयोजन मानता है। यदि यह सही है, तो भी अज्ञेय के दूसरे मन्तव्यों से इस बात का विरोध नहीं है; क्योंकि चमत्कार को कोरे चमत्कार के रूप में ग्रहण न करके उन्हें उसे राग तत्त्व के साथ जोड़कर ही प्रस्तुत किया है। अज्ञेय मानते हैं कि 'काव्य एक स्वस्थ मनुष्य की आनंद साधना है और यह आनंद अनुभूति की आत्मगत गहनता के उस स्तर का प्रतीक है, जहाँ पहुँचकर अनुभूति, सुख-दुख, विषाद और हर्ष से परे हो जाती है।'[४१] इस आनंद तत्त्व को और भी स्पष्ट करते हुए अज्ञेय ने कहा है : 'काव्य वास्तविक जीवन की अनुभूतियों के रेचन का मार्ग भर नहीं है, रेचन की बात अप्रासंगिक हो जाती है, कला आनंद देती है, तो अनुभूतियों से छुटकारा दिलाकर नहीं; बल्कि उनके मूल स्रोतों की पहचान कराकर।'[४२]

यहाँ अज्ञेय ने काव्य या कला का प्रयोजन उच्च कोटि की आनंद-साधना को माना है। यही नहीं, 'चेतना का संस्कार' नामक अपने निबंध में उन्होंने काव्य का लक्ष्य चेतना के नये संस्कार को घोषित किया है। उनका कहना है कि 'शरीर और बुद्धि के विकास के उपरान्त विकास की अगली सीढ़ी मानवीय चेतना के क्षेत्र में क्रियाशील

होगी। इसलिए मानवीय चेतना का नूतन संस्कार ही आज की तात्कालिक समस्या है और यही साहित्य का लक्ष्य भी कहा जा सकता है।'[४३] काव्य या साहित्य के प्रयोजन को लेकर अज्ञेय के ये विचार अत्यंत सुचिंतित है; किन्ही दबावों के परिणामस्वरूप वे भले ही नितांत व्यक्तिनिष्ठता की बातें करते रहे हों; किन्तु चिंतन के सहज क्षणों में काव्य के प्रयोजन को लेकर उनका मत सामान्य रूप से स्वीकार्य है, अपनी इस कविता में अज्ञेय ने लिखा है कि –

'जो पाता हूँ
अपने को मट्टी कर उसे गलाता चमकाता हूँ
अनिर्वय आह्लाद-सा लुटाता हूँ।' (इन्द्रधनुष रौंदे हुए ये)

यही अज्ञेय के मत से कवि का समाज को आत्मदान है। अज्ञेय व्यक्तिवादी विचारक हैं; किन्तु जैसा कि हमने अनेक स्थलों पर कहा है, समाज अथवा लोक को वे दृष्टि से ओझल नहीं कर सके हैं; वे कला या काव्य का एक उच्चतर नैतिक उद्देश्य भी स्वीकार करते हैं। उनके अनुसार कला अंततः एक प्रकार का आत्मदान है, जिसके द्वारा व्यक्ति का अहं अपने को अक्षुण्ण रखना चाहता है ... अपनी सृष्टि के प्रति कलाकार में एक दायित्व भाव रहता है – अपनी चेतना के गूढ़तम स्वर में वह स्वयं अपना आलोचक बनकर जाँचता रहता है कि जो उसके विद्रोह का फल है, जो समाज को उनकी देन है, वह क्या सचमुच इतना आत्यंतिक मूल्य रखती है कि उसे प्रमाणित कर सके, सिद्धि दे सके? इस प्रकार कलावस्तु रचना का एक नैतिक मूल्यांकन निरंतर होता रहता है। इस क्रिया को हम यों भी कह सकते हैं कि प्रत्येक शुद्ध कला-चेष्टा में अनिवार्य रूप से एक नैतिक उद्देश्य निहित है अथवा सच्ची कला वस्तु अंततः एक नैतिक मान्यता 'एपिकल वैल्यू' पर आश्रित है, एक नैतिक मूल्य रखती है। हाँ, यह ध्यान दिला देना आवश्यक होगा कि हम एक श्रेष्ठतर नीति 'एपिक' की बात कर रहे हैं, निरी नैतिकता 'मोरालिटी' की नहीं।'[४४]

अज्ञेय ने इसी निबंध में यह भी स्पष्ट किया है कि कला समाज के इस अंग के लिए हो या उस अंग के लिए, यह बात विवादास्पद हो सकती है; किन्तु इतना उन्होंने स्पष्टतः कहा है कि वे उद्देश्यहीन सौंदर्योपासना अथवा निरे उच्छ्‌वास को कला नहीं मानते। वास्तविक कला एक नैतिक उद्देश्य से अंततः सलिल है।[४५]

समग्रतः काव्य के प्रयोजन को लेकर अज्ञेय की मान्यताओं में विरोधाभास अवश्य है, उनकी मान्यताएँ प्रगतिवादी विचारकों की भाँति जन-जन तक साहित्य या कला के प्रसार की बात नहीं स्वीकार करतीं; किन्तु सच्ची कला एक परिष्कृत प्रकार का आनंद प्रदान करती है, उसका एक महत्तर नैतिक उद्देश्य होता है, अज्ञेय के ये विचार विवादास्पद नहीं हैं।

काव्य एवं कला का स्वरूप

काव्य या कला के स्वरूप को लेकर अज्ञेय के स्फुट विचार अनेक स्थलों पर हमें प्राप्त होते हैं, जिन्हें काव्य या कला के बारे में प्रयोगवादी मत का प्रतिनिधि माना जा सकता है। प्रयोगवादी मत के अंतर्गत कविता के जिन नये प्रतिमानों की चर्चा हुई है, काव्य या कला के स्वरूप से उनका सीधा संबंध है। इस प्रश्न पर अज्ञेय ने दो स्थलों पर जमकर विचार किया है। एक त्रिशंकु के 'कला का स्वभाव और उद्देश्य' शीर्षक निबंध के अंतर्गत और दूसरे 'त्रिशंकु' के 'रूढ़ि और मौलिकता' नामक निबंध के अंतर्गत। फुटकल निबंधों में भी यत्र-तत्र इस प्रश्न का उल्लेख है किन्तु इन निबंधों में इसकी जो भी चर्चा हुई है वह उक्त दो निबंधों में की जाने वाली चर्चा को ही पुष्ट करती है। अज्ञेय हिन्दी के उन कवि-चिंतकों में हैं, जिन्होंने कविता के स्वरूप तथा उसके प्रतिमानों के निर्धारण में मनोविज्ञान तथा पश्चिमी जगत के आधुनिकतावादी विचारक टी. एस. इलियट का पर्याप्त प्रभाव ग्रहण किया है। जिन दो निबंधों की चर्चा हमने ऊपर की है, उनमें से एक अर्थात् 'कला का स्वभाव और उद्देश्य' शीर्षक निबंध उन पर पड़े मनोविज्ञान के प्रभाव को सूचित करता है और दूसरा अर्थात् 'रूढ़ि और मौलिकता' निबंध टी. एस. इलियट के प्रभाव का। दूसरा निबंध टी. एस. इलियट के 'ट्रेडीशन एण्ड इंडीविजुअलेन्ट' का छायानुवाद ही है।

यह स्पष्ट है कि अज्ञेय ने कविता या कला के स्वरूप की जो भी चर्चा की है, उसकी आधुनिक युगीन आकृति को लेकर। उनका स्पष्ट विचार है कि पहले के काव्य में और आज के काव्य में युग-संदर्भों के बदल जाने के कारण निश्चित रूप से अंतर आ गया है। यों वे कवि के कथ्य को उसकी आत्मा का सत्य मानते हैं, व्यक्ति-सत्य को व्यापक सत्य बनाने की बात करते हैं; किन्तु स्पष्ट कर देते हैं कि यह व्यापकता सापेक्ष ही है। 'जीवन की बढ़ती हुई जटिलता के परिणामस्वरूप व्यापकता का घेरा क्रमशः अधिकाधिक सीमित होना चाहता है।'[४६] पहले के काव्य में और अब के काव्य में अंतर बताते हुए वे कहते हैं कि 'एक समय था, जबकि काव्य एक छोटे से समाज की थाती था। उस समाज के सभी सदस्यों का जीवन एक रूप होता था; अतः उनकी विचार-संयोजनाओं के सूत्र भी बहुत कुछ मिलते-जुलते थे - कोई एक शब्द उनके मन में प्रायः समान चित्र या भाव उत्पन्न करता था। इसका एक संकेत इसी बात में मिलता है कि आचार्यों का काव्य-विषयों का वर्गीकरण संभव हो पाया और कवि को मार्गदर्शन करने के लिए बता सके कि अमुक प्रसंग में अमुक-अमुक वस्तुओं का वर्णन या चित्रण करने से सफलता मिल सके। आज यह बात सच नहीं रही, आज काव्य के पाठकों की जीवन परिपाटियों में घोर वैषम्य हो सकता है, एक ही सामाजिक स्तर के दो

पाठकों की जीवन परिपाटियाँ इतनी भिन्न हो सकती हैं कि उनकी विचार संयोजनाओं में समानता हो ही नहीं; ऐसे शब्द बहुत कम हों, जिनसे दोनों के मन में एक ही प्रकार के चित्र या भाव उदित हों।'[४७]

कहने का तात्पर्य यह है कि अज्ञेय यह मानकर चलते हैं – और उनका यह मानना बहुत कुछ सही है – कि कविता की परख या पहचान के बारे में पुराने मत आज एकदम सटीक नहीं हो सकते। जीवन-पद्धति और युग-संदर्भ बदलने के साथ-साथ कविता का स्वरूप उसकी परख तथा पहचान के प्रतिमानों का बदलना भी स्वाभाविक है। अज्ञेय यह भी मानते हैं कि प्रत्येक युग में कवि या काव्य का अपना एक सत्य हुआ करता है, जो युग के बदलने के साथ-साथ बदल जाया करता है। आज के कवि या काव्य का सत्य पहले के काव्य या कवि के सत्य से भिन्न है। आज का कवि अपने युग के काव्य-सत्य की खोज में लीन है और उसी को प्राप्त करने के लिए वह विभिन्न स्तरों पर नये-नये प्रोग्राम करने में लगा हुआ है। अज्ञेय ने प्रयोगों की आवश्यकता का प्रतिपादन करते हुए जो भी बातें कही हैं, वे इसी संदर्भ में सार्थक हैं। इन प्रयोगों का संबंध काव्य-वस्तु, भाषा और शिल्प सभी से है; वे यह भी कहते हैं कि 'हमारे प्रयोग का पाठक या सहृदय के लिए कोई महत्त्व नहीं है; महत्त्व उस सत्य का है, जो प्रयोग द्वारा हमें प्राप्त हो ... पारखी मोती परखता है, गोताखोर के असफल उद्योग नहीं। गोताखोर का परिश्रम या प्रयोग अगर प्रासंगिक हो सकता है, तो मोती को सामने रखकर ही ... इस मोती को पाने में इतना परिश्रम लगा ... बिना मोती पाये उसका कोई महत्त्व नहीं है।'[४८]

अज्ञेय इस तथ्य को स्वीकार करते हैं कि युग संदर्भों के बदल जाने के बावजूद हमारे मूल राग-विराग नहीं बदले ... वे शायद बदलते भी नहीं हैं। प्रेम अब भी प्रेम है, घृणा अब भी घृणा है। किन्तु वे जोर देकर इस तथ्य का प्रतिपादन अवश्य करते हैं कि 'राग वही रहने पर भी रागात्मक संबंधों की प्रणालियाँ बदल गयी हैं और कवि का क्षेत्र रागात्मक संबंधों का क्षेत्र होने के कारण इस परिवर्तन का कवि-कर्म पर बहुत गहरा असर पड़ता है ... जैसे-जैसे बाह्य वास्तविकता बदलती है, वैसे-वैसे हमारे उससे रागात्मक संबंध जुड़ने की प्रणालियाँ भी बदलती हैं और अगर नहीं बदलतीं, तो उस बाह्य वास्तविकता से हमारा संबंध टूट जाता है। कहना होगा कि जो आलोचक इस परिवर्तन को नहीं समझ पा रहे हैं, वे उस वास्तविकता से टूट गये हैं, जो आज की वास्तविकता है।'[४९]

इसी सदंर्भ में अज्ञेय ने भाषा के नये संस्कार तथा साधारणीकरण की बात उठायी है। उनका कहना है कि परंपरागत भाषा युग के नये संदर्भों को अभिव्यक्ति देने में पूरी तरह सक्षम नहीं है, शब्दों के पुराने अर्थ आज मर गये हैं और कवि के समक्ष सबसे

बड़ी समस्या है कि अपने युग के अनुरूप उसमें नये अर्थ भरे। साधारणीकरण का प्रश्न भी इसी से जुड़ा हुआ है और अज्ञेय ने उसे नये संदर्भों में परिभाषित करते हुए इस प्रकार प्रस्तुत किया है, 'जब चामत्कारिक अर्थ भर जाता है और अभिधेय बन जाता है, तब उस शब्द की रागोत्तेजक शक्ति भी क्षीण हो जाती है; उस अर्थ से रागात्मक संबंध नहीं स्थापित होता; कवि तब उस अर्थ की प्रतिपत्ति करता है, जिससे राग का पुनः संचार हो; पुनः रागात्मक संबंध स्थापित हो। साधारणीकरण का अर्थ यही है।'[५०]

इसलिए अज्ञेय यदि यह कहते हैं कि साधारणीकरण को नये कवि ने छोड़ा नहीं है; किन्तु वह अपनी बात अभी ऐसे ही लोगों तक पहुँचा रहा है, जो उसे समझते हों, तो उनका यह कथन समझ में आने योग्य है। परम्परागत प्रतिमानों से युग के नये काव्य की परीक्षा करने पर जो दिक्कतें आती हैं, अज्ञेय ने उन्हीं की ओर इशारा किया है। कविता के स्वरूप को लेकर परंपरा से जो मत चले आ रहे हैं, उनमें और अज्ञेय के मत में अंतर यही प्रमुख कारण है। सिद्धांत रूप में भले ही अज्ञेय के मत में और परम्परागत मत में साम्य दिखाई पड़ जाय, किन्तु व्यवहार में यह समझना चाहिए कि युग के नये संदर्भों ने आज कविता के स्वरूप के संबंध में हमें नये सिरे से विचार करने के लिए विवश कर दिया है। अज्ञेय के अपने तर्क और उन तर्कों से पुष्ट उनके द्वारा प्रतिपादित कविता या कला का स्वरूप सर्वमान्य भले ही न हो, किन्तु यह तथ्य निर्विवाद है कि कविता की परख और पहचान इस कारण परम्परागत प्रतिमानों से नहीं हो सकती कि नए युग संदर्भों के कारण उसके स्वरूप में बहुत कुछ बदलाव आ गया है।

अब हम अज्ञेय द्वारा प्रतिपादित कविता या कला के स्वरूप को लेकर उनकी कुछ मूलवर्ती मान्यताओं को प्रस्तुत करेंगे।

सबसे पहले हम 'कला का स्वभाव और उद्देश्य' शीर्षक निबंध में व्यक्त उनके विचारों को लेंगे, जो मनोवैज्ञानिक निष्पत्तियों से पुष्ट हैं।

उक्त निबंध में कला क्या है – इस प्रश्न की चर्चा करते हुए अज्ञेय ने कला की परिभाषा इस प्रकार की है : 'कला सामाजिक अनुपयोगिता की अनुभूति के विरुद्ध अपने को प्रमाणित करने का प्रयत्न ... अपर्याप्तता के विरुद्ध विद्रोह है।' पूरे निबंध में अज्ञेय ने अपनी इस परिभाषा को स्पष्ट किया है। उन्होंने इस क्रम में 'समाज' और 'अपर्याप्तता' इन दो शब्दों को भी स्पष्ट किया है। उनका कहना है कि 'समाज से अभिप्राय है, वह परिवृत्ति जिसके साथ व्यक्ति किसी प्रकार अपनापा महसूस करे। वह मानव समाज का एक अंश भी हो सकती है और मानव समाज की परिधि से बाहर बढ़कर पशु–पक्षियों (जीव मात्र) को भी घेर सकती है। ... समाज की इयत्ता अंततोगत्वा समाजत्व की भावना पर ही आश्रित है। यदि किसी कारण हम अपनी परिवृत्ति से सामाजिक संबंध महसूस नहीं करते, तो वह हमारा समाज नहीं है; यदि किसी दूसरी

परिवृत्ति से वैसा संबंध मानते हैं, तो वह हमारा समाज है।

अपर्याप्तता के विषय में उनका कहना है 'अपर्याप्तता का आधुनिक अर्थ भी इसी प्रकार समझना चाहिए। यदि कोई व्यक्ति धन की या पद की या किसी दूसरी सत्ता के कारण अपने को अहं के सामने प्रमाणित कर लेता है, तो अपर्याप्तता की भावना उसमें नहीं होगी; न उसके विरुद्ध विद्रोह की ललकार ही उसे मिलेगी।'[५१] किन्तु उनके अनुसार अपर्याप्तता एक विशेष दिशा में असमर्थता है। अपने मत की पुष्टि में अज्ञेय ने आदिम समाज का एक उदाहरण लिया है और इस संदर्भ में एक लँगड़े-लूले कमजोर व्यक्ति की कल्पना की है। अपने अन्य सहयोगियों के जीवन में समान भाग न ले पाने की असमर्थता ने इस व्यक्ति को प्रेरित किया कि वह अपनी उपयोगिता को किसी अन्य प्रकार से प्रमाणित करे, कला में उसे इस क्षतिपूर्ति का माध्यम मिला। अज्ञेय ने इस कंदरावासी कलाकार से आधुनिक युग के कलाकार को भिन्न नहीं माना है। उनका कहना है कि दोनों में ही एक 'अपर्याप्तता' चीत्कार करती है। यह 'अपर्याप्तता' ही अर्थात् पुरानी लीकों पर चलने की असामर्थ्य ही नई लीकें बनाने के सामर्थ्य को प्रोत्साहन देती है। अज्ञेय का कहना है कि 'लेखकों में ... बल्कि साधारणतया कलाकार समुदाय में, जो एक विशेष प्रकार की असहिष्णुता, अहमन्यता, एक दुर्विनीत श्रेष्ठता की भावना दिखा करती है, वह भी एक आत्मरक्षा का कवच है; किसी मौलिक अपूर्णता या अपर्याप्तता के ज्ञान को अपने अहं के आगे से हटा देने की चेष्टा है। जो पाठक या लेखक आधुनिक मनोविज्ञान की स्थापनाओं से परिचित हैं, वे जानेंगे कि इस प्रकार की क्षतिपूरक क्रियाएँ मानव जीवन में कितना महत्त्व रखती है।'[५२] अज्ञेय का यह मत प्रसिद्ध मनोवैज्ञानिक एडलर के मत से प्रभावित है। अज्ञेय कला को एक प्रकार का आत्मदान मानते हैं, जिसके द्वारा व्यक्ति का अहं अपने को सिद्ध प्रमाणित करना चाहता है ... आत्मदान को ही पुष्ट करने के लिए है; क्योंकि अहं को छोटा करके व्यक्ति सम्पूर्ण नहीं रह सकता, बल्कि शायद जी भी नहीं सकता ।'[५३]

अपने एक अन्य निबंध में अज्ञेय ने आज के साहित्य को अधिकांशतः अतृप्ति का, या कह लीजिए लालसा का, इच्छित विश्वास का साहित्य कहा है - यहाँ भी उन्होंने एक ऐसे व्यक्ति की कल्पना की है, जो औसत से कुछ ही अधिक है। इस व्यक्ति की इच्छा होती है कि उसकी रुचियाँ, उसके विचार और दृष्टिकोण उसकी भावनाएँ सामाजिक स्वीकृति पायें। यहाँ भी उन्होंने सामाजिक परिवृत्ति से अपने आशय को स्पष्ट किया है और कहा है कि यदि इस व्यक्ति की रुचियाँ सामाजिक परिवृत्ति के साथ मेल नहीं खातीं, तब वह समाज से किसी गहरे संबंध का अनुभव नहीं करेगा। ऐसी स्थिति में स्वाभाविक है कि वह व्यक्ति संतोषजनक सामाजिक परिवृत्ति की माँग करे। यदि उसकी यह माँग कुंठित हो गई, तो ऐसी क्लांति और अतृप्ति पैदा होगी, जो एक विशेष

प्रकार की कला को ही प्रेरित करेगी। आज के साहित्य को लेखक ने इस बिन्दु पर अतृप्ति का साहित्य कहा है।

'तारसप्तक' में भी अज्ञेय ने यह स्पष्ट कहा है कि 'आधुनिक युग का साधारण व्यक्ति यौन-वर्जनाओं का पुंज है। उसके जीवन का एक पक्ष है, उसकी सामाजिक रूढ़ि की परम्परा, जो परिस्थितियों के परिवर्तन के साथ-साथ विकसित नहीं हुई और दूसरा पक्ष है स्थिति परिवर्तन की असाधारण तीव्र गति, जिसके साथ रुढ़ि का विकास असंभव है। इस विपर्यास का परिणाम है कि आज के मानव का मन यौन-परिकल्पनाओं से लदा हुआ है और वे कल्पनाएँ सब दमित और कुंठित हैं। उसकी सौंदर्य चेतना भी इससे आक्रांत है ... व्यक्तिगत चेतना के ऊपर एक वर्गगत चेतना भी लदी हुई है और उचितानुचित की भावनाओं का अनुशासन करती है, जिससे एक दूसरे प्रकार की वर्जनाओं का पुंज खड़ा होता है और उनके साथ ही उनके प्रति विद्रोह का स्वर जागता है।'[५४] अज्ञेय के अनुसार इन वर्जनाओं के साथ आज का रचनाकार अभिव्यंजना के लिए इच्छुक है, किन्तु अभिव्यंजना का मार्ग उसे नहीं दीखता। उसकी अनुभूतियाँ भी तीव्रतर हैं और व्यंजनाएँ भी कठोरतर।'[५५] निश्चित ही ऐसी काव्य-रचना के प्रतिमान वे नहीं हो सकते, जो परम्परा से चले आ रहे हैं। आज की कविता को परखने के लिए हमें उसके अंतस्तत्त्व को स्पष्ट ध्यान में रखना होगा।

अज्ञेय ने 'रूढ़ि और मौलिकता' शीर्षक निबंध में काव्य के संबंध में कुछ गहरा विश्लेषण किया है। यद्यपि उनका यह विश्लेषण टी. एस. इलियट के विचारों से प्रभावित है; किन्तु नये काव्य के स्वरूप को समझने के लिए उसका महत्त्व निर्विवाद है। यदि अपने पहले मुख्य निबंध में उन्होंने 'अपर्याप्तता' की अनुभूति के विरुद्ध अपने को प्रमाणित करने का सिद्धांत प्रस्तुत किया था, तो इस निबंध में उन्होंने निर्व्यक्तीकरण का सिद्धांत प्रस्तुत किया है। यहाँ कविता की एक नई परिभाषा उन्होंने दी है, जो टी. एस. इलियट द्वारा की गई काव्य की परिभाषा का लगभग अनुवाद है। उनके अनुसार 'कविता भावों का उन्मोचन नहीं, बल्कि भावों से मुक्ति है। वह व्यक्तित्व की अभिव्यंजना नहीं, बल्कि व्यक्तित्व से मोक्ष है।'[५६] वस्तुतः अपने निबंध में इलियट ने कवि के लिए दो स्तरों पर सजग होना आवश्यक माना है ... ऐतिहासिक चेतना अथवा प्रवहमान परम्परा के प्रति और अपने युग के प्रति। अज्ञेय ने लिखा है कि कला की एक गतियुक्त और वर्द्धमान परंपरा होती है। कला का मूल्य अथवा महत्त्व इसी गतियुक्त और बुर्द्धमान परम्परा में है; रूढ़ि की सजीव प्रवहमानता में है।[५७] साहित्यकार इसी प्रवहमान और जीवंत परम्परा के प्रति अपने को निछावर करता है। कलाकार निरंतर अपने व्यक्तिगत मन को अपने तात्कालिक अधिक क्षणिक अस्तित्व को एक महानतर मन में और एक विशालतर अस्तित्व के ऊपर निछावर करता रहता है, अपने निजी व्यक्तित्व को एक

बृहत्तर व्यक्तित्व के निर्माण के लिए मिटाता रहता है। यह आत्म-निवेदन कलाकार की मृत्यु नहीं है। छोटे व्यक्तित्व से बड़े व्यक्तित्व की ओर निरंतर बढ़ने में ही कलाकार की प्रगति और उन्नति है और ऐतिहासिक चेतना इस उन्नति का साधन और मार्ग है।'[५८] इस ऐतिहासिक चेतना को अज्ञेय ने हिस्टारिकल कहा है। परम्परा के संबंध में अज्ञेय ने जो अपने विचार व्यक्त किये हैं, उन पर इलियट के विचारों की गहरी छाप है। अज्ञेय ने परम्परा का अस्वीकार कभी नहीं किया, वरन् उसे ठोक-बजाकर ग्रहण करने की बात की है। अज्ञेय का विचार है कि परम्परा का बोध और परम्परा से सम्पृक्ति लेखक को आत्मविश्वास प्रदान करती है; वह तात्कालिक परिस्थितियों से शासित न होकर एक स्वतंत्र और सम्पृक्त विवेक बनाये रखता है।[५९]

अज्ञेय काव्य को अनुभूति की अभिव्यक्ति नहीं, बल्कि अनुभूति से मोक्ष मानते हैं। उनका कहना है कि अनुभव करने वाले मन और रचना करने वाले मन को अलग-अलग रहना चाहिए, ताकि अभिव्यक्ति होने के उपरांत रचनाकार अपने को मुक्त अनुभव कर सके। इलियट के शब्दों में ही अज्ञेय ने भी कहा है कि कलाकार जितना ही बढ़ा होगा। उतना वह अपनी रचना से तटस्थ होगा, उसका रचनाशील मानस उसके अनुभव करने वाले मानस से पृथक् होगा। आगे काव्य-तत्त्वों के विवेचन में अनुभूति के संबंध में अज्ञेय के मत को और अधिक स्पष्ट करेंगे।

अज्ञेय ने अपने सम्पूर्ण लेखन में अपने इसी मन्तव्य को अनेक प्रकार से व्यक्त किया है, जिसकी चर्चा यथावत करेंगे।

समग्रतः कविता का स्वरूप जैसे प्रश्न पर अज्ञेय की मुख्यतः दो ही मान्यताएँ प्रधान हैं, जिनका परिचय हम ऊपर के विवेचन में दे चुके हैं। जहाँ उनकी पहली मान्यता मनोविज्ञान प्रसूत है और बहुत मान्य नहीं है, वहाँ उनकी दूसरी मान्यता अधिक तात्त्विक होने के कारण अधिक मान्य भी है। कविता के स्वरूप की जो व्याख्या अज्ञेय ने की है, उसी संदर्भ में उन्होंने उसके मूल्यांकन के नये प्रतिमानों की आवश्यकता भी प्रतिपादित की है।

काव्यभाषा

काव्यभाषा के प्रस्न पर अज्ञेय ने अलग से विस्तृत विचार अवश्य नहीं किया है; किन्तु भाषा के संबंध में वे सर्वत्र बहुत सजग रहे हैं। काव्य या कलाओं के माध्यम की चर्चा करते हुए उन्होंने एक स्थल पर भाषा के बारे में अपने तात्त्विक विचार प्रस्तुत किये हैं। उनके अनुसार जितने भी कला माध्यम हैं 'भाषा का माध्यम उनमें सबसे अधिक कृत्रिम है। संगीत के सुर होते है। उनका अपना एक मूल्य होता है, जो गायकी में उनके उपयोग से स्वतंत्र है। सुर का उपयोग या दुरुपयोग उसके आत्यंतिक रूप को नहीं बदलता। इसी

प्रकार चित्रकला के रंग या मूर्तिकार के मिट्टी पत्थर–रत्न–धातु आदि अपना स्वतंत्र अस्तित्व और स्वतंत्र सत्ता रखते हैं। किन्तु भाषा एक ऐसा माध्यम है, जिसमें आत्यंतिक या स्वतंत्र अस्तित्व रखने वाला कुछ भी नहीं है। शब्द का आत्यंतिक या अपौरुषेय अर्थ नहीं है... अर्थ वही और उतना ही है, जितना हम उसे देते हैं; बल्कि देने के प्रतिज्ञा कर लेते हैं। दूसरे शब्दों में (कहना ही अर्थ का आरोप करना है) शब्द का अर्थ एक सर्वथा मानवीय आविष्कार है ... हमने मान लिया है कि अमुक एक शब्द संकेत का अर्थ अमुक है, उससे कुछ भिन्न मान लेते तो दूसरा हो जाता। इतना ही नहीं, हमने जो मान लिया है, उस पर भी बराबर कायम नहीं रहते, अर्थ थोड़ा उन्नीस–बीस होता ही रहता है और फिर ये ऊनार्थ और अध्यर्थ शब्द का संस्कार या इतिहास बनकर उसमें और एक नया अर्थ जोड़ लेते। इस दृष्टि से भाषा कला के माध्यमों में सबसे कमजोर है।'[६०] भाषा को सबसे कमजोर माध्यम मानते हुए भी अज्ञेय कहते हैं कि 'इसका यह अर्थ नहीं है कि काव्य सबसे कमजोर कला है; बल्कि जिस स्तर पर संगीत अपने सूक्ष्म साधन में अर्थ की अपेक्षा से मुक्त हो जाता है और एक आत्यंतिक मूल्य – स्वर पर आधारित होता है, काव्य उस स्तर पर भी ऐसा कोई आधार न लेकर मानव प्रदत्त अर्थ की अपेक्षा किये रहता है। मेरी दृष्टि में यही उसकी महत्ता है, यह इतना बड़ा उत्तरदायित्व भी उसकी शक्ति का उद्‌गम है।'[६१] कहने का तात्पर्य यह है कि काव्य किसी भी स्तर पर किसी भी मानवेतर शक्ति से कोई सहायता नहीं लेता यही कारण है कि लेखक के लिए बराबर इस बात की आवश्यकता बनी रहती है कि वह अपने माध्यम की शक्ति और मर्यादा को समझे। काव्य भाषा के साथ उसकी शक्ति और दुर्बलता का यह जो संदर्भ जुड़ा हुआ है, उसके कारण आसानी से उसका दुरुपयोग भी होता है। अज्ञेय का मत है कि भाषा की शक्ति का जितना दुरुपयोग दुनिया में आज के युग में हो रहा है, उतना शायद कभी न हुआ था। आज शब्द के उपयोग की संभावनाएँ जितनी बढ़ गई हैं उसी अनुपात से उसके दुरुपयोग की संभावनाएँ भी बढ़ी हैं।

अज्ञेय इस बात के पक्ष में भी नहीं हैं कि बोलचाल की भाषा और सर्जनात्मक भाषा में कोई अंतर रहे। इसे वे एक बुनियादी भूल मानते हैं, उनके अनुसार 'भाषा का संस्कार सही वही होता है, जो इतना गहरा हो जावे कि लिखते–बोलते समय ही नहीं स्वप्न देखते समय भी यह प्रश्न न उठे कि भाषा सही है या नहीं। सही भाषा जब सहज भाषा हो जाय, तभी वह वास्तव में सही है।'[६२]

भाषा के संबंध में अपनी इन्हीं मान्यताओं को अज्ञेय ने अपने रचनात्मक साहित्य में व्यावहारिक रूप प्रदान किया है। वे भाषा के मूल प्रश्न को शब्द और अर्थ के संबंध के रूप में देखते हैं और 'तारसप्तक' में उन्होंने स्पष्ट कहा है कि यह संबंध बदलता रहता है। आज के युग में प्रयोगशील कवि की सबसे बड़ी समस्या उन्होंने यह मानी है

कि वह अपने अनुभूत को सब तक कैसे पहुँचाए? उसका यह कार्य ऐसी स्थिति में विशेष जटिल हो गया है; जबकि वह यह अनुभव करने लगा है कि भाषा का पुराना व्यापकत्व आज उसमें नहीं रह गया है। वह शब्दों के साधारण अर्थ से बड़ा अर्थ उसमें भरना चाहता है। पर उस बड़े अर्थ को पाठक के मन में उतार देने के साधन अपर्याप्त हैं। अज्ञेय ने तर्क दिया है कि यही कारण है कि 'भाषा को अपर्याप्त पाकर विराम संकेतों से, अंकों और सीधी तिरछी लकीरों से, छोटे-बड़े टाइप से, सीधे या उल्टे अक्षरों से, लोगों और स्थानों के नामों से, अधूरे वाक्यों से, सभी प्रकार के इतर साधनों से कवि उद्योग करने लगा कि अपनी उलझी हुई संवेदना की सृष्टि को पाठकों तक अक्षुण्ण पहुँचा सके।'[६३] अज्ञेय इस बात को मानते हैं कि भाषा मनुष्य और मनुष्य के बीच में संवाद का माध्यम है।'[६४] किन्तु समय के बदले हुए संदर्भों में आज का कवि ऐसी भाषा का उपयोग करने के लिए विवश है, जो किसी हद तक गूढ़ अलौकिक अथवा दीक्षा द्वारा गम्य है। अज्ञेय इसे आज के कवि की शक्ति नहीं विवशता मानते हैं। इसे उसका धर्म नहीं आपद्धर्म कहते हैं।

कुल मिलाकर अज्ञेय सैद्धांतिक रूप से इस बात से सहमत हैं कि वही भाषा भाषा है, जो अधिकाधिक बोधगम्य हो; किन्तु साथ ही बदले हुए संदर्भों में आज के कवि के द्वारा प्रयुक्त भाषा के प्रति वे एक उदार दृष्टिकोण रखने का आग्रह भी करते हैं। यह आग्रह वे इसीलिए कर रहे हैं कि उनका विश्वास है कि आज का रचनाकार एक बड़ी समस्या से त्रस्त होकर उससे जूझ रहा है वह भाषा को फिर से एक नया व्यापकत्व देना चाहता है। शब्दों में नया अर्थ भरना चाहता है। ऐसी स्थिति में उसकी सर्जना का मूल्यांकन करते हुए जहाँ तक भाषा-प्रयोगों की बात है, समीक्षक तथा सहृदय दोनों को उसकी विशेष परिस्थितियों को ध्यान में रखकर ही निर्णय लेने चाहिए।

रचना-प्रक्रिया

रचना-प्रक्रिया पर भी अज्ञेय ने विस्तार से कुछ नहीं लिखा है, किन्तु स्फुट रूप में कुछ बातें अवश्य कही है जो कविता के संबंध में उनके मूलभूत दृष्टिकोण को समझने में सहायता देती हैं अज्ञेय के अनुसार, 'अनुभव की अद्वितीयता और अर्थ की साधारणता प्रतिभा के ये दो इष्ट हैं या कहा जाय कि इन दो ध्येयों का योग ही उसका इष्ट है। जिस प्रक्रिया से यह योग सिद्ध होता है, मेरे निकट वही रचना-प्रक्रिया है और सब प्रक्रियाएँ यंत्र की हैं और उनके प्रति अधिक सजगता भी उनकी यांत्रिकता को कम नहीं करती हमारी यांत्रिकता को भले ही बढ़ा दे।'[६५]

'आत्मनेपद' के एक अन्य निबंध में भी अज्ञेय ने रचना-प्रक्रिया की कुछ चर्चा की है। उन्होंने एक छोटी-सी घटना का जिक्र किया है, जो वैसे बहुत सामान्य है; किन्तु

लेखक को जिसने गहराई तक प्रभावित किया। 'एक चिड़िया आकर पुआंर की पत्ती के छोर पर टिकी ही थी कि शायद मेरी ही तरह चिक के दूसरे पार की हलचल का कुछ आभास पाकर पत्ती को ठेलती हुई फिर उड़ गई; मानो उसको बैठने आना, पत्ती को छूना और पकड़ने से भी पहले ठेलकर उड़ जाना अलग-अलग क्रियाओं का क्रम नहीं, एक ही अविभाज्य क्रिया थी। पंजों के और पंखों के धक्के से आहत लम्बी पत्ती दो एक बार कांपी और क्रमशः थिर होती चली।'[६६] इस घटना ने अज्ञेय के चमत्कृत मन में जो शब्द जगाए, वे इस प्रकार हैं :

उड़ गयी चिड़िया
काँपी, फिर
थिर
हो गई पत्ती

अज्ञेय के विचार से घटना और उसकी अनुभूति दोनों इतने में ही सम्पूर्ण हैं। अज्ञेय प्रश्न करते हैं कि 'लेकिन क्या उनसे जो भाव मेरे मन में उदित हुआ, वह भी इन शब्दों में पूर्ण हो गया? दूसरे शब्दों में, इस प्रश्न को यों पूछूँ कि मन में कविता के से अनुक्रम में जो शब्द उदित हुए थे, वे क्या सम्पूर्ण कविता थे? या केवल कविता का एक अंश।'[६७]

महीनों तक अज्ञेय इन शब्दों को माँजते रहे; किंतु बार-बार वह दृश्य उनके नेत्रों में कौंधता रहा। ऐसा लगता था कि अनुभूति की ललकार अभी चुकी नहीं थी। शब्दों में हेर-फेर होते रहे; तुक और अनुप्रास का रूप भी बदलता रहा; किन्तु साफ पता चलता रहा कि कौन-से शब्द मूल अविभाज्य अनुभूति के हैं और कौन-से बाद में जोड़े हुए वर्ष पर वर्ष बीत गए; किन्तु कविता अधूरी ही रही; अनुभूति की ललकार कम नहीं हुई। अंततः कविता मूल में जैसी लिखी गई थी, वैसी ही कवि के द्वारा स्वीकार कर ली गई, कवि के अनुसार यह चिड़िया जैसे उसका गुरु थी, जिसने उसे एक महत्त्वपूर्ण तथ्य से परिचित कराया।

अज्ञेय के द्वारा वर्णित इस घटना से कविता की रचना-प्रक्रिया के बारे में जो बात छन कर सामने आती है, वह यही है कि बाह्य-जगत् की कोई छोटी-सी घटना भी संवेदना के तारों को झंकृत कर जाती है; रचनाकार उस कँपकँपी को अनुभव करता है और कुछ क्षण उपरांत कँपकँपी शांत हो जाती है। ऐसे ही क्षणों में रचना के रूप में जो कुछ सामने आता है वही सार्थक रचना है।

अज्ञेय का मूल्य-विवेचन

अपने काव्य-चिंतन में अज्ञेय ने कुछेक स्थलों पर मूल्य संबंधी चर्चा भी की है।

इस चर्चा का संबंध विशेष रूप से सौंदर्य-मूल्य, शिवत्व-बोध तथा नैतिक मूल्यों से है। प्रयोगवाद की मूल्य संबंधी धारणा से परिचित होने के लिए अज्ञेय के इन विचारों को समझना बहुत आवश्यक है। अज्ञेय मानव-विवेक को सारे मूल्यों का स्रोत मानते हैं। सौंदर्य-बोध पर चर्चा करते हुए उनका कहना है कि सौंदर्यबोध मूलतः बुद्धि का व्यापार है।[६८] सौंदर्य-बोध और शिवत्व बोध किसी वस्तु से सुन्दर के गुणों का पृथक्करण मानो बुद्धि ही करती है, जो मनुष्य के अनुभव की कसौटी पर कसे जाते हैं। उदाहरण के लिए अनुभव के द्वारा मनुष्य यह जानता है कि सीधी रेखा ही सुन्दर नहीं होती, वक्र रेखाएँ अधिक सुन्दर होती हैं। उनके अनुसार सौंदर्य तत्त्व है 'गोचर अनुभव का कार्य-कारण ज्ञान के सहारे बुद्धि द्वारा प्राप्त किया हुआ निचोड़ ही हमारे सौंदर्य-बोध का आधार है। इससे सिद्ध होता है कि न केवल सौंदर्य-तत्त्व बुद्धि पर आधारित है, सुन्दर का आस्वादन भी बुद्धि-व्यापार है। चूँकि मनुष्य के अनुभव निरंतर विकासशील हैं; अतएव, शाश्वत मूल्यों की बात नहीं की जा सकती। यहीं अज्ञेय परम्परा की बात भी उठाते हैं और इस बात पर बल देते हैं कि प्रत्येक नया अनुभव पुराने अनुभव से जुड़कर ही सार्थक बनता है। उनके अनुसार अनुभव के गणित में जोड़ ही जोड़ है बाकी नहीं हैं; यही साहित्य की परम्परा है।

जहाँ तक शिवत्व का प्रश्न है, स्पष्ट रूप से उसका संबंध नीति-तत्त्व से है, वह एक नैतिक मूल्य है। अज्ञेय ने इस बात पर बराबर जोर दिया है कि नैतिक निर्णय बाह्य कर्मों के आधार पर नहीं हो सकते; उनके लिए आभ्यंतर उद्देश्यों पर विचार होना चाहिए। अज्ञेय स्थूल नैतिकता को नहीं मानते; किन्तु एक उच्चतर नैतिकता की बात अवश्य करते हैं और सुन्दर तत्त्व को शिव तत्त्व के साथ इसी उच्चतर नैतिकता के सहारे उन्होंने जोड़ा भी है। उनका विचार है कि किसी भी कृतिकार में उच्च कोटि का सौंदर्यबोध और नैतिकबोध एक साथ चलते हैं। दोनों बुद्धि के व्यापार हैं और मनुष्य का विवेक दोनों का ही स्रोत है। उनके अनुसार 'विवेकशील मानव की, विशेषकर उस विवेकशील मानव की, जिसमें सृजनात्मक शक्ति या प्रतिभा भी है – ग्राहकता दोनों को भी पहचानती है। बुद्धि और जिस पर बुद्धि आधारित है, वह अनुभव, निरतंर विकासशील और संस्कारशील है, निरंतर सूक्ष्म होती हुई संवेदना एकांगी भी हो सकती हैं; पर जहाँ सृजनात्मक शक्ति है, वहाँ एकांगिता की संभावना कम है और पुष्ट सौंदर्यबोध के साथ पुष्ट नैतिक बोध होता ही है।'[६९]

आत्मनेपद में भी अज्ञेय ने नैतिक मूल्यों पर विचार किया है। उनका कहना है कि मूल्यों पर इतना जोखिम कभी नहीं हुआ था, जितना आज है, आज जो मूल्य हैं, वे संदिग्ध हैं और उनसे इंकार भी उतना ही संदिग्ध है। आज का मानव समाज यंत्र के सहारे उन्नति कर रहा है; किन्तु यंत्र नैतिक नहीं है; नैतिकता से यंत्रों का कोई मतलब

नहीं है। ऐसा नहीं हो सकता कि नैतिकता से मनुष्य का भी कोई मतलब न हो। 'मनुष्य नीति और अनीति के विचार से मुक्त हो जाए, यंत्र के साथ यंत्र हो जाए, ऐसा उसके लिए, कम से कम अभी तक संभव नहीं हुआ है।'[७०] अज्ञेय के अनुसार आज आधुनिकता की एक नई समस्या हमारे सामने खड़ी हो गई है। आज ईश्वर-संभूत नैतिकता की प्रवृत्ति निरंतर कम होती जा रही है। नैतिकता क्या है? इसका उत्तर पाने के लिए आज मनुष्य की ओर देखना पड़ रहा है : 'इस प्रकार नैतिकता का आधार स्वयं होकर अथवा अपनी बुद्धि को बनाकर हमने अपनी समस्या को कठिनतर ही बनाया है। जो दायित्व अब तक धर्म और ईश्वर पर था वह मानव ने अपने ऊपर ओढ़ लिया है।'[७१] कुल मिलाकर आज नैतिक संदर्भ मानवीय संघर्षों और मानवीय अनुभूतियों के संदर्भों में ही सार्थक है।

श्लील और अश्लील पर अज्ञेय ने अपने विचार स्पष्ट रूप से व्यक्त किये हैं। इस प्रश्न का संबंध भी नैतिक मूल्यों से जुड़ा हुआ है। इस बारे में अज्ञेय का मत है कि अश्लीलता या श्लीलता की पहचान सरल नहीं है। अश्लीलता वहीं पर है, जहाँ लेखक की दृष्टि अधूरी और उघड़ी हुई है। यही बाद पाठक के बारे में भी कही जा सकती है : 'देखना अश्लील नहीं है; अधूरा देखना अश्लील है।'[७२] स्पष्ट है कि अज्ञेय नैतिकता के संबंध में किसी रूढ़िगत धारणा के कायल नहीं हैं। साहित्य या काव्य की परख के लिए अज्ञेय के ये विचार महत्त्वपूर्ण हैं।

ऊपर के विवेचन में हमने अनेक महत्त्वपूर्ण मुद्दों पर अज्ञेय के माध्यम से प्रयोगवादी मत को प्रस्तुत करने का प्रयास किया है। पूर्ववर्ती समीक्षा में साहित्य या काव्य के मूल्यांकन को लेकर जिन प्रतिमानों की बात की गई है, अज्ञेय का मत उनसे भिन्न है। उन्होंने पूर्ववर्ती दृष्टियों को अस्वीकार नहीं किया है; किन्तु, युग के बदले हुए संदर्भों में साहित्य या कला की परख के लिए नई दृष्टि के औचित्य पर बल दिया है।

कविता के नये प्रतिमानों पर प्रयोगवादी मत तब तक अधूरा रहेगा, जब तक कि हम प्रयोगवाद के ही समानान्तर सामने आने वाले 'नकेनवादी' मत से परिचय न प्राप्त कर लें। स्पष्ट है कि 'नकेनवादी' मत अज्ञेय की तुलना में बहुत कुछ अतिवादी है; किन्तु ऐसे अनेक स्थल हैं, जहाँ नेकनवादियों ने अपने विवेचन में अज्ञेय के मत को पुष्ट किया है; उसे अपना पूरा समर्थन दिया है। अज्ञेय तथा नेकनवादियों के विचार मिल-जुलकर हमें कविता के संबंध में प्रयोगवादी मत से उसकी समग्रता में परिचित कराते हैं। पूर्ववर्ती समीक्षा-दृष्टियों से इस मत के वैशिष्ट्य को हम इस समग्रता के संदर्भ में ही अच्छी तरह पहचान सकते हैं।

कविता के नये प्रतिमान और 'नकेनवादी' मत

'नकेनवाद' का उद्भव हिन्दी में प्रयोगवाद के समानान्तर हुआ। सन् १९४३ में 'तारसप्तक' के प्रकाशन के साथ प्रयोग के नये वाद को लेकर जो भी चर्चा हिन्दी में चली 'नकेनवाद' के उद्भव ने उस चर्चा को और भी तीव्रतर किया। प्रयोगवाद के उद्भव का विवेचन करते हुए हम कह चुके हैं कि जहाँ हिन्दी समीक्षकों के एक मान्य वर्ग ने प्रयोगवादी धारणाओं की कटु आलोचना की, वहाँ प्रयोग के हामियों तथा प्रयोगवाद के प्रवर्तक अज्ञेय के द्वारा यह कहा गया कि वे प्रयोगवादी नहीं है, प्रयोग उनका साध्य नहीं हैं। इस सारी चर्चा की प्रतिक्रिया ही 'नकेनवाद' के रूप में सामने आयी और पहली बार कवि-विचारकों के एक समुदाय ने स्पष्ट रूप से अपने को प्रयोगवादी घोषित किया। कवि-विचारकों का यह समुदाय ही 'नकेन' के नाम से अभिहित हुआ और उनके द्वारा सामने लाई गई प्रवृत्ति 'नकेनवाद' कहलाई। नलिन विलोचन शर्मा, केसरीकुमार और नरेश इन तीनों नामों के पहले अक्षरों को मिलाकर 'नकेन' शब्द बना और इनके माध्यम से एक ऐसी काव्य-प्रवृत्ति को प्रस्तुत किया गया, जिसने सर्जना तथा चिंतन दोनों आयामों पर अपने को प्रयोगवादी घोषित किया। नेकन के 'प्रपद्य' शीर्षक से प्रकाशित अपने संकलन के 'पष्पसा' में नकेनवादियों ने काव्य संबंधी अपनी मान्यताएँ सामने रखीं और घोषित किया कि 'प्रयोगवाद पर इतना कुछ लिखे जाने के बाद भी शायद यह कह देने की जरूरत है कि हिन्दी कविता में प्रयोगवाद का वास्तविक आरंभ १९३६-३८ में लिखी गई नलिन विलोचन शर्मा की कविताओं से होता है, जिनमें से कुछ ही पत्र-संपादकों के हलक के नीचे उत्तर सकी थीं।'[७३] स्पष्ट है कि यहाँ नकेनवादियों ने प्रयोगवाद का वास्तविक प्रवर्तक जैसा कि प्रचारित किया गया था, अज्ञेय को न मानकर नलिन विलोचन शर्मा को माना। अज्ञेय ने कहा था कि वे प्रयोगवादी नहीं हैं; या कि प्रयोग अपने आपमें इष्ट या साध्य नहीं है, वह साधन है; जबकि नकेनवादियों ने स्पष्टतः यह कहा कि वे हिन्दी कविता की उस धारा के प्रवर्तक हैं, जो निःसंकोच प्रयोग को ही अपना साध्य मानती है।[७४] अपनी सर्जना को 'प्रपद्यवाद' जैसे एक विशिष्ट नाम उन्होंने दिया और प्रयोगवाद के घोषणा-पत्र के रूप में वारह सूत्रों का एक प्रारूप भी विज्ञापित किया। प्रयोगवाद अथवा प्रपद्यवाद के घोषणा पत्र के ये बारह सूत्र निम्नलिखित हैं :

(१) प्रयोगवाद भाव और व्यंजना का स्थापत्य है।

(२) प्रयोगवाद सर्वतंत्र स्वतंत्र है, उसके लिए शास्त्र या दल-निर्धारित नियम अनुपयुक्त हैं।

(३) प्रयोगवाद महान पूर्ववर्तियों की परिपाटियों को भी निष्प्राण मानता है।

(४) प्रयोगवाद दूसरों के अनुकरण की तरह अपना अनुकरण भी वर्जित समझता है।
(५) प्रयोगवाद को मुक्त-काव्य की नहीं – स्वच्छंद-काव्य की स्थिति अभिष्ट है।
(६) प्रयोगशील प्रयोग को साधन मानता है प्रयोगवादी साध्य।
(७) प्रयोगवाद की एक वाक्यपदीय प्रणाली है।
(८) प्रयोगवाद के लिए जीवन और कोष कच्चे माल की खान हैं।
(९) प्रयोगवादी प्रयुक्त प्रत्येक छंद और शब्द का स्वयं निर्माता है।
(१०) प्रयोगवाद दृष्टिकोण का अनुसंधान है।
(११) प्रपद्यवाद मानता है कि पद्य में उत्कृष्ट केन्द्रण होता है और यही गद्य और पद्य में अंतर है।
(१२) प्रपद्यवाद मानता है कि चीजों का एकमात्र सही नाम होता है।

अंतिम दो सूत्र प्रपद्यवाद के नाम से बाद में जोड़े गये और जो प्रारंभ में प्रयोग की दशसूत्री थी, वह अंततः प्रयोगवाद या प्रपद्यवाद की बारह सूत्रीय बन गयी।

नकेनवादियों ने 'प्रपद्यवाद' को प्रयोग का दर्शन घोषित किया। प्रयोग के 'वाद' से अपना तात्पर्य सूचित करते हुए उन्होंने कहा कि 'प्रयोग के 'वाद' से तात्पर्य यह है कि वह भाव और भाषा, विचार और अभिव्यक्ति, आवेश और आत्मप्रेषण, तत्त्व और रूप इनमें से किसी में या सभी में प्रयोग को अपेक्षित मानता है। एक निश्चित आवश्यकता को वह अनिवार्य मानता है। दूसरे शब्दों में प्रपद्यवाद अपने वाद के आधार से सतत् प्रयोग करते जाना ही अपना लक्ष्य मानता है।'[७५]

कविता के बारे में अपनी धारणा को स्पष्ट करते हुए नकेनवादियों ने कहा कि 'कविता एक ओर भावों, विचारों अथवा दर्शनों से नहीं लिखी जाती, दूसरी ओर छंदों, अलंकारों आदि से भी नहीं लिखी जाती। वह शब्दों से लिखी जाती है, एक नये विचार, एक नये शब्द इत्यादि से भी कविता नहीं बनती, बनती है एक आवश्यकता में, उन सबके अनिवार्य रूप से केन्द्रित होने में। प्रपद्यवाद एक कृत गुण को काव्य का गुण मानता है और चूँकि वह पूर्ण रूप में उपलब्ध होता है, ऐसा नहीं माना जा सकता। अतः प्रपद्यवाद प्रयोग की आवश्यकता को चिरंतन मानता है।'[७६]

ऊपर के विवेचन से स्पष्ट है कि काव्य के स्वरूप और काव्य के तत्त्वों को लेकर प्रपद्यवादियों या नकेनवादियों की धारणा न केवल पिछली विचार-परम्परा से अलग है; वरन् अज्ञेय द्वारा प्रवर्तित प्रयोगवाद से भी भिन्न है, जिसे 'नकेनवादी' प्रयोगशील कविता का वाद कहते हैं। यही कविता महज शब्दों से निर्मित मानी गई है। एक नये विचार, एक नये शब्द आदि के अनिवार्य रूप से केन्द्रित होने में।

कविता लिखने की प्रेरणा कवि को कहाँ से मिलती है अथवा काव्य के प्रेरक उपकरण क्या हैं, इस विषय पर अज्ञेय के प्रयोगवादी मत को हम स्पष्ट कर चुके हैं

नकेनवादियों का मत उनसे भिन्न है। नकेनवादियों के अनुसार कविता की वास्तविक प्रेरणा वस्तु-स्थिति से मिलती है। वस्तु द्रष्टा के भीतर भाव-छवियाँ उत्पन्न करती है और जब उस दृष्टि-बिन्दु से कवि वस्तु को देखता है, तब वह शक्ति के एक नये संश्लेष के रूप में दिखाई पड़ती है। इस प्रकार कविता में सदा ही पुनर्निर्माण हुआ करता है। प्रपद्यवाद तरह-तरह से वस्तु-संश्लेष को देखता है और उसे नई संगतियों में देख सकने के कारण ही प्रपद्यवादी कवि अपने आधार के लिए नैतिक स्वीकृति पाता है। स्वीकृत संगतियाँ व्यवहार में घिस-पिट जाने के कारण व्यंजक नहीं होतीं। चूँकि वे स्वीकृत और नित्य अनुभूति होती हैं; इसलिए संगतियों की जटिलताओं को शब्दों में निर्णीत करते चलना प्रपद्यवाद का दृष्टिकोण होता है।'[७७]

नकेनवादियों का कहना है कि प्रपद्यवादी अनुभूति को शब्द से अलग नहीं देखता; वह प्रत्येक अनुभव को संश्लेष रूप में देखता है। उनका कहना है कि स्वीकृत संगतियों की अनुभूति स्वीकृत शब्द-संगतियों से ही होगी; इसलिए नवीन संगतियों के लिए नवीन शब्द-संगति की आवश्यकता होगी; क्योंकि कविता शब्दों में लिखी जाती है और शब्द संगति से अर्थ ग्रहण करते हैं।[७८]

अज्ञेय ने कवि-कर्म को ललकारने वाली मुख्य समस्या संप्रेषण को माना था, प्रपद्यवादी ने अपना धर्म संपूर्ण और निश्चित अभिव्यक्ति की चेष्टा को माना। अपनी इस मान्यता के आधार पर कि प्रत्येक वस्तु का एकमात्र सही नाम होता है, उसने यह कहा कि कवि-कर्म की सार्थकता उसी तक पहुँचने में है। प्रपद्यवादियों ने सम्प्रेषण या साधारणीकरण के विषय में जो भी पूर्व धारणाएँ थीं, उनसे अपने को असहमत घोषित किया और साधारणीकरण तथा सम्प्रेषण के संदर्भ में अपनी नई धारणाएँ व्यक्त कीं।

प्रेषण को प्रपद्यवादियों ने गद्य का गुण कहा है। उनके अनुसार रोजमर्रा के जीवन में व्यवहार में आने के कारण गद्य में शब्दों की धारणा बाँध दी जाती है। यहाँ विशेष केन्द्रण नहीं होता; केवल एक सामान्य सतह पर प्रेषण और अभिव्यक्ति संभव है। जहाँ तक काव्य का प्रश्न है, वह केन्द्रणधर्मी होता है; उसे दैनंदिन जीवन की गद्यभाषा की व्यवस्था को व्यतिरेकित करके प्रकट होना पड़ता है और इसी लिए सामान्य प्रेषण या अभिव्यक्ति से आगे वह किसी और आवश्यकता विशेष के लिए उन्मुख होती है। कविता सामान्य अनुभव के क्षेत्र से आगे के अनुभव को प्रकट करती है। चूँकि कवि लिखने के पूर्व ही काव्य का हो चुका होता है; इसलिए उसका आदि उसके अंत को निश्चित कर देता है। यों तो शब्द कागज पर चिह्न मात्र होते हैं; किन्तु जब पाठक उन्हें पढ़ता है, तो वे पाठक को इसकी स्वतंत्रता देते हैं कि वह अपने को उन शब्दों में देख सके। अपनी बात को और अधिक स्पष्ट करते हुए नकेनवादियों का कहना है कि 'कवि अपने शब्दों से पाठकों को प्रतिश्रुत नहीं देता, उन्हें स्वतंत्रता दे देता है कि वे अपने को

जिस प्रकार चाहें, प्रतिश्रुत करें, यदि सामान्य अनुभूति के क्षेत्र के आगे आकर कविता पाठक को भी स्वतंत्र कर देती है, प्रतिक्रिया के मानी में।'[७९]

नकेनवादियों के अनुसार आज साधारणीकरण नहीं, ज्ञान के क्षेत्र में विशिष्टीकरण होता है; अब सब कुछ को ग्रहण करने का अवकाश कम होता जा रहा है। उनके अनुसार आज शायद कविता ही आदमी का वह साधन है, जिसकी व्यक्तिगत व्याख्या में, उसके मन की मुक्ति में साँस ले सकती है। कविता के सामने यह सबसे बड़ा उत्तरदायित्व है।[८०]

इस दायित्व का निर्वाह करने के लिए ही आज कविता ने संक्षेप शैली अपनाई है और इसी लिए उसमें रागात्मकता आयी है; वह मुक्त आसंग (फ्री एशोसिएशन) का भी सहारा लेती है। उपचेतन की समस्या कविता की सनातन समस्या रही है। पहले का कवि अपने व्यक्तित्व का आरोप कर उपचेतन की जटिलता पर खड़ा होता था; नया कवि मुक्त आसंग के सहारे यानी उपचेतन की शक्ति की ही शक्ति से उसकी जटिलता को परास्त करके मार्ग निकालना चाहता है। नया कवि पाठक को बौद्धिक नहीं, ऐन्द्रिक आघात देना चाहता है और इसी लिए भाषा कींभावनाओं की खोज़ करना उसका धर्म हो जाता है।[८१]

नकेनवादियों की काव्य संबंधी ये मान्यताएँ पूर्ववर्ती मान्यताओं से विशिष्ट हैं और सच्चे अर्थों में प्रयोग के 'वाद' को सामने लाती हैं। अपनी मान्यताओं की इस विशिष्टता के आधार पर ही नकेनवादियों ने अज्ञेय के तथाकथित प्रयोगवाद से अपने को अलग किया और अपने को ही वास्तविक प्रयोगवादी घोषित किया। इस वास्तविक प्रयोगवादी कविता के लिए ही उन्होंने नये प्रतिमानों की माँग की और उसके स्वरूप का विवेचन इसलिए किया कि परम्परागत प्रतिमानों से उसकी परख न की जाय। उन्होंने विस्तारपूर्वक एक ओर अज्ञेय की और उनके तथाकथित प्रयोगवाद की मान्यताओं का विवरण प्रस्तुत किया, ताकि उनसे अपनी वास्तविक प्रयोगवादी कविता को अलग किया जा सके, दूसरे अज्ञेय की ऐसी मान्यताओं का समर्थन किया, जो उनके अपने मत से मेल खाती थीं, तीसरे प्रपद्यवाद हो अथवा अज्ञेय का प्रयोगवाद उसके संबंध में होने वाली विरोधी चर्चा का तीव्र प्रतिवाद किया और उन सभी आलोचकों को कठोर उत्तर दिये, जिन्होंने प्रयोगवाद को अपनी आलोचना का लक्ष्य बनाया था। नकेनवादियों द्वारा दिये गये इन उत्तरों का संक्षिप्त विवेचन इसलिए आवश्यक है; ताकि उनके बीच से भी काव्य-संबंधी उनकी मान्यताओं को पहचाना जा सके। सबसे पहले हम नकेनवादियों के द्वारा किये गये उस विवेचन को लेंगे, जो उन्होंने अज्ञेय की मान्यताओं के संदर्भ में प्रस्तुत किया है और जिसके द्वारा उन्होंने सिद्ध किया है कि अज्ञेय जिस नये काव्य-चिंतन को लेकर सामने आये थे, वह वस्तुतः प्रयोगशील काव्य और प्रयोगशील काव्य का चिंतन

था; प्रयोगवाद और प्रयोगवादी काव्य-चिंतन नहीं। बिना ठीक से जाँचे-परखे आलोचकों ने अकारण ही उसे प्रयोगवाद का चिंतन मान लिया और प्रयोगवाद पर मनमाने प्रहार किये। अज्ञेय की मान्यताओं को सार रूप में प्रस्तुत करते हुए विधिवत् उनका विश्लेषण किया है और अंततः इस निष्कर्ष पर पहुँचे हैं कि 'सप्तकों' में अज्ञेय ने जिस काव्य का शील-निरूपण किया, वह प्रयोगशील काव्य है, प्रयोगवादी काव्य नहीं। उनके अनुसार अज्ञेय ने सप्तकों में अपने जो भी विचार व्यक्त किये हैं, उनसे चार मुद्दे स्पष्ट रूप से छनकर सामने आते हैं :

(१) कविता प्रयोग का विषय और कवि-कर्म की मौलिक समस्या साधारणीकरण और सम्प्रेषण की समस्या है। चूँकि कवि व्यक्ति-सत्य को व्यापक सत्य बनाने का सनातन उत्तरदायित्व आज भी निभाना चाहता है, इसलिए वह प्रयोग करता है।

(२) प्रयोग सभी काल के कवियों ने किये हैं; किन्तु आज का कवि आधुनिक जीवन की एक बहुत बड़ी समस्या का सामना कर रहा है। वह भाषा को नया व्यापकत्व देना चाहता है; शब्दों में अधिक सारगर्भित अर्थ भरना चाहता है; चूँकि साधारणीकरण की पुरानी प्रणालियाँ आज सार्थक नहीं रही हैं; अतः कवि भाषा को अपर्याप्त पाकर विराम संकेतों, अंकों, सीधी तिरछी लकीरों, छोटे-बड़े टाइप, सीधे या उल्टे अक्षरों से इस प्रकार का उद्योग कर रहा है कि अपनी उलझी हुई संवेदना को पाठकों तक अक्षुण्ण पहुँचा सके।

(३) अज्ञेय के अनुसार कोई भी कवि स्वान्तःसुखाय नहीं लिखता या नहीं लिख सकता; अभिव्यक्ति में एक ग्राहक या पाठक या श्रोता अनिवार्य है। भाषा-व्यवहार का माध्यम है और उसकी माध्यमिकता इसी में है कि वह एक से अधिक को बोधगम्य हो, किन्तु जीवन की जटिलता को अभिव्यक्त करने वाले कवि की भाषा का किसी हद तक गूढ़ अलौकिक अथवा दीक्षा द्वारा गम्य हो जाना अनिवार्य है; किन्तु यह उसकी शक्ति नहीं विवशता है।

(४) प्रयोग का कोई वाद नहीं है; प्रयोग अपने आप में इष्ट व साध्य नहीं है वह साधन है।

नकेनवादियों ने अज्ञेय के इन मन्तव्यों से अपना मतभेद व्यक्त किया। उनका कहना है कि अज्ञेय ने प्रयोगवादी काव्य का नहीं, वरन् प्रयोगशील काव्य का शील-निरूपण किया है। प्रयोगशील कवि की असंगति यह है कि वह एक ओर उलझी संवेदनाओं और साधारणीकरण एवं निवेदन के दोआबे में रहने के कारण आपद्धर्मी बना रहता है। इसके विपरीत सच्चा प्रयोगवादी कवि प्रयोग को साध्य मानता है और शेष को अर्थात् जीवन कोश को कच्चा माल या साधन। वह प्रयोगवाद का अर्थ भाव और व्यंजना का स्थापत्य मानता है। वह दृक्वाक्यपदीय प्रणाली की अनिवार्यता को

स्वीकार करता है। वह अतीत को खाद मानता है और यह मानता है कि साहित्य में अनुसंधान ही नहीं आविष्कार भी होता है। इसी लिए वह सर्वतंत्र स्वतंत्र हो जाता है। कुल मिलाकर नकेनवादियों ने यह सिद्ध कर दिया है कि अज्ञेय प्रयोगवादी नहीं, केवल प्रयोगशील कवि हैं। पहली बार नकेन में ही प्रयोगवाद का मौलिक शील निरूपण हुआ है और उसे प्रयोगशीलता से भिन्न करके देखा गया है। छायावादी आलोचक विशेषकर आचार्य वाजपेयी और डॉ. नगेन्द्र व्यर्थ ही अज्ञेय को प्रयोगवादी मानकर उनकी मान्यताओं पर टूट पड़े हैं। फिर भी नकेनवादियों ने आचार्य वाजपेयी और डॉ. नगेन्द्र दोनों ही समीक्षकों के प्रयोगवाद विरोधी तर्कों का समुचित उत्तर देने की चेष्टा की है। उनका कहना है कि चूँकि 'वे प्रिया के ध्यान में चाँद देखने वाले साहित्य के आदी रहे हैं। इसलिए प्रयोगवाद की वस्तुगतता में उन्हें तात्त्विक अनुभूति नहीं मिलती। चूँकि वे साधारणीकृत (सरल यानी साधारण) विचारों और शब्दों की कवायद के अभ्यासी हैं; इसलिए वे प्रयोगवाद की संश्लिष्ट अभिव्यक्ति में स्वाभाविक क्रम-विकास देख नहीं पाते; चूँकि वस्तु पर व्यक्तित्व के समर्पण (जो साहित्यकार की चरम साधना है) की बात पकड़ नहीं पाते, प्रयोगवाद में उन्हें 'सुनिश्चित व्यक्तित्व' नहीं मिलता।'[८२]

नकेनवादियों ने विस्तारपूर्वक आचार्य वाजपेयी और डॉ. नगेन्द्र के तर्कों को काटा है। उन्होंने प्रयोगशील काव्य के पक्ष में दिये गये अज्ञेय के तर्कों को भी स्वीकार नहीं किया है। उनका कहना है कि 'क्या अज्ञेय, सत्य की, जिसकी खोज में वे प्रयोग कर रहे हैं, उपलब्धि (?) के बाद कविता करना छोड़ देंगे। दूसरे 'नकेनवादी' अज्ञेय की, प्रयोगकर्ता की, गोताखोर से की गई तुलना से भी सहमत नहीं हैं; उनका कहना है कि गोताखोर अपरिचित सागर से परिचित मोती निकालता है जबकि कवि परिचित वस्तु में अपरिचित भाव से बँध जाता है। गोताखोर का मोती पाना बहुत कुछ भाग्य पर निर्भर है, कवि का शक्ति और केन्द्रीयकरण पर मोती बहुत कुछ मुश्किल है, काव्य के भाव मूल्य और व्यंजना के उपादान नहीं; इसलिए प्रयोगवादी मानता है कि काव्य का अभिप्रेत वह प्रयोग ही है, जिसके स्थापत्य में भाव और व्यंजना एक परिस्थितिजन्य अनिवार्यता में एकाकार होकर सत्य रूप ग्रहण कर लेते हैं और इस प्रकार प्रयोग को साधन नहीं, अश्रुति साध्य मानने के कारण प्रयोगवाद एक दर्शन हो जाता है।'[८३]

'नकेनवादी' यह मानते हैं कि सभी युगों में प्रयोग हुए हैं; किन्तु चूँकि प्रयोग को सत्य साध्य रूप में उन्हीं के यहाँ स्वीकार किया गया है। अतएव, प्रयोगवाद की स्थिति निश्चित है। 'नकेनवादी' वाजपेयी जी और नगेन्द्र के काव्य में बुद्धि-तत्त्व के प्रवेश को लेकर की जाने वाली आलोचना से भी सहमत नहीं हैं। वे इस बात को दुस्साहस मानते हैं कि कविता को बुद्धितत्त्व से अलग कर दिया जाय; उनके अनुसार 'जब कविता अपने समय की बौद्धिकता से सम्पर्क विच्छेद कर लेती है, तब भाव-प्रवण, जागृतमति

समाज की उसमें दिलचस्पी नहीं रह जाती है; ... हिन्दी कविता को अब इस उम्र में सयानी-सा अनुभव करना चाहिए; उसे अपने में वयस्क बुद्धि लाना होगा और तभी वह युग की मेधा को अपने प्रति खींच सकती है; ... आज कविता को बौद्धिकता को स्वीकार कर उसे काव्यात्मक करना होगा।'[८४]

साधारणीकरण की पुरानी धारणाओं को 'नकेनवादी' भी व्यर्थ मानते हैं। उनके अनुसार आज की परिस्थिति में व्यवस्था या सरल आवेगों की माँग नहीं की जा सकती; उसका अर्थ जीवन से ही भागना होगा; फिर सरल संवेदना तो भाग्य की बात है। इसके दो सनातन अधिकारी हैं बालक और मुग्ध। नकेनवादियों का कहना है कि जटिल संवेदनाओं को लेकर भी कवि बना रह सकता है और आज इसी रूप में वह ज्यादा जी सकता है।[८५] नकेनवादियों का कहना है कि आज के काव्य की दुरूहता के कारण कवि और पाठक के बीच में जो खाई है, उसे पाटना आवश्यक प्रश्न है; किन्तु वे दृढ़ता से यह बात कहते हैं कि कला या साहित्य कभी भी सर्वसाधारण की चीज नहीं रहा है; अतएव, उन्हें सर्वसाधारण तक पहुँचाने की बात करना भी सही नहीं है। आज की कविता के लिए विज्ञ पाठक को दीक्षित होना पड़ेगा।

जहाँ तक भाषा का सवाल है, नकेनवादियों का कहना है कि आज का कवि भाषा को निजी रखना चाहता है; क्योंकि वह पाठकों में अपने भावों की एक अभिलषित रीति से प्रतिक्रिया देखना चाहता है। वह पाठक को अपने काव्य द्वारा एक खास ढंग से प्रभावित करना चाहता है; ... भाषा की थकान को दूर करने के लिए उसमें नई ताजगी भरने के लिए तथा नये आवेगों एवं उपयुक्त आसंग बनाने के लिए वह शब्दों की नई व्यवस्था, स्वर-विधान एवं नई शब्द-संगति देना चाहता है। वह विशेषणों का स्थानान्तरण तथा शब्द-लोपी वाक्य-विन्यास प्रस्तुत कर रहा है।[८६]

कविता के संबंध में नकेनवादियों की धारणा है कि 'कविता की उपयोगिता एक ऐसी मानसिक स्थिति की सृष्टि में है, जो आदमी की समझदारी बढ़ाये, जिसमें आदमी मुक्त वैयक्तिक अनुशीलन के अवकाश में ताजगी पाये तथा जिससे एक विकसित दृष्टि एवं शक्ति लेकर जीवन के प्रश्नों से उलझे और इस प्रकार चक-चक की स्थिति से संस्कृति को आगे ले चले।'[८७] नकेनवादियों द्वारा प्रस्तुत यही कविता का प्रयोजन है।

समग्रतः नकेनवादी काव्य-चिंतन हिन्दी के पूर्ववर्ती काव्य-चिंतन से तो भिन्न है ही; वह प्रयोगवाद के नाम से प्रचलित अज्ञेय के काव्य-चिंतन से भी विशिष्ट है। प्रयोगवादी काव्य के जिस शील का निरूपण नकेनवादियों ने किया है, स्पष्ट है कि परम्परागत प्रतिमानों के आधार पर उसकी परख नहीं की जा सकती। उसके सम्यक् ग्रहण के लिए हमें नकेनवादियों द्वारा प्रस्तुत विवेचन पर ध्यान देना होगा।

संदर्भ :

१. त्रिशंकु : अज्ञेय, पृ. ४१।
२. आधुनिक कवियों के काव्य-सिद्धांत : डॉ. सुरेशचन्द्र गुप्त, पृ. ५३२।
३. दूसरा सप्तक : संपा. अज्ञेय, पृ. ११।
४. शुक्लोत्तर काव्य-चिंतन : डॉ. श्यामबिहारी राय, पृ. ४७८, ४७९।
५. तारसप्तक (वक्तव्य) : अज्ञेय, पृ. २७६, २७८।
६. त्रिशंकु : अज्ञेय, पृ. ३८।
७. साहित्य : प्रयोग और मूल्यांकन : डॉ. केदार शर्मा, पृ. १२०।
८. त्रिशंकु : अज्ञेय, पृ. ३८।
९. आत्मनेपद : अज्ञेय, पृ. १६७, १६८।
१०. वही, पृ. १६८, १६९।
११. शरणार्थी (भूमिका) : अज्ञेय , पृ. २।
१२. तारसप्तक : अज्ञेय।
१३. कल्पना, मार्च, १९६१।
१४. त्रिशंकु : अज्ञेय, पृ. ४०।
१५. आत्मनेपद : अज्ञेय, पृ. १४८।
१६. वही, पृ. १४९।
१७. त्रिशंकु : अज्ञेय, पृ. ७०।
१८. वही, पृ. ६८।
१९. वही।
२०. आत्मनेपद : अज्ञेय, पृ. १६५।
२१. वही।
२२. आत्मनेपद : अज्ञेय, पृ. १६५।
२३. दूसरा सप्तक (भूमिका) : अज्ञेय, पृ. ७।
२४. त्रिशंकु : अज्ञेय, पृ. २३।
२५. वही, पृ.२६।
२६. वही।
२७. त्रिशंकु : अज्ञेय, पृ. ३१।
२८. आकाशवाणी से प्रसारित, जनवरी-जून, १९५५।
२९. शरणार्थी (भूमिका) : अज्ञेय, पृ. ३।
३०. आत्मनेपद : अज्ञेय, पृ. २०४।

३१. वही, पृ. १५६–१५७।
३२. तारसप्तक : अज्ञेय, पृ. ७५।
३३. आत्मनेपद : अज्ञेय, पृ. ७५।
३४. वही, पृ. ७५।
३५. तार सप्तक (दूसरा संस्करण), अज्ञेय, पृ. २७७।
३६. दूसरा सप्तक : अज्ञेय, पृ. १३।
३७. त्रिशंकु : अज्ञेय, पृ. ६८।
३८. आत्मनेपद : अज्ञेय, पृ. २३७।
३९. आत्मनेपद : अज्ञेय, पृ. ७५।
४०. वही, पृ. २३९।
४१. शुक्लोत्तर काव्य-चिंतन : डॉ. श्यामबिहारी राय, पृ. ४८२।
४२. हिन्दी साहित्य : एक आधुनिक परिदृश्य : अज्ञेय, पृ. ११९।
४३. त्रिशंकु : अज्ञेय, पृ. ८९।
४४. वही, पृ. २८।
४५. वही।
४६. तारसप्तक (द्वितीय संस्करण) : अज्ञेय, पृ. २७५।
४७. वही, पृ. २७५–७६।
४८. तारसप्तक (द्वितीय संस्करण) : अज्ञेय, पृ. ८।
४९. वही, पृ. ९।
५०. दूसरा सप्तक : अज्ञेय, पृ. १२।
५१. त्रिशंकु : अज्ञेय, पृ. २६–२७।
५२. त्रिशंकु : अज्ञेय, पृ. २७।
५३. वही, पृ. २८।
५४. तार सप्तक (दूसरा संस्करण) : अज्ञेय, पृ. २७८।
५५. वही, पृ. २७९।
५६. त्रिशंकु : अज्ञेय, पृ. ३६।
५७. वही, पृ. ३३।
५८. त्रिशंकु : अज्ञेय, पृ. ३६।
५९. आत्मनेपद : अज्ञेय, पृ. १०७।
६०. वही, पृ. १६१।
६१. वही, पृ. १६२।

६२. वही, पृ. १६५।
६३. तारसप्तक : अज्ञेय, पृ. २७६।
६४. वही, पृ. २७७।
६५. कल्पना, फरवरी, १९६१।
६६. आत्मनेपद : अज्ञेय, पृ. ४९।
६७. वही, पृ. ५०।
६८. कल्पना, १९६१।
६९. वही।
७०. आत्मनेपद : अज्ञेय, पृ. १६६।
७१. वही, पृ. १६७।
७२. वही, पृ. ७८।
७३. नकेन के प्रपद्य : पस्पशा, पृ. ११३।
७४. वही, पृ. ११४।
७५. नकेन के प्रपद्य : पस्पशा, पृ. ११६।
७६. वही, पृ. ११६।
७७. नकेन के प्रपद्य : पस्पसा, पृ. ११६।
७८. वही।
७९. नकेन के प्रपद्य : पस्पशा, पृ. १११।
८०. वही, पृ. ११७।
८१. वही, पृ. ११८।
८२. वही, पृ. १२७।
८३. वही, पृ. १३१।
८४. नकेन के प्रपद्य : पस्पशा, पृ. १३४।
८५. वही, पृ. १३७।
८६. वही, पृ. १४५।
८७. वही, पृ. १४६।

अध्याय-६

नया काव्य-चिंतन : प्रयोगवादोत्तर काव्य-प्रतिमान

प्रस्तावना

हिन्दी कविता के क्षेत्र में नई कविता की चर्चा का प्रारंभ सन् १९५० के आसपास हुआ; जबकि चले आ रहे प्रगतिवाद और प्रयोगवाद जैसे काव्यांदोलनों और काव्य-प्रवृत्तियों को अमान्य करते हुए एक 'नई कविता' के व्यापक वृत्त में कविता की नई सर्जना को और उसके नाना उपकरणों को व्याख्यायित और विश्लेषित करने का प्रयास किया गया। नई काव्य-सर्जना के लिए 'नई कविता' नाम कितना उपयुक्त अथवा अनुपयुक्त है, इस बात को लेकर इसी समय एक लम्बी चर्चा का सूत्रपात हुआ। किन्तु कालान्तर में छायावाद और प्रयोगवाद जैसे नामों की तरह इस 'नई कविता' नाम को ही स्वीकर कर लिया गया। इसके उपरान्त नई कविता के अंतर्गत होने वाली काव्य-सर्जना में ऐसे काव्य-सर्जकों के कृतित्व की विवेचना भी की जाने लगी, जो किसी समय प्रगतिवाद और प्रयोगवाद के कवियों के रूप में स्वीकार किए जाते थे। जैसा कि नई कविता के समर्थकों ने एकाधिक बार स्पष्ट भी किया कि नई कविता उस नई रचनाशीलता का नाम है, जो पूर्ववर्ती प्रगतिवाद तथा प्रयोगवाद की स्वस्थ प्रवृत्तियों को आत्मसात् करते हुए नए संदर्भों में दोनों से स्वतंत्र नए रूप में अपना परिचय दे रही है।

हमारा उद्देश्य यहाँ इस नई कविता का विवेचन न होकर इससे संबद्ध उस काव्य-चिंतन का विवेचन है, जो नई कविता के स्वरूप को स्पष्ट करने के लिए उसके प्रामाणिक व्याख्याताओं द्वारा प्रस्तुत किया गया है। नई कविता के पुरस्कर्ताओं ने और विशेषतः उसके कवि समीक्षकों ने इस नई कविता को पूर्ववर्ती कविता में क्रम-विकास मानते हुए भी उसे एक स्वतंत्र सर्जना के रूप में प्रस्तुत किया है। अतएव, आवश्यक था कि वे पूर्ववर्ती काव्य की तुलना में उसके पीछे निहित सर्जनात्मक दृष्टि को पूरे विस्तार के साथ व्याख्यायित करते। नई कविता के कवि समीक्षकों ने इस कार्य को मनोयोग पूर्वक संपन्न किया है और इस नई कविता के सिद्धांत पक्ष की ऐसी व्याख्या प्रस्तुत की है, जो उसे पूर्ववर्ती काव्य की तुलना में एक वैशिष्ट्य प्रदान करती है। नई कविता के

कवि समीक्षकों के अतिरिक्त नई कविता के सिद्धांत पक्ष पर अन्य मान्य समीक्षकों ने भी अपने विचार प्रकट किए हैं।

कविता का स्वरूप

नई कविता के स्वरूप पर यों तो छुटपुट रूप से नई कविता से सम्बद्ध अधिकांश रचनाकारों और विचारकों ने कुछ न कुछ कहा है; किन्तु जगदीश गुप्त, लक्ष्मीकान्त वर्मा, विजयदेव नारायण साही, रामस्वरूप चतुर्वेदी आदि उन कवि समीक्षकों और विचारकों का प्रतिनिधित्व करते हैं, जिन्होंने नई कविता के स्वरूप पर ही नहीं, उसके माध्यम से कविता मात्र के स्वरूप पर भी प्रकाश डाला है। उनके विचार इस प्रकार नई कविता के बारे में ही नहीं, वरन् कविता मात्र के बारे में हमारी समझ को नया आयाम प्रदान करते हैं। यों तो परम्परा से कविता के संबंध में चिंतन करने वाले कवि और विचारक इस बात को कहते आये हैं कि कविता को किसी भी प्रकार की परिभाषा में बाँध सकना संभव नहीं है; क्योंकि उससे कविता के स्वरूप और विकास की दिशाएँ अवरुद्ध और सीमित होती हैं। किन्तु इसके बावजूद अपनी-अपनी दृष्टि से कविता को समझने का प्रयास करते हुए हर मान्य विचारक ने कविता की अपनी परिभाषाएँ प्रस्तुत की हैं और इस प्रकार कविता के एक शास्त्र का निर्माण करने में अपना योग दिया है। जहाँ तक नई कविता का प्रश्न है, नई कविता के कवि समीक्षकों और विचारकों की स्थिति भी यही है; आज की कविता को अथवा आज के बदले हुए संदर्भों की कविता को समझने और व्याख्यायित करने के क्रम में उन्होंने भी यद्यपि कविता को परिभाषाओं में बाँधने का प्रयास नहीं किया; फिर भी कालान्तर में कुछेक प्रयास ऐसे अवश्य हुए, जिनमें कविता के स्वरूप की व्याख्या के क्रम में कविता की कुछ परिभाषाएँ भी प्रस्तुत की गईं। हम यहाँ कविता के स्वरूप के संबंध में नए कवि समीक्षकों और विचारकों की दृष्टि को उपस्थित करते हुए उनकी कुछ परिभाषाओं का भी उल्लेख करेंगे। नई कविता के प्रामाणिक और मान्य व्याख्याताओं में जगदीश गुप्त बहुचर्चित हैं। सच पूछा जाए, तो नई कविता के आंदोलन के वे सबसे प्रमुख व्यक्ति हैं और नई कविता के स्वरूप को समझने और समझाने की दिशा में उनका कार्य भी सबसे महत्त्वपूर्ण और ऐतिहासिक है। वे नई कविता के उन कवि समीक्षकों में हैं, जिन्होंने नई कविता के अथवा नए युग की काव्य-सर्जना के स्वरूप को नए संदर्भों में व्याख्यायित करते हुए परंपरागत शास्त्रीय चिंतन की भूमिका पर भी उसे देखने और प्रस्तुत करने का प्रयास किया है। नई कविता को काव्य के क्षेत्र में नए संतुलन का प्रतीक मानते हुए एक जगह उसके माध्यम से कविता के स्वरूप पर अपना अभिमत देते हुए वे कहते हैं कि 'मैं कविता को मानवीय चेतना की अर्थपूर्ण अभिव्यक्ति का श्रेष्ठतम रूप मानता हूँ, उसे मनुष्य मात्र की मातृभाषा

कहा गया है। जीवन के गहन से गहन पहलुओं तक उसकी व्याप्ति है; इसलिए जीवन की अतल गहराइयों में होने वाले परिवर्तनों की छाया साहित्य में सबसे पहले कविता पर ही पड़ती है। युग–मानस की सूक्ष्मतम आवर्तनों–विवर्तनों का परिचय शब्दों, अर्थों, भावों और विचारों के नए संतुलन से मिलता है। कविता ऐसे प्रत्येक संतुलन के साथ नई होती रही है। आज जो संतुलन घटित हो रहा है, वह अब तक होने वाले संतुलनों की अपेक्षा अधिक तलस्पर्शी अधिक मौलिक है; क्योंकि मानव व्यक्तित्व को इतना अधिक महत्त्व किसी युग में नहीं मिला; ... व्यक्ति की इस महत्ता के साथ–साथ एक व्यापक सामाजिक दायित्व का उदय इस युग की सर्वप्रमुख विशेषता कही जा सकती है; ... फलतः आज के नए साहित्य का यह विचित्र विरोधाभास है कि वह अनुभूति में व्यक्तिनिष्ठ होकर भी उद्देश्य और दृष्टिकोण में अधिकाधिक सामाजिक होता जा रहा है। ... शायद ही किसी युग में कवि इतना चिंताग्रस्त रहा हो, जीवन के शोभन–अशोभन, शिव–अशिव सभी पक्षों तक उसकी दृष्टि जाती है। इसी लिए आज कविता उसके लिए मात्र आनंद की वस्तु न होकर और भी कुछ है; ... कथ्य की शक्तिमत्ता और महत्ता के साथ कथन की यथासंभव अकृत्रिमता इस युग की कविता की एक विशेषता कही जा सकती है। कृत्रिमता से मुक्ति पाने की वृत्ति ने ही कदाचित नई कविता को कुछ अंशों में गद्य के समीप ला दिया है; किन्तु इसका अर्थ यह नहीं है कि कवि कर्म सरल हो गया है।'[१]

जगदीश गुप्त का इतना लम्बा उद्धरण देने के मूल में हमारा उद्देश्य यही है कि कविता के साथ–साथ नई कविता के स्वरूप के संबंध में उनके मन्तव्य को स्पष्ट रूप से जान लिया जाए। जहाँ तक कविता का प्रश्न है, उसके संबंध में उनका प्रारंभिक कथन विवादों से परे है। कविता निश्चय ही मानवीय चेतना की अर्थपूर्व अभिव्यक्ति का श्रेष्ठतम रूप है। उसे मनुष्य मात्र की मातृभाषा कहना भी सर्वथा उचित है और यह भी सही है कि हर युग में कविता शब्दों, अर्थों, भावों और विचारों में एक नए संतुलन का परिचय देती रही है। कविता के संबंध में किसी भी प्रकार के मतभेद की गुंजाइश न रखने वाले इस वक्तव्य की पृष्ठभूमि में श्री गुप्त ने नई कविता की कुछ महत्त्वपूर्ण विशेषताओं की ओर संकेत किया है, जो उसे नए संदर्भों में, उनके अनुसार, पूर्ववर्ती कविता से विशिष्ट बनती है। उदाहरण के लिए, उनका कहना है कि नई कविता अनुभूति में व्यक्तिनिष्ठ होकर भी उद्देश्य और दृष्टिकोण में अधिकाधिक सामाजिक है। दूसरी बात वे यह कहते हैं कि नई कविता मूलतः अपनी प्रेरणा का स्रोत अपनी चेतना को मानती है; जबकि पूर्ववर्ती कविता या तो राज्याश्रय प्राप्ति के लिए लिखी जाती थी या किसी धार्मिक सम्प्रदाय के आगे समर्पित होती थी अथवा राजनीतिक मतवाद उसे प्रेरित करते थे।'[२] जहाँ तक नई कविता का सवाल है, उसका समर्पण जीवन के सहज सत्य के आगे ही होता है। तीसरी बात यह है कि नई कविता अपने युग संदर्भों के प्रति

सर्वाधिक चिंताशील है और जीवन के शिव और अशिव पक्ष को समान भाव से स्वीकार करती है, उनका कहना है कि जुगुप्सा, शोक, क्रोध और भय जैसे भाव भी जब कविता के अंतर्गत स्वीकार हैं और रस की सृष्टि करते हैं, तो क्षोभ आदि को क्यों अग्राह्य माना जाए। उन्होंने मराठी के कुछ रस-विवेचकों का उल्लेख करते हुए इसी क्रम में प्रक्षोभ रस की कल्पना भी की है। नई कविता की चौथी विशेषता कथ्य की शक्तिमत्ता के साथ कथन की अकृत्रिमता को उन्होंने माना है।

जहाँ तक श्री गुप्त के इस विवेचन का प्रश्न है, नई कविता के संबंध में उन्होंने जो भी विचार सामने रखे हैं, वे विवादास्पद नहीं है; बल्कि कहा जा सकता है कि हर युग की कविता अपने बारे में इन विचारों को प्रस्तुत कर सकती है और प्रस्तुत करती रही है। ये ऐसे विचार हैं, जो नई कविता के अलावा किसी भी कविता का सत्य बन सकते हैं; क्योंकि प्रत्येक युग की कविता अपने समय की चुनौतियों को झेलते हुए ही सामने आती रही है। जगदीशजी के विचारों में ऐसा कुछ नहीं है, जो नई कविता की किसी ऐसी पहचान को हमारे समक्ष प्रस्तुत करता हो, जो उसे पूर्ववर्ती कविता के साफ-साफ अलग कर सके। अपने इस विवेचन में श्री गुप्त ने नई कविता के बारे में सामान्य कथन ही किया है; किन्तु अपने एक दूसरे निबंध में उन्होंने नई कविता को एक परिभाषा में भी बाँधने का प्रयास किया है। हम उनकी इस परिभाषा को भी देखने का प्रयास करेंगे। अपनी पुस्तक 'नई कविता : स्वरूप और समस्याएँ' में कविता की परिभाषा देते हुए उन्होंने कहा है कि कविता सहज आंतरिक अनुशासन से व्यक्त वह अनुभूतिजन्य सघन लयात्मक शब्दार्थ है, जिसमें 'सह अनुभूति' उत्पन्न करने की यथेष्ट क्षमता निहित रहती है।' इसी क्रम में वे आगे कहते हैं कि 'यथेष्ट शब्द कवि और पाठक दोनों के इष्ट को अपनी अर्थ-व्याप्ति में समाहित किए हुए हैं, क्योंकि मैं कविता के विषय में कवि के निर्णय को ही अंतिम निर्णय न मानकर श्रोता या पाठक द्वारा उसकी मान्यता को अनिवार्य समझता हूँ।'[३]

जगदीश गुप्त ने चूँकि यहाँ कविता की परिभाषा देने का प्रयास किया है और उस परिभाषा को नई कविता संबंधी अपनी मान्यता के चौखटे में बाँधना चाहा है; अतएव उनकी यह परिभाषा चर्चा का विषय बनी है और नए समीक्षकों ने, जो नई कविता के आंदोलन के साथ जुड़े नहीं हैं, उसकी आलोचना की है। डॉ. श्यामबिहारी राय का कहना है कि 'हमारे विचार से इस परिभाषा की सबसे बड़ी सीमा यह है कि छायावादी कवियों तथा चिंतकों ने अनुभूति को केन्द्र में रखकर कविता की जो व्याख्या की थी, उसको किसी भी रूप में यह परिभाषा आगे नहीं बढ़ाती; यद्यपि इसमें 'सह अनुभूति' तथा सघन लयात्मक शब्दार्थ जैसे नए शब्दों के प्रयोग-चमत्कार ऊपर से नवीनता का भ्रम पैदा करते हैं; ... डॉ. गुप्त के विवेचन में इस बात को भी स्पष्ट नहीं किया गया है

कि अपने पूर्ववर्ती चिंतकों द्वारा निरूपित एवं प्रतिपादित अनुभूति का स्वरूप इससे कैसे भिन्न है। यदि यह अनुभूति कोई पृथक् अस्तित्व रखती हैं, तो उसका आधार क्या है, कविता में उसकी परख के लिए किन प्रतिमानों का प्रयोग किया जाना चाहिए, जिससे इसकी नवीनता उजागर हो सके इत्यादि।'[४]

डॉ. गुप्त की परिभाषा पर नामवर सिंह की टिप्पणी और भी विचारोत्तेजक है। उनके अनुसार 'इसमें ऐसी कौन-सी बड़ी बात है, जो किसी पूर्ववर्ती परिभाषा में सुलभ नहीं है। क्या किसी छायावादी को इस परिभाषा से विरोध हो सकता है; यदि नई कविता यही है, तो यही कहा जाएगा कि छायावाद के आगे उसमें अपनी ओर से कुछ भी नया नहीं जोड़ा ... डॉ. जगदीश गुप्त अपनी काव्य-परिभाषा में वह तत्त्व भूल गये, जिसे नई कविता ने हिन्दी काव्य-परम्परा में जोड़ा है, इसी लिए अनुभूति तो उन्हें याद रह गई लेकिन 'सृजनात्मकता' भूल गई।'

श्री जगदीश गुप्त के अलावा नई कविता के बहाने कविता के स्वरूप की चर्चा करने वाले कवि विचारकों में गिरिजाकुमार माथुर, लक्ष्मीकान्त वर्मा तथा विजयदेव नारायण साही का नाम विशेष रूप से लिया जा सकता है। गिरिजाकुमार माथुर श्रेष्ठ कविता के लक्षणों को निरूपित करते हुए कहते हैं कि श्रेष्ठ कविता वही होती है, जो अत्यंत जटिल अनुभवों को अत्यंत सहज और सर्वग्राह्य रूप में व्यक्त करती है; जटिलताओं को पचाकर उसमें से सार्वजनीय सत्य का असल तत्त्व निकालती है।'[५] कहने की आवश्यकता नहीं कि गिरिजाकुमार माथुर की यह परिभाषा भी बदले हुए युग-संदर्भ की कविता का कोई विशिष्ट लक्षण सूचित नहीं करती। उनकी इस परिभाषा को भी किसी भी युग की श्रेष्ठ कविता पर लागू किया जा सकता है। लक्ष्मीकान्त वर्मा नई कविता के स्वरूप को लेकर बहुत स्पष्ट नहीं हैं। नई कविता की विविध परिभाषाओं को लक्ष्य कर कभी-कभी तो उन्हें यह आभासित होता है कि जैसे छायावाद और प्रयोगवाद दोनों को नई कविता में खींचकर लाया जा रहा है। उनका कहना है कि 'नई कविता और छायावाद के बीच जो अर्धचेतन मन में समझौता प्रयोगवाद के रूप में हुआ था, वह सबका सब अब उलटकर आ पड़ा है।'[६] कविता की अपनी परिभाषा देते हुए वे उसे आत्मपरक अनुभूति की रागात्मक अभिव्यंजना मानते हैं। किन्तु यह परिभाषा भी पूर्ववर्ती कविता से नई कविता को बहुत पृथक् नहीं करती। नई कविता के स्वरूप की अथवा इस माध्यम से बदले हुए सन्दर्भ में कविता के स्वरूप की एक विशिष्ट पहचान विजयदेव नारायण साही की व्याख्याओं में अवश्य मिलती है। उनकी मान्यता है कि नई कविता के अंतर्गत न केवल कविता का ऊपरी कलेवर बदला है या नए प्रतीकों या बिम्बों या शब्दावली की तलाश हुई है; बल्कि गहरे स्तर पर काव्यानुभूति की बुनावट में ही परिवर्तन आ गया है; ... चेतना के जो तत्त्व काव्यानुभूति के आवश्यक अंग

दिखते थे, उनमें से कुछ अनुपयोगी या असार्थक दिखने लगे,. कुछ अन्य जो पहले अनावश्यक या विरोधी लगते थे, काव्यानुभूति के केन्द्र में आ गये और कुल मिलाकर काव्यानुभूति और जीवन की काव्येतर अनुभूतियों में जो रिश्ता दिखता था, वह रिश्ता भी बदल गया।'[७]

डॉ. नामवर सिंह ने विजयदेव नारायण साही के इस मत का समर्थन किया है और साही द्वारा की गई अज्ञेय और प्रसाद की तुलना का उल्लेख करते हुए साही के इस मत का भी समर्थन किया है कि किस प्रकार अनुभूति शब्द समान होते हुए भी प्रसाद और अज्ञेय में उसके अर्थ भिन्न-भिन्न हैं और अर्थ की यह भिन्नता कविता के मूलधर्म तथा परिभाषा में भी भिन्नता का कारण बन गई है।'[८] नामवर सिंह के अनुसार नई कविता में व के रूप-ग्रहण की चेष्टा नहीं है, रूप के भाव-ग्रहण की चेष्टा है। यहाँ तथ्य सहसा अर्थ से आलोकित हो उठता है। उनका कहना है कि 'छायावादी काव्य-रचना की प्रक्रिया जहाँ भीतर से बाहर की ओर है, वहाँ नई कविता की रचना-प्रक्रिया बाहर से भीतर की ओर है। एक में रूप पर भाव का आरोपण है, तो दूसरी में रूप का भाव में रूपान्तरण है।'[९] वे आगे कहते हैं कि नई कविता छायावाद के समान ही अनुभूति पर बल देते हुए भी भावों की शाश्वतता के प्रति उतनी आश्वस्त नहीं है। इसी लिए नए कवि अनुभूति से अधिक अनुभूतियों के परिवर्तित संदर्भ पर विशेष बल देते हैं। स्पष्टतः उनका बल रागात्मकता से अधिक रागात्मक संबंधों पर है।[१०] प्रयोगवादी काव्य-चिंतन का परिचय देते हुए अज्ञेय की काव्य मान्यता के अन्तर्गत हम इस तथ्य का उल्लेख कर चुके हैं कि राग वही रहने पर भी किस प्रकार रागात्मक संबंधों की प्रणालियाँ बदल गई हैं।

छायावाद से भिन्न नई कविता के अंतर्गत जिस प्रकार रूप भाव ग्रहण करता है, तथ्य सत्य हो जाता है और अनुभूति निर्वैयक्तिक हो जाती है, उसे स्पष्ट करते हुए विजयदेव नारायण साही ने एक मौलिक स्थापना दी है। उनके अनुसार 'छायावादी कलाकृति मूलतः एक विस्फोट करता हुआ कला रूप है; जैसे केन्द्रीय अर्थ फूटकर चारों ओर क्रमशः विलीन होता हुआ बिखर रहा हो। तीसरे दशक की कलाकृति उसे विस्फोट की तरह नहीं, बल्कि एक लहर की तरह निर्मित करती है – जिस प्रयास में महादेवी से लेकर बच्चन तक के गीत निर्मित होते हैं, नई कविता उस तरंग के रूप को एक स्ट्रक्चर में बदल देती है; जैसे हीरे का क्रस्टल हो। (लघु मानव के बहाने हिन्दी कविता पर एक बहस) साही के कथन पर अपनी समर्थन सूचक टिप्पणी देते हुए नामवर सिंह का कहना है कि औसत नई कविता क्रस्टल या स्फटिक की सघन संरचना के समान है। इसका प्रमाण यह है कि आलोचना में उद्धरण की सुविधा के लिए उससे कोई एक अंश चुनना कविता के साथ अन्याय हो जाता है; और जब भी ऐसा किया जाता है तो कविता की अन्विति की कीमत पर, समग्र अर्थ की कीमत पर।'[११] कुल मिलाकर

कहा जा सकता है कि साही के अनुसार नई कविता अभिव्यक्ति नहीं वरन् निर्मिति है।

नई कविता के स्वरूप की साही के द्वारा की गई व्याख्या, डॉ. नामवर सिंह द्वारा किया गया उसका समर्थन, प्रश्न चिह्नों से रहित हो ऐसी बात नहीं है। परम्परागत काव्यशास्त्र की भूमि पर डॉ. राममूर्ति त्रिपाठी ने उस पर प्रश्न-चिह्न लगाया है। उनके अनुसार यदि नई कविता में सब कुछ संरचना ही संरचना है किसी अन्य विजातीय द्रव्य का वहाँ मिश्रण ही नहीं है, तब तो रस (अनुभूति मात्र) के विपक्ष में कुछ कहने को मिलता नहीं। डॉ. नामवर सिंह ने नई कविता के विवेचन के संदर्भ में अर्थवान् शब्द की बात उठायी है और इस आधार पर रस का विरोध किया है। डॉ. राममूर्ति त्रिपाठी का कहना है कि 'जिस प्रकार रस का विरोध करते हुए उसकी स्वीकृति में अर्थवाद (व्याख्या) की अपेक्षा शर्त के रूप में प्रस्तुत की जाती है, वैसे ही मेरी भी जिज्ञासा है कि ये नव्य समीक्षक जिस (अनुभूति) की बुनावट को हीरे की संरचना से उपमित करते हैं, उसका भी विवरण और समन्वय व्याख्या के आधार पर दें, तभी बात आगे बढ़ सकती है।'[१२]

वस्तुतः नई कविता के व्याख्याताओं की व्याख्याओं की सबसे बड़ी असंगति यह है कि वे सिद्धान्त के स्तर पर अवश्य जटिल और गहरी उपपत्तियाँ करते हैं; किन्तु उदाहरण देकर उन सिद्धान्तों को स्पष्ट नहीं करते। इस कारण उनकी बात एक पहेली बनकर रह जाती है। जैसा कि हम आगे चलकर सहअनुभूति और अर्थ की लय जैसी नई कविता की स्थापनाओं के विवेचन में देखेंगे, वहाँ भी बिना उदाहरण दिये बात कहने की कोशिश की गई है। फिर भी, डॉ. साही का चिंतन इसलिए अधिक ग्राह्य है कि कम से कम उन्होंने गहराई में जाकर नई कविता की बनावट को पूर्ववर्ती कविता से अलग करके दिखाया है; अन्यथा कविता के स्वरूप को लेकर की गयी अन्य कवि समीक्षकों की व्याख्याएँ पूर्ववर्ती कविता से उसके वैशिष्ट्य को निरूपित नहीं कर पातीं। उदाहरण के लिए कुँवरनारायण यदि नई कविता को यथार्थ के प्रति एक प्रौढ़ प्रतिक्रिया मानते हैं (तीसरा सप्तक, वक्तव्य) और केदारनाथ सिंह जब यह कहते हैं कि कविता अपने अनावृत रूप में केवल एक विचार, एक भावना, एक अनुभूति, एक दृश्य और इन सबका कलात्मक संगठन हैं (वही) तो नई कविता के स्वरूप की कोई बहुत समग्र पहचान सामने नहीं आती। प्रगतिवादी समीक्षकों ने भी कुँवरनारायण की भाँति भावुकता का विरोध करते हुए कविता को यथार्थ से जोड़ा है और केदारनाथ सिंह ने तो कविता की केवल बिम्बवादी व्याख्या ही प्रस्तुत की है।

समग्रतः जहाँ तक कविता के स्वरूप का प्रश्न है, आंदोलनधर्मी अतिवादिता को छोड़ दिया जाए, तो नए कवि समीक्षकों के विचार पूर्ववर्ती विचारों से बहुत अलग नहीं मालूम पड़ते। यह एक स्वस्थ तत्त्व है, क्योंकि इससे नई कविता परम्परा से अपना संबंध

जोड़े रहती है। नई कविता के गंभीर रुचि वाले पुरस्कर्ताओं ने अतिवादी रुख नहीं अपनाया है और ऐसी कविता को ही अपना समर्थन दिया है, जो अनुभूति, संवेदना और विचार तीनों के संश्लेष में युग के बदले हुए यथार्थ को स्वीकार करती है और उसके प्रति एक सजग बौद्धिक रुख अपनाती है। यह कहना सही नहीं होगा कि नई कविता और पूर्ववर्ती कविता में कोई अंतर नहीं है और नए कवि समीक्षक उसे पूर्ववर्ती कविता से भिन्न करने में समर्थ नहीं हुए हैं। विजयदेव नारायण साही की स्थापनाएँ महत्त्वपूर्ण हैं, आवश्यकता है उनके व्यावहारिक निदर्शन की।

यहाँ इस तथ्य को भी स्पष्ट कर देना आवश्यक है कि पूर्ववर्ती कविता से नए काव्य के स्वरूप के वैशिष्ट्य का जो प्रतिपादन अज्ञेय ने किया है, अनेक स्थलों पर वह बहुत सारगर्भित और मार्मिक है। अज्ञेय के काव्य-चिंतन को प्रस्तुत करते हुए हम इस तथ्य पर प्रकाश डाल चुके हैं। नए कवि समीक्षकों ने अज्ञेय की कुछ मान्यताओं को स्वीकार भी किया है।

काव्य के तत्त्व

नए काव्य-चिंतन के अंतर्गत काव्य के तत्त्व जैसे प्रश्न पर परंपरागत पद्धति से विचार नहीं किया गया; किन्तु नए कवि चिंतकों के निबंधों में काव्य के तत्त्वों की चर्चा प्रकारान्तर से होती रही है। ऐसा नहीं है कि इन नए कवि चिंतकों ने बदले हुए समय की अपनी कविता के लिए किन्हीं सर्वथा नए तत्त्वों की बात की हो। काव्य के जिन तत्त्वों की चर्चा परम्परा से होती आई है, इन्होंने उन्हीं तत्त्वों को अपने ढंग से व्याख्यायित और विश्लेषित करते हुए नई काव्य-सर्जना के लिए स्वीकार किया है।

भावना, बुद्धि या विचार तथा कल्पना ये तीन तत्त्व ऐसे हैं, जो प्रत्येक युग की कविता के साथ आत्यंतिक रूप से सम्बद्ध रहे हैं; उनके साथ ही वह इन्द्रिय बोध भी है, जिसके माध्यम से कवि संसार से परिचित होता है और जिसकी गहरी छाप उसकी कविता में होती है। यही वे तत्त्व हैं, जिन्हें नए कवि चिंतकों ने भी अपने ढंग से, युग की बदली हुई संवेदनाओं के अनुरूप, अपनी नई व्याख्या से समन्वित करके नई सर्जना के प्रमुख तत्त्वों के रूप में स्वीकार किया है। चूँकि नया युग विज्ञान का युग है और विज्ञान के इस युग में स्वभावतः बुद्धि का प्राबल्य है; अतएव, नए काव्य-चिंतन में इस बुद्धि-तत्त्व की सर्वाधिक चर्चा है। बुद्धि-तत्त्व की चर्चा के क्रम में तथा उसका महत्त्व प्रतिपादित करते हुए प्रायः भावना-तत्त्व की उतनी चर्चा नहीं आयी है और उसे कुछ ने उपेक्षणीय भी माना है। यही बात कल्पना-तत्त्व को लेकर भी कही जा सकती है, जिसके प्रति कतिपय नए समीक्षकों का रुख कठोर रहा है; किन्तु नए कवि चिंतकों में जो गंभीर प्रकृति के हैं और कविता की सही बुनावट से परिचित हैं, वे यह मानकर चले हैं

कि किसी भी कविता के अंतर्गत भावना, बुद्धि तथा कल्पना तीनों तत्त्वों की स्थिति होती है और कविता को उनसे पृथक् नहीं किया जा सकता। प्रतिक्रिया के आवेश में कुछ भी कह दिया जाए; किन्तु, शांत मस्तिष्क से विचार करने पर उन्होंने इन तीनों तत्त्वों की संगति में ही काव्य की स्थिति देखी और प्रतिपादित की है।

सर्वप्रथम हम नई कविता के प्रमुख व्याख्याता जगदीश गुप्त के विचारों का अध्ययन करने का प्रयत्न करेंगे। श्री गुप्त के विचार इस संबंध में काफी उलझे हुए हैं। अपने 'नई कविता में रस और बौद्धिकता' शीर्षक निबंध में उन्होंने रस-प्रक्रिया के संदर्भ में भाव और बुद्धि-तत्त्वों की चर्चा की है। वे यह मानते हैं कि भाव या अनुभूति काव्य का आत्यंतिक तत्त्व है, किन्तु नई कविता आंदोलन के आवेग में वे कविता के इस भाव तत्त्व की उपेक्षा कर नई कविता को पूर्ववर्ती कविता से भिन्न दिखाने के लिए बुद्धि-तत्त्व की व्यापक चर्चा करने लगते हैं। एक ओर वे बुद्धि-तत्त्व की प्रमुखता को रेखांकित करना चाहते हैं, दूसरी ओर यह भी जानते हैं कि भाव-तत्त्व से कविता का संबंध तोड़ा नहीं जा सकता। परिणाम यह होता है कि कुछ भी स्पष्ट नहीं हो पाता कि भावना-तत्त्व और बुद्धि-तत्त्व में वे किसे प्रमुखता देते हैं। काव्य में बुद्धि-तत्त्व की हिमायत करते हुए वे यह बताते हैं कि रस की परंपरागत प्रक्रिया भाव को ही केन्द्र में रखकर चलती है; जबकि नई कविता बुद्धि को असंतुष्ट और स्पर्शहीन रखकर भावों तक नहीं जाना चाहती; भावों और विचारों के परस्पर उलझे हुए सूत्र में वह विचारों के सूत्र खींचकर भावों के सूत्र को छोड़ने का यत्न करती है। यहाँ स्पष्टतः बुद्धि-तत्त्व पर भाव-तत्त्व की अपेक्षा अधिक बल दिया गया है। किन्तु यहीं जगदीश गुप्त अपने एक अन्य निबंध में स्पष्टतः इस बात की घोषणा करते हैं कि तमाम बौद्धिकता के बावजूद भाव ही कविता का मुख्य शील है।'[१३] जब भाव ही कविता का मुख्य शील है, तब बुद्धि-तत्त्व को अतिरिक्त महत्त्व देकर भावों के सूत्र छोड़ने की बात समझ में नहीं आती। ऐसी बातें तो नकेनवादियों ने की हैं, जिनसे नई कविता अपना संबंध स्थापित नहीं करती।

वस्तुतः भाव-तत्त्व को किसी न किसी रूप में नए कवि चिंतकों ने मान्यता दी है। जिस अनुभूति का नए कवि चिंतकों ने विस्तार से विवरण दिया है और जिसे पूर्ववर्ती कविता से विशिष्ट बताया है, उस अनुभूति का संबंध प्रकारान्तर से भाव तत्त्व से ही है। लक्ष्मीकान्त वर्मा का ही यह कथन लें, जिसके अंतर्गत नई कविता की परख की कसौटी बताते हुए वे कहते हैं कि 'जो बात समस्त नई कविता में देखने की है, वह यह कि इसमें अनुभूतियों के प्रति ईमानदारी है या नहीं, अभिव्यक्ति में यथार्थ है कि नहीं, विचारों में विवेक है कि नहीं, भावनाओं में मानवीय वेदना है या नहीं, दृष्टि में व्यापकता है या नहीं ... ।'[१४] तो स्पष्ट होता है कि नई कविता के समूचे नयेपन के बावजूद भावना

और अनुभूति को वे छोड़ नहीं सके हैं, बुद्धि-तत्त्व तथा विचार-तत्त्व की बात भी उन्होंने की है; किन्तु अनुभूति और भावना को नकारा नहीं। यह सच है कि नई कविता में भावना और अनुभूति का रूप पहले जैसा नहीं है; उनमें आवेग और उच्छ्वास भी नहीं है; किन्तु भावना या अनुभूति से कविता मुक्त हो गई, ऐसा नहीं कहा जा सकता और ऐसा नहीं कहा जाना चाहिए। जहाँ तक बुद्धि-तत्त्व की बात है, यह सर्वस्वीकृत है कि नई कविता में उसका रूप बहुत स्पष्ट है। लगभग प्रत्येक नए कवि चिंतक ने बुद्धि-तत्त्व पर बल दिया है। लक्ष्मीकांत वर्मा तो यहाँ तक कहते हैं कि कल्पना भी बुद्धि या विचार के आश्रय में रहती है, कविता में बुद्धि-तत्त्व की प्रबलता को लेकर नई समीक्षा में जो भी तर्क दिये गये हैं, वे इस कारण मान्य हैं कि आज का कवि चाहे भी तो बौद्धिकता से बच नहीं सकता; विचार आज की कविता का एक प्रधान अंग बन गया है। विवाद की स्थिति वहीं आती है, जब भावना-तत्त्व के ऊपर बुद्धि-तत्त्व की प्रतिष्ठा की जाती है; नई कविता के अंतर्गत बुद्धि-रस की बात ऐसे ही उत्साही समीक्षकों के द्वारा की गयी थी।

जहाँ तक कल्पना-तत्त्व का संबंध है, उसके बारे में नई कविता के प्रत्येक समीक्षक ने संतुलित विचार व्यक्त किए हैं। कल्पना-तत्त्व से कविता का संबंध कितना घनिष्ट है, इसे उन्होंने स्वीकार किया है। देखने की बात यही है कि आज के वैज्ञानिक, बुद्धि-प्रधान तथा तर्क-प्रधान युग में कल्पना का रूप वैसा ही नहीं रह गया जैसा कि पूर्ववर्ती कविता में था।

समग्रतः भावना-तत्त्व, विचार-तत्त्व, बुद्धि-तत्त्व तथा कल्पना-तत्त्व, जो परंपरा से कविता के आधारभूत तत्त्वों के रूप में मान्य रहे हैं, नई कविता के अथवा नए काव्य-चिंतन के अंतर्गत भी मान्य हैं। वस्तुतः इन तत्त्वों को छोड़ा भी नहीं जा सकता, युगानुयुग इनका स्वरूप अवश्य बदला है, किन्तु ये आज भी कविता के साथ आधारभूत रूप से जुड़े हुए हैं।

काव्य-विषय

प्रयोगवादी काव्य-चिन्तन का परिचय देते हुए हम इस तथ्य की चर्चा कर चुके हैं कि प्रगतिवाद के उपरान्त सामने आने वाली प्रयोगवादी अथवा प्रयोगशील कविता में किन आधारों पर नए काव्य-विषयों की अवतारणा की गई। प्रयोगवादी काव्य चिंतक अज्ञेय के इस विषय पर बड़े मौलिक विचार हैं, जिनका परिचय हम दे चुके हैं। अज्ञेय ने जहाँ काव्य-विषय और काव्य-वस्तु में अंतर किया है, वह वस्तुतः उनकी मौलिक चिंतना है। यह सही है कि कविता में विषय उतना महत्त्वपूर्ण नहीं होता, महत्त्वपूर्ण होती है वस्तु; अज्ञेय ने इसी बिन्दु पर विषय और वस्तु के अंतर को स्पष्ट किया है। नए विषय में भी पुरानी वस्तु डाली जा सकती है और पुराना विषय भी नई वस्तु के साथ सामने लाया जा

सकता है। प्रश्न दोनों के अंतर्गत निहित दृष्टिकोण संबंध नवीनता का है।

जहाँ तक प्रयोगवादोत्तर समीक्षा का प्रश्न है, उसके अंतर्गत इस मुद्दे पर जहाँ भी चर्चा हुई है, दृष्टिकोण संबंधी नयेपन पर भी विशेष रूप से बल दिया गया है। नए कवि समीक्षकों के अनुसार चूँकि नए कवि का दृष्टिकोण नया है; अतएव, उसकी कविता में नए विषयों और नई काव्य-वस्तु को भी स्थान मिला है। 'दूसरा सप्तक' तथा 'तीसरा सप्तक' तथा इनसे अलग नए कवियों और नए समीक्षकों ने इस मुद्दे पर जब-तब अपनी मान्यताएँ व्यक्त की हैं, जो यह सूचित करती हैं कि नया कवि काव्य-विषय के चुनाव में छायावादी अथवा प्रगतिवादी कवि की तुलना में अधिक उन्मुक्त है; कविता उसके लिए एक ऐसी सत्ता है, जो किसी भी प्रकार के विषय की सीमा में नहीं बाँधी जा सकती। 'तीसरा सप्तक' के कवि केदारनाथ सिंह का कथन है कि 'काव्य के विषयों की सीमा नहीं बाँधी जा सकती। कुछ विषय ऐसे होते हैं, जो प्रत्येक काल की कविता में अपना कलात्मक समाधान खोज लेते हैं; जैसे – जन्म, मृत्यु, प्रकृति, ऋतुएँ आदि। एक सीमा पर जाकर कवि का आत्ममंथन इतना तीव्र हो जाता है कि वह चाहे भी तो इनके बारे में चुप नहीं रह सकता; पर ये विषय चूँकि सर्वयुगीन हैं; अतः इनकी स्थिति जीवन की पृषठभूमि में होती है, कर्म संकुल जीवन में नहीं। उनके समानान्तर एक परिवर्तनशील जीवन चक्र भी होता है, जिसमें जगत के दैनिक सुख-दुख आशा-आकांक्षा संस्कृतियों का आना-जाना नगरों का बनना-मिटना और फसलों के उत्सव चलते रहते हैं। कवि की स्थिति इनके बीच होती है। वह बराबर आगे की तरफ देखता है; पर उन अनुगूँजों, असफल प्रयत्नों, अधूरी प्रार्थनाओं और अज्ञात प्रतिध्वनियों को कभी नहीं भूलता, जो उसके साथ-साथ लगी चली आती है।'[१५]

केदारनाथ सिंह ने यहाँ जिस तथ्य पर बल दिया है, वह यह है कि कुछ काव्य-विषय सनातन होते हैं; जबकि कुछ में समय के साथ-साथ परिवर्तन हुआ करता है। कवि इन विषयों को अपनी संवेदना के अनुसार ग्रहण कर उन्हें ऐसी वस्तु द्वारा अभिव्यक्त करता है, जो उसकी संवेदनाओं के साथ न्याय कर सके। वर्तमान भविष्य और अतीत कोई भी काव्य-विषय के चुनाव के लिए, कवि के लिए वर्जित नहीं है। 'तीसरा सप्तक' के एक दूसरे कवि मदन वात्स्यायन भी काव्य-विषयों का कोई भी बंधन कविता के लिए स्वीकार नहीं करते। जिस प्रकार जीवन को सीमा में नहीं बाँधा जा सकता, उसी प्रकार काव्य-विषयों को भी वे कहते हैं कि 'नई हिंदी कविता नए वातावरण में पुरानी कविता का प्रसार मात्र नहीं; बल्कि एक नया संसार है। ऊषा देवता से लेकर गधे तक, नग्न यौन भावना से लेकर सामाजिक क्रांति तक, देहाती अमराई से कल-पुर्जों तक, अवचेतन से लेकर स्थूल तक, अनुत्तेजित चित्रण तक, इतना व्यापक विस्तार शायद पहले किसी 'वाद' का न हुआ।'[१६]

नई कविता को, सम्बद्ध अन्य कवि समीक्षकों ने भी लगभग समान विचार व्यक्त किए हैं। उनका अधिक जोर इस बात पर है कि कविता में उन्हीं विषयों का चित्रण होना चाहिए, जो कवि की भोगी हुई हो; अनुभूति के दायरे में आती हो। कम से कम कवि का अपने चुने गये विषय से गहराई से परिचित होना आवश्यक है। ऐसी स्थिति में ही कविता प्रामाणिक हो सकती है। धर्मवीर भारती जब यह कहते हैं कि 'जब तक कोई विषय उनके जीवन की अनुभूति की आंतरिक लय से मेल नहीं खाता, तब तक वे उसे नहीं उठाते' (दूसरा सप्तक, पृ. १८०) या जब नागेश्वर लाल यह कहते हैं कि कविता मनुष्य के हर पक्ष से संबंधित है और वह पक्ष यदि कवि का भोगा हुआ है, तो अभिव्यक्ति के योग्य माना जाएगा' (नई कविता-अंक ८), तो वे इसी बात पर बल देते हैं कि कविता में प्रामाणिक अनुभूति का ही चित्रण होना चाहिए।

कतिपय समीक्षकों के अनुसार नई कविता में विषयों का जनवादीकरण हो गया है। नेमिचंद जैन का मत ऐसा ही है। वे लिखते हैं कि हिन्दी कविता के पिछले युग या तो बड़ी-बड़ी भावनाओं की परिकल्पना के युग थे या अधिक से अधिक व्यक्तिगत प्रेम, निराशा की अभिव्यक्ति के; आज जीवन के प्रत्येक पक्ष की, प्रत्येक स्तर की, भावना के हल्के से हल्के उतार-चढ़ाव की काव्य में अभिव्यक्ति होती है; एक प्रकार से कविता का यह जनवादीकरण, ऊँचे सिंहासन से उतार कर उसे गली के मोड़ पर ला खड़ा करना, आज के कवि की नवीनतम विशेषता है।'[१७]

समग्रतः यही कहा जा सकता है कि नया काव्य-चिंतन काव्य में जीवन के वैविध्य के अनुरूप विषयों की विविधता को भी स्वीकार करता है और कविता को किन्हीं खास विषयों में आबद्ध कर देने का अनुरोध करता है; दूसरे, उसका इस बात पर भी बल है कि विषय वही चुने जाएँ, जो अनुभूति के दायरे में आते हों; ये विचार चूँकि विवादास्पद नहीं हैं, अतएव मान्य भी हैं।

काव्य का प्रयोजन

काव्य-प्रयोजन पर परम्परा से विचार होता आया है। यह विचार देश तथा विदेश दोनों ही स्थानों पर समय के अनुसार बदलता भी रहा है। यदि हम काव्य के प्रयोजन संबंधी देश-विदेश के आचार्यों और विचारकों की धारणाओं को देखें, तो स्पष्ट होगा कि उनका सारा विवेचन मुख्यतः दो दिशाओं में हुआ है : एक दिशा उन विचारकों के चिंतन की है, जो काव्य या कला का प्रयोजन काव्य या कला के अतिरिक्त और कुछ नहीं मानते। दूसरे प्रकार के विचारक वे हैं, जो काव्य या कला को जीवन की विस्तृत भूमिका से जोड़कर उसके प्रयोजन की व्याख्या करते हैं। आधुनिक युग में जिस प्रकार मानवीय स्थितियों में तेजी से परिवर्तन हुआ है, देश और विदेश दोनों में ऐसे विचारकों

की संख्या कम हो गयी है, जिनके लिए काव्य या कला का कोई सामाजिक प्रयोजन न हो और जो केवल स्वान्तःसुखाय ही रची जाती हों। अज्ञेय को व्यक्तिवादी जीवन-दृष्टि से युक्त माना जाता है; किन्तु अज्ञेय भी काव्य या कला को स्वान्तःसुखाय रचित नहीं मानते। उनका भी कथन है कि कविता में किसी ग्राहक, पाठक या श्रोता की स्थिति अनिवार्य है। यह सही है कि कविता का एक सौंदर्यशास्त्रीय अथवा साहित्यिक पक्ष भी है और इस रूप में कविता के प्रयोजन का अपना वह आयाम भी है, जिसकी चर्चा भारतीय काव्यशास्त्र में रस और आनंद जैसी भूमिकाओं में की गयी है; किन्तु कविता का यह सौंदर्यशास्त्रीय पक्ष भी अंततः उसके सामाजिक और मानवीय पक्ष से ही जुड़ता है। यही कारण है कि आज काव्य के प्रयोजन की जो भी चर्चा हो रही है, उसमें उसके सौंदर्यशास्त्रीय पक्ष के साथ उसके सामाजिक तथा मानवीय पक्ष का भी आख्यान है।

जहाँ तक नए काव्य-चिंतन में काव्य के प्रयोजन का प्रश्न है, उसके अंतर्गत भी कविता के मानवीय तथा सामाजिक पक्ष को प्रधानता मिली है। नई कविता के पक्ष को प्रस्तुत करते हुए जब नए समीक्षक उसके अंतर्गत नए भाव-बोध, नए मनुष्य की प्रतिष्ठा तथा यथार्थ के प्रति ईमानदारी और जीवन को उसके समस्त शिव-अशिव पक्षों के साथ समग्रता में ग्रहण करने की बात करते हैं, तो सहज ही स्पष्ट हो जाता है कि नए कवि समीक्षक कविता की सामाजिक तथा मानवीय प्रयोजनीयता के प्रति आग्रहशील हैं। पूर्ववर्ती कविता से नई कविता के वैशिष्ट्य को प्रतिपादित करने के क्रम में जगदीश गुप्त ने भले ही अनेक मुद्दों पर अतिवादी वक्तव्य दिये; किन्तु कविता के मानवीय स्वरूप पर उनकी निष्ठा नहीं है, ऐसा नहीं कहा जा सकता। नई कविता संबंधी अपने एक निबंध में उन्होंने कविता को मानवीय चेतना की अर्थपूर्ण अभिव्यक्ति का श्रेष्ठतम रूप, मनुष्य मात्र की मातृभाषा कहा है और उसे जीवन के गहन पहलुओं से जुड़ने वाला भी बताया है। कविता के बारे में तथा उसके प्रयोजन के बारे में यह एक ऐसा मत है, जिसे अस्वीकार नहीं किया जा सकता। कविता को जीवन की समग्रता को अभिव्यक्त करने वाला मानकर भी उन्होंने उसकी इसी मानवीय तथा सामाजिक भूमिका का आख्यान किया है।'[१८] अपने एक अन्य निबंध में श्री गुप्त ने यह कहते हुए कि कविता देशकाल सापेक्ष होती है, कविता का उद्देश्य मनुष्य को सुसंस्कृत करना बताया है। सर्वेश्वरदयाल सक्सेना ने काव्य के अनेक प्रयोजनों की ओर इंगित किया है, जिनमें सबसे महत्त्वपूर्ण बात यह है कि वे कविता को सामाजिक विषमताओं से लड़ने के हेतु एक अस्त्र के रूप में स्वीकार करते हैं। उन्होंने कहा है कि यदि साहित्य के क्षेत्र में स्वार्थपरता, असत्य, चापलूसी आदि का धन्धा न अपनाया गया होता और साहित्यकारों ने अनुभव-प्रवण लोकजनीन वास्तव जीवन अपनाया होता, तो वे कविता न लिखते, तब वे उन साहित्यकारों की प्रशस्ति लिखते 'जिन्होंने अपने साहित्य को गौरव प्रदान

करने के लिए और उसे विराट, व्यापक रूप देने के लिए सच्चे ईमानदार साहित्यिक के रूप में जीवन के संघर्षों के आगे सीना ताना होता, जिन्होंने वर्तमान राजनीतिक, सामाजिक, आर्थिक सभी क्षेत्रों में जर्जर परम्पराओं, रूढ़ियों और विघटित मूल्यों से लोहा लिया होता।'[१९] प्रकारान्तर से यहाँ कविता के महत् उद्देश्यों की ही चर्चा है। अन्य नए कवि समीक्षकों ने भी कविता की प्रयोजनीयता के संबंध में इसी प्रकार के सामाजिक दृष्टिकोण को स्वीकार किया है। किसी ने उसकी सार्थकता नए मूल्यों के अन्वेषण में मानी है, किसी ने उसे मानवीय नियति के प्रति जिम्मेदार होनेवाला कहा है और किसी ने उसे प्रबुद्ध मनुष्यता में साझेदारी का न्यौता देने वाला स्वीकार किया है। कविता के प्रयोजन के संबंध में ये धारणाएँ सुस्पष्ट और सुविचारित हैं। जैसा कि हम कह चुके हैं कि नए कवि समीक्षकों ने कविता की कलावादी व्याख्याएँ नहीं की हैं। कविता का एक सौंदर्यशास्त्रीय पक्ष है और उससे यह अपेक्षा अवश्य की जाती है कि वह इस सौंदर्यशास्त्रीय शर्तों को पूरा करे; किन्तु कविता मात्र कविता तक ही सीमित रहे, उससे आगे जाकर मानवीय जीवन की अर्थवत्ता का उद्घाटन न करे, नए समीक्षकों को यह स्वीकार नहीं है। समग्रतः प्रयोगवादी काव्य-चिंतन की तुलना में प्रयोगवादोत्तर नए काव्य-चिंतन में कविता की प्रयोजनीयता का क्षेत्र न केवल व्यापक और विस्तृत हुआ है, वरन् मानवीय और सामाजिक भी हुआ है। प्रगतिवादी काव्य-चिंतन के अंतर्गत भी कविता की प्रयोजनीयता को मानवीय जीवन के उच्चतर मूल्यों से जोड़ा गया है और इसी प्रकार नया काव्य-चिंतन भी उसकी इस प्रकार की प्रयोजनीयता का हिमायती है।

रस : रसानुभूति और सह अनुभूति

नए काव्य-चिंतन का जो स्वरूप नए कवि समीक्षकों के नाना वक्तव्यों से उभरकर सामने आया है, उसके बारे में सामान्यतः एक धारणा यह है कि वह परम्परागत काव्य-दृष्टि के संपूर्ण निषेध पर आधारित है। अपने अब तक के विवेचन में हमने देखा है कि अनेक आयामों पर नए काव्य-चिंतन ने जहाँ परंपरागत दृष्टि से सहमति सूचित करते हुए नए प्रस्थान बिन्दु लिए हैं, वहाँ ऐसे भी अनेक मुद्दे हैं, जहाँ नया काव्य-चिंतन परम्परागत दृष्टि में विस्तार करता हुआ प्रतीत होता है। जहाँ तक रस संबंधी परम्परागत प्रतिमान का प्रश्न है, नई कविता के प्रति दिलचस्पी रखने वालों की एक सामान्य धारणा है कि नया काव्य-चिंतन पूर्णतः रस का विरोधी है और रस के स्थान पर उसने बौद्धिकता को प्रतिष्ठित किया है। यद्यपि इस धारणा के आधार हमें नए कवि समीक्षकों के अनेक वक्तव्यों में प्राप्त होते हैं और उसे बिल्कुल बेबुनियाद नहीं कहा जा सकता; तथापि यह कहना सही नहीं होगा कि नए काव्य-चिंतन में रस का अर्थात् भाव या अनुभूति का

बिल्कुल तिरस्कार है। नए काव्य-चिंतन के पूर्व उसकी एक सुदृढ़ भूमिका हमें प्रयोगवादी काव्य-चिंतन में उपलब्ध होती है; कम से कम कुछ मुद्दों पर नए कवि समीक्षकों ने प्रयोगवादी चिंतन को उदार और व्यापक बनाया है। इस प्रयोगवादी काव्य-चिंतन का विवेचन करते हुए रस संबंधी प्रयोगवादी दृष्टि की चर्चा के अंतर्गत हम दिखा चुके हैं कि और तो और, स्वयं अज्ञेय भी रस का पूर्ण निषेध नहीं करते। उन्होंने नए युग संदर्भों में रस की परम्परागत मान्यता को अपर्याप्त बताते हुए जहाँ युगानुरूप उसमें संशोधन किए हैं, अनेक मुद्दों पर नए प्रस्थान-बिन्दु ग्रहण किए हैं, उसे नकारा भी है, वहाँ दूसरे अनेक मुद्दों पर उन्होंने उसे स्वीकृति भी दी – कम से कम रस का सम्पूर्ण निषेध अज्ञेय में भी नहीं है। यही बात नए काव्य-चिंतन के विषय में भी कही जा सकती है, जिसके अंतर्गत परम्परागत रस-दृष्टि को विवेचन का विषय बनाते हुए उसके प्रति कहीं अस्वीकार एवं कहीं किंचित् परिष्कार के साथ उसके स्वीकार की वृत्ति अपनायी गई है। नए काव्य-चिंतकों में जो वस्तुतः परम्परागत रस-दृष्टि को समझ सके हैं, रस के प्रति एक विशेष प्रकार की प्रश्नाकुल दृष्टि का ही प्राधान्य है। उन्होंने रस-दृष्टि को स्वीकार या अस्वीकार करने से अधिक महत्त्व इस बात को दिया है कि उसे भली भाँति समझा जाए; उस पर प्रश्न-चिह्न लगाए जाएँ, उनके उत्तर खोजे जाएँ और तब उसके विषय में कोई अंतिम धारणा बनायी जाए। जगदीश गुप्त, विजयदेव नारायण साही एवं लक्ष्मीकान्त वर्मा ने रस के प्रति यही दृष्टिकोण अपनाया है। इनमें भी जहाँ विजयदेव नारायण साही और लक्ष्मीकान्त वर्मा आदि अपनी बातों में अधिक स्पष्ट है, वहाँ, बावजूद इस तथ्य के, रस पर पूरी समझ के साथ सबसे अधिक जगदीश गुप्त ने लिखा है। जगदीश जी अनेक स्थलों पर अपने ही तर्कों में उलझ गये हैं और अंतर्विरोधी वक्तव्य भी दे गये हैं; फिर भी, जगदीश गुप्त का प्रयास नए संदर्भों में रस को देखने का महत्त्वपूर्ण प्रयास है। रस के प्रति सम्पूर्ण स्वीकार अथवा सम्पूर्ण अस्वीकार से ज्यादा महत्त्वपूर्ण बात उसे समझने और उसकी चुनौतियों का सामना करने की है; इस बात पर सबसे अधिक बल विजयदेवनारायण साही ने दिया है। उनके अनुसार 'अधिकांशतः आज के लेखकों और आलोचकों की धारणा या आदत पड़ती जा रही है कि रस-सिद्धांत पर बहस बंद हो जानी चाहिए और लगभग प्रच्छन्न रूप से सब सहमत होते जा रहे हैं कि अब फायदा नहीं निकलेगा। 'रस' कहने से जो सहसा साहित्यिक रुचि की प्रतीति होती है, उससे मैं निश्चय ही अपने मत को भिन्न पाता हूँ। लेकिन विचारों को उत्तेजित करने के लिए इस शास्त्र से उलझना आवश्यक है। प्रच्छन्नतः यह मान्यता विद्यमान है कि आज का लेखक या विचारक आधुनिक साहित्य पर ही विचार करेगा, प्राचीन पर नहीं। यदि प्राचीन के लिए रस-सिद्धांत जरूरी है, तो फलतः दो रुचियाँ सामने आती हैं; यानी जब कालिदास को पढ़ें, तो रस-सिद्धांत लागू करें और लक्ष्मीकांत वर्मा को पढ़ें, तो आज की रुचि लागू करें। यह

अवसरवादिता साहित्यिक रुचि से बहिष्कृत करना बहुत जरूरी है।'[२०]

रस के विषय में, विशेषकर आज के संदर्भों में यह एक सही दृष्टि है और नए काव्य-चिंतन में तत्त्वतः इसी का अनुसरण हुआ है। जब तब कुछ लोगों ने अतिवादी रुख अपनाए हैं; किन्तु गंभीर दृष्टि यही है कि 'यदि हिन्दी में आज काव्य के नए प्रतिमान बनाते समय इंग्लैण्ड अमेरिका की नव्य आलोचना से सहायता ली जा रही है, तो फिर अपनी परम्परा के रस-सिद्धांत ने ही क्या बिगाड़ा है।'[२१] प्रश्न है कि काव्य के वस्तुगत स्वरूप को समझने की दिशा में प्रयास हो। साही ने तो कहा है कि गौण प्रश्नों को छोड़कर आगे आने की जरूरत है; कविता के ढाँचे की ओर जाने की आवश्यकता है। आवश्यकता है काव्य की आत्मा को कवि में न खोजकर शब्दार्थमूलक काव्य में खोजने की।[२२] डॉ. रघुवंश ने भी इस तथ्य का उल्लेख किया है कि भारतीय काव्यशास्त्र सदैव से वस्तुपरक चिंतन, रूपवादी विश्लेषण पर बल देता रहा है। उसमें न कभी भाववाद तथा प्रभाववाद को महत्त्व मिला है और न किसी विधेयवाद को। सौंदर्य को सूक्ष्म से सूक्ष्म तत्त्व माना गया। उसे अद्वैत और शाश्वत स्वीकार किया गया। उसे ब्रह्मानंद सहोदर आनंद तत्त्व भी माना गया पर विचार करते समय उसे केवल व्यक्तिपरक या भावमूलक नहीं माना गया। कैसा ही सूक्ष्म क्यों न हो, पर काव्य के अनुभव पर विचार वस्तुगत रूप में ही किया गया। काव्य को, रचना को, सदा अपने आप में पूर्ण और स्वतंत्र मानकर उस पर विचार किया गया, न तो उसे रचनाकार के व्यक्तित्व से सम्बद्ध करके देखा गया और न उस पर सामाजिक युगीन अथवा अन्य किसी प्रकार की प्रतिक्रिया के रूप में विचार किया गया। संस्कृत काव्यशास्त्र के इस वस्तुनिष्ठ और रूपपरक दृष्टिकोण के हम निकट हैं, वह हमारी साहित्य चिंतन की परम्परित दृष्टि है; अतः काव्य के संरचनात्मक संगठन की रूपगत व्याख्या का आधुनिक आधार संस्कृत काव्यशास्त्र से सहज ही प्राप्त किया जा सकता है, उसमें इसकी पूरी संभावना निहित है।[२३]

कहने का तात्पर्य यह है कि नए काव्य-चिंतकों ने परम्परागत प्रतिमानों, रस आदि को पूरी तर नकारा नहीं है; उन्होंने नए संदर्भों में परम्परागत प्रतिमानों को नए आयामों तक विकसित करने का प्रयास किया है। उनका विरोध परम्परागत प्रतिमानों के प्रति श्रद्धाभाव रखने वाले उन समीक्षकों से है, जो युग के बदले हुए संदर्भों के अनुरूप उन परम्परागत प्रतिमानों को युगानुरूप संशोधित, परिवर्द्धित, स्वीकृत या अस्वीकृत करने के स्थान पर ज्यों का त्यों नई रचनाशीलता पर लागू करना चाहते हैं।

अब हम परम्परागत रसानुभूति के विरोध में डॉ. जगदीश गुप्त की उस स्थापना की चर्चा करेंगे, जिसे उन्होंने 'सह अनुभूति' का नाम दिया है। स्पष्ट है कि डॉ. जगदीश गुप्त ने 'सह अनुभूति' संबंधी अपनी इस स्थापना में भाव या रस की सत्ता को पूरी तरह नकारा नहीं है। उनका प्रयास एक ऐसी स्थिति की खोज की ओर है, जो नई

रचनाशीलता के संदर्भ में सार्थक कही जा सके। 'सह अनुभूति' की अपनी मान्यता को प्रस्तुत करने से पहले आवश्यक था कि परम्परागत रसानुभूति की असक्तता का प्रतिपादन किया जाए। रसानुभूति की यह असक्तता श्री गुप्त के अनुसार नई कविता के संदर्भ में सहज ही उद्घाटित हो उठती है। पूर्ववर्ती कविता से नई कविता को अलग करते हुए उन्होंने कहा है कि 'नई कविता जीवन को एक विशेष प्रकार से देखती है। विचार करने पर ज्ञात होता है कि प्रकृत्या यह दृष्टि ऋषि-दृष्टि है। इस स्थापना का अभिप्राय यह नहीं है कि नई कविता के कवि, कवि न होकर ऋषि हैं। यहाँ ऋषि-दृष्टि से तात्पर्य उस निर्भीक सत्यान्वेषी दृष्ट से हैं, जो सुन्दर-असुन्दर, मधुर-तिक्त, रुचिर-कटु, सरल-जटिल, बहिरंतर वैविध्यमय एवं अनेकमुखी जीवन को समग्र रूप में स्वीकार करते हुए हर वास्तविकता को विवेकयुक्त तटस्थ भाव से देखती है। ऐसी दृष्टि एकदेशीय न होकर सार्वभौमिक होती है।'[२४] नई कविता की इस दृष्टि को उन्होंने तथ्य तक पहुँचने की एक विद्या कहा है और उसके लिए गहरे आत्ममंथन और अनुभव की परिपक्वता पर बल दिया है। नई कविता की इस दृष्टि को विशेष रूप से रेखांकित करते हुए श्री गुप्त का कहना है कि 'किसी नए तथ्य या अर्थ के उपलब्ध होने पर वह उससे अभिभूत तो होती है; पर आच्छन्न नहीं। उसकी सबसे प्रमुख विशेषता यह है कि वह बड़ी से बड़ी अनुभूति को प्रगाढ़ आत्म-विश्वास के साथ, बिना अपने व्यक्तित्व को बिखराए या विचलित-प्रज्ञ हुए, धारण करने की क्षमता रखती है।'[२५] यही नहीं, 'नई कविता ऐसी विद्या में विश्वास रखती है, जो प्रज्ञा को विचलित किए बिना विवेक की जाग्रत अवस्था में भावक को यथार्थ अनुभूति के तल तक पहुँचा देने की क्षमता रखती हो।'[२६]

इसी बिन्दु पर डॉ. जगदीश गुप्त ने रसानुभूति से अपना अलगाव सूचित किया है। रसानुभूति के विपरीत नई कविता की इस भावानुभूति को उन्होंने 'सह अनुभूति' की संज्ञा दी है और रसानुभूति की तुलना में उसके वैशिष्ट्य को इन शब्दों में रेखांकित किया है कि इसमें रसानुभूति की तरह व्यक्तित्व और विवेक का परिहार होना आवश्यक नहीं है। कवि और भावक दोनों के व्यक्तित्वों के 'सह अस्तित्व' में अनुभूति की प्रेषणीयता संभव होने के कारण इसे 'सह अनुभूति' कहना न निराधार है न अनुपयुक्त।[२६] कुल मिलाकर अपने उक्त कथन में डॉ. गुप्त ने रसानुभूति की तीन मुख्य विशेषताएँ सूचित की हैं : (१) बड़ी से बड़ी अनुभूति को बिना अपने व्यक्तित्व को बिखराये धारण करने की क्षमता, (२) प्रज्ञा को विचलित किए बिना विवेक की जाग्रत अवस्था में भावक को यथार्थ अनुभूति के तल तक पहुँचाना, (३) व्यक्तित्व और विवेक का परिहार हुए बिना कवि और भावक दोनों के व्यक्तित्वों का सह अस्तित्व । परम्परागत रसानुभूति में ऐसा नहीं होता। इस कारण उसे नई रचनाशीलता का प्रतिमान नहीं माना जा सकता। रसानुभूति में अनुभूति काल में अपने व्यक्तित्व के संबंध की भावना का

परिहार हो जाता है। रसानुभूति का दूसरा लक्षण है किसी भाव के आलंबन का सहृदय मात्र के साथ साधारणीकरण अर्थात् उस आलम्बन के प्रति सारे सहृदयों के हृदय में उसी भाव का उदय।

रसानुभूति में तथा साधारणीकरण में, विशेषतः उनके संबंध में किएगये प्राचीन चिंतन में, कुछ असंगतियाँ थीं, जिन्हें आचार्य शुक्ल ने लक्ष्य किया था और इसी लिए उन्हें रसानुभूति को कोटियों में विभाजित करने की आवश्यकता पड़ी थी। वे जानते थे कि प्रत्येक कविता ऐसी नहीं होती, जिसके साथ भावक के व्यक्तित्व का परिहार हो जाए। यही कारण है कि उन्होंने रस की एक मध्यम कोटि की कल्पना की। उनके द्वारा बताई गई यह मध्यम कोटि वह है, जिसे शुक्ल जी ने रस की नीची अवस्था कहा है। वे लिखते हैं 'रस की एक नीची अवस्था और है जिसका हमारे यहाँ के साहित्य ग्रंथों में विवेचन नहीं हुआ है। उसका भी विचार करना चाहिए ... यह दशा भी एक प्रकार की रस दशा ही है; यद्यपि इसमें आश्रय के साथ तादात्म्य और उसके आलम्बन का साधारणीकरण नहीं रहता; ... यह प्रभाव भी रसात्मक ही होगा। पर इस रसात्मकता को हम मध्यम कोटि की ही मानेंगे।[२७] इस प्रकार शुक्ल जी ने व्यक्तिनिष्ठ अनुभूति को मध्यम कोटि की रसानुभूति माना है।

डॉ. गुप्त के अनुसार शुक्ल जी यह भी स्वीकार करते हैं कि शील विशेष के परिज्ञान से उत्पन्न अनुभूति और आश्रय के साथ तादात्म्य दशा की अनुभूति (जिसे आचार्यों ने रस कहा है) दो भिन्न कोटि की रसानुभूतियाँ हैं। प्रथम में श्रोता या पाठक अपनी पृथक् सत्ता सँभाले रहता है, द्वितीय में अपनी पृथक् सत्ता कुछ क्षणों के लिए विसर्जन कर आश्रय की भावात्मक सत्ता में मिल जाता है। कहने का मतलब यह है कि शुक्लजी यह जानते थे कि रसानुभूति की एक ऐसी कोटि है, जिसमें श्रोता या पाठक अपनी पृथक् सत्ता सँभाले ही रहता है। ऐसी स्थिति में सह-अनुभूति जैसी स्थापना के लिए रास्ता खुल जाता है, रसानुभूति में मध्ययुगीन आचार्यों ने अपने चिंतन का समावेश कर उसे एक ऐसे पैटर्न का रूप दिया है, जो जीवन की विविधता को स्वीकार न कर उसे सीमित करता है; अर्थात् जैसी धारणा उस युग में थी, उसके अनुरूप नायक-नायिका को श्रेष्ठ जाति, वंश, रूप, शील, गुण आदि से विभूषित करके एक पैटर्न खड़ा किया गया।[२८]

जहाँ तक नई कविता का प्रश्न है, श्री गुप्त का कथन है कि नई कविता में इस पैटर्न को तोड़ा गया है। शुक्ल जी कुरूप पात्र के प्रति अनुराग को रस-क्षेत्र से बाहर की चीज बताते हैं; जबकि श्री गुप्त कहते हैं कि रस-क्षेत्र के बाहर वह भले ही हो, पर जीवन के बाहर तो नहीं कहा जा सकता। चूँकि आधुनिक युग व्यापक मानवीय दृष्टि वाला युग है और उसके अंतर्गत रचित नई कविता जीवन को उसकी समग्रता में

स्वीकार करती है। अतएव, रसानुभूति का रूढ़िबद्ध स्वरूप अपने आप उद्घाटित हो गया है। इसी बिन्दु पर डॉ. गुप्त ने कहा है कि 'इस प्रकार रसानुभूति की अपेक्षा 'सह अनुभूति' अधिक मानवीय स्तर पर प्रतिष्ठित दिखाई देती है। आत्म-विलयन आनंद और भावावेग के परिपाक की दृष्टि से रसानुभूति अवश्य ही उत्कृष्ट कोटि की कही जाएगी; परन्तु मानवीयता के विचार से सह अनुभूति को उससे उत्कृष्ट मानना ही विवेक संगत दिखाई देता है।'[२९]

यदि रसानुभूति की परम्परागत मान्यता को स्वीकार किया जाएगा, तो आधुनिक युग में रचित तमाम श्रेष्ठ काव्य श्रेष्ठ काव्य की संज्ञा पा ही नहीं सकेगा। आचार्य शुक्ल छायावादी कविता को अपनी सहानुभूति और समर्थन इसी लिए नहीं दे सके कि वह उनकी रस-दृष्टि की सीमा में नहीं आता था, उनकी रस-दृष्टि आख्यानक काव्यों के अतिरिक्त प्रगीत मुक्तकों के वैशिष्ट्य को रेखांकित कर पाने में असमर्थ है। आज का युग वैज्ञानिक युग है, जिसमें नई-नई जटिलताएँ हैं। आजकल बड़े काव्यों के स्थान पर मुक्तक कविताओं का युग भी है। रसानुभूति की परिधि में आज का अधिकांश काव्य आ ही नहीं सकता। आज का रचनाकार बुद्धि को भी महत्त्व देता है और आज का भावक भी अपने बौद्धिक व्यक्तित्व के प्रति पूरी तरह सजग है। रसानुभूति जिस प्रकार कवि और भावक के व्यक्तित्वों के परस्पर विलयन की बात करती है, कदाचित् न तो आज के कवि के लिए स्वीकार्य होगा और न भावक के लिए। डॉ. गुप्त ने विस्तार पूर्वक रसानुभूति की असंगतियों का उद्घाटन किया है। उन्होंने इस संदर्भ में डॉ. राम खेलावन पांडेय के इस कथन से समर्थन लिया है कि रस-दृष्टि ही समग्र काव्य-दृष्टि नहीं है।[३०]

आज आधुनिक परिवेश की जटिलताओं से जूझता हुआ कवि केवल रसोद्रेक कराने के लिए ही कविता नहीं लिखता। उसका लक्ष्य यह होता है कि वस्तु-स्थिति को देखकर जो भाव और संवेदना उसके हृदय में उत्पन्न हुई है, वैसी ही संवेदना और वैसा ही भाव पाठक के मन में भी उत्पन्न हो। उसकी यह संवेदना नाटकीय न होकर वास्तविक होती है और उसे वास्तविकता के स्तर पर न लेना अन्याय होगा। इस प्रकार कविता का क्रियात्मक प्रभाव रसानुभूति के स्तर का न होकर सह अनुभूति के स्तर का होगा।

दूसरी महत्त्वपूर्ण बात यह है कि रसानुभूति में जहाँ केवल भाव-विस्तार ही अभीष्ट रहता है, वहाँ 'सह अनुभूति' के लिए भाव और दृष्टिकोण दोनों का विस्तार अपेक्षित है।[३१] आज के कवि कर्म को व्याख्यायित करते हुए श्री गुप्त ने कहा है कि नई कविता जीवन की गंभीरता को वहन करने में किसी प्रकार भी पूर्व परिचित काव्यों से हीन नहीं है; प्रत्युत वह मनुष्य की सहज अनुभूतिशील एवं वास्तविक व्यक्तित्व को उद्घाटित करने में अधिक सक्षम है। अपनी रचनाओं से इसकी प्रतीति करा देना आज के कविकर्म की सर्वप्रमुख आवश्यकता है।[३२]

कुल मिलाकर रसानुभूति की असक्तता और सह अनुभूति के सामर्थ्य के विषय में जगदीश गुप्त का यही पक्ष है, जिसे हमने वस्तुपरक रूप में विस्तार के साथ प्रस्तुत किया है। जैसा कि हम प्रारंभ में कह चुके हैं श्री गुप्त परम्परागत चिंतन के प्रति अनुदार नहीं हैं; किन्तु नई रचनाशीलता का पक्ष प्रस्तुत करते हुए, एक नई स्थापना देने के आवेश में वे अनेक स्थलों पर अपने ही तर्कों में उलझ गये हैं और कुछ ऐसी मान्यताएँ व्यक्त कर गए हैं जो न केवल अंतर्विरोधग्रस्त हैं; वरन् पूरी तरह सही भी नहीं हैं।

डॉ. गुप्त ने रसानुभूति में व्यक्तित्व के विलयन की बात की है और इसी कारण उसे आज की रचनाशीलता के संदर्भ में अहेतुक ठहराया है। सह अनुभूति में उन्हें कवि और भावक के व्यक्तित्व में सह अस्तित्व की कल्पना की है; अर्थात् उसमें कवि अपना व्यक्तित्व सँभाले रहता है और भावक अपना व्यक्तित्व। ऊपर से देखने पर उनकी यह बात बहुत प्रभावशाली प्रीतत होती है; किन्तु पूछा जा सकता है कि सह-अनुभूति की जो यह विशेषता उन्होंने बताई है कि उसके अंतर्गत कवि भावक के मन में वैसी ही संवेदना और वैसे ही भाव उत्पन्न करना चाहता है, जैसे उसके अपने मन में उत्पन्न हुए हैं, तो समझ में नहीं आता कि कवि और भावक के व्यक्तित्वों के सम्मिलन के बिना ऐसे कैसे संभव हो सकता है। हमारे मन में उत्पन्न होने वाले भाव और कवि के मन के भाव एक हों, कवि हमारे मन में इस प्रकार का भाव उत्पन्न करने में सफल हो जाए और दोनों अपने-अपने व्यक्तित्वों को अलग-अलग सहेजे भी रहें, ऐसा कैसे हो सकता है? दोनों के मन का एकीकरण भले ही वह कुछ ही क्षणों का क्यों न हो, क्या उस क्षण में दोनों के व्यक्तित्वों के एकीकरण के बिना संभव है? क्या व्यक्तित्व मन की वृत्तियों से भिन्न कोई अन्य वस्तु है? मन की स्थितियों का समान होना ही व्यक्तित्व की स्थितियों का समान होना ही है। या तो श्री गुप्त अपनी बात स्पष्ट नहीं कर पाये हैं या फिर उनके तर्कों में ही कोई असंगति है। वस्तुतः आधुनिक युग के प्रभाववश बुद्धि-तत्त्व के प्रति और इस नाते बौद्धिक व्यक्तित्व के प्रति विशेष सजग श्री गुप्त ऐसा कह गये हैं।

रसानुभूति के पैटर्न की उनकी बात सही है। यह सच है कि रसानुभूति का सही निदर्शन आख्यानक काव्यों में ही हो सकता है; यह भी सही है कि रसानुभूति की परम्परागत दृष्टि मुक्तक शैली में रची जाने वाली श्रेष्ठ कविताओं के साथ न्याय नहीं कर पाती; किन्तु इस बात को कहने के लिए आचार्य शुक्ल के रस-चिंतन को इतना अधिक प्रश्न चिह्नों से ग्रस्त करने की आवश्यकता नहीं थी। शुक्ल जी स्वयं कहते हैं कि बहुत-सी कविताएँ रस कोटि तक न पहुँच कर भाव की कोटि तक पहुँच कर ही रह जाती है, यह रस की मध्यम अवस्था है। ऐसी कविताओं को उन्होंने हीनकाव्य की संज्ञा नहीं दी है। जहाँ तक नई कविता का प्रश्न है, यदि उनके संदर्भ में विचार करें, तो

उसमें भी भाव की कोटि तक पहुँची रचनाएँ मिलेंगी; उन्हें रस की कोटि तक पहुँचा हुआ सिद्ध करने के लिए आचार्य शुक्ल के रस-चिंतन की इतनी अधिक आलोचना अपेक्षित नहीं थी; फिर भी, यहाँ श्री गुप्त के विचार इस कारण मान्य हैं कि उन्होंने नई रचनाशीलता के संदर्भ में परम्परागत रस-दृष्टि की सीमा को प्रस्तुत किया है।

ध्यानपूर्वक देखा जाए तो श्री गुप्त का सारा प्रयास नई रचनाशीलता के बौद्धिक संदर्भ के फलस्वरूप ग्रहण करने वाले नए रूप के औचित्य का प्रतिपादन करने के लिए है। रसानुभूति पर उनका सारा आक्रोश इसी बात को लेकर है कि वह व्यक्तित्व के विलयन की माँग करती है; जबकि अपने व्यक्तित्व के प्रति सजग श्री गुप्त इसे स्वीकार नहीं करते। अपने अन्य निबंधों में जहाँ भी उन्होंने रस का खंडन किया है, वह इसी आधार पर किया है कि नई रचनाशीलता के बौद्धिक पक्ष का बचाव किया जा सके। हमने उनके विचारों में जिस अंतर्विरोध की चर्चा की है, वह इसी की उपज है। 'नई कविता में रस और बौद्धिकता' शीर्षक निबंध में वे कहते हैं कि 'नई कविता बौद्धिकता की छाया में विकसित हुई है।' नई कविता की विशेषता को बताते हुए वे कहते हैं कि नई कविता बहुधा विचारों को छोड़ नहीं पाती; क्योंकि बुद्धि को असंतुष्ट और स्पर्शहीन रखकर वह भावों तक जाना नहीं चाहती; नए युग का सतर्क वातावरण उसे ऐसा नहीं करने देता। भावों और विचारों के परस्पर उलझे हुए सूत्रों में वह विचारों के सूत्र खींचकर भावों का सूत्र छोड़ने का यत्न करती है।[३३] इस स्थल पर डॉ. श्यामबिहारी राय का यह कहना सही है कि यहाँ लगता है कि डॉ. गुप्त रसानुभूति और बौद्धिकता को एक दूसरे के विरोध में देखते हैं। कहीं-कहीं तो उनके वक्तव्यों में इतना अंतर्विरोध मिलता है कि पाठक को निष्कर्ष निकालना मुश्किल जान पड़ता है ... यह सत्य है कि प्रत्येक अनुभूति अथवा अनुभूति मात्र रस नहीं; और काव्य भी नहीं; लेकिन 'सह अनुभूति' भी तो काव्य नहीं है। वह भी मात्र अनुभूति ही है। यहीं तक हो तो गनीमत है; लेकिन जब गुप्त जी 'अकविता' का विरोध करते हुए उसमें मनुष्य-मनुष्य के बीच संयोजक तत्त्वों का संधान करने के लिए आगे बढ़ते हैं और भाव को कविता का शील निरूपित करते हैं, तो उनके उपर्युक्त निष्कर्षों के साथ इसका सामंजस्य स्थापित करना कुछ कठिन लगने लगता है। फिर आगे जब वह इस प्रकार का निष्कर्ष देते हैं कि तमाम बौद्धिकता के बावजूद यह सत्य है कि 'संवेदनीयता या भावशीलता की रक्षा के बिना कविता का कविता रहना संभव नहीं है',[३४] तो पाठक चौंक जाता है और अंत में यही निर्णय लेना पड़ता है कि 'सह अनुभूति' का सिद्धांत रसानुभूति के 'तादात्म्य' शब्द से बचने के लिए ही आविष्कृत किया गया था।'[३५] डॉ. राय ने इसी स्थल पर डॉ. नगेन्द्र का एक उद्धरण दिया है, जिसका समर्थन हम भी करते हैं। डॉ. नगेन्द्र के अनुसार यह ठीक है कि रसानुभूति की स्थिति में आत्म-विलयन माना गया है; परंतु इस विषय में

दो तथ्य ज्ञातव्य है - एक तो आत्म-विलयन रस की केवल परिपाक अवस्था का ही लक्षण है, प्रत्येक अवस्था का नहीं; और दूसरे, आत्म-विलयन केवल रसदशा का ही नहीं, तादात्म्य और आनंद की प्रत्येक दशा का लक्षण है। 'सह अनुभूति' में भी तीव्रता आते ही विवेक और व्यक्ति-चेतना का लोप हो जाता है; जहाँ नहीं हो पाता, वहाँ अनुभूति की क्षीणता बाधक होती है; पर रस-चक्र में उसके लिए भी स्थान है। इसलिए सह अनुभूति में भेद नहीं भेद का आभास मात्र है और सह अनुभूति रस-दशा से भिन्न नहीं, वरन् प्रायः उसकी पूर्व दशा ही होती है। पहले पाठक कवि के साथ सह अनुभूति ही करता है, पर चूँकि कवि की अनुभूति प्रायः पाठक की अनुभूति से प्रबलतर होती है। अतः पाठक की अनुभूति में उसका विलय हो जाता है।'[३६]

नए काव्य-चिंतन में ी गयी रस संबंधी चर्चा का स्वरूप यही है। परम्परागत रस-चिंतन को नए काव्य चिंतक वहीं तक स्वीकार करते हैं, जहाँ तक वह नए संदर्भों में रचे जाने वाले नए काव्य की प्रकृति और स्वरूप के साथ संगति बिठा लेता है। वे उसे कविता का एकमात्र प्रतिमान नहीं मानते। वे रस को काव्य की आत्मा भी नहीं मानते। उनका सारा बल इस बात पर है कि कविता में प्रामाणिक अनुभूति का चित्रण हो; वह यथार्थ अनुभवों पर आश्रित हो और युग की नई चुनौतियों का सामना करने में सक्षम है। इन शर्तों को पूरा करने के बाद यदि वह रस-चिंतन के परम्परागत दायरे में नहीं आती, तो इसमें वे नई रचनाशीलता की कोई क्षति नहीं देखते।

आधुनिकता और समसामयिकता

आधुनिकता के प्रश्न को लेकर यों तो छायावादोत्तर समूचे काव्य-चिंतन में विचार किया गया है; किन्तु प्रयोगवादी काव्य-चिंतन तथा नए काव्य-चिंतन के अंतर्गत उसकी चर्चा जिस प्रकार हुई है, डॉ. श्याम बिहारी राय ने ठीक ही कहा है कि वह एक काव्य मूल्य बन गई है।[३७] प्रयोगवादी काव्य-चिंतन के अंतर्गत अज्ञेय के विचारों के माध्यम से हम आधुनिकता संबंधी उनकी धारणा का स्पष्टीकरण कर चुके हैं। सम्प्रति हम नए काव्य-चिंतन में आधुनिकता को लेकर जो चर्चा हुई है, उसे समेटने का प्रयास करेंगे और यह देखेंगे कि एक नए काव्य-प्रतिमान के रूप में नए काव्य-चिंतन के अंतर्गत उसकी स्थिति क्या है। इसके पहले कि हम नए काव्य-चिंतकों के आधुनिकतर बोध का परिचय दें, हम प्रारंभ में ही स्पष्ट कर देना चाहते हैं कि उसके संबंध में नए चिंतन के अंतर्गत इतने तरह से विचार किया गया है कि समग्रतः उसके बारे में कोई स्पष्ट धारणा उभरने नहीं पाती। नए कवि समीक्षकों ने उसे अपने-अपने ढंग से समझने, व्याख्यायित और विश्लेषित करने का प्रयास किया है। कहीं उनके विचार सामंजस्य की स्थिति में हैं और कहीं अपनी-अपनी दिशा में जाते प्रतीत होते हैं; फिर भी, इतना तो

स्पष्ट ही है कि नए काव्य-चिंतकों ने आधुनिकता संबंधी प्रश्न को गहराई से लिया है और जहाँ अनेक स्थलों पर पश्चिमी विचारों के विशेष प्रभाववश अतिवादी स्तरों पर भटके हैं, वहाँ दूसरे स्थलों पर संतुलित निष्कर्ष देने का प्रयास भी है। सबसे पहले आधुनिकता संबंधी लक्ष्मीकान्त वर्मा के विचारों को लेंगे, जिन्होंने आधुनिकता को देशकाल का परिचायक मानते हुए, अपनी प्रकृति में उसे मानव-प्रगति द्वारा जोड़े गये जीवन के नए अर्थ और नए परिवेश की स्वीकृति माना है। उनके अनुसार आधुनिकता की सशक्त अभिव्यक्ति और उसका सम्पूर्ण औचित्य इसी में है कि हम मानव-प्रगति को स्वीकार करें और प्रगति के उत्सर्ग में जितना कुछ केवल एक ऐतिहासिक विराम बनकर रह गया है, उसके अतिरिक्त उसे स्वीकार करें, जो समस्त ऐतिहासिक दायित्व के साथ जीवन को आगे बढ़ाता है। उसके समसामयिक दायित्व का निर्वाह करने के लिए आंतरिक और बाह्य वक्त प्रदान करता है। आधुनिकता को ग्रहण करने के लिए उन्होंने आवश्यक माना है कि - (१) हमारी दृष्टि मानव सापेक्ष हो और इस सापेक्षता के साथ-साथ वह इन स्थलों को स्वीकार करें, जहाँ मनुष्य ने मानवीय नैतिकता, मर्यादा और आचरण को एक नया मोड़ दिया है; (२) हमारी चेतना में वह दायित्व हो, जो समूचे परिवेश में सामान्य मानव की समस्याओं और उसकी गतिविधि के औचित्य को ग्रहण कर सके और उसके सार्थक पहलुओं को एक वैज्ञानिक समर्थन प्रदान कर सके; (३) हमारा भावबोध वैज्ञानिक होने के साथ-साथ उन मानव मूल्यों को शक्ति प्रदान करे, जो तेजी से विकसित होते जा रहे हैं। आधुनिकता के महत्त्वपूर्ण सत्यों में यह निहित है कि मानव इतिहास आज ऐसे मोड़ पर पहुँच चुका है, जहाँ मानव-मूल्यों की संगति में परम्परा या रूढ़ि की अपेक्षा मानव विवेक महत्त्वपूर्ण है।[३८] इसके उपरान्त आधुनिकता को व्याख्यायित करते हुए उनका कहना है कि - आधुनिकता वस्तु अनुभूति को देशकाल की सापेक्षता प्रदान करती है; उसका आग्रह इस पर नहीं है कि मनुष्य महानता की होड़ में अपना परिवेश भूल जाए, वरन् आधुनिकता का आग्रह इस बात में है कि मनुष्य अपने देशकाल की उपलब्धियों को ग्रहण करके उसका दायित्व निर्वाह करे।

आधुनिकता पूर्वाग्रह से मुक्त बौद्धिक-चेतना को प्रत्येक अनुभूति का अविभाज्य अंग मानती है। बौद्धिक चेतना का क्षेत्र और उसका औचित्य आधुनिकता की पृष्ठभूमि में ही सार्थक रूप पाता है। इसलिए आधुनिकता आज की बौद्धिक चेतना की क्रियाशील निष्ठा को भी विकसित करती है।[३९]

वस्तुतः लक्ष्मीकान्त वर्मा ने आधुनिकता का विवेचन आज की मानववादी दृष्टि के संदर्भ में किया है, जो वैज्ञानिकता पर बल देते हुए मनुष्य को ही समूचे मानवीय चिंतन का केन्द्र मानती है। आधुनिकता का यह बोध बिना वैज्ञानिक दृष्टि के संभव नहीं

है। उसकी सार्थकता इसी में है कि हम इतिहास से पायी हुई अनुभूति और विज्ञान से प्राप्त जीवन विधि को स्वीकार करके चलें; उसका दायित्व निभाने के साथ-साथ उसके भाव-स्थलों को अधिक मानवीय संवेदनाओं के साथ प्रयुक्त करके उसे विवेक द्वारा स्थापित करें। रोमांटिक दृष्टि से आधुनिकता का विरोध इसी बिन्दु पर है। मनुष्य के अतिरिक्ति उसके चिंतन का केन्द्र कोई भी मानवेतर सत्ता नहीं है, वह समस्त विकास और गति का केन्द्र मनुष्य और उसकी उपलब्धि इन्हीं दोनों तत्त्वों को मानती है। मानव उपलब्धि के परे की किसी भी दृष्टि को वह मानव संबंधी मानने को तैयार नहीं है।[४०] डॉ. श्याम बिहारी राय ने आधुनिकता संबंधी लक्ष्मीकान्त वर्मा की इन धारणाओं को इसलिए अपूर्ण तथा एकांगी माना है कि उन्होंने आधुनिकता की व्याख्या के बहाने आधुनिक मनुष्य की व्याख्या की है; जबकि इसके विपरीत आधुनिकता व्यक्ति की विशेषता न होकर दृष्टिकोण की विशेषता है, जिसे व्यक्ति अपने परिवेश के प्रति प्रतिक्रिया के द्वारा ग्रहण किए गये अनुभव से निर्मित करता है। इसमें परिवेशगत उपलब्धियों की सार्थकता की स्वीकृति ही केन्द्रीय वस्तु है, अन्य वस्तुएँ उतनी महत्त्वपूर्ण नहीं हैं।[४१]

लक्ष्मीकान्त वर्मा के आधुनिकता संबंधी विवेचन के विपरीत उन्होंने गिरिजाकुमार माथुर की आधुनिकता संबंधी धारणाओं को समर्थन दिया है; क्योंकि माथुर के यहाँ उसे एक आंतरिक और मूल्यगत भाव के रूप में स्वीकार किया गया है। जहाँ उसका एक पक्ष 'दीर्घकालीन सांस्कृतिक विकास से संबंधित है, जिसमें मानवीय गरिमा तथा पावनता की स्वीकृति, स्वातंत्र्य, न्याय, अभय, अन्यायों के प्रति विद्रोह और अस्वीकृति का परिवर्तित यंत्र, यथार्थ की सत्ता तथा असंगतियों की मर्म-प्रतीति, अनागत की जिज्ञासा व्यक्ति की विशिष्ट भावनाओं तथा प्रतिक्रियाओं के आदर से जुड़ता है, जो उसका आंतरिक पक्ष है, वहाँ दूसरा अर्थात् बाहरी पक्ष यांत्रिक तथा वैज्ञानिक विकास को समेटता है।'[४२] माथुर के इस विवेचन में आधुनिकता को स्वस्थ और जीवंत परम्परा के संदर्भ में परखने का आग्रह है और उसमें परिवेशगत बदलाव के कारण मनोभूमियों तथा दृष्टि के बदलाव को भी महत्त्व दिया गया है। डॉ. रामस्वरूप चतुर्वेदी ने बौद्धिकता को आधुनिकता के केन्द्रीय तत्त्व के रूप में मान्यता दी है और इसी बिन्दु पर रोमांटिक दृष्टि से भिन्न माना है, आधुनिकता का रोमांटिक दृष्टि से संघर्ष दो भूमियों पर होता है – साहित्य की भूमि पर भी और जीवन की भूमि पर भी। चूँकि आधुनिकता बौद्धिक चेतना को आत्मसात् किए होती है, अतएव रोमांटिक भावावेश के साथ उसका विरोध होता ही है।

नए काव्य-चिंतकों में जिन अन्य लोगों ने आधुनिकता के संबंध में अपने विचार व्यक्त किए हैं, उन्होंने भी उसे मूलतः एक जीवन-दृष्टि के रूप में ही देखा है। जीवन-दृष्टि ही नहीं उसे एक जीवन-पद्धति ही माना है और उसे वैज्ञानिक उपलब्धियों के साथ-साथ चलने वाला कहा है। डॉ. देवराज ने उसका संबंध मूल्यों के साथ जोड़ा है।

वे आधुनिकता का संबंध मनुष्य के मूल्यान्वेषी स्वभाव से मानते हैं। धर्मवीर भारती ने आधुनिकता का संबंध संकट के बोध से जोड़ा है। उनके अनुसार आधुनिकता का बोध एक ऐसा बोध है, जो इतिहास में पहली बार उदित हुआ है; आज का युग अपनी आधुनिकता के प्रति जितना सजग है, कदाचित् ही कोई दूसरा युग रहा हो। 'व्यापक सांस्कृतिक संकट की इतनी गहन चेतना, विघटित मूल्यों की इतनी निरंकुश अराजकता; और फिर भी, यह जानना कि इतिहास का यह मोड़ मनुष्य की नियति का सबसे महत्त्वपूर्ण मोड़ है, इस संकटग्रस्त क्षण में कोई न कोई निर्णय लेने का दायित्व हम पर हैं और जो निर्णय लिया जाता है, गलत या सही, सदा-सदा के लिए मानव-जाति का अंतिम निर्णायक मोड़ होगा। एक ओर इतना विराट विघटन और दूसरी और समसामयिकता का इतना गहन दायित्व, ये आधुनिक बोध के ऐसे पक्ष हैं, जो आज तक इतिहास में कभी नहीं उदित हुए थे।'[४३]

भारती का यह विवेचन भी एकांगी है, क्योंकि जिस संकट-बोध का जिक्र उन्होंने किया है, वह पश्चिम के जीवन का संकट अधिक है, भारतीय जीवन स्थितियों से उसका उतना संबंध नहीं है।

वस्तुतः आधुनिकता मध्यकालीन चेतना के विरोध में जन्मा दृष्टिकोण है, जिसमें मध्यकालीन धार्मिक आस्थाओं के विपरीत आज के युग की वैज्ञानिक और मानववादी चिंता को प्रश्रय दिया गया है। आधुनिकता एक दृष्टि भी है और एक मूल्य भी, वह परम्परा का तिरस्कार नहीं, नए संदर्भों में परंपरा का विकास है, क्योंकि आज जो आधुनिकता है कल वही परम्परा बन जाएगी। आधुनिकता का स्वरूप हर देश में अलग होता है। भारत की आधुनिकता पश्चिमी आधुनिकता से भिन्न है, जिसे नए समीक्षकों में से अधिकांश नहीं देख पाये हैं। पश्चिमी जीवन के जिस संकट-बोध ने वहाँ आधुनिकता संबंधी दृष्टि को जन्म दिया, उसका औचित्य वहाँ के लिए हो सकता है; किन्तु यहाँ के लिए नहीं। अस्तित्ववादी भूमिका पर की गई आधुनिकता की व्याख्या को भारतीय जीवन स्थितियों पर आरोपित करना संगत नहीं है। डॉ. रमेश कुन्तल मेघ ने इसी लिए अस्तित्ववादी ढंग की पश्चिमी आधुनिकता से सही आधुनिकता को अलग करते हुए कहा है कि प्रत्येक देश में इसका निजी स्वरूप होता है, वहाँ की मिट्टी से इसका गहरा सम्पर्क होता है। भारतीय आधुनिकता का भी अपना अलग रंग होगा। आज जिस आधुनिकता के दर्शन भारत में हो रहे हैं, उसका अधिकांश पश्चिम का ही है; क्योंकि उसमें इतिहास-बोध एवं विवेक का अभाव लक्षित हो रहा है।'[४४]

कुल मिलाकर जैसा कि हमने प्रारंभ में कहा है आधुनिकता के संबंध में नए विचारक बहुत स्पष्ट नहीं हैं और इसका एकमात्र कारण यह है कि उन्होंने भारतीय जीवन स्थितियों के विपरीत आधुनिकता संबंधी अपने चिंतन को पश्चिमी जीवन

स्थितियों के संदर्भ में विकसित किया है, जो यथार्थ पर आधारित होने के बजाय किताबी अधिक है।

इसके उपरान्त हम कुछ चर्चा समसामायिकता की भी करना चाहेंगे। समसामयिकता से अपना आशय स्पष्ट करते हुए लक्ष्मीकान्त वर्मा कहते हैं कि 'समसामयिकता से हमारा आशय है, देशकाल के दायित्व के साथ-साथ उस क्षण की गहरी तीव्रानुभूति की ग्राह्यता, जो परिस्थितियों से उपजती है और बिना किसी पूर्वग्रह के सहज सामयिक औचित्य के साथ व्यक्त होती है। समसामयिक की विशेषता उसकी अनिवार्यता में है, न कि उसकी पूर्व निश्चित संगति में। जहाँ हम सामयिक की इस अनिवार्यता को समझने की चेष्टा करते हैं, वहीं हमें इस बात का ध्यान रखना है कि समसामयिकता का एक महत्त्वपूर्ण अंश हमारे एक व्यक्तिगत तत्त्व से संबंधित रहता है। इसके बिना मानव स्वतंत्रता और उसकी वैयक्तिक मर्यादा स्थापित नहीं की जा सकती।'[४५]

कुल मिलाकर जीवन का समसामयिक पक्ष नए काव्य-चिंतकों के अनुसार मानव आस्था को अधिक गति और शक्ति देने के साथ-साथ उससे अधिक यथार्थ अनुभूति और यथार्थ-दृष्टि प्रदान कर संपूर्ण मानव-चेतना को स्वस्थ एवं स्वाभिमानपूर्ण आस्थाओं से संबंध रखता है। दूसरे, संभावनाओं के प्रति स्पष्ट दृष्टि का विकास समसामयिकता के संदर्भ में ही प्रस्तुत होता है; तीसरे, समसामयिकता के अवरोध के साथ ही यह भी संभव है कि देशकाल के बदलते संदर्भों के अनुरूप संवेदना की ईमानदारी जीवित रहे। चौथे, समसामयिकता के आग्रह में ही वर्तमान के उन आयामों को मानवीय संवेदना और मानवीय अनुभूति मिलती है, जो हो सकता है कि अपने परिवेश में बड़े ही छोटे हों; किन्तु जिनकी प्रेषणीयता समूचे जीवन को प्रभावित कर सकता है।

यह समसामयिकता के प्रति नए काव्य-चिंतन की दृष्टि है। अंततः हमें आधुनिकता और समसामयिकता के बीच के अंतर को भी समझ लेना चाहिए। आधुनिकता युग विशेष का गुण हैं, समसामयिकता स्थिति विशेष का आयाम है। आधुनिकता एक ऐतिहासिक विश्लेषण है, जो हमें देशकाल का बोध देती है। समसामयिकता देशकाल के बोध के साथ सक्रियता की भी पुष्टि करती है, जिस भी देशकाल में हम हैं, उसकी सीमाएँ और विस्तार को हम समसामयिकता के यथार्थ द्वारा अनुभव करते हैं। जीवन के इन्हीं संदर्भों में आधुनिकता के परिवेश और समसामयिकता के आयाम में हमें अपनी दृष्टि और अपने दायित्व का बोध होता है।[४६]

आधुनिकता और समसामयिकता के विषय में नए कवि समीक्षकों की यही दृष्टि है। कहना न होगा कि इस प्रश्न पर सबसे अधिक विचार लक्ष्मीकान्त वर्मा ने किया है और यही कारण है कि हमने उनके विचारों को प्रमुखता दी है।

लघु मानव

परम्परा से कविता और कला में मनुष्य का कोई न कोई रूप उद्घाटित होता रहा है। प्रत्येक युग के रचनाकार ने अपने युग-संदर्भों के अनुरूप अपने युग के मनुष्य को अपनी रचना में रूपायित किया है। यदि हम आधुनिक युग के साहित्य और विशेषतः काव्य को देखें, तो मनुष्य के संबंध में हर युग की कविता अपने ढंग से चिंताशील रही है और उसने अपनी सीमा में उस मनुष्य को रूपायित करने का प्रयास किया है। छायावाद, प्रगतिवाद, प्रयोगवाद ये सभी काव्यांदोलन मनुष्य के किसी न किसी रूप को लेकर सामने आए हैं। छायावाद में हम मनुष्य का जो रूप देखते हैं, वह एक विशिष्ट मनुष्य है, जिसमें समूचे छायावादी आदर्श अपनी अभिव्यक्ति पाते हैं; किन्तु कालान्तर में जब सामाजिक जीवन में नए मोड़ आते हैं, छायावाद का यह मनुष्य अपनी प्रासंगिकता खो देता है। प्रगतिवाद में आकर मनुष्य का एक नया रूप स्पष्ट होता है, जो यद्यपि छायावादी युग के मनुष्य से भिन्न है; फिर भी, एक विशिष्ट प्रकार का मनुष्य ही है, जिसमें प्रगतिवाद का अपना आदर्शवाद मुखरित है; किन्तु प्रयोगवाद में आकर यह मनुष्य भी बेपहचान मालूम होने लगता है और इसके स्थान पर एक ऐसे मनुष्य का उदय होता है, जो अपनी परिस्थितिगत विषमता से पूरी तरह बोझिल है; किन्तु जिसमें अपने परिवेश के प्रति चिंता के साथ-साथ उसका दबाव भी है और उस दबाव के बीच अपनी अस्मिता को बनाये रखने की इच्छा भी। जैसा कि लक्ष्मीकान्त वर्मा ने कहा है कि प्रगतिवाद के बाद जो नई रचनाशीलता विकसित हुई, उसमें मनुष्य पर किन्ही बाहरी आदर्शों को आरोपित करने के बजाए उसे मूलतः मनुष्य के रूप में ही ग्रहण करने की चेष्टा की गई है : 'जब हम मनुष्य को मनुष्य रूप में ग्रहण करने की चेष्टा करेंगे, तो निश्चय हमारी दृष्टि में सुपरमैन या अधिनायक का रूप न आकर उस व्यक्ति का रूप आयेगा, जो अपनी लघुता को लिए हुए, अपने लघु परिवेश में सतत गतिशीलता के साथ अपनी दृष्टि और वाणी में आज भी अपने प्रति आस्था जीवित रखे है।'[४७] लक्ष्मीकान्त वर्मा का आरोप है कि इतिहास के सुपरमैन या जनसत्ता के अधिनायक अथवा देवदूत या मसीहा ने अपनी समस्त महानता को लघु मानव की बलि देकर ही अपनाया है और इसीलिए यह महानता कहीं न कहीं अमानवीय और कुंठाग्रस्त भी है। नई रचनाशीलता मनुष्य को मनुष्य के रूप में उसके समूचे परिवेश के साथ चित्रित करने में ही अपनी सार्थकता समझती है। नई रचनाशीलता का यह लघु मानव आडम्बरयुक्त विश्वबंधुत्व से कहीं अधिक समसामयिक दायित्व को महत्त्वपूर्ण समझता है। इस लघु मानव का अपना लघु परिवेश अनुभूति की गहराई और विवेक की मर्यादा से प्रशासित होता है। यह लघु मानव क्षण की अनुभूति के साथ दायित्व का भी समर्थक होता है

और यह दायित्व, क्षण का दायित्व ही उसमें विवेक, ईमानदारी और स्वतंत्रता को अंकुरित करता है, भविष्य पर आस्था में यह लघु मानव भी विश्वास करता है; किंतु अपने लघु परिवेश की सार्थकता के साथ; और इसी लिए वह अयथार्थ और कल्पना में नहीं भटकता। यह लघु मानव किसी भी पूर्व निश्चित नियतिवाद या चमत्कार से प्रभावित नहीं है; वह जानता है कि मानव विकास आज उस स्थिति पर पहुँच चुका है, जहाँ ईश्वर सापेक्ष, देवदूत सापेक्ष, अधिनायक सापेक्ष या नितांत निरपेक्ष सत्ताओं की निरर्थकता साबित हो चुकी है।'[४८]

लक्ष्मीकान्त वर्मा ने बड़े स्पष्ट शब्दों में कहा है कि आज का मनुष्य उन विद्रूप मानव अभियानों का साक्षी रहा है, जिनमें मानव नियति और उसकी युक्ति की झाँकियाँ केवल शब्दाडम्बर के रूप में ही व्यक्त हुई है ... आज का मनुष्य चाहे कितना लघु हो, बौना हो, किंतु वह समझता है कि उसकी नियति इसमें नहीं है कि वह बड़ा बनने के अभिनय में केवल वह प्रतिमा बन जाए, जिसमें अपना कुछ हो ही नहीं।'[४९] उन्होंने अपने इस लघु मानव का संबंध मानव मुक्ति के बृहत्तर प्रश्नों से जोड़ा है। उनका यह लघु मानव आस्था, स्वाभिमान, आत्म-विश्वास से युक्त है।

गिरिजाकुमार माथुर ने भी कतिपय बिन्दुओं पर लक्ष्मीकान्त वर्मा के मत का समर्थन किया है; क्योंकि उनका भी कहना है कि कविता के दूसरे दौर तक आते-आते जिस व्यक्तित्व का अन्वेषण हुआ था, उसकी रूपरेखा स्पष्ट होने लगी और यह स्वीकार किया गया कि यद्यपि आदमी तुच्छता, क्षुद्रता और विकृतियों के कर्दम में पड़ा हुआ है और उसका व्यक्तित्व कुंठित है – फिर भी, उसका आत्मसम्मान मरा नहीं है, जीवित है; और जीवित रह सकता है। वे यह भी कहते हैं कि 'मानवीय गरिमा की सच्ची व्याख्या गरिमा के काल्पनिक आरोप से नहीं हो सकती और न इससे कि गलित और गर्हित से आँखें मूँद ली जाएँ। मैं समझता हूँ कि वास्तविक मानव को उसकी समस्त श्रेष्ठताओं और निम्नताओं के साथ अभिव्यक्त करना अधिक संगत और ईमानदारी है।'[५०]

वस्तुतः लक्ष्मीकान्त वर्मा ने लघु मानव का जो रूप प्रस्तुत किया है और जिस प्रकार दायित्व, विवेक, आस्था, आत्म-चेतना आदि से युक्त बताया है, यदि इन सारी बातों के साथ हम मनुष्य के रूप की कल्पना करते हैं, तो स्पष्ट होता है कि ऐसा मनुष्य और कुछ भले ही हो, लघु मानव नहीं हो सकता। डॉ. जगदीश गुप्त ने भी नए मनुष्य को लेकर कुछ चर्चा की है। उनके अनुसार नया मनुष्य रूढ़िग्रस्त चेतना से मुक्त मानव-मूल्यों के रूप में स्वातंत्र्य के प्रति सजग अपने भीतर अनारोपित सामाजिक दायित्व का स्वयं अनुभव करने वाला समाज को समस्त मानवता के हित में परिवर्तित करके नया रूप देने के लिए कृतसंकल्प, कुटिल स्वार्थ भावना से विरत, मानव मात्र के प्रति स्वाभाविक सह अनुभूति से युक्त, संकीर्णताओं और कृत्रिम विभाजनों केप्रति क्षोभ का

अनुभव करने वाला, हर मनुष्य को जन्मतः समाज मानने वाला है।'[५१] नए मनुष्य के इतने गुणों का बखान करने का कारण, वे इस बात के प्रति सजग हैं कि ऐसे मनुष्य को लघु मानव नहीं कहा जा सकता। इसीलिए वे कहते हैं कि 'नए मनुष्य तथा मानव व्यक्तित्व की कल्पना के प्रसंग में मानव स्वाभिमान तथा व्यक्तित्व से सम्पन्न मनुष्य अपने को लघु माने ही यह आवश्यक नहीं है। यदि लघुता को एक मानव मूल्य माना जाए, तो वह निश्चित रूप से स्वाभिमान का विरोधी सिद्ध होगा। मनुष्य को उसके सहज रूप में लघु मानने की कोई आवश्यकता नहीं है। सहज एवं प्रकृत मानव व्यक्तित्व को परखना या उपलब्ध करना ही वस्तुतः आधुनिक साहित्य का लक्ष्य है, उसकी लघुता का निरंतर गुणगान नहीं।[५२]

कुल मिलाकर नए काव्य-चिंतकों के बीच लघु मानव को लेकर विचार-वैभिन्य दिखाई पड़ता है। लक्ष्मीकांत वर्मा उसे लघु मानव कहते हैं; जबकि जगदीश गुप्त, गिरिजाकुमार माथुर उसे लघु मानव की संज्ञा देना उचित नहीं समझते। लक्ष्मीकान्त वर्मा ने पूर्ववर्ती कविता में चित्रित मनुष्य संबंधी धारणा का विरोध किया है; किन्तु उनकी अपनी मनुष्य संबंधी धारणा भी मनुष्य के जिस रूप को सामने लाती है, वह भी सामान्य मनुष्य की धारणा न होकर एक विशिष्ट मनुष्य की धारणा ही है। उसमें अंतर्विरोध भी है। ऐसी स्थिति में यही कहा जाएगा कि मनुष्य को किसी भी प्रकार का विशेषण न देकर उसे मनुष्य के रूप में ही देखने का प्रयास किया जाए। अंततः नई कविता के 'लघु मानववाद' को लेकर डॉ. श्यामबिहारी राय के निम्नलिखित निष्कर्षों से हम अपनी सहमति सूचित करे हैं :

(१) विघटित मूल्यों की कल्पित भूमिका पर जिस मानव-व्यक्तित्व को प्रतिष्ठित किया गया है, उसे एक ओर 'सामान्य' एवं 'लघु' का विशेषण दिया गया है, दूसरी ओर उसको विवेकशील और सर्वगुण सम्पन्न भी माना गया है। इसका यही अंतर्विरोध है।

(२) विवेक को इस ढंग से परिभाषित किया गया है कि यह असामाजिकता का पर्याय बन गया है। विवेकवादी व्यक्ति का सामाजिक स्थितियों से कोई सामंजस्य नहीं बैठता है।

(३) विशेष व्यक्ति के स्थान पर मानव विशिष्टताओं को मान्यता मिली है। यह भावना तत्कालीन प्रजातांत्रिक मूल्यों की देन है। इसको स्वीकार किया जा सकता है कि विशेष को छोड़कर साधारण के भीतर कुछ सार्थकता ढूँढ़ना अधिक तर्कसंगत है। यही मानवतावादी आदर्शों के अनुरूप है।

(४) जिस वैज्ञानिक अणुवाद की दलील देकर मनुष्य को अणु के समान 'पोटेंशियल' का पर्याय कहा गया है, यह व्याख्या भी समाजशास्त्रीय नियमों के विपरीत है।

एकदम असामाजिक बनकर मनुष्य की ऊर्जा खोने लगती है।

(५) स्वयं प्रयोगवादी समीक्षकों में इस प्रश्न पर गहरे मतभेद हैं। डॉ. जगदीश गुप्त और डॉ. रघुवंश की स्थापनाओं में वर्मा जी (लक्ष्मीतांत वर्मा) की मान्यताओं के प्रत्याख्यान के अनेक बिन्दु हैं। कहीं-कहीं अंतर्विरोधी मान्यताएँ भी प्रस्तुत की गई हैं; किन्तु ऐसे लोगों की संख्या थोड़ी ही है।[५३]

प्रगति, प्रयोग और परम्परा

नए काव्य-चिंतन के अंतर्गत उपर्युक्त मुद्दों पर भी विस्तार से चर्चा की गयी है। अपने पिछले विवेचन में हम प्रगतिवादी तथा प्रयोगवादी काव्य-चिंतन के स्वरूप को स्पष्ट कर चुके हैं और यह दिखा चुके हैं कि किस प्रकार प्रगतिवादी काव्य-चिंतन के अंतर्गत प्रगति की हिमायत करते हुए प्रयोग की आलोचना की गई और किस प्रकार प्रयोगवादी काव्य-चिंतन के अंतर्गत नए प्रयोगों का समर्थन करते हुए नई रचनाशीलता के अंतर्गत उसे सहज और स्वाभाविक माना गया। प्रयोग का विरोध परम्परा की दुहाई देते हुए भी किया गया और कहा गया कि प्रयोगों का वास्तविक उद्देश्य चली आती हुई परम्पराओं की अवमानना करना है। नई कविता के प्रसिद्ध व्याख्याता लक्ष्मीकान्त वर्मा ने नए काव्य-चिंतन के अंतर्गत प्रयोग की स्थिति को स्पष्ट करते हुए उन सभी आलोचकों के तर्कों का उत्तर देने का प्रयास किया है, जो प्रगति और परम्परा का नारा लगाकर न केवल नई रचनाशीलता के प्रयोग पक्ष का विरोध करते हैं, वरन् उसकी आधुनिकता संबंधी धारणाओं से भी अपना सामंजस्य नहीं बिठा पाते। उन्होंने इन आलोचकों को प्रगति और परम्परा का नाम लेकर नए पाठकों को दिग्भ्रमित करने वाला कहा है। उन्होंने इस बात पर आश्चर्य प्रकट किया है कि प्रगति और परम्परा जैसे परस्पर विरोधी तत्त्वों को भी किस प्रकार प्रयोगों पर आक्रमण करने का माध्यम बनाया गया है। प्रगति का समर्थन करने वाले प्रगतिवादियों और परम्परा का आँख मूँदकर समर्थन करने वाले परम्परावादियों से भिन्न एक तीसरे वर्ग की चर्चा भी लक्ष्मीकान्त वर्मा ने की है, जो यद्यपि नई प्रवृत्ति को स्वीकार तो करता है, किन्तु उसके बारे में एक अवसरवादी दृष्टि अपनाता है। प्रगतिवादी का प्रयोग संबंधी विरोध इस कारण समझ में आता है कि उसके मूल में उसकी अपनी सम्प्रदायवादी दृष्टि है और उस सम्प्रदायवादी दृष्टि में बँधे रहने के कारण उसका ऐसी नई हर प्रवृत्ति का विरोध करना स्वाभाविक है, जिसमें नए बिन्दुओं को विकसित करने की संभावना निहित हो। परम्परावादी का भी नई प्रवृत्ति का विरोध करना इसलिए आश्चर्यजनक नहीं लगता कि वह ऐसी पूँजी पर ही जीना चाहता है, जो कि उसे उसके पूर्वजों से मिली है और जिसके पास उस पूँजी में अपनी ओर से जोड़ने के लिए कुछ नहीं है। पैतृक सम्पत्ति की रक्षा ही जिसका सबसे बड़ा लक्ष्य है। वह तो

आँख बंदकर पैतृक पूँजी की रक्षा में ही अपनी इतिकर्तव्यता मानता है। वे कहते हैं कि परंपरा की रक्षा पर जोर देने वाले परम्परा की वृद्धि के प्रति विश्वास नहीं रखते। वे केवल उसकी रक्षा से ही संतुष्ट हो लेते हैं; क्योंकि उस सम्पत्ति के आधार पर आगे बढ़ने की शक्ति उनके पास होती ही नहीं।[५४] लेकिन जिस तीसरे वर्ग की बात ऊपर की गई है, उसकी स्थिति अजीब है। वह प्रयोग अथवा नई प्रवृत्ति की खुलकर भर्त्सना भी नहीं करता, लेकिन उसे स्वीकार करता हो, ऐसा भी नहीं है ... प्रगतिवादी वह इसलिए नहीं हो पाता कि वह स्वयं अंतर्मन में प्रयोग से प्रभावित होता है। प्रयोग का समर्थन वह इसलिए नहीं करता कि उसमें उसका विश्वास नहीं है ... यह वर्ग बहुत ही निर्लिप्त होकर वस्तुस्थिति पर पैतरें बदलता है। लक्ष्मीकान्त वर्मा के अनुसार गिरिजाकुमार माथुर, बालकृष्ण राव और डॉ. देवराज जैसे समीक्षक इसी वर्ग के हैं।[५५] जहाँ तक नए काव्य-चिंतन का प्रश्न है, लक्ष्मीकान्त वर्मा ने अपने ढंग से प्रगति तथा प्रयोग और परम्परा के विषय में उसके स्वरूप को स्पष्ट करने का प्रयास किया है। प्रयोग उनके अनुसार प्रतिभा सम्पन्न कलाकार की सहज प्रवृत्ति है ... वह प्रबुद्ध चेतना को परिलक्षित करता है, जिसके आधार पर नए मूल्यों, नए आयामों और नई प्रवृत्तियों का विकास होता है। वह किसी भी क्षेत्र में पुनरावृत्ति को स्वीकार नहीं करता पुनरावृत्ति कला का दोष है और प्रयोग उसके भावपक्ष एवं कलापक्ष को व्यक्त करने की मुक्त प्रक्रिया, प्रयोग में आत्मसात करने का गुण है। विवेक रखते हुए भिन्नता को स्वीकार करने की क्षमता है। नए अनुभव क्षेत्रों को उद्घाटित करने की शक्ति है और इन सबसे बढ़कर उसके पास वह अंतर्दृष्टि है, जो जीवन को नए माध्यमों को देखने की प्रेरणा देती है।[५६] प्रयोगों का अभाव, निष्क्रियता, भोंड़ेपन और खोखलेपन को विकसित करता है।

गहराई से देखा जाए तो प्रयोग और प्रगति में विरोध नहीं है; क्योंकि प्रयोग स्वयं प्रगति के प्रति आस्थावान होता है। प्रयोग उसी स्थिति में प्रगति का विरोधी है, जहाँ प्रगति प्रयोग की सहज गति न बनकर, स्वचालित और आत्मानुभूति पर आधारित न होकर बाह्यारोपित होती है। प्रगतिवाद की प्रगति ऐसी ही बाह्यारोपित प्रगति है। सच्ची प्रगति मनुष्य की विकासशील प्रवृत्ति में निहित होती है।[५७] प्रगति की वास्तविक मर्यादा मनुष्य की आंतरिक मर्यादा है। सच्चा प्रयोग तत्त्वतः परम्परा का विरोधी भी नहीं होता। परम्परा के विषय में नए काव्य-चिंतन की धारणा यह है कि प्रत्येक प्रयोग कालान्तर में परम्परा बन जाता है। इसलिए जिस परम्परा में आगे प्रयोग करने की प्रेरणा निहित नहीं होती, वह उतनी ही निरर्थक होती है, जितना कि वह प्रयोग, जो नई परम्पराएँ स्थापित करने में असमर्थ होता है। परम्परा को लक्ष्मीकान्त वर्मा ने दायित्व माना है, प्रगति को उन्होंने विकास की प्रवृत्ति कहा है और प्रयोग को भविष्य की दृष्टि तथा संभावनाओं तक पहुँचने का माध्यम। इस प्रकार उन्होंने प्रगति, परम्परा और प्रयोग

तीनों में विरोध की स्थिति न देखकर सामंजस्य की स्थिति देखी है।[५८] बहुत बल देकर उन्होंने कहा है कि आधुनिक प्रयोग परम्परा को स्वीकार करते हुए उसके निर्जीव अंशों को केवल इसलिए तोड़ता है कि बिना उसके प्रगति असंभव है और जो परम्परा विकास को अवसर नहीं देती, वह परम्परा नहीं रूढ़ि है।[५९] स्पष्ट ही यहाँ पर परम्परा और रूढ़ि को अलग से समझने पर बल दिया गया है। प्रगति, परम्परा और प्रयोग पर लक्ष्मीकान्त वर्मा तथा नए काव्य-चिंतकों के विचार अतिवादी नहीं हैं। इसलिए उन्हें दूर तक स्वीकार किया जा सकता है। दिक्कत वहाँ पैदा होती है, जहाँ सिद्धांत के धरातल पर सही बात कहते हुए भी प्रयोग की भूमिका पर उसके विपरीत आचरण दिखाई पड़ता है। सच पूछा जाए तो जैसा कि नेमिचंद जैन ने कहा है : परम्परा बोध की सार्थकता न तो अतीत के मृत अंशों के अनुकरण में है और न उसको एकदम छोड़ने में ही। किसी भी नए लेखन की सार्थकता साहित्य की प्रवहमानता के साथ एक नई अन्विति उत्पन्न करने में हैं।[६०] परम्परा के संबंध में डॉ. रामस्वरूप चतुर्वेदी के विचार भी सुलझे हुए हैं और नए काव्य-चिंतन के परम्परा-बोध को सही आयामों पर प्रस्तुत करते हैं। उनका कहना है कि अपने संस्कार और परिवेश से कटकर व्यक्ति की सर्जनात्मकता का विकास संभव नहीं है। मौलिकता और प्रयोग के लिए परम्परा की स्थिति आवश्यक है, उससे विद्रोह करने के लिए भी और उसका उपयोग करने के लिए भी। रचनाकार के लिए तो भाषा की भी एक परम्परा है। उससे विद्रोह भी किया जाता है, शक्ति भी ली जाती है और उसका अपनी दृष्टि और आवश्यकता के अनुसार उपयोग भी होता है।[६१]

जैसा कि हमने पिछले अध्याय में देखा है, अनेक मुद्दों पर अतिवादी विचार प्रस्तुत करते हुए भी परम्परा के संबंध में अज्ञेय के विचार वैज्ञानिक और सुलझे हुए हैं; कम से कम जहाँ तक परम्परा की सही समझ का प्रश्न है, अज्ञेय में उसकी पूरी समझ विद्यमान है। यही बात नए काव्य-चिंतन के प्रतिनिधि समीक्षकों में भी देखी जाती है। प्रगति, प्रयोग तथा परम्परा के विषय में उनकी धारणा भी बहुत साफ है और उन्होंने उसे सफाई के साथ व्यक्त भी किया है। विवाद, जैसा कि हमने अभी कहा, उनकी सैद्धांतिक निष्पत्तियों के प्रति न होकर उनकी व्यावहारिक भूमिका को लेकर हुआ है।

लय : अर्थ की लय

परम्परागत कविता से नई कविता जिन अनेक आयामों पर अपनी भिन्नता तथा अपने वैशिष्ट्य की सूचना देती है, उनमें से एक आयाम छंद तथा उसके अंतर्गत होने वाली लय संबंधी व्यवस्था का अभाव है। चूँकि नई कविता परम्परागत मान्यता के अनुरूप कविता के लिए छंद को अनिवार्य नहीं मानती; अतएव वह उस लय का भी निषेध करती है, जो छंद में निहित रहती है। परंपरागत छंदबद्धता से हटकर मुक्तछन्द के रूप

में एक नया प्रयोग निराला ने भी किया था; किन्तु निराला ने मुक्तछंद का जो अर्थ स्पष्ट किया था, उसमें परम्परागत छन्दबद्धता से मुक्ति का भाव तो ध्वनित है, किन्तु कविता को हर प्रकार के बंधन से मुक्त नहीं माना गया है। उन्होंने स्पष्ट किया था कि मुक्त छन्द मुक्त होते हुए भी छन्द है और छंद का अर्थ ही है, एक प्रकार का बंधन। उनकी कविता ने तुक की चली आती हुई पद्धति का निषेध तो किया, किन्तु लय का निषेध नहीं किया; तुक में भी अंत्यानुप्रास को ही उन्होंने छोड़ा और अपनी कविताओं में भावानुरूप तुक की व्यवस्था की, जो काव्य पंक्तियों के बीच में भी पायी जाती है। लय, चूँकि छंद के भीतर निहित रहती है और कविता को गद्य से पृथक् करती है; अतएव, लय का सर्वथा निषेध कविता के अंतर्गत हो भी नहीं सकता। यह लय ही है, जो कविता को गद्य से अलग करती है। कविता छन्द से मुक्त हो सकती हैं; किन्तु लय से मुक्त होकर वह नहीं रह सकती; अन्यथा उसमें और गद्य में कोई अंतर नहीं रहेगा।

किन्तु जहाँ तक नई कविता का प्रश्न है, परम्परा से हटकर चलने के आवेश में उसने परम्परागत छन्दों के प्रति सबसे पहला विद्रोह किया और पहली बार हिन्दी में एक ऐसी कविता का स्वरूप स्पष्ट हुआ, जो पिछली काव्य-रचना से अन्य आयामों पर भिन्न होते हुए इस आयाम पर भी अलग हुई कि उसने छंद को छोड़ दिया। नई कविता के इस विद्रोह को लक्ष्य करके ही दिनकर ने लिखा है कि 'नए कवि, व्याजान्तर से, इसी बात का प्रयोग कर रहे हैं कि कितने ऐसे उपकरण हैं, जिन्हें छोड़कर भी कविता कविता रह जाएगी। सिद्ध है कि कविता बिना छंद के भी हो सकती है, इसलिए छंद व्यक्त हो रहे हैं। सिद्ध है कि कविता केवल कोमल शब्दों के जोड़ में नहीं है, इसलिए कोमलता की परम्परा टूट रही है ... आदि आदि।[६२]

नई कविता ने छंदों के बंधन को तो इस प्रकार तोड़ दिया, किंतु उसके उपरान्त जो कुछ रूप उसका सामने आया, वह एक ऐसा रूप था, जिसे गद्य से अलग करना कठिन था। वस्तुतः यह छंद और उसके अंतर्गत निहित लय ही है, जो कविता को गद्य से अलग करती है। हम कह चुके हैं कि निराला ने परम्परागत छंद से मुक्ति जरूर ली, किन्तु जिस मुक्तछंद का आविष्कार उन्होंने किया, उसे भी एक प्रकार का छंद उन्होंने कहा। वस्तुतः यह छंद से ज्यादा छंद की रूढ़ियों से कविता की मुक्ति थी। इसीलिए निराला ने छंद को उसके परम्परागत रूप में भले ही छोड़ दिया हो, उसकी लय को वे नहीं छोड़ सके, जो कविता को गद्य से अलग करती है। नई कविता के पुरस्कर्ताओं ने छंद के साथ-साथ उसकी लय का भी निषेध किया; और इसीलिए यह समस्या सामने आयी कि अब कविता को गद्य से किस प्रकार अलग किया जाए। यह सही है कि कविता को गद्य से अलग करने वाले दूसरे अनेक प्रमुख उपकरण भी हैं; किन्तु लय भी एक ऐसा उपकरण है, जो कविता और गद्य के बीच अंतर करता है। जैसा कि स्वयं नई

कविता के ही अनेक समर्थकों ने अनुभव किया कि छंद के साथ-साथ लय को भी छोड़ देने पर कविता और गद्य के बीच की सीमारेखा मिट गई है और समस्या है कि इस नई कविता को, जो गद्य का रूप लेकर सामने आ रही है, क्या कहा जाए। डॉ. रामस्वरूप चतुर्वेदी ने इस संदर्भ में लक्ष्मीकान्त वर्मा की एक कविता का उदाहरण दिया है जिसका शीर्षक है 'हस्ताक्षर'। कविता इस प्रकार है :

मैं आज भी जिंदा हूँ
उस हस्ताक्षर की भाँति
जो मजाक मजाक में यूँ ही किसी वटवृक्ष के नीचे
पिकनिक तफरीह में लिख दिया गया था
एक तेज धार वाले फौलाद की नोंक
अब भी मेरी छाती में गड़ी है
और उस वटवृक्ष का घायल सीना
उस दाग की रक्षा हर मौसम में करता है।

जैसा कि डॉ. रामस्वरूप चतुर्वेदी ने स्वयं कहा है कि यदि उपर्युक्त आठ पंक्तियों को बिना तोड़े हुए सीधे ही लिख दिया जाए तो यह कविता गद्य का रूप धारण कर लेगी; क्योंकि न केवल इस कविता का वाक्य-विन्यास गद्य का है, उसमें लय का भी अभाव है।

यह लक्ष्मीकान्त वर्मा की कविताओं से लिया गया एक उदाहरण है; और इस प्रकार के अन्य तमाम उदाहरण भी नई कविता से दिये जा सकते हैं। यह छंद से मुक्ति ही नहीं लय से भी मुक्ति का परिणाम था, जो कविता को गद्य के रूप में ढालते हुए इस प्रकार सामने आया। प्रश्न था कि इस कविता को कविता किस आधार पर कहा जाए? जब इस प्रकार की 'कविताएँ' ढेरों की संख्या में लिखी जा रही हैं, तब समस्या का और भी जटिल हो उठना स्वाभाविक भी है।

कविता की परम्परा से अनेक प्रकार की परिभाषाएँ दी गई हैं। यहाँ इन परिभाषाओं का विवेचन करना हमारा लक्ष्य नहीं है; किन्तु इतना निश्चित है कि प्रत्येक परिभाषा में कविता को वस्तु और विधान अर्थात् कन्टेन्ट और फार्म इन दो भूमिकाओं पर अलग-अलग या साथ-साथ परिभाषित किया गया है और इस बात की आवश्यकता प्रतिपादित की गयी कि कविता की वस्तु कैसी भी हो, उसका भावावेगमय होना आवश्यक है और कविता को जो विधान हो, उसमें लय की स्थिति भी अनिवार्य हो। इन मान्यताओं के संदर्भ में ही लय को परिभाषित करते हुए कहा गया है कि 'लय शब्दों का एक ऐसा क्रमबद्ध संयोजन है, जिसे पढ़ते समय पाठक को संगीतात्मकता का एक निश्चित अनुभव हो। लयात्मक भाषा के वाक्य-विन्यास में उतार-चढ़ाव का एक

निश्चित क्रम होने के साथ ही साथ उसमें यति की भी व्यवस्था रहती है।'[६३]

जहाँ तक गद्य का प्रश्न है, गद्य में न तो भाषा का ऐसा लयात्मक रूप देखने को मिलता है और न उसमें यति ही होती है। जिन्हें हिन्दी में गद्यगीत कहा जाता है, उनमें भी लय भले न हो, किन्तु उनकी वस्तु की भावावेगमयता उन्हें गद्यगीत कहलाने का औचित्य प्रदान करती है। किन्तु यहाँ सवाल नई कविता का है और प्रश्न है कि जब अपनी वस्तु और अपने विधान दोनों में कोई रचना कविता की सीमाओं से अलग हो गई हो और गद्य बन गई हो, छंद के साथ-साथ लय का, वस्तु की भावावेगमयता का उसमें निषेध हो, तो तो क्या कहा जाए?

कविता के लिए छंद के साँचे में बँधना आवश्यक नहीं है, इसे अधिकांशतः स्वीकार किया जाने लगा है; किन्तु कविता उस लय का भी तिरस्कार करे, जो उसे कविता बनाती है, इसे वे नए रचनाकार भी स्वीकार नहीं कर सके, जो परम्परागत कविता से अपने सारे विद्रोह भाव के बावजूद कविता की प्रकृति से परिचित थे। नए कवियों में ऐसे अनेक कवि हैं, जिन्होंने कविता के अंतर्गत लय की आवश्यकता का प्रतिपादन किया है। उदाहरण के लिए 'तीसरा सप्तक' में शब्द और लय पर लिखते हुए मदन वात्स्यायन का कहना है : 'आवेग प्रधान होने के नाते कविता का लय युक्त होना ही समीचीन है। लययुक्त होकर ही वह याद रखी जा सकती है और अकेले में या समवेत रूप से गाई जा सकती है और इस तरह मौके पर हमारे मन में धँसकर हमें प्रभावित कर सकती है ... लय की उपेक्षा करके उसके प्रभाव और उत्तेजना को बनाये रखना कठिन है। कई-कई हिन्दी कविताओं में छोटी-छोटी बेतरतीब पंक्तियों के कारण और भी गत्यावरोध होता है; गद्य की गति भी हाथ नहीं लगती। घोड़ा सवार पर चढ़ बैठता है, आवेग को बौद्धिकता ढक देती है, कविता पर गद्य हावी हो जाता है ... छंद और लय के बंधनों से छुट्टी पाकर शब्द सस्ते आने लगते हैं और कविता अपनी सघनता खोकर फीकी पड़ने लगती है।'[६४]

मदन वात्स्यायन ने यहाँ स्पष्टतः कविता में लय की आवश्यकता को इस कारण स्वीकार किया है कि उसका अभाव अंततः भाषा को भी सस्ता बना देता है। यही नहीं, उनका यह भी कहना है कि कविता के अंतर्गत यह लय एक प्रकार की भावावेगमयता का परिणाम है, जिसकी ओर रामस्वरूप चतुर्वेदी ने भी संकेत किया है। स्वयं नई कविता के सूत्रधार अज्ञेय ने, जिन्होंने कविता को तमाम परम्परागत बंधनों से मुक्त किया, इस बात पर बल दिया है कि कविता का किसी न किसी रूप में लय से बँधा रहना आवश्यक है; अन्यथा वह गद्य से एकाकार हो जाएगी। सर्वेश्वरदयाल की कविताओं की विवेचना करते हुए उनका कहना है : 'प्रश्न केवल शब्द-चयन का नहीं है, वाक्य-रचना का है, योजना का है, अन्विति का है। इसमें तो आज की प्रवृत्ति सर्वेश्वर जी के साथ है या वह

उसके साथ है; लेकिन बात यहीं तक नहीं रह जाती। आज की कविता बोलचाल की अन्विति माँगती है, पर गद्य की लय नहीं माँगती। तुक–ताल का बंधन उसने अनात्यंतिक मान लिया है; पर लय को वह उक्ति का अभिन्न अंग मानती है। बाह्य अनुशासन को हेय नहीं, तो गौण मान लेने पर आंतरिक अनुशासन को वह अधिक महत्त्व देती है। और यहाँ, मुझे जान पड़ता है, सर्वेश्वर जी कभी–कभी चूक जाते हैं। उनकी कविता पंक्तियाँ केवल खंडित गद्य की पंक्तियाँ रह जाती हैं। अनुभूति का खरापन, उक्ति की प्रभावशालिता उनमें रहती है; पर कविता का सर्वाङ्ग सौंदर्य उन्हें नहीं मिलता; क्योंकि लय की बुनियादी माँग वे पूर नहीं करतीं।'[६५]

यहाँ अज्ञेय ने भी लय को कविता की बुनियादी माँग कहा है और कविता का उससे जुड़ा होना आवश्यक माना है।

कदाचित् कविता के लिए लय की बुनियादी आवश्यकता का अनुभव करने के कारण ही नई कविता के व्याख्याता जगदीश गुप्त ने भी यह साहस नहीं किया कि वे लय का पूरी तरह से निषेध कर दें। छंद, तुक तथा ताल से कविता की मुक्ति की बात उन्होंने विस्तार से की है और कथ्य की शक्तिमत्ता को अधिक महत्त्वपूर्ण माना है। वे इस तथ्य से भी परिचित हैं कि इस प्रकार नई कविता गद्य के निकट आ गई है और इस बात की संभावना को लेकर कहीं नई कविता और गद्य को एक करके न देखा जाए; वे यह लिखते हैं कि 'कविता के लिए मैं लय को अनिवार्य मानता हूँ। लय से ही संगीतात्मकता उत्पन्न होती है और छंद की भी सृष्टि होती है।'[६६] किन्तु जगदीश जी के सामने सबसे बड़ी समस्या अब भी यही बनी रहती है कि छंद और लय से मुक्त होकर गद्य का रूप लेकर जो नई कविता सामने आ रही है, उसे कविता किस प्रकार सिद्ध किया जाए? कविता के लिए लय आवश्यक है और नई कविता में न केवल छंदों का, बल्कि उनके अंतर्गत निहित लय का भी अस्वीकार है; फिर इस कविता के अंतर्गत लय की स्थिति किस प्रकार प्रतिपादित की जाए, ताकि नई कविता कविता बनी रहे।

गद्य का रूप ले लेने वाली छंद और लय से रहित कविता को कविता के रूप में सिद्ध करने की यह समस्या ही थी, जिसने जगदीश जी को एक नए आविष्कार की ओर प्रेरित किया और शब्द की लय की जोड पर अर्थ की लय जैसी उनकी मान्यता सामने आयी। जगदीश जी के जिस निबंध का उल्लेख हमने ऊपर किया है, उसी के अंतर्गत उन्होंने अर्थ की लय वाली अपनी मान्यता का संकेत दे दिया है। कविता के लिए लय की आवश्यकता को स्वीकार करते हुए अपने उसी निबंध में वे आगे कहते हैं कि 'किन्तु लय शब्द की यही नहीं अर्थ की भी हो सकती है। आज जब कविता इस अर्थ की लय को पकड़कर चलती है, तो छंद का स्थूल रूप पीछे छूट जाता है। जो उसके लयात्मक अर्थतत्त्व पर ध्यान नहीं देते; उन्हें वह गद्य में ही लिखी प्रतीत होने लगती है

...आज यदि कवि नई अभिव्यंजना-शक्ति लाने के लिए नए रूपों की ओर झुक रहा है, तो यह आरोप करना कि पद्य रचना करने में वह अशक्त है, उसके प्रति अन्याय करना है; क्योंकि वह उस मार्ग पर चलने के बाद ही नई दिशा की ओर मुड़ा है।'[६७]

अर्थ की लय का इस प्रकार उल्लेख करते हुए पश्चिम के अनेक काव्य-समीक्षकों के मत का आधार लेकर उन्होंने अपने एक अन्य निबंध में अर्थ की इस लय को विस्तार से समझाने का प्रयास किया है और इस प्रकार यह भी कोशिश की है कि अर्थ की लय जैसी इस मान्यता के संदर्भ में गद्य का रूप लेकर सामने आने वाली नई कविता को कविता की परिधि में बनाए रखा जाए।

डॉ. गुप्त ने अर्थ की लय के प्रश्न को नई कविता के रूप-विधान से संबंधित माना है। शब्द और अर्थ को तत्त्वतः पृथक् सत्ता मानते हुए उनका कहना है कि जहाँ संगीत में शुद्ध शब्द अर्थ से असम्पृक्त ध्वनि एवं नाद रूप में गृहीत होता है, वहाँ लिपि तथा संकेत विधियों में अर्थ शब्द निरपेक्ष होकर आता है; शब्द श्रवणीय है; अर्थ बुद्धि-ग्राह्य; साहित्य में ही आकर दोनों अभिन्न होते हैं। लय को श्री गुप्त ने तात्त्विक दृष्टि से आवृत्तिमूलक और कालसापेक्ष माना है। लय में संभरण की शक्ति होती है और इसी कारण काव्य तथा ललित कलाओं में उसे महत्त्व दिया जाता है। लय तत्त्व का संबंध श्री गुप्त ने जीवन से भी स्वीकार किया है। वे मानते हैं कि लय को कविता का एक अनिवार्य अंग स्वीकार किए बिना उसके सम्पूर्ण स्वरूप की व्याख्या नहीं हो सकती। उनके अनुसार 'लय की कविता के साथ आवयविक समन्विति इसीलिए होती है कि वह अर्थात् कविता मानव-हृदय की गहराई और भाव-संवेगों की विशिष्ट क्षणों में आंतरिक रूप से परिचालित गति का प्रतिफलन है।'[६८] कविता की गहराई से युक्त गतिशीलता का संबंध श्री गुप्त शब्दार्थ में मानते हैं और इसी स्थल पर कहते हैं कि 'शब्द में लय की स्थिति तो परम्परा से मान्य रही है, छंद उसी का नियोजित रूप है, पर अर्थ की लय की ओर बहुत कम लोगों का ध्यान गया है।'[६९]

अंग्रेज समीक्षक आई. ए. रिचर्ड्स को उद्धृत करते हुए जगदीश गुप्त लिखते हैं : 'काव्य में लय केवल शब्द तक सीमित नहीं है; पढ़ने वाले पर उसका प्रभाव अर्थ के साथ संयुक्त होकर पड़ता है। अतएव बिना अर्थ का विचार किए अच्छी-बुरी लय का अंतर कविता में नहीं किया जा सकता और 'शब्द की लय, विचार करने पर अंततः भाव और अर्थ की समष्टि में ही पहचानी जाती है, जिसमें हमारी मानसिक चेतना की लय समाहित रहती हैं। उनकी यह तथा ऐसी अन्य धारणाएँ अर्थ की लय की स्थापना के लिए सम्यक् आधार प्रस्तुत करती हैं। रिचर्ड्स का ही समर्थन लेते हुए वे यह भी कहते हैं कि अपने सारे महत्त्व के बावजूद शब्द की लय तब तक सार्थक नहीं है, जब तक अर्थ के साथ उसका घनीभूत संबंध न हो। उन्होंने टी. एस. इलियट, स्टीफिन

स्पेंन्डर, हर्वर्ट रीड आदि के उदाहरण भी अपने मत की पुष्टि के लिए दिये हैं। कतिपय अन्य पश्चिमी समीक्षकों का और भी समर्थन लेते हुए उन्होंने जी. एच. लीविस की यह बात सामने रखी है कि शब्द की लय के समानान्तर भावनाओं की लय की स्थिति भी होती है और अपनी ओर से लीविस के इस कथन में वे इतना और जोड़ देते हैं कि 'कविता में यही भावनाओं की लय प्रकारान्तर से अभिव्यक्त होकर अर्थ की लय का रूप धारण कर लेती है।'[७०]

श्री गुप्त द्वारा प्रतिपादित अर्थ की लय का स्रोत पश्चिमी समीक्षकों की उपर्युक्त मान्यताएँ हैं। अर्थ की लय को स्पष्ट करते हुए वे आगे कहते हैं कि जिस प्रकार ध्वनि अथवा शब्द-खंडों का फिर-फिर कर आना क्रमिक रूप से लय के विभिन्न प्रकारों को जन्म देता है, उसी प्रकार अर्थ-खंडों का क्रमिक ग्रथित आवर्तन-प्रत्यावर्तन अर्थ को लय के विविध रूपों की सृष्टि करता है। शब्द की लय की जितनी विधाएँ कविता में व्यवहृत होती हैं, उनसे कई गुनी अधिक विधाएँ अर्थ की लय की रही है। केवल उनके पूरे स्वरूप को पहचानने का प्रयत्न अभी तक नहीं किया गया।[७१] वे जोर देकर यह बात कहते हैं कि अर्थ की लय की उनकी कल्पना साधार है। संगीत से कविता की स्थिति को पृथक् मानते हुए श्री गुप्त शब्द की लय को संगीत के लिए अनिवार्य मानते हैं; जहाँ तक वह काव्यार्थ को प्रस्फुटित करने में सहायक सिद्ध हो। उनका यह भी कहना है कि नई कविता में प्रयुक्त होने वाली शब्द की लय अर्थ को आच्छादित नहीं करती। अर्थ की लय का एक वैशिष्ट्य यह भी है कि वह विरामादि चिह्नों से पृथक् सत्ता रखती है, विरामादि चिह्न अर्थ का अंग नहीं होते; जबकि अर्थ की एक आवयबिक संगति होती है।

श्री गुप्त स्पष्ट करते हैं कि 'अर्थ की लय की उनकी बात शब्द और अर्थ के बीच कोई द्वन्द्व खड़ा नहीं करती। उनका कहना है कि श्रेष्ठ कविता के लिए शब्दार्थ का संयुक्त रूप से लयान्वित होना आवश्यक है; किन्तु कविता को अर्थप्रधान मानने के बाद केवल अर्थ की लय के सहारे सर्जित ऊपर से गद्य जैसी लगने वाली रचना को कविता के क्षेत्र से बहिष्कृत नहीं किया जा सकता।'[७२]

डॉ. गुप्त की यह मान्यता विवादास्द है। प्रथम, उसका स्रोत केवल पश्चिमी समीक्षकों के कथन हैं और उनसे भी अर्थ की लय जैसी बात को खींचकर निकाला गया है। दूसरे, जैसा कि उनके अंतिम कथन से स्पष्ट होता है; उन्होंने अर्थ की लय की बात ऐसी रचनाओं को कविता कहे जाने के लिए सामने रखी है, जिन्हें मन ही मन वे गद्य कविता के रूप में स्वीकार करते हैं। अर्थ की लय्र केवल एक ऐसा साधन है, जो उन तमाम रचनाओं को कविता की हैसियत दे दे, जो वस्तुतः तोड़ी हुई पंक्तियों में लिखे हुए गद्य के अतिरिक्त कुछ नहीं है। आगे यथासमय हम श्री गुप्त की इस स्थापना पर और भी विचार करेंगे; यहाँ केवल इतना कहकर हम इस चर्चा को समाप्त करेंगे कि श्री

गुप्त की इस स्थापना को नई समीक्षा में भी बहुत गंभीरता से नहीं लिया गया; क्योंकि वह बहुत तात्त्विक नहीं है, कविता में अर्थ के महत्त्व से किसी को भी असहमति नहीं है; किन्तु अर्थ की लय जैसी बात समझ में नहीं आती।

काव्य-बिम्ब

काव्यगत बिम्ब अपने में बहुत व्यापक शब्द है। आधुनिक हिन्दी काव्य-समीक्षा के अंतर्गत उसका प्रयोग अंग्रेजी शब्द 'इमेज' के पर्याय के रूप में किया जाता है। रूप, चित्र, प्रतिमा, मूर्ति अन्य शब्द हैं, जो यथावसर बिम्ब के स्थानापन्न बनकर समीक्षा क्षेत्र के अन्तर्गत आते रहते हैं; परन्तु इन शब्दों में अर्थ की वह व्यापकता अथवा विस्तार नहीं है, जो बिम्ब शब्द में हैं ... काव्यगत बिम्ब-विधान काव्य को महत्त्व, स्थायित्व और सौंदर्य प्रदान करता है। काव्यगत बिम्ब कविता के प्रतिपाद्य को, उसके भावों को, उसके अर्थ और उसके समूचे परिवेश को, पूरी प्रभाविक क्षमता के साथ हमारे समक्ष उपस्थित करते हैं और इस प्रकार कविता के प्रभाव को दीर्घकाल तक के लिए स्थिर रखते हैं।'[७३]

आचार्य शुक्ल ने भी अपने निबंध 'रसात्मक बोध के विविध रूप' में बिम्ब के महत्त्व का उल्लेख किया है और बाह्य-जगत के पदार्थों का मन में रूप होकर आना ही सिद्ध किया है। कविता में इसीलिए उन्होंने अर्थ-ग्रहण के साथ-साथ बिम्ब-ग्रहण के महत्त्व का निरूपण किया है। छायावाद युग की कविता में बिम्बों का महत्त्व और भी बढ़ता है और उसे काव्य की समीक्षा के एक आवश्यक उपकरण के रूप में स्वीकार किया जाने लगता है। बिम्ब का स्रोत चूँकि कवि की कल्पना ही होती है और कल्पना को छायावादी कविता का मेरुदण्ड कहा गया है; अतएव, छायावादी काव्य-समीक्षा में बिम्ब को महत्त्व दिया जाना स्वाभाविक है। छायावादी कविता के विख्यात समीक्षक आचार्य वाजपेयी ने कविता को भावाश्रित रूप कहकर छायावादी सर्जना में बिम्ब के इसी महत्त्व की ओर संकेत किया है। छायावादी सर्जना के उपरान्त प्रगतिवादी सर्जना और समीक्षा में वस्तु पर विशेष बल देने के कारण बिम्ब का अलग से महत्त्व स्थापन नहीं हुआ। किन्तु नए युग में पुराने उपमानों के मैले हो जाने की बात कहकर अज्ञेय ने एक बार फिर बिम्ब को प्रमुखता के साथ समीक्षा के क्षेत्र में प्रतिष्ठित किया। प्रयोगवादोत्तर नई समीक्षा में बिम्ब की चर्चा व्यंग्यक रूप से हुई है; यद्यपि कालान्तर में बिम्बों की प्रतिक्रिया में सपाट बयानी का पक्ष लेने वाले भी सामने आ गए हैं।

नई समीक्षा में बिम्ब को कविता का एक आवश्यक उपकरण माना गया है; किन्तु वह आवश्यक उपकरण ही है, समीक्षा का एक मात्र प्रतिमान नहीं। डॉ. जगदीश गुप्त ने बिम्ब के महत्त्व को स्वीकार करते हुए कहा है कि ऐसा बहुत-सा काव्य है, जो

केवल बिम्बों के विश्लेषण से ही नहीं समझा जा सकता। जिन रचनाकारों की कविता मूलतः बिम्बधर्मी कविता है, बिम्ब को उनके काव्य की समीक्षा में अवश्य महत्त्व दिया जाना चाहिए। उदाहरण के लिए शमशेर बहादुर सिंह की कविता जो अनिवार्यतः बिम्बों पर आश्रित कविता है। बिम्बों को प्रतिमान के रूप में स्वीकार कर कविता में आंतरिक अनुभव की एकता तथा व्यंजना की अर्थक्षमता को नापा जा सकता है। किन्तु बिम्ब को समीक्षा का महत्त्वपूर्ण प्रतिमान अथवा एक मात्र प्रतिमान मान लेने के क्या खतरे हैं, इसका उल्लेख डॉ. श्यामबिहारी राय ने शमशेर की कविता को लेकर रघुवंश, विजयदेव नारायण शाही तथा रामस्वरूप चतुर्वेदी के लगभग एकदम भिन्न मूल्यांकन का संकेत करते हुए किया है। रघुवंश जहाँ शमशेर के बिम्ब प्रयोगों में और अनुभव की आंतरिक एकता में किसी प्रकार की न गहराई देखते हैं और न अर्थ की व्यंजना में सम्पन्नता ही देखते हैं, तो विजयदेव नारायण साही का कहना है कि बिम्बों में विविधता के बावजूद शमशेर की अनुभूति जड़ है और उसमें कोई भी फैलाव, परिवर्तन या विकास नहीं आ पाया है। रामस्वरूप चतुर्वेदी इसके विपरीत यह मत देते हैं कि सूक्ष्म बिम्बों और विधानों के लिए शमशेर की कविताएँ बेजोड़ हैं। उनकी रचना में सम्पूर्ण अर्थ को पा लेना संभव नहीं होता। डॉ. राय का निष्कर्ष है कि 'अन्य मूल्यांकन के प्रतिमानों की तरह ही बिम्ब का प्रतिफलन भी सम्पूर्ण नहीं माना जा सकता है। इसके परिणाम एक ही आधुनिक कवि के ऊपर की गई तीन समीक्षकों की टिप्पणियों में देख चुके हैं। इसका भी वैसा ही सदुपयोग-दुरुपयोग संभव है, जैसे अन्य प्रतिमानों के संदर्भ में देखा गया है। समीक्षा की तरह ही काव्य-सृजन में भी बिम्बों का दुरुपयोग किया गया है, जिसके परिणाम स्वरूप विषयों के परित्याग की बात अब उठाई जाने लगी है।'[७४]

काव्य-समीक्षा के एक केन्द्रीय अथवा महत्त्वपूर्ण प्रतिमान के रूप में बिम्ब को मान्यता देने में जो कठिनाई है, उसका उल्लेख ऊपर किया जा चुका है। कदाचित नए कवि समीक्षकों में केदारनाथ सिंह ही एक मात्र ऐसे कवि रचनाकार हैं, जिन्होंने जोर देकर इस तथ्य को प्रतिपादित किया है कि बिम्ब को काव्य-समीक्षा के केन्द्रीय प्रतिमान के रूप में स्वीकार किया जाना चाहिए। 'तीसरा सप्तक' के अपने वक्तव्य में इस तथ्य की चर्चा करते हुए कि आज की कविता के संदर्भ में रस को कविता के केन्द्रीय प्रतिमान के रूप में महत्त्व नहीं दिया जा सकता, वे कहते हैं : 'एक आधुनिक कवि की श्रेष्ठता की परीक्षा उसके द्वारा आविष्कृत बिम्बों के आधार पर ही की जा सकती है; उसकी विशिष्टता और उसकी आधुनिकता सबसे अधिक उसके बिम्बों में ही व्यक्त होती है। बिम्ब-निर्माण के विविध क्षेत्र हैं। प्रकृति, विज्ञान, मनोविज्ञान, धर्म, लोक साहित्य तथा इतिहास आदि। हिन्दी के नए कवियों ने प्रकृति तथा मनोविज्ञान तक ही अपने को सीमित रखा है। धर्म, पुराण, इतिहास और लोक साहित्य का क्षेत्र आज भी अपनी सम्पूर्ण

उर्वरता और संभावनाओं के साथ नए सशक्त हाथों के स्पर्श की प्रतीक्षा कर रहा है। मेरा यह दृढ़ विश्वास है कि आधुनिक जीवन की जटिलताओं और अंतर्विरोधों को व्यक्त करने के लिए लोक साहित्य, धर्म, पुराण तथा इतिहास के खंडहरों में बहुत से ऐसे अज्ञात प्रतीक और अदृश्य बिम्ब पड़े हुए हैं, जिनकी खोज के द्वारा नई कविता की संभावना का पथ और भी प्रशस्त किया जा सकता है।[७५]

केदारनाथ सिंह का कहना है कि आज बिम्बों को काव्य के मूल्यांकन का प्रतिमान लगभग मान लिया गया है, जिसका प्रधान कारण यह है कि प्राचीन कविता में जो स्थान चरित्र का था, आज की कविता में वही बिम्ब अथवा इमेज का है। बिम्ब चरित्र की अपेक्षा अधिक सूक्ष्म वस्तु है; वह कवि के रागात्मक संबंधों पर अधिकाधिक आधारित होने के कारण अपने साथ एक व्यापक संदर्भ के लिए होता है। अतएव, कविता के तत्त्व तक पहुँचने के लिए उसे केन्द्रीय प्रतिमान के रूप में स्वीकार करना चाहिए।

केदारनाथ सिंह की कविता में स्वतः बिम्बों का महत्त्वपूर्ण प्रयोग हुआ है। किन्तु बिम्ब को कविता का केन्द्रीय प्रतिमान मानने की बात बहुत समझ में नहीं आती। इसके कारणों का उल्लेख हम ऊपर के पृष्ठों में कर चुके हैं।

समग्रतः इस संबंध में हमारा निष्कर्ष यही है कि बिम्ब नई काव्य-सर्जना का एक आवश्यक उपकरण है। इसके महत्त्व को भी इंकार नहीं किया जा सकता। किन्तु इतना स्मरण रखना चाहिए कि काव्य का अत्यंत प्रभावशाली माध्यम होते हुए भी वह स्वतंत्र नहीं है। जैसा कि डॉ. नगेन्द्र ने कहा है कि वह मध्यम ही है प्राण तत्त्व नहीं। बिम्ब मूलतः भावाश्रित है और कविता में, अगर वह कविता है, तो महत्त्व भाव का ही रहेगा, उसे प्रकाशित करने वाले उपकरण का नहीं है, वह कितना ही महत्त्वपूर्ण उपकरण क्यों न हो।

यथार्थ के नए आयाम

प्रयोगवादोत्तर नई समीक्षा के यथार्थ-बोध के नए आयामों पर भी पर्याप्त बल दिया गया है। नई समीक्षा के पहले प्रगतिवादी समीक्षा के अन्तर्गत सामाजिक यथार्थ की केन्द्रीयता में काव्य-सर्जना की बात बड़े विस्तार से उठाई गई थी और उसके स्वरूप की भी विस्तृत व्याख्या हुई थी। कालान्तर में प्रगतिवाद के कुछ रूढ़ चिंतकों ने सामाजिक यथार्थ के क्षेत्र को वैचारिकता के विशेष आग्रह से परिपुष्ट करते हुए बहुत सीमित कर दिया था, जिसकी प्रतिक्रिया इस नई समीक्षा में हमें दिखाई पड़ती है। नए समीक्षकों ने प्रगतिवादी यथार्थ-बोध को एक प्रकार से अस्वीकार करते हुए यथार्थ पर एकदम नए सिरे से विचार किया। जीवन का यथार्थ क्या है, उसका क्या गुण है, उसकी क्या

विशेषता है, क्या वह कोई निरपेक्ष वस्तु है, क्या उसकी सीमाएँ आँकी जा सकती हैं, क्या उसमें प्रेरणा देने की शक्ति है; और सबसे बड़ी बात यह कि क्या वह समस्त निरपेक्ष मूल्यों को खंडित करके स्थापित हो सकती है, जैसे प्रश्न उठाते हुए उनके उत्तर देने की कोशिश नई समीक्षा के अंतर्गत की गई है। लक्ष्मीकांत वर्मा ने इन सारे प्रश्नों का एक मात्र उत्तर देते हुए कहा है कि 'जीवन और उसके सत्य सबसे बड़े यथार्थ हैं। यथार्थ जीवन की वह आस्थामय अनुभूति है, जो यह मानती है कि जीवन निःसार नहीं, जीने के लिए है, उसे जिया जा सकता है, उसे भोगा जा सकता है, उसके साथ मनुष्य होकर जीवन की व्यापकता में सौंदर्य, रस, आनंदबोध, अनुबोध के स्तरों को ग्रहण किया जा सकता है – यही नहीं, उन्हें स्वीकार भी किया जा सकता है।'[७६] इस यथार्थ से रचनाकार को वह दृष्टि मिलती है कि वह अपने परिवेश को और चारों ओर के व्यापक जीवन को देखे और उसे मानवीय संदर्भ में समझे। सम्पूर्ण मनुष्य को ही एक मात्र सत्य न मानकर मनुष्य के अधूरेपन में भी सत्य और सौंदर्य का दर्शन करे; कुल मिलाकर जीवन के प्रति आस्थावान होना ही सबसे बड़ा यथार्थ है।

लक्ष्मीकान्त वर्मा के ये विचार ऐसे नए विचार नहीं है, जो पूर्ववर्ती प्रगतिवादी समीक्षा में व्यक्त न किए गए हों। नई शब्दावली में उन्होंने मुद्दे की बात जीवन के प्रति आस्था की ही कही है और इसे प्रगतिवादी समीक्षा में भी पूरी स्वीकृति मिली है। उन्होंने बाह्यमुखी जगत्मकता के प्रश्न को भी उठाया है, जिस पर भी प्रगतिवादी समीक्षा बल देती है। तब सवाल है कि नई समीक्षा की यथार्थ-दृष्टि प्रगतिवादी समीक्षा से किन अर्थों में भिन्न है। जब नया समीक्षक भी ठोस पृथ्वी पर दृष्टि को केन्द्रित करने की बात कहता है, उसे और दूसरे ग्रह-उपग्रहों को, मनुष्य के संघर्ष को सत्य मानता है और इनकी उपेक्षा करके किसी अन्य ईश्वर, धर्म, दर्शन और कल्पना लोक की स्थापना करना यथार्थ की उपेक्षा करना मानता है, तब ऐसा लगता है कि नई समीक्षा प्रगतिवादी यथार्थ-दृष्टि में कुछ नया जोड़ नहीं सकी है। उसने एक प्रकार से उसी को अपने ढंग से स्थापित किया है। नई समीक्षा की यथार्थ-दृष्टि में भी मानव विशिष्टता की बात कही गई है; जीवन के सुन्दर पक्षों के साथ-साथ विरूप पक्षों को भी उतना ही महत्त्वपूर्ण माना गया है और ये बातें भी हमें प्रगतिवादी समीक्षा-दृष्टि में; यहाँ तक कि आचार्य शुक्ल के चिंतन तक में भी मिलती है। नए समीक्षकों के अनुसार चूँकि जीवन स्थिर नहीं है; अतएव, यथार्थ भी स्थिर नहीं है; वह गत्यात्मक है; इसे भी प्रगतिवादी समीक्षा-दृष्टि मान्य करती है। प्रगतिवादी यथार्थ-दृष्टि से नई समीक्षा का विरोध इस प्रकार तात्त्विक विरोध न होकर केवल ऊपरी विरोध है। नए समीक्षक इस पूर्वग्रह को लेकर चलते हैं कि प्रगतिवादी यथार्थ-दृष्टि मानव विशिष्टता का अंकन नहीं करती, या कि वह मार्क्सवादी विचार से चालित है। मार्क्सवाद के विषय में नए समीक्षकों का पूर्वग्रह है कि मार्क्सवाद

मनुष्य की चेतना-शक्ति को केवल ऐतिहासिक प्रतिक्रिया के रूप में स्वीकार करके उसकी सक्रियता को स्वतः कोई शक्ति मानता ही नहीं और बिना इस मानव विशिष्टता को स्वीकार किए उसका दायित्व निभ नहीं सकता। मार्क्सवाद यथार्थ को स्वीकार करते हुए द्वंद्वात्मक भौतिकवाद को अंतिम कसौटी मान लेता है और यह एक दूसरे किस्म का ईश्वरवाद है।[७७]

प्रगतिवाद और मार्क्सवाद के विषय में उठाई गई ये आपत्तियाँ निराधार हैं और नए समीक्षकों के स्वतः के पूर्वग्रहों पर आधारित हैं। प्रगतिवादी समीक्षा-दृष्टि का परिचय देते हुए हमने उसके यथार्थ-बोध की जो व्याख्या की है, वह स्वतः नई समीक्षा की इन धारणाओं का उत्तर देती है। वस्तुतः नई समीक्षा का मार्क्सवाद और प्रगतिवाद विरोध मात्र राजनैतिक है; जहाँ तक तात्त्विक भूमिका का प्रश्न है, नई समीक्षा में प्रगतिवादी यथार्थ-दृष्टि को ही मानव विशिष्टता का बार-बार उल्लेख करते हुए प्रस्तुत किया गया है। लक्ष्मीकान्त वर्मा ने प्रगतिवादी कविताओं के उद्धरण देकर अपने आरोपों को पुष्ट करने का प्रयास किया है; किन्तु दुर्बल तथा मनोनुकूल उद्धरण देकर किसी भी दृष्टिकोण का खंडन नहीं किया जा सकता है।

कुल मिलाकर कहा जा सकता है कि जहाँ तक यथार्थ-दृष्टि और यथार्थ-बोध का प्रश्न है, सैद्धांतिक स्तर पर नई समीक्षा, प्रगतिवादी यथार्थ-दृष्टि में कुछ जोड़ नहीं सकी है।

गैर-रोमांटिक भाव-बोध और गैर-रोमांटिक सौंदर्य-बोध

नए कवि समीक्षकों ने नए काव्य-सृजन की विशिष्ट पहचान को निरूपित करते हुए उसे अनेक आयामों पर पूर्ववर्ती छायावादी, उत्तर छायावादी तथा प्रगतिवादी काव्य-सृजन से भिन्न बताया है। चूँकि उनका काव्य-सृजन उनके अनुसार विशिष्ट काव्य-सृजन है; अतएव, इसी आधार पर उन्होंने उसके लिए विशिष्ट प्रतिमानों की माँग भी की है। इस संबंध में उन्होंने छायावादी सर्जना और प्रगतिवादी सर्जना पर सबसे तीखे प्रहार किए हैं।

नए कवि समीक्षकों ने अपने अनेकानेक निबंधों में नए भावबोध का सवाल उठाया है; और उनका यह नया भावबोध पूर्ववर्ती छायावाद की तुलना में विशुद्ध गैर-रोमांटिक भावबोध है। उसकी सबसे बड़ी पहचान उसकी आधुनिकता मानी है। उनके अनुसार वह केवल काल की दृष्टि से ही आधुनिक नहीं है; वरन् अपनी चिंतन-विधि और दृष्टिकोण में भी आधुनिक है। उसकी जीवन संबंध व्याख्या भी और उसका ऐतिहासिक दायित्व भी छायावाद की तुलना में नया है। लक्ष्मीकान्त वर्मा के अनुसार आधुनिक वह इसलिए है कि वह आज के जीवन सत्य को, आज के ही संदर्भ में देखने का प्रयास करता है, उसके लिए न तो परंपरा की रूढ़ि है और न ही छायावाद का मिशन। उसकी दृष्टि अन्वेषण की

है, परीक्षण की है; तर्कगत अवलोकन और उसके आधार पर परीक्षण और अंततः एक निष्कर्ष तक पहुँचने की है।[७८] यह नया भावबोध और उससे संबंधित दृष्टि अपने निष्कर्षों को अंतिम सत्य नहीं मानती; वरन् उसके आगे भी सत्य के रूप की संभावनाओं को स्वीकार करती है। यही कारण है कि इस नए भावबोध की आधुनिकता रूढ़ि नहीं बनने पाती।

नया भावबोध छायावादियों की भाँति हृदय को ही संसार नहीं मान लेता; वरन् हृदय और संसार की सापेक्षता को स्वीकार करता है। हृदय का यथार्थ और संसार दोनों दो भिन्न यथार्थ हैं। अतएव कविता के साथ दोनों के वस्तुपरक सम्पर्क पर वह बल देता है। नए कवि समीक्षकों के अनुसार उनके इस नए भावबोध में वर्जनाएँ नहीं हैं, जैसी वर्जनाएँ उत्तर छायावादी कवियों में दिखाई पड़ती हैं । नई सर्जना किसी विशेष मनोग्रंथि या रीतिवाद में विश्वास नहीं करती; वरन् हर तरह के रीतिवाद का विरोध करती है नया भावबोध उसके विपरीत सत्यान्वेषण में आस्था रखता है और सिद्ध-सत्य जैसी किसी बात को नहीं मानता। इसी बिन्दु पर नए कवि समीक्षकों ने कविता में बौद्धिकता की भी वकालत की है। नए भावबोध की इन विशिष्टताओं के साथ-साथ यह भी स्मरण रखना चाहिए कि नए कवि समीक्षक किसी भी प्रकार के आरोपित समन्वय पर विश्वास नहीं करते। इस प्रकार के आरोपित समन्वय पर लक्ष्मीकन्त वर्मा ने पैबंद लगाना कहा है। उनके अनुसार जो नया है, वह अपनी विषय-वस्तु, रूप-गठन, विचार-तत्त्व और दृष्टि-सत्य के 'सत्य' के साथ नया है, जो पुराना है, वह अपने में एक ऐतिहासिक सत्य को बाँधे है, ऐतिहासिक विकास और ऐतिहासिक रूढ़ि को एक साथ बाँधकर हाँकने का प्रयास साहसिक कहा जा सकता है; किन्तु उसे बुद्धिमानी का रूप नहीं माना जा सकता।

गैर-रोमांटिक आधुनिक काव्य-चेतना और पूर्ववर्ती काव्य-चेतना को एक दूसरे से पृथक् करने वाला एक तत्त्व स्वचेतनता है। इसे भाव या विचार के द्वंद्व के रूप में प्रस्तुत किया गया है : 'यही द्वंद्व प्रकारान्तर से रोमांटिक एवं गैर-रोमांटिक का द्वंद्व है। इस द्वंद्व के परिणामस्वरूप आधुनिक काव्य की आंतरिक संवेदना सहज कम, स्वचेतन अधिक है। स्वचेतनता एक प्रकार से आधुनिक युग-बोध की विशेषता है। बहुत-सी मानवीय स्थितियाँ और उनके अंतःसंबंध जो हमारे लिए अप्रकट थे, अब विवृत्त हो रहे हैं। इस तरह कहा जा सकता है कि एक स्तर पर स्वचेनतता ने मनुष्य को अधिक मनुष्य बनाया है। यथार्थ के प्रति दृष्टि का बदलाव ही काव्य-वस्तु को बदलता है। वस्तुओं के प्रति हमारा लगाव, स्थितियों के प्रति प्रतिक्रिया में परिवर्तन आदि सब कुछ दृष्टिकोण के परिवर्तन की ही परिणतियाँ हैं।[७९]

भावबोध की ही भाँति नए कवि समीक्षकों ने नए सौंदर्य-बोध की बात भी की

है। इस बिन्दु पर भी उन्होंने सबसे पहले छायावादी सौंदर्यबोध पर प्रहार किए हैं। नए कवि समीक्षक अपनी अभिरुचि प्रौढ़ मानते हुए उससे वैशिष्ट्य का प्रतिपादन करते हुए कहते हैं कि नई कविता का सौंदर्यबोध छायावाद की भाँति शिशुवत् जिज्ञासा नहीं है। 'वह वैज्ञानिक बोध है, जिसमें सौंदर्य का शुभ पक्ष उसके अशुभ पक्ष से उतना ही संबंधित है, जितना की काव्य-बोध यथार्थ से संबंधित है।'[८०] इस नए सौंदर्य को और अधिक व्याख्यायित करते हुए लक्ष्मीकान्त वर्मा ने कहा है कि नया सौंदर्य-बोध कमल के साथ कीचड़ का अस्तित्व स्वीकार करता है; अभिभूत क्षणों के साथ विक्षिप्त क्षणों को भी महत्त्व देता है; वह सुन्दर को विरूप से पृथक् नहीं मानता; दोनों का संबंध अनिवार्य मानता है; क्योंकि रूप उतना ही बड़ा सत्य है, जितना विरूप। सुन्दर उतना ही बड़ा सत्य है, जितना असुन्दर; जीवन उतना ही बड़ा सत्य है जितना जीवन परिवेश। विरूपता अश्लीलता नहीं है; असुन्दर भोंड़ापन नहीं है, परिवेश खोखला नहीं है – इन सबका सौंदर्य के पक्ष में महत्त्व है; ये सब सौंदर्य को सम्पूर्ण बनाते हैं; उसके आयामों को विकसित करते हैं।

सौंदर्य संबंधी इस नई दृष्टि पर डॉ. रामस्वरूप चतुर्वेदी ने अपनी टिप्पणी करते हुए कहा है कि सौंदर्य और कुरूपता की भावना अब मात्र बाह्याकारों पर आधारित नहीं है। कैन्टस मानो नई सौंदर्य-चेतना का प्रतीक है।[८१] नए कवि समीक्षकों ने सौंदर्य संबंधी अपनी इन्हीं मान्यताओं के संदर्भ में कुरूपता के एक सौंदर्यशास्त्र की सृष्टि करने का प्रयास किया है ।

छायावादी सौंदर्य-बोध इसलिए अधूरा है कि उसने जीवन के खंड अस्तित्व में ही अखंड सौंदर्य की बातें कीं, या कि उसमें अनभिज्ञता अधिक बौद्धिकता कम है। सबसे बड़ी बात यह है कि छायावादी सौंदर्य-बोध में अस्तित्व के प्रति ईमानदारी नहीं हैं। चूँकि पूरी मनःस्थिति ही जीवन को और सौंदर्य को पृथक्-पृथक् रूप में मानती है; इसलिए उसमें जीवन से पलायन करने की तीव्र व्यंजना बार-बार उभरकर आती है। छायावाद का सौंदर्य-बोध निरपेक्ष सौंदर्य पर विश्वास करता है। वह वैज्ञानिक बोध नहीं है और आज के यंत्रयुग की वास्तविकता से दूर है।

समग्रतः सौंदर्य के संबंध में नए कवि की दृष्टि अधिक यथार्थवादी दृष्टि है; क्योंकि उसमें जीवन की समग्रता को स्वीकार किया गया है। पुनः लक्ष्मीकांत वर्मा के ही शब्दों में नई कविता का सौंदर्य-बोध जब यथार्थ को स्वीकार करता है, तो यथार्थ सम्पूर्णता को भी स्वीकार करता है। वह ऐसे सत्य का समर्थन नहीं कर सकता, जिसमें भ्रमों के आधार पर स्वप्न-लोक का निर्माण किया जाए। जब आज के सौंदर्यबोध की समस्त चेतना लघु परिधि में व्याप्त लघु मानव से द्रवित होती है, तो फिर उसके लिए यथार्थ का विरूप पक्ष भी एक सत्य है; इसी लिए नई कविता का सौंदर्य-बोध उन समस्त

रहस्यवादी आधारों को केवल स्नावरी ही समझता है – शायद इससे अधिक उसमें कुछ है भी नहीं।[८२]

काव्यभाषा

शब्द और अर्थ की समष्टि में काव्य मानने वाली परम्परा भारत में पहले से ही चली आई है। अपने प्रसिद्ध महाकाव्य 'रघुवंश' में कालिदास ने वाणी और अर्थ को प्रारंभ में ही नमस्कार किया है। यही बात गोस्वामी तुलसीदास में भी दिखाई पड़ती है, जब वे 'गिरा' और 'अर्थ' को जल और जल की लहरों के समान एक मानते हैं। कविता भाषा में ही रची जाती है; इसलिए भाषा कविता का कोई बाहरी तत्त्व न होकर उसका आन्तरिक तत्त्व है; किन्तु कालान्तर में कुछ ऐसा हुआ कि भाषा को कविता का बाह्य उपकरण मानकर उसका विवेचन कविता के भावपक्ष के अंतर्गत न होकर कला और शिल्पपक्ष के अंतर्गत होने लगा। कविता की अनिवार्य शर्त के रूप में भाषा की केन्द्रीयता जाती रही। आधुनिक युग में एक बार पुनः भाषा के महत्त्व की प्रतिष्ठा का प्रयास हुआ; और 'तार सप्तक' में अज्ञेय ने पूरे महत्त्व के साथ इस तथ्य को घोषित किया कि काव्य सबसे पहले शब्द हैं और सबसे अंत में भी। यही बात बच जाती है कि काव्य शब्द है; सारे कवि धर्म इसी परिभाषा से निःसृत होते हैं। शब्द का ज्ञान, शब्द की अर्थवत्ता की सही पकड़ कृतिकार को कृती बनाती है। ध्वनि, लय, छंद आदि के सभी प्रश्न इसी में से निकलते हैं और इसी में विलय होते हैं; इतना ही नहीं, सारे सामाजिक संदर्भ भी यहीं से निकलते हैं; इसी में युग संपृक्ति का और कृतिकार के सामाजिक उत्तरदायित्व का हल मिलता है या मिल सकता है।[८३]

वस्तुतः काव्य को शब्द के रूप में देखने की बात पश्चिम के अनेक समीक्षकों ने विस्तार से की है।

कालरिज ने भी कविता की परिभाषा देते हुए यही कहा है कि कविता सर्वोत्तम क्रम में सर्वोत्तम शब्द है। हिन्दी में आचार्य महावीर प्रसाद द्विवेदी ने भी कविता को सार्थक शब्दों का समुदाय कहा अथवा ऐसे शब्द–समुदाय के भीतर रहने वाली एक वस्तु विशेष माना।[८४]

आधुनिक युग में भाषा को, जैसा कि हम कह चुके हैं, अज्ञेय ने विशेष महत्त्व देकर विवेचित किया और यह परम्परा नए कवि समीक्षकों ने भी पल्लवित की है। डॉ. रामस्वरूप चतुर्वेदी ने तो यहाँ तक कहा है कि आज यदि रचना की उत्कृष्टता का सबसे अधिक विश्वसनीय और सबसे अधिक आब्जेक्टिव कसौटी हो सकती है तो वह भाषा की ही हो सकती है : 'आज की कविता को जाँचने के लिए जो अब सचमुच प्रास के रजत पाश से मुक्त हो चुकी है, अलंकारों की उपयोगिता अस्वीकार कर चुकी है और छंदों की

पायलें उतार चुकी है काव्यभाषा का प्रतिमान शेष रह गया है; क्योंकि कविता के संघटन में भाषा-प्रयोग की मूल और केन्द्रीय स्थिति है – कविता उत्कृष्टतम क्रम है।'[८५]

डॉ. रामस्वरूप चतुर्वेदी के उपर्युक्त कथन के महत्त्व को स्वीकार करते हुए डॉ. नामवर सिंह ने टिप्पणी की है कि 'डॉ. रामस्वरूप चतुर्वेदी के अनुसार काव्यभाषा वह है, जो काव्य के परम्परागत भेदक लक्षण, तुक, छंद, अलंकरण, लय, रस आदि के विलुप्त हो जाने के बाद शेष रह जाती है। यदि थोड़ी देर के लिए आधुनिक कविता की चर्चा छोड़कर प्राचीन कविता की भाषा को ही लें जिसे प्राचीन आलोचकों ने छंद अलंकार रस आदि के सहारे समझने-समझाने की कोशिश की थी, तो क्या वह उस युग की काव्य भाषा न थी। स्पष्ट है कि डॉ. रामस्वरूप चतुर्वेदी छंद, अलंकार, रस आदि को प्राचीन काव्यभाषा को समझने का शास्त्रीय उपकरण न मानकर काव्यभाषा का वास्तविक अंग मानते हैं। इसलिए वे कवियों की भाषा में यह कहते पाये जाते हैं कि आज की कविता सचमुच प्रास के रजत पाश से मुक्त हो चुकी है। अलंकारों की उपयोगिता अस्वीकार कर चुकी है और छंदों की पायलें उतार चुकी है। क्या नई कविता के संदर्भ में ये छायावादी वाक्य आकस्मिक हैं।'[८६] डॉ. नामवर सिंह के अनुसार वस्तुतः भाषा के प्रश्न पर इस प्रकार का विचार, नए कवि समीक्षकों के संदर्भ में, समझ में नहीं आता। ऐसा नहीं है कि प्राचीन कवियों ने काव्यभाषा के महत्त्व को न समझा हो। रामस्वरूप चतुर्वेदी के चिंतन की असंगति यह है कि वे काव्यभाषा के रूप में एक विशेष प्रकार की ऐसी काव्यभाषा को देखते हैं जो नई कविता में प्रयुक्त हुई है।

कुछ भी हो काव्यभाषा संबंधी जो चर्चा नए कवि समीक्षकों ने प्रारंभ की उसका सुपरिणाम यह निकला कि काव्य की आलोचना करते हुए काव्यभाषा को पूरी गंभीरता से देखने का प्रयास हुआ। नए कवि समीक्षकों ने बल देकर तथ्य को प्रतिपादित किया कि काव्यभाषा सामान्य भाषा से तो पृथक् है ही; वस्तुतः वह सर्जनात्मक भाषा है। यहाँ हम पुनः रामस्वरूप चतुर्वेदी को उद्धृत करेंगे, जिनके अनुसार 'भाषा जितनी ही सर्जनात्मक होगी कलाकृति उतनी ही विशुद्ध और प्रामाणिक होगी।[८७] काव्य-वस्तु का विवेचन करते हुए उसकी भाषिक रचना-विधान की उदासीनता को डॉ. रघुवंश ने भी अहेतुक माना है। उनका कहना है कि भाषिक रचना-विधान से निरपेक्ष रचना की विषय-वस्तु का विवेचन और उसकी सफलता-असफलता का मूल्यांकन नहीं हो सकता।[८८]

'सर्जनात्मक भाषा' से अपना आशय स्पष्ट करते हुए अपनी 'भाषा और संवेदना' पुस्तक में डॉ. रामस्वरूप चतुर्वेदी ने विस्तृत चर्चा की है। उनके अनुसार सामान्य भाषा और काव्यभाषा में एक अंतर तो इस बात में है कि सामान्य भाषा शब्दों के साथ उनके सुनिश्चित अर्थ का होना जरूरी मानती है; जबकि काव्यभाषा के लिए यह सुनिश्चितता

जरूरी नहीं है। अन्यत्र वे लिखते हैं कि सबसे बड़ी बात मूल दृष्टि की है, जो भाषिक सर्जनात्मकता का स्रोत शब्दों को न मानकर शब्द-प्रयोग या भाषा-प्रयोग विधि को मानती है।[८९]

काव्य के मूल्यांकन की कसौटी के रूप में भाषा की केन्द्रीयता अभी पूरी तरह स्थापित नहीं हो सकी; फिर भी, इस दिशा की ओर नए कवि समीक्षक प्रयत्नशील अवश्य हैं। सबसे महत्त्वपूर्ण बात यह है कि एक बार फिर से परम्परागत भारतीय काव्यशास्त्र को जानने और समझने का प्रयास किया जा रहा है और इस बात को समझने की चेष्टा हो रही है कि नई समीक्षा में उसे किस रूप में सहायक बनाया जा सकता है। सच पूछा जाए तो परम्परागत काव्यशास्त्र में कविता के भाषापक्ष की उपेक्षा नहीं है; क्योंकि पुराने आचार्य भी इस बात को मानते हैं और उस पर बल देते आए हैं कि भाषा के माध्यम से ही कवि अनुभव और ज्ञान पाता है। भाषा ही उसे परिवेश का बोध भी कराती है।

कुल मिलाकर डॉ. नामवर सिंह का यह कथन सही मालूम पड़ता है कि 'काव्यभाषा की सृजनशीलता को किसी एक नुस्खे अथवा कुछ नुस्खों में बाँधना असंभव है। भाषा कवि से जिस सृजनशीलता की अपेक्षा रखती है, वही सृजनशीलता आलोचक के लिए भी आवश्यक है। आलोचक जब आलोच्य कृति के सम्पूर्ण काव्य को कथन मात्र के रूप में स्वीकार करके आलोचना कर्म में प्रवृत्त होता है, उस पर कथ्य-कथन के संबंध में प्रवेश करने की कठिन जिम्मेदारी आ जाती है। तादात्म्य के रूप में प्रस्तुत कथ्य-कथन के बीच वह एक तरह से सेंध लगाता है और अंतर्निहित तनाव की तलाश करता है। आलोचक की यह तलाश ही उसकी सृजनशीलता है।'[९०]

संदर्भ

१. नई कविता (अंक २), १९५५, : जगदीश गुप्त, नई कविता, पृ. २७-३०।

२. वही।

३. वही, पृ. ११६।

४. शुक्लोत्तर काव्य-चिंतन : पाश्चात्य परिप्रेक्ष्य : डॉ. श्यामबिहारी राय, पृ. ४४९।

५. आलोचना (जनवरी, १९५६) : गिरिजाकुमार माथुर।

६. नए प्रतिमान पुराने निकष : लक्ष्मीकान्त वर्मा, पृ. २९२।

७. विवेक के रंग : शमशेर की काव्यानुभूति की बनावट, पृ. ६९।

८. कविता के नए प्रतिमान : डॉ. नामवर सिंह, पृ. २४।

९. वही, पृ. २५।
१०. वही।
११. कविता के नए प्रतिमान : डॉ. नामवर सिंह, पृ. २६।
१२. भारतीय काव्यशास्त्र : नई व्याख्या : डॉ. राममूर्ति त्रिपाठी, पृ. ८।
१३. नई कविता (अंक २) : जगदीश गुप्त।
१४. नई कविता के प्रतिमान : लक्ष्मीकांत वर्मा, पृ. ६९।
१५. तीसरा सप्तक, पृ. १८५।
१६. वही, पृ. ११९।
१७. बदलते परिप्रेक्ष्य : नेमिचंद जैन।
१८. नई कविता : अंक २।
१९. तीसरा सप्तक, पृ. ३३२।
२०. विजय देवनारायण साही : माध्यम (विवेचना गोष्ठी), अप्रैल, १९६६।
२१. कविता के नए प्रतिमान : नामवर सिंह, पृ. ५४।
२२. वही।
२३. डॉ. रघुवंश : आलोचना, जुलाई–सितंबर, १९६७।
२४. नई कविता, अंक–४।
२५. वही।
२६. नई कविता, अंक–४।
२७. चिंतामणि (भाग–१) : आ. रामचंद्र शुक्ल, पृ. २३१।
२८. वही, पृ. १९।
२९. नई कविता (अंक ४) : रसानुभूति और सह अनुभूति, पृ. २०।
३०. विविधा, अंक–२, पृ. ७४।
३१. नई कविता, अंक–४।
३२. वही।
३३. नई कविता : स्वरूप और समस्याएँ : जगदीश गुप्त, पृ. १६०।
३४. वही, पृ. ५१।
३५. शुक्लोत्तर काव्य–चिंतन : डॉ. श्यामबिहारी राय, पृ. ५३२।
३६. रस–सिद्धांत : डॉ. नगेन्द्र, पृ. ३४८।
३७. शुक्लोत्तर काव्य–चिंतन : पाश्चात्य परिप्रेक्ष्य : डॉ. श्यामबिहारी राय, पृ. १०।
३८. नई कविता के प्रतिमान : जगदीश गुप्त, पृ. २४८–२५०।
३९. वही, पृ. २५१।
४०. वही, पृ. २५५।

४१. शुक्लोत्तर काव्य-चिंतन : पाश्चात्य परिप्रेक्ष्य : डॉ. श्यामबिहारी राय, पृ. ५११।
४२. नई कविता सीमाएँ और संभावनाएँ : गिरिजाकुमार माथुर, पृ. १०८, १०९।
४३. आधुनिक साहित्य बोध : एक परिसंवाद : धर्मवीर भारती, पृ. ८।
४४. आधुनिकता बोध और आधुनिकीकरण : डॉ. रमेश कुंतल मेघ, पृ. ५१४।
४५. नई कविता के प्रतिमान : लक्ष्मीकांत वर्मा, पृ. २६३।
४६. वही, पृ. २६५।
४७. नई कविता के प्रतिमान : लक्ष्मीकांत वर्मा, पृ. १६१।
४८. वही, पृ. १६५।
४९. वही, पृ. १६५।
५०. नई कविता : सीमाएँ और संभावनाएँ : गिरिजाकुमार माथुर, पृ. १३५।
५१. वही, पृ. ३६।
५२. नई कविता : स्वरूप और समस्याएँ : पृ. ३९, ३०।
५३. शुक्लोत्तर काव्य-चिंतन : पाश्चात्य परिप्रेक्ष्य : डॉ. श्यामबिहारी राय, पृ. ५०२।
५४. नई कविता के प्रतिमान : लक्ष्मीकांत वर्मा, पृ. १८३।
५५. वही।
५६. वही, पृ. १८५।
५७. डॉ. धर्मवीर भारती : साहित्य की नई मर्यादा, आलोचना, पृ.११।
५८. नई कविता के प्रतिमान : लक्ष्मीकांत वर्मा, पृ. १९२।
५९. वही, पृ. १९५।
६०. कल्पना, नवंबर, १९६३।
६१. अज्ञेय और आधुनिक रचना की समस्या : डॉ. रामस्वरूप चतुर्वेदी, पृ.१७०।
६२. नील कुसुम (भूमिका) : दिनकर।
६३. नई कविता (अंक-२) : रामस्वरूप चतुर्वेदी।
६४. तीसरा सप्तक, पृ. ७३।
६५. नई कविता (अंक-२), पृ. ३८।
६६. वही, पृ. ३१।
६७. वही।
६८. नई कविता (अंक-३), पृ. ७।
६९. वही।
७०. वही।

७१. वही।

७२. वही।

७३. आधुनिक कविता और युग-दृष्टि : डॉ. शिवकुमार मिश्र, पृ. १३१।

७४. शुक्लोत्तर काव्य-चिंतन : पाश्चात्य परिप्रेक्ष्य : डॉ. श्यामबिहारी राय, पृ. ६१६-१७।

७५. तीसरा सप्तक, पृ. १८३।

७६. नई कविता के प्रतिमान : लक्ष्मीकांत वर्मा, पृ. १०३।

७७. वही, पृ. १०९।

७८. नई कविता के प्रतिमान : लक्ष्मीकांत वर्मा, पृ. ६४।

७९. अज्ञेय और आधुनिक रचना की समस्या : रामस्वरूप चतुर्वेदी, पृ. ६।

८०. नई कविता के प्रतिमान : लक्ष्मीकांत वर्मा, पृ. ७८-७९।

८१. हिन्दी नवलेखन : डॉ. रामस्वरूप चतुर्वेदी, पृ. २२८।

८२. नई कविता के प्रतिमान : लक्ष्मीकात वर्मा, पृ. ९७।

८३. तार सप्तक (दूसरा संस्करण) : अज्ञेय का वक्तव्य।

८४. साहित्यालाप, पटना-१९२६, पृ. ३३६।

८५. भाषा और संवेदना : रामस्वरूप चतुर्वेदी।

८६. कविता के नए प्रतिमान : डॉ. नामवर सिंह, पृ. १०५।

८७. भाषा और संवेदना : डॉ. रामस्वरूप चतुर्वेदी, पृ. ३३।

८८. कल्पना, मार्च-१९६९।

८९. अज्ञेय और आधुनिक कविता की समस्या : डॉ. रामस्वरूप चतुर्वेदी, पृ. ६२।

९०. कविता के नए प्रतिमान : डॉ. नामवर सिंह, पृ. ११९।

सप्तम अध्याय

छायावातोत्तर समीक्षा में कविता के नए प्रतिमान

महत्त्व तथा उपलब्धियां

अब तक हमने यह दिखाने का प्रयास किया है कि भारतेन्दु युग से लेकर स्वच्छन्दतावादी युग तक हिन्दी समीक्षा कौन-से नए-नए मोड़ों से गुजरते हुए कविता तथा साहित्य के मूल्यांकन से संबंधित कौन-से नए प्रतिमानों को लेकर सामने आई। समीक्षा वस्तुतः रचना की अपेक्षा रखती है। समीक्षा के क्षेत्र में कविता या साहित्य के नए प्रतिमान तभी सामने आते हैं, जब अनेक प्रकार के सामाजिक तथा साहित्यिक सन्दर्भों से प्रेरित होते हुए किसी युग की सर्जना नए रूप ग्रहण कर लेती है। युग की इस बदलती हुई सर्जना के सम्यक् मूल्यांकन के लिए समीक्षा की नई कसौटियाँ अनिवार्य हो जाती हैं। विवेचन के दौरान हमने देखा कि भारतेन्दु युग का उद्भव राष्ट्रीय नवजागरण के संदर्भों को लिए हुए हुआ और उस युग की रचनाशीलता युगीन संदर्भों के गहरे निशान लेकर सामने आई। फलतः इस युग के समीक्षकों को अनेक नए तत्त्वों को लेकर सामने आने वाली इस रचना के लिए मूल्यांकन के नए प्रतिमान निर्धारित करने पड़े। यही बात द्विवेदी युग की हिन्दी समीक्षा के बारे में भी कही जा सकती है, जिसका सर्वोत्कृष्ट रूप आचार्य शुक्ल के समीक्षा कार्य में हमें प्राप्त होता है। आगे चलकर जब उभरती हुई नई राष्ट्रीय तथा सांस्कृतिक चेतना के संदर्भ में छायावादी कविता का उद्भव हुआ और अनुभव किया गया कि कविता के मूल्यांकन की पुरानी कसौटियाँ इस नई काव्य-रचना का सम्यक् मूल्यांकन करने में बहुत समर्थ नहीं है, तब एक बार पुनः मूल्यांकन के नए प्रतिमान सामने आए, जिनकी चर्चा स्वच्छन्दतावादी समीक्षा का विवेचन करते हुए हम कर चुके हैं। स्वच्छन्दतावादी युग तक कविता तथा साहित्य के मूल्यांकन के लिए जो नए-नए दृष्टिकोण सामने आए, उनमें पुराने का सर्वथा बहिष्कार नहीं किया; या जहाँ एक ओर कुछ एकदम नई स्थापनाएँ सामने लायी गईं, वहाँ दूसरी ओर परम्परागत प्रतिमानों को भी नए संदर्भों में जाँचा और परखा गया तथा इनमें से जो प्रतिमान सार्थक तथा मूल्यवान थे, उन्हें युग के अनुरूप नया रूप भी दिया गया। अपने इस कथन के

उदाहरण के रूप में हम आचार्य शुक्ल के रस-विवेचन को ले सकते हैं, जिन्हें आधुनिक युग में रस को फिर से जीवित करने का श्रेय दिया जाता है। रचना की अवमानना करते हुए ऊपर से कोई नए प्रतिमान उस पर थोपे नहीं गए हैं। जहाँ ऐसा हुआ है, वहाँ इस प्रकार के प्रतिमान क्षणजीवी ही सिद्ध हुए हैं। अतएव यदि हम कहें कि छायावाद युग तक की रचना के मूल्यांकन के लिए समय-समय पर जिन नई कसौटियों को लाया गया, वे पूरी तरह उचित थीं, तो यह सत्य कथन ही होगा।

आचार्य शुक्ल के काव्य-चिन्तन की सीमाओं का उल्लेख करते हुए और स्वच्छन्दतावादी काव्य-चिंतकों के औचित्य को स्पष्ट करते हुए स्वच्छन्दतावादी समीक्षा के प्रमुख आचार्य पं. नंददुलारे वाजपेयी ने कहा है कि 'इस नए काव्य-चिन्तन की प्रमुख विशेषता ऐतिहासिक और परिवर्तनशील परिस्थितियों के अध्ययन द्वारा रचनाकार के विशिष्ट काव्य-मूल्य को प्रतिष्ठित करना है ... शुक्ल जी ने जिस समीक्षा को अपने निजी आदर्शों की वैयक्तिक या सब्जेक्टिव भूमि पर स्थापित किया था, उसे भी वस्तून्मुखी और विकासमान भूमियों पर रखकर परखने का कार्य नए समीक्षक कर रहे हैं। कहा जा सकता है कि भारतेन्दु युग से आरम्भ होने वाली साहित्यिक समीक्षा यहाँ आकर एक प्रकार की पूर्णता ग्रहण करती है, परन्तु यहीं से एक नए प्रकार का विघटन भी आरम्भ होने लगता है।'[१]

स्वच्छन्दतावादी समीक्षादर्शों के महत्त्व का कथन तो आचार्य वाजपेयी के उक्त मन्तव्य में है; किन्तु उन्होंने उसके विघटन के कारणों पर अधिक प्रकाश नहीं डाला है। वे केवल इतना ही कहकर रह गए हैं कि 'सन् १९३५ के आसपास हिन्दी साहित्य के रचनात्मक क्षेत्र में जो निराशा और सामाजिक अनुत्तरदायित्व की एक लहर आई थी, जिसने रचना और समीक्षा के क्षेत्रों में भी अपना अनिष्टकारी प्रभाव दिखाया था, उसी की प्रतिक्रिया स्वरूप साहित्य के सामाजिक आदर्श का आग्रह करती हुई नई समीक्षा-पद्धति क्षेत्र में आई।'[२] आचार्य वाजपेयी आगे कहते हैं कि 'यह वह समय था, जब प्रसाद, निराला और पंत के काव्य-उत्थान अपना संपूर्ण प्रदेय समाप्त कर प्रायः रिक्त हो चुके थे। कामायनी का निर्माण हो चुका था; उनके स्थान पर महादेवी और बच्चन की ऐकान्तिक और विशादमयी रागनियाँ सुनायी देने लगी थीं ... समीक्षा के क्षेत्र में भी बच्चन और महादेवी का स्तुतिगान होने लगा था। ऐसी स्थिति में साहित्य सम्बन्धी स्वस्थ प्रतिक्रिया का आरम्भ होना आवश्यक था और जब वह स्वस्थ प्रतिक्रिया जनता के लिए साहित्य के नारे के रूप में व्यक्त हुई, तब उसका समुचित स्वागत भी किया गया।'[३]

जैसा कि हम पीछे प्रगतिवादी समीक्षा की चर्चा के क्रम में कह चुके हैं, प्रगतिवादी समीक्षा का उद्भव रचना तथा समीक्षा के क्षेत्र में व्याप्त हो रहे कुछ ऐसे अतिवादों का परिणाम था, जिनका विरोध आवश्यक था और वह हुआ भी। हमने यह भी

प्रदर्शित किया है कि हिन्दी की यह प्रगतिवादी समीक्षा बलात् ही हिन्दी समीक्षा के क्षेत्र में अवतरित नहीं हो गई, यह उसी नई सर्जना के मूल्यांकन हेतु नई कसौटियाँ लिए हुए एक ऐसे समय में ऐतिहासिक आवश्यकता बनकर सामने आई, जबकि युगीन परिस्थितियाँ उसके बिलकुल अनुरूप थीं। प्रगतिवादी समीक्षा-दृष्टि पर बहुधा उसके विदेशी होने का आरोप लगाया जाता है। यह सही है कि प्रगतिवादी समीक्षा-दृष्टि मूल रूप से मार्क्सवादी-चिन्तन से अनुप्राणित है। किन्तु मार्क्सवादी दर्शन से अनुप्राणित होते हुए भी उसका उद्भव युगीन परिस्थितियों की आवश्यक माँग के रूप में हुआ और वह उस रचना का मूल्यांकन करने के लिए सामने आई, जिसका सम्बन्ध देश तथा धरती की तत्कालीन स्थितियों से गहराई से जुड़ा हुआ है। हम पुनः आचार्य वाजपेयी को ही उद्घृत करना चाहते हैं जिनके अनुसार, 'हिन्दी की प्रगतिवादी समीक्षा-दृष्टि यदि मार्क्सवादी साहित्य-चिन्तन से अनुप्राणित भी है, तो यह वह मार्क्सवादी साहित्य-चिन्तन है, जिसमें हिन्दी की चली आती हुई समीक्षा को शक्ति ही प्रदान की है, उसे कमजोर नहीं किया है। वे कहते हैं कि यहाँ पर यह भी उल्लेखनीय है कि पश्चिमी साहित्य में मार्क्सवादी समीक्षा पर्याप्त प्रगति कर चुकी है; उसने साहित्य रचना और साहित्य विवेचन सम्बन्धी यथार्थवादी दृष्टिकोण को प्रोत्साहन दिया है। परन्तु यह यथार्थवाद स्वस्थ साहित्य के स्वीकृति प्रतिमानों से बहुत दूर की वस्तु नहीं है। यह यथार्थवाद मुख्यतः सामाजिक प्रगतिशीलता के तत्त्वों को अपनाकर चलता है और मनोविज्ञान के लिए मनोविज्ञान की या कला के लिए कला की प्रवृत्तियों के विरोध में उपस्थित होता है। नए मार्क्सवादी समीक्षकों ने साहित्य की सामाजिक भूमिका के अनुशीलन में ऐसे ही तथ्यों पर प्रकाश डाला है, जिनसे साहित्यिक प्रतिमानों को बल मिलता है और ऐसे कवियों के कृतित्व पर अधिक उज्ज्वल प्रकाश पड़ता है, जो साहित्यिक दृष्टि से भी अग्रणी माने गए हैं। इस प्रकार मार्क्सवादी समीक्षा साहित्यिक परम्परा से प्राप्त उपलब्धियों को नया बल प्रदान करती है। यदि इस यथार्थवादी समीक्षा-पद्धति से इस उपादेय उद्देश्य की सिद्धि होती है, तो इससे किसी का विरोध नहीं हो सकता।'[४]

हिन्दी में प्रगतिवादी समीक्षा के उद्भव को लेकर उसके औचित्य को सिद्ध करते हुए अन्य लोगों ने भी समान चर्चाएँ ही की हैं। डॉ. श्यामबिहारी राय का कहना है कि 'इस युग की मुख्य धारा इतिहास प्रधान वैज्ञानिक होने के कारण विकासवाद को समझती है, फलस्वरूप खड़ीबोली को अभिव्यक्ति माध्यम के रूप में स्वीकार करती है। उपयोगितावादी दृष्टिकोण भी यहाँ प्रमुख हो गया है। द्विवेदी युग में भारतेन्दु युगीन प्रगतिशील दृष्टिकोण भी यहाँ प्रमुख हो गया है। द्विवेदीयुग में भारतेन्दु युगीन प्रगतिशील प्रवृत्तियाँ एक ओर अपना आकार निश्चित करने लगती हैं, दूसरी ओर युगीन सीमाओं को लाँघकर व्यापकता की ओर बढ़ती हैं। स्वच्छन्दतावादी समीक्षा का युग भारतीय

प्रगतिशील आन्दोलन के सम्बन्ध में नवीन मान्यताएँ स्थापित करने में अनेक आधारभूत तथ्यों को स्पष्ट करता है। इस युग में पूँजीवाद और औद्योगिक विकास का सम्मिलन होने से व्यक्तिवाद का विरोध, समान्तवादी दासत्व का विरोध, रूढ़ि का विरोध, नारी को भोग्या की स्थिति से ऊपर उठाकर सहचरी देवी की स्थिति तक पहुँचना, धार्मिक स्थूलता का स्थान आध्यात्मिक सूक्ष्मता को देना जैसी बातें हमारे सामने आई थीं। उन्हीं की क्रोड़ में प्रगतिशील आन्दोलन का आविर्भाव हुआ था।"[५]

समग्रतः कहा जा सकता है कि हिन्दी समीक्षा के क्षेत्र में प्रगतिवादी दृष्टिकोण का आविर्भाव तत्कालीन परिस्थितियों के सन्दर्भ में पूरी तरह उचित और आवश्यक था। यह सही है कि अपनी सक्रियता की एक लम्बी कालावधि में हिन्दी की यह प्रगतिवादी समीक्षा अनेक स्थलों पर पथच्युत भी हुई; किन्तु उसने हिन्दी समीक्षा के क्षेत्र में कतिपय ऐसी महत्त्वपूर्ण उपलब्धियाँ भी की हैं, जिनकी अनदेखी नहीं जा सकती। कविता तथा साहित्य के मूल्यांकन के ऐसे सशक्त प्रतिमान और ऐसी दृष्टियाँ इस समीक्षा-पद्धति के द्वारा सामने आई हैं, जिन्होंने युग की साहित्यिक चिन्तना पर अपने गहरे प्रभाव छोड़े हैं।

हिन्दी की प्रगतिवादी समीक्षा में सबसे महत्त्वपूर्ण उपलब्धि कविता तथा साहित्य के स्वरूप सम्बन्धी उसकी मानवीय और लौकिक व्याख्या से हैं। हमने देखा है कि प्रगतिवादी समीक्षकों ने पहली बार कविता तथा साहित्य को विशुद्ध मानवीय उपलब्धियों के रूप में स्वीकार करते हुए उनका मूल्यांकन और विवेचन किया है। यह सही है कि कविता तथा साहित्य को मानवीय भूमि पर देखने और परखने की बात आचार्य शुक्ल और उनसे पहले की समीक्षा में भी उठी थी, किन्तु प्रगतिवादी समीक्षकों ने विस्तारपूर्वक और सामाजिक विकास के सन्दर्भ में कविता की मानवीय आकृति को उभारा है। उनकी यह स्थापना कि सामाजिक जीवन के विकास-क्रम में मनुष्य ने कविता को अर्जित किया है, अपने में एक महत्त्वपूर्ण स्थापना है। पश्चिम के मार्क्सवादी समीक्षकों की भाँति हिन्दी के प्रगतिवादी समीक्षकों ने भी इस क्रम में इस तथ्य को प्रतिपादित किया है कि किस प्रकार मनुष्य प्रकृति से संघर्ष करने के क्रम में सबसे पहले दो पैरों के बल खड़ा हुआ, अपने हाथों को मुक्त किया, अनगढ़ पत्थरों को औजारों का रूप दिया और विकास की एक अवस्था में उसके विकसित होते हुए मस्तिष्क ने उसके द्वारा और उसके हाथों के द्वारा कविता, चित्र, शिल्प और संगीत जैसी कलाओं के जन्म को संभव बनाया। उन्होंने यह भी स्पष्ट किया है कि किस प्रकार कविता का उद्‌भव प्रारंभिक समूह गीतों के साथ हुआ और किस प्रकार विशुद्ध मानवीय उपलब्धि बताकर प्रगतिवादी समीक्षा में उसके बारे में प्रचलित अलौकिक धारणाओं और अमूर्त स्थापनाओं पर अंकुश लगाया तथा एक सामाजिक उपलब्धि के रूप में उसके मूल्यांकन के लिए पथ

प्रशस्त किया।

कविता की मानवीय तथा सामाजिक आकृति के स्पष्टीकरण के क्रम में ही प्रगतिवादी समीक्षा ने अपनी वस्तुवादी चिन्तना के आधार पर इस तथ्य को भी स्पष्ट किया कि चूँकि कविता के अन्तर्गत जो कुछ भी वर्णित तथा चित्रित किया जाता है, वह सामाजिक जीवन से ही हमें प्राप्त होता है। अतएव कविता की व्याख्या उसके स्रोतों की व्याख्या भी है। दूसरे शब्दों में कहा जा सकता है कि सामाजिक संदर्भता से विच्छिन्न करके साहित्य या कविता की व्याख्या नहीं की जा सकती। प्रगतिवादी समीक्षा में दृढ़ता के साथ इस मत को प्रस्तुत किया कि विशुद्ध सौन्दर्य नियम तथा विशुद्ध कला नियम जैसी कोई चीज नहीं है। सारे सौन्दर्य-नियम और कला-नियम कोई स्वतंत्र इयत्ता न रखते हुए, अन्ततः अपने सामाजिक आचार द्वारा ही नियमित और निर्धारित होते हैं। ऐसी स्थिति में उन्हें सामाजिक, आधार से विलग मूल्यांकन का स्वतंत्र प्रतिमान नहीं माना जा सकता। कला अथवा कविता का कैसा भी स्वातंत्र तंत्र क्यों न हो, अन्ततः वह जीवन सापेक्ष और समाज सापेक्ष होता है। कविता में वे व्यक्त बड़े से बड़े भाव तब तक सार्थक नहीं माने जा सकते, जब तक कि उनकी समाज-संदर्भता न हो। इसी बिंदु पर प्रगतिवादी समीक्षकों ने रचनाकारों को भी इस तथ्य के प्रति आगाह किया कि उनकी रचना की सामग्री किसी लोकोत्तर जगत से नहीं आती; वरन् इसी यथार्थ जगत से प्राप्त होती है। वही नई कविता और नई कला स्थायी महत्त्व की अधिकारिणी बनती है, जिसकी जड़ें सामाजिक जीवन में गहराई तक पहुँची हों। वही रचनाकार सार्थक कविता अथवा सार्थक कला की सृष्टि कर सकता है, जो सामाजिक जीवन की मूलधारा से गहराई से जुड़ा हो। जितनी दूर तक रचनाकार या कलाकार का सामाजिक सम्पर्क दुर्बल होगा, उतनी ही मात्रा में उसकी कला भी दुर्बल होगी। उसी रचनाकार की अनुभव राशि महत्त्वपूर्ण होगी, जिसने सामाजिक जीवन की गहराई में जाकर उसे प्राप्त किया हो। इस प्रकार रचनाकार के सन्दर्भ में और मूल्यांकन के सन्दर्भ में भी अर्थात् इन दोनों आयामों पर कविता और सामाजिक जीवन के सम्बन्धों को स्पष्ट करते हुए प्रगतिवादी समीक्षा ने रचना तथा समीक्षा दोनों को एक सुदृढ़ आधार प्रदान किया। सौन्दर्य तत्त्व का विवेचन करते हुए भी उसने सौन्दर्य की सामाजिक सत्ता का प्रतिपादन किया । उसने निर्भ्रान्त रूप से इस तथ्य को स्पष्ट किया कि कविता का वस्तु-तत्त्व ही नहीं भाषा, बिम्ब, प्रतीक जैसे उसके कला-शिल्प तथा अभिव्यक्तिगत उपकरण भी समाज की ही देन होते हैं। साहित्यकार की अनुभूतियाँ और उसका मानसिक संसार सामाजिक जीवन से विलग कोई मुक्त मंजूषा नहीं है। उसे सम्पन्न करने वाले तत्त्व सामाजिक जीवन के साथ घनिष्ठ सम्पर्क स्थापित करते हैं। साहित्य और सामाजिक जीवन के सम्बन्धों का प्रतिपादन भी पूर्ववर्ती समीक्षा-पद्धतियों

में किया गया है; किंतु ऐतिहासिक समाजशास्त्रीय तथा वैज्ञानिक भूमि पर साहित्य तथा सामाजिक जीवन के बीच के सम्बन्धों का मार्मिक प्रतिपादन पहली बार प्रगतिवादी समीक्षा-दृष्टि के द्वारा ही सम्भव हुआ। कविता तथा साहित्य की सामाजिक-सन्दर्भता का प्रतिमान भी उनके मूल्यांकन का प्रमुख प्रतिमान बनकर पहली बार प्रगतिवादी समीक्षा में ही उद्घाटित हुआ है। इस तथ्य को जैसा कि हम पहले भी स्पष्ट कर चुके हैं, उन समीक्षकों ने भी स्वीकार किया है, जो भिन्न समीक्षा-पद्धतियों से सम्बन्धित रहे हैं। डॉ. देवराज ने कहा है कि प्रगतिवादियों ने साहित्य के सामाजिक पहलू को गौरव देकर निःसन्देह हमारी समीक्षा-दृष्टि को समृद्ध किया है।'[६]

प्रगतिवादी समीक्षा का एक अन्य प्रदेय कविता तथा साहित्य रचना में व्यक्तिवाद की अनुत्तरदायी प्रवृत्ति पर अंकुश लगाना है। प्रगतिवादी समीक्षकों ने गहराई में जाकर इस तथ्य को स्पष्ट किया है कि साहित्यकार तभी आत्मकेन्द्रित और व्यक्तिवादी होता है, जबकि सामाजिक जीवन के साथ उसका सम्पर्क टूट जाता है। सामाजिक जीवन से विच्छिन्न रचनाकार के मन में जीवन की ह्रासशील धारणाएँ पनपती हैं और वह उन्हें अपनी कविता तथा कला में अभिव्यक्ति देता है। हिन्दी साहित्य की और हिन्दी कविता की पिछली परम्पराओं से उदाहरण देते हुए प्रगतिवादी समीक्षकों ने सिद्ध किया है कि निराशावाद, भोगवाद, स्थूल मांसलता का चित्रण, जीवन की नश्वरता का प्रतिपादन, ह्रासशील जीवन दर्शनों के प्रति रचनाकार की उन्मुखता, मनुष्य के विघटित व्यक्तित्व के चित्र जैसी बातों की कविता या साहित्य के अन्तर्गत उसी समय प्रमुखता हुई है, जब सामाजिक जीवन से रचनाकार विमुख हुए हैं।

प्रगतिवादी समीक्षकों ने इस तथ्य को बल देकर सामने रखा है कि सामाजिक जीवन से विच्छिन्नता जहाँ रचनाकार को व्यक्तिवादी बनाकर क्षयी जीवन दृष्टियों की ओर उन्मुख करती है, वहाँ वह उसे रूपवादी और कलावादी भी बना देती है। रूपवाद तथा कलावाद के सारे आन्दोलन रचनाकार की समाज तथा जीवन निरपेक्षता से उद्भूत हुए हैं; अतएव, प्रगतिवादी समीक्षकों ने ऐसी कविता तथा ऐसे साहित्य की कड़ी आलोचना करते हुए कविता तथा साहित्य निर्माण को भ्रान्त होने से रोका और स्वस्थ काव्य तथा साहित्य की सर्जना के लिए पथ प्रशस्त किया। प्रगतिवादी समीक्षा की इस उपलब्धि को भी व्यापक रूप से स्वीकृति मिली है। कविता या साहित्य किसके लिए? जैसे भी प्रश्न को प्रगतिवादी समीक्षा में इस रूप में हल किया गया है कि साहित्य या कविता जीवन के लिए है; सामान्य जन के लिए है। इस प्रकार प्रगतिवादी समीक्षा ने काव्य तथा साहित्य की विशाल तथा व्यापक मनुष्यता तक व्याप्ति दिखायी। प्रगतिवादी समीक्षा में एक अन्य महत्त्वपूर्ण उपलब्धि इस तथ्य का प्रतिपादन करना भी है कि कविता हो अथवा साहित्य, उन्हें जीवन की दूसरी बुनियादी समस्याओं से काटकर नहीं

देखा जा सकता। मनुष्य ने उन्हें सामाजिक जीवन के विकास क्रम में इस कारण अर्जित किया है कि उसके जीवन को सम्पन्न और समृद्ध करें, उसे अपनी वास्तविक मंजिल तक पहुँचने में सहायता दें। प्रगतिवादी समीक्षा जिस मार्क्सवादी दर्शन से प्रेरित और अनुप्राणित है, वह संसार और समाज को बदलने वाला दर्शन भी है। यही कारण है कि प्रगतिवादी समीक्षा के अंतर्गत काव्य या साहित्य की एक सोद्देश्य भूमिका को स्वीकार किया गया है। जो कविता या जो साहित्य मनुष्य के सामाजिक जीवन को उन्नत बनाने में अपना योग नहीं देता, उसे प्रगतिवादी समीक्षा के अंतर्गत आलोचना का विषय बनाया गया है।

प्रगतिवादी समीक्षकों ने इस बिन्दु पर यहाँ तक स्थापना दी है कि यदि कोई कविता जीवन के ह्रासशील पक्ष को समर्थ कला और शिल्प का आश्रय लेकर चित्रित करती है, तो उसकी भत्सना इसलिए आवश्यक है कि ऐसी कविता जन-समाज को प्रभावति कर उसे गुमराह कर सकती है। प्रगतिवादी समीक्षा के सामने कविता तथा साहित्य के मूल्यांकन के क्रम में सदैव मुख्य प्रश्न यही रहा है कि उसी कविता या साहित्य को वरीयता दी जाय, जो स्वस्थ सामाजिक तथा मानवीय आधारों पर आश्रित हो; कला और शिल्प से, कला और शिल्प की सम्पन्नता से प्रगतिवादी समीक्षकों का विरोध नहीं है; किन्तु वे जिस कविता या साहित्य के अभिव्यक्त पक्ष को पुष्ट करते हैं उनका एक स्वस्थ संदर्भ होना चाहिए।

प्रगतिवादी समीक्षा द्वारा प्रस्तुत किए गए कविता की परख करने वाले प्रतिमानों का महत्त्व हमने ऊपर की पंक्तियों में स्पष्टा किया है। किन्तु, जहाँ तक व्यावहारिक भूमिका पर उनके प्रयोग का प्रश्न है, प्रगतिवादी समीक्षक सर्वत्र सफल नहीं हुए। वस्तुतः रचना तथा समीक्षा दोनों ही क्षेत्रों में स्पष्ट होने वाली प्रगतिवादी दृष्टि की यह सीमा ही थी, जिसने प्रगतिवादी युग के आरंभिक दौर में ही सर्जना तथा चिंतन दोनों क्षेत्रो में तत्कालीन साहित्य जगत में अपनी छाप छोड़ी। प्रयोगवाद के समानान्तर उद्देश्यों को लेकर और बहुत कुछ उसका साथ देते हुए कालान्तर में नकेनवाद के नाम से काव्य की एक अन्य प्रवृत्ति काव्य-चिंतन के अपने स्वरूप को लेकर स्पष्ट हुई।

हिन्दी के प्रयोगवादी समीक्षाकों में अज्ञेय का नाम सर्वोपरि लिया जा सकता है और सच पूछा जाय तो अज्ञेय के चिंतन में ही हम प्रयोगवादी समीक्षा-दृष्टि के कुछ ऐसे सूत्रों को ढूँढ़ सकते हैं, जिनसे कविता तथा साहित्य की परख के लिए हमें वास्तविक सहायता प्राप्त हो सकती है। प्रगतिवादी समीक्षकों द्वारा प्रस्तुत कविता तथा साहित्य की समाज-संदर्भता से सम्बद्ध प्रतिमान के महत्त्व को नकारा नहीं जा सकता। किन्तु, प्रायोगिक भूमि पर ऐसा अनुभव किया गया कि प्रगतिवाद के अंतर्गत इस समाज-संदर्भता को इतनी दूर तक खींच दिया गया है कि कविता के अंतर्गत निहित रहने वाले

वैयक्तिक सवेदन तथा रचनाकार के व्यक्तित्व जैसे प्रश्न गौण हो उठे हैं। प्रयोगवादी समीक्षा ने इस बिन्दु पर एक बार पुनः कविता के मूल्यांकन संबंधी केन्द्रीय प्रतिमान के प्रश्न को उठाया और सामाजिकता का पूरी तरह निषेध न करते हुए भी कविता के अंतर्गत व्यक्ति पक्ष की अभिव्यक्ति की भी सम्यक् पड़ताल करने का आग्रह किया। यह सही है कि सामाजिकता संबंधी एक अतिवाद से निपटने के लिए प्रगतिवादी समीक्षा ने आगे चलकर एक दूसरे प्रकार के अतिवाद की सृष्टि की और एक बार पुनः व्यक्ति और समाज के द्वंद्व को जीवित कर दिया। फिर भी, कविता के अंतर्गत व्यक्ति पक्ष की खोज पर बल देकर उसने काव्य-विवेचन को एकांगी होने से बचाया; इसे प्रयोगवादी समीक्षा की एक उपलब्धि ही कहा जायेगा। अज्ञेय ने कविता के मूल्यांकन संबंधी प्रश्न को विशेष महत्त्व देते हुए स्पष्ट किया कि किसी भी रचना को उसकी समग्रता और समूचे संघटन में देखकर ही उसकी सार्थकता को पहचाना जा सकता है। उन्होंने कविता या कला के मूल्यांकन का केवल यही प्रतिमान माना कि प्रत्येक कृति की समीक्षा उसे अद्वितीय मानकर उसी ढंग से की जाय, अर्थात् प्रत्येक कलाकृति की समीक्षा का ढंग अपना अलग और विशिष्ट होगा। अज्ञेय का यह प्रतिमान पूरी तरह स्वीकार भले न किया जाय; किन्तु, इतना मानना पड़ेगा कि इसने कविता के मूल्यांकन को लेकर एक नई दृष्टि अवश्य दी। इस दृष्टि का महत्त्व इस कारण है कि इसमें प्रकारान्तर से इस तथ्य की स्वीकृति है कि कवि के वक्तव्यों के स्थान पर कविता का विश्वास करना ही ज्यादा उचित है।

प्रयोगवादी समीक्षा की एक अन्य महत्त्वपूर्ण उपलब्धि इस बात में देखी जा सकती है कि यद्यपि उसके अंतर्गत आत्मिक पक्ष एक बार फिर से प्रबल हो उठा, किन्तु यह प्रबलता स्वच्छंदतावादी समीक्षा जैसी प्रबलता नहीं है। उसकी तुलना में यहाँ आत्मिक पक्ष पर बल देते हुए भी यथार्थ के प्रति आग्रह को छोड़ा नहीं गया है। प्रयोगवादी समीक्षा की एक अन्य उपलब्धि कविता या साहित्य के मूल्यांकन में मनोवैज्ञानिक तत्त्वों के सचेत प्रवेश और प्रयोगों में मानी जा सकती है। काव्य-रचना मूलतः एक मानस-व्यापार है और उस मानस-व्यापार का सम्यक् उद्‌घाटन कविता की समझ में सहायक होता है। प्रगतिवादी समीक्षा के अंतर्गत मुक्तिबोध को छोड़कर काव्य या साहित्य के इस पहलू पर अन्य किसी ने ध्यान नहीं दिया था। प्रयोगवादी समीक्षा में इस पक्ष को उभारते हुए कविता के मूल्यांकन को एक पुष्ट आधार देने की कोशिश की।

सप्तकों की भूमिकाओं में अज्ञेय ने कविता की रचना से संबंधित और उसके प्रभाव तथा प्रसार से संबंधित अनेक बुनियादी प्रश्नों पर अपने विचार व्यक्त किए हैं। कविता को प्रयोग का विषय मानते हुए उन्होंने इस प्रयोग के स्वरूप की विस्तृत चर्चा की है। न केवल भाषा के प्रश्न को अपनी गंभीर चर्चा का विषय बनाया है, वरन् रस,

साधारणीकरण और सम्प्रेषणीयता जैसे प्रश्नों पर भी अपने विचार व्यक्त किए हैं। इन प्रश्नों पर उनका विस्तृत अभिमत हम 'प्रयोगवादी समीक्षा' शीर्षक अध्याय में दे चुके हैं। यहाँ हम इतना ही निवेदन करना चाहते हैं कि परम्परा साधारणीकरण तथा माध्यम की समस्याओं को लेकर अज्ञेय के ये विचार पूरी तरह नकारे नहीं जा सकते। प्रगतिवादी समीक्षा में कविता की सामाजिक सोद्देश्यता को लेकर इतना बल दिया गया था कि कविता की निर्मिति संबंधी सवाल पृष्ठभूमि में छूट गए थे। निर्मिति की प्रक्रिया को परखे बिना निर्माण पर निर्णय देना उचित भी नहीं माना जा सकता। प्रयोगवादी समीक्षा में कविता की निर्मिति के प्रश्न पर, बदले हुए संदर्भों में बदलती हुई अभिरुचि की बात करके एक प्रकार से रचना और रचना की समीक्षा दोनों के प्रति नये सिरे से विचार करने की आवश्यकता पर बल दिया। प्रयोगवादी समीक्षा और इस समीक्षा के पुरस्कर्ता अज्ञेय के चिंतन की यह महत्त्वपूर्ण भूमिका है। प्रयोगवादी समीक्षा पर व्यक्तिवादिता को प्रश्रय देने, नैतिक मूल्यों की अवहेलना करने, कोरे सौंदर्यशास्त्रीय दृष्टि को अपनाने जैसे आरोप लगाए गए हैं। गहराई से विचार करने पर ये आरोप सर्वांशतः सिद्ध नहीं होते। ममग्रतः प्रयोगवादी समीक्षा की विशिष्ट उपलब्धि इस एक बात में देखी जा सकती है कि उसमें प्रगतिवादी समीक्षा द्वारा प्रस्तुत प्रतिमानों पर अंकुश लगाकर स्वस्थ तथा संतुलित काव्य-समीक्षा की आवश्यकता के प्रति एक बार पुनः ध्यान आकर्षित किया और काव्य-रचन। के कुछ ऐसे अछूते पहलुओं को उद्घाटित किया जिनके बिना कविता की सही पहचान और परख संभव नहीं हो सकती।

हिन्दी में प्रयोगवादी काव्य प्रवृत्ति के उपरान्त 'नई कविता' के युग का आविर्भाव हुआ और इस नई कविता ने एक स्तर पर पूर्ववर्ती प्रगतिवादी तथा प्रयोगवादी काव्य-प्रवृत्तियों के जीवंत अंशों से प्रेरणा लेते हुए, दूसरे स्तर पर नये युग संदर्भों के अनुरूप एक स्वतंत्र काव्य प्रवृत्ति के रूप में अपने अस्तित्व का परिचय दिया। उसने न तो कविता की पूर्ववर्ती परम्परा के प्रति विशुद्ध स्वीकार की दृष्टि अपनायी और न उसे बिल्कुल उपेक्षा की वस्तु माना। खाद के रूप में पूर्ववर्ती काव्य-परम्परा का इस्तेमाल करते हुए युग की नई चुनौतियों और नए प्रश्नों से जूझते हुए उसने अपनी आकृति का निर्माण किया। सर्जना और समीक्षा का एक ही व्यक्ति में संयोग, जिसका प्रारंभ प्रयोगवादियों द्वारा हुआ था नई कविता के युग में और भी मूर्तिमान हो उठा। नई कविता के अंतर्गत भी सर्जक ही समीक्षक के रूप में सामने आए और चूँकि ये अपने युग-संदर्भों के प्रति, साथ ही परम्परा के प्रति भी एक जागरूक तथा प्रबुद्ध दृष्टि रखने वाले सर्जक थे; अतः स्वभावतः इनकी दृष्टि सर्जना के साथ-साथ इस बात की ओर भी गई कि उनकी सर्जना का सम्यक् मूल्यांकन भी हो। कविता के पुराने प्रतिमान अथवा कविता के परम्परागत प्रतिमान अपनी नई काव्य-सर्जना के संदर्भ में उन्हें बहुत सार्थक

प्रतीत नहीं हुई। फलतः कविता के नए प्रतिमानों का प्रश्न अपनी समग्रता में उन्होंने नए सिरे से उठाया और नए प्रतिमानों की खोज भी प्रारंभ की; एक प्रकार से उन्होंने परम्परागत प्रतिमानों का पुनर्मूल्यांकन किया और यह देखने की कोशिश की कि वे प्रतिमान कहाँ तक उनकी सर्जना के अनुकूल हैं। दूसरे स्तर पर उन्होंने ऐसे नये प्रतिमानों का स्वरूप भी स्पष्ट किया, जो मूलतः उनकी अपनी सर्जना के संदर्भ में उनके द्वारा सामने लाये गए थे। प्रयोगवादोत्तर समीक्षा की चर्चा करते हुए हम इस सारी वस्तुस्थिति पर प्रकाश डाल चुके हैं। यहाँ हम संक्षेप में इस बात की चर्चा करना चाहते हैं कि नई कविता के सर्जक समीक्षकों के द्वारा कविता के नए प्रतिमानों की खोज और निर्मिति के संबंध में जो प्रयास हुए उनका महत्त्व और मूल्य क्या है।

प्रयोगवादी समीक्षा के महत्त्व की चर्चा करते हुए हमने कहा है कि उसके अंतर्गत अज्ञेय ने कविता के स्वरूप, तत्त्व और प्रयोजन को लेकर नए सिरे से विचार करने की परम्परा डाल दी थी। हम यह भी कह चुके हैं कि एक बार पुनः वस्तु-तत्त्व की तुलना में कविता के अंतर्गत आत्मिक पक्ष की प्रधानता दिखाई पड़ने लगी। इसका लाभ यह हुआ कि कविता के वस्तु पक्ष पर अतिरिक्त आग्रह करने के कारण उसके व्यक्ति पक्ष की जो क्षति प्रगतिवादी समीक्षा के अंतर्गत हुई थी, उस पर अंकुश लगा। प्रयोगवादोत्तर समीक्षा में कविता के समग्र मूल्यांकन वाली बात पुनः सारी गंभीरता से प्रारंभ की गई। फलतः इस बात का खतरा नहीं रहा कि कविता का मूल्यांकन एकांगी हो सकेगा।

यह सही है कि प्रयोगवादोत्तर समीक्षा के पुरस्कर्ता नए कवि समीक्षकों पर पश्चिमी चिंतन का विशेष प्रभाव है, विशेषकर इलियट और रिचर्डस का। किन्तु इन नये समीक्षकों ने उस प्रभाव से बचते हुए अधिक बुद्धिमानीपूर्वक पश्चिमी प्रभाव को ग्रहण किया है। अज्ञेय ने तो एक प्रकार से इलियट के 'अव्यक्तिवाद' जैसे सिद्धांतों और एडलर के मनोवैज्ञानिक निष्कर्षों को ज्यों का त्यों अपना लिया था। किन्तु, इन नए समीक्षकों ने पश्चिमी प्रभावों की व्यापक छानबीन की और भारतीय परम्परा तथा भारतीय परिस्थितियों से जुड़ते हुए भी, उससे प्रेरणा ली। नये कवि समीक्षक पूरी तरह से इस कार्य में सफल न हो पाये हों; किन्तु उनमें से कुछ का प्रदेय इस दृष्टि से सराहनीय माना जायेगा। जगदीश गुप्त, विजयदेव नारायण साही और रामस्वरूप चतुर्वेदी का नाम इस संदर्भ में लिया जा सकता है। इन नये कवि समीक्षकों ने पहली बार भाषा यानी माध्यम के आधार पर रिचर्डस की ही परम्परा में कविता की व्याख्या करने और उसकी मूल्यवत्ता को पहचानने का प्रयास किया। अर्थवान् शब्द पर विशेष ध्यान देने की आवश्यकता का प्रतिपादन इसके पहले अज्ञेय भी कर चुके थे और यह एक शुभ प्रारंभ था। नए कवि समीक्षकों ने अर्थवान् शब्द को कविता का केन्द्रीय तत्त्व मानने की इस धारणा को और भी विस्तार तथा गहराई से व्याख्यायित किया और एक प्रकार से भाषा की

समूची सर्जनात्मक संभावना का पुनरीक्षण करते हुए कविता के मूल्यांकन में उसके महत्त्व को स्थापित किया। प्रयोगवादोत्तर नई समीक्षा की यह एक महत्त्वपूर्ण उपलब्धि है।

इन नये कवि समीक्षकों ने परम्परागत काव्य–प्रतिमानों के पुनर्मूल्यांकन के क्षेत्र में भी विशेष दिलचस्पी दिखाई। सच पूछा जाय तो उन्होंने यह चाहा कि कविता के सम्पूर्ण स्वरूप पर नए सिरे से विचार किया जाय और यही कारण है कि इस विचार के सिलसिले में इन्होंने कविता की नई परिभाषा का निर्माण भी किया। इस संदर्भ में जगदीश गुप्त के प्रयास विशेष सार्थक कहे जा सकते हैं। जगदीश गुप्त में आंदोलन का आवेश भी है और फतवे देने की प्रवृत्ति भी। इस कारण वे प्रायः बहके और भटके भी हैं। 'सह अनुभूति' और 'अर्थ की लय' जैसी उनकी बातें किसी परिपक्व चिंतन का प्रमाण नहीं मानी जा सकतीं। विज्ञान के युग का नाम ले लेकर कविता में बौद्धिकता की जोरदार वकालत करने का उनका प्रयास भी एक सतही प्रयास है। फिर भी, अपनी सारी सीमाओं के बावजूद जगदीश गुप्त का महत्त्व इस बात में है कि कविता के परम्परागत प्रतिमानों की सर्वथा उपेक्षा कर नई कविता के प्रतिमानों को शून्य में ढूँढ़ने के अपने कुछ सहकर्मियों की प्रवृत्ति पर उन्होंने अंकुश लगाया और परम्परागत काव्यशास्त्र को अवगाहते हुए उसके भीतर से कुछ सार्थक खोजने की कोशिश की। आंदोलन के आवेश में वे भले ही बौद्धिकता का नारा लगा गए हों; किन्तु अंततः उन्होंने भाव को कविता का मुख्य शील निरूपित करते हुए अपने सहकर्मियों को इस तथ्य के प्रति सावधान किया कि भाव या अनुभूति को छोड़कर कविता निर्मित नहीं हो सकती। रस की सत्ता न मानते हुए भी भाव या अनुभूति पर बल देकर और नए समीक्षकों को इस तत्त्व के बारे में गंभीर रुख अपनाने की प्रेरणा देकर उन्होंने एक प्रकार से अपनी स्वस्थ दृष्टि का परिचय दिया। भाव या अनुभूति तत्त्व के प्रति क्रमशः बढ़ने वाली उपेक्षा के प्रति यह चेतावनी और इस प्रकार भाव या अनुभूति तत्त्व से कविता के अनिवार्य संबंधों का प्रतिपादन भी नई समीक्षा का एक महत्त्वपूर्ण प्रयास कहा जा सकता है।

हम कह चुके हैं कि नई समीक्षा के कुछ कवि चिंतकों ने गहराई में जाकर कविता और उसके प्रतिमानों की पहचान और परख प्रारंभ की। इन नये समीक्षकों का कविता के मूल्यांकन के सिलसिले में एक अन्य महत्त्वपूर्ण प्रदेय यह है कि इन्होंने परम्परागत काव्यशास्त्र का आधार लेते हुए एक बार पूरी गंभीरता से इस तथ्य की विवृत्ति की कि रस की तत्त्व–मीमांसा से आगे बढ़कर अर्थ–मीमांसा को महत्त्व दिया जाना चाहिए। रस के अस्वीकार की आज जो प्रवृत्ति दिखाई पड़ रही है, उसका मुख्य कारण रस का तत्त्ववाद ही है। यदि अर्थ–मीमांसा की भूमि पर उसे समझने का प्रयास किया जाय, तो शायद वह पूरी तरह अस्वीकार नहीं हो सकेगा। जैसा कि हमने ऊपर कहा है इस संदर्भ में नए समीक्षकों को रिचर्ड्स से भी प्रेरणा मिली। इन नए समीक्षकों ने अपने सहकर्मियों

को इस तथ्य से परिचित कराया कि जिस काव्यानुभूति की बात वे करते हैं, उसे अच्छी तरह समझने के लिए शब्दार्थ मीमांसा के क्षेत्र में जाना ही पड़ेगा।

नई समीक्षा का एक अन्य महत्त्व छायावादी अथवा रोमानी संस्कारों से रचना और समीक्षा को स्वतंत्र करने का प्रयास भी है। छायावादी संस्कारों के चलते ही 'अनुभूति' और 'काव्यानुभूति' जैसे शब्द अपने आधुनिक संदर्भों से कट जाते रहे हैं। छायावादी काव्य संस्कारों से मुक्ति की बात इसलिए की गई कि जिस नई कविता को लेकर ये सर्जक कविता की भूमि पर आए, उसका प्रयाण ही छायावाद से भिन्न था; जैसा कि नामवर सिंह ने स्पष्ट किया है : 'छायावादी काव्य की रचना-प्रक्रिया जहाँ भीतर से बाहर की ओर है, वहाँ नई कविता की रचना-प्रक्रिया बाहर से भीतर की ओर है। एक में रूप पर भाव का आरोपण है तो दूसरे में रूप का भाव में रूपान्तरण है। ये विपरीत प्रक्रिया में अनुभूति और विचार के संबंध में दृष्टिगोचर होती हैं।'[७] छायावादी और नई कवितावादी द्वारा प्रस्तुत अनुभूति तत्त्व का मुख्य अन्तर यह है कि छायावादी भावों को शाश्वत मानता है, जबकि नई कविता का समीक्षक उन्हें शाश्वत नहीं मानता। काव्यानुभूति के ही नहीं कविता मात्र के संबंध में एक नई समझ देकर और जैसा कि हमने प्रारम्भ में संकेत किया, कविता की समूची सत्ता के प्रति एक बार पुनः हमारा ध्यान आकर्षित कराने के कारण इस नई समीक्षा का अपना विशिष्ट योगदान है। इस संदर्भ में विजयदेव नारायण साही की यह मान्यता कि कविता अभिव्यक्ति नहीं निर्मिति है, विशेष महत्त्वपूर्ण है। उनके अनुसार छायावादी कलाकृति मूलतः एक विस्फोट करता हुआ कला रूप है, जैसे केन्द्रीय अर्थ फूटकर चारों ओर क्रमशः विलीन होता हुआ बिखर रहा हो। तीसरे दशक की कलाकृति उसे विस्फोट की तरह नहीं, बल्कि एक लहर की तरह निर्मित करती है, जिस प्रयास में महादेवी से लेकर बच्चन तक के गीत निर्मित होते हैं। नई कविता उस तरंग के रूप को एक स्ट्रक्चर में बदल देती है, जैसे हीरे का क्रिस्टल हो।[८] साही की यह मान्यता इस तथ्य को सामने लाती है कि कविता चूँकि निर्मिति है; अतएव, उसमें न तो वस्तु-तत्त्व और न आत्म-तत्त्व को ही माध्यम माना जा सकता है। साही के ये विचार शंकाओं से परे नहीं है; किन्तु कविता के बारे में एक गंभीर विचार अवश्य देते हैं और गंभीर विचारों की शुरुआत का यह प्रयास ही नई समीक्षा की एक महत्त्वपूर्ण देन कही जायेगी। डॉ. नामवर सिंह ने सही कहा है कि यदि नई कविता को कविता के रूप में जाँचना-परखना है, तो काव्यानुभूति की इस बदली हुई बनावट को ध्यान में रखकर ही कविता की परिभाषा करनी पड़ेगी।[९]

नई समीक्षा का एक अन्य महत्त्वपूर्ण प्रस्थान-बिन्दु कविता में अनुभवों की नई खोज से संबंधित इस प्रश्न का संबंध काव्यगत ईमानदारी से भी है; यथार्थ अनुभवों की इस खोज ने कविता में दिनों दिन आने वाली कृत्रिमता पर अंकुश लगाकर कविता के

मूल्यांकन के सिलसिले में एक अच्छी परम्परा की शुरुआत की।

समग्र रूप से कहा जा सकता है कि नई समीक्षा के अंतर्गत कविता की मूलभूत आकृति को नए सिरे से समझने का प्रयास किया गया है : 'सौंदर्यबोध एवं सौंदर्य मूल्यों को नये संदर्भ में देखने तथा व्याख्यायित करने का कार्य नये काव्य-चिंतन में किया गया है; विशेष रूप से काव्य की आत्मा के स्थान पर भाषिक संरचनात्मकता के द्वारा, सजीव शरीर-रचना की प्रक्रिया के विवेचन के माध्यम से काव्य को समझाने एवं व्याख्यायित करने के लिए जो प्रयास किए गए हैं, वे हमारे परम्परागत चिंतन में कुछ न कुछ महत्त्वपूर्ण तत्त्व अवश्य जोड़ते हैं। अब तो नये-नये संचार एवं सम्पर्क के साधनों ने संसार की दूरी घटा दी है; प्रभाव-अभाव की चर्चा भी बेमानी लगने लगती है। अब तो मौलिकता की रक्षा का संदर्भ, परम्परा का अर्थ भी बदलने लगे हैं अतः अपनी मूल सांस्कृतिक धारा से जुड़कर, अपने राष्ट्रीय चरित्र की अस्मिता को कायम रखते हुए, किसी नवीन प्रभाव का हमें स्वागत करना होगा। इससे हमारा चिन्तन प्रशस्त और सम्पन्न होगा। मूल सांस्कृतिक प्रवाह के भीतर आत्मसात् किए गए तत्त्व चाहे जिस दिशा से आए हों, किसी चिंतन-परम्परा की अपनी सम्पति माने जाते हैं।'[१०]

छायावादोत्तर काव्य-समीक्षा द्वारा प्रस्तुत कविता तथा साहित्य के मूल्यांकन के संदर्भ में की जानेवाली चर्चा कुछ प्रमुख उपलब्धियों एवं महत्त्व का हमने संक्षेप में परिचय देने का प्रयास किया है। हम कह चुके हैं कि मूल्यांकन संबंधी जो भी नई निष्पत्तियाँ सामने आई हैं, वे सर्वांशतः निर्दोष नहीं हैं; फिर भी, परम्परागत चिंतन-पद्धति से हटकर नये ढंग से कविता के बारे में सोचने और विचारने का एक गंभीर और ईमानदार प्रयास उनमें अवश्य लक्षित होता है। सच पूछा जाय, तो काव्य-चिंतन की परम्परा इसी प्रकार आगे बढ़ती है। विज्ञान के आधुनिक युग में किसी बात को सर्वांशतः स्वीकार कर लेना, वैसे भी बेमानी लगता है। शंकाएँ न केवल आज उठी हैं; बल्कि परम्परा से उठती रही हैं। इन शंकाओं से जूझने और निपटने के प्रयास में ही विचार की परम्परा आगे बढ़ती रही है तथा चिंतन के नए प्रस्थान-बिन्दु उभरते रहे हैं, किसी एक काव्य-सिद्धांत को काटकर, वह कितना ही स्वीकृत क्यों न हो, किसी दूसरे सिद्धांत का सामने आना, अपनी चिंतन-परम्परा में भी हेय नहीं माना गया है। उसका स्वागत ही किया गया है; क्योंकि उसने चली आती हुई विचार-परम्परा को चुनौती देकर कुछ नए विचार सामने रखे हैं। छायावादोत्तर काव्य-समीक्षा के संदर्भ में भी यही दृष्टि अपनाने पर उसके साथ न्याय किया जा सकता है। चिंतन और विचार के क्रम में जो अहेतुक और सतही है, समय के साथ-साथ वह आप ही पृष्ठभूमि में विलीन होता रहता है; किन्तु, जो सार्थक और प्राणवान् है, वह न केवल बच जाता है, आगे के चिंतन के लिए नई जमीन भी बनाता है। इस दृष्टि से प्रगतिवादी समीक्षा-पद्धति द्वारा प्रस्तुत

कविता तथा साहित्य में समाज-संदर्भता की व्याख्या और उस पर बल, प्रयोगवादी समीक्षा-पद्धति द्वारा अर्थवान् शब्द की संभावनाओं को लेकर कविता का मूल्यांकन करने की बात और कविता के व्यक्तित्व की सुरक्षा तथा नई समीक्षा द्वारा काव्यानुभूति पर नये सिरे से विचार करने का प्रयत्न, भाषा की सर्जनात्मक संभावनाओं को ध्यान में रखकर कविता को समझने-समझाने का प्रयास, यथार्थ अनुभव की पकड़ जैसी बातें निश्चय ही कविता के मूल्यांकन के संबंध में न केवल चली आती हुई विचार-परम्परा को आगे बढ़ाती हैं, वरन् हमें कविता की एक नई बुनियादी समझ भी देती है। इन नए प्रस्थान-बिन्दुओं की उपेक्षा कर और केवल परम्परागत प्रतिमानों या रस पर ही पुराने संदर्भों में पूरी आस्था रखने की बात करना विचार की बढ़ती हुई परम्परा को रोकना है, जिसे आज कोई प्रबुद्ध मानस स्वीकार नहीं करेगा। छायावादोत्तर काव्य-समीक्षा की सबसे बड़ी उपलब्धि यह है कि उसने परम्परागत प्रतिमानों पर प्रश्न-चिह्न लगाए और नए विचार प्रस्तुत करते हुए कविता तथा साहित्य के बुनियादी प्रश्नों के प्रति हमें जागरूक किया और सतत् जागरूक रहने की सलाह दी। अगली पंक्तियों में हम छायावादोत्तर काव्य-समीक्षा द्वारा उपन्यस्त साहित्य तथा कविता के मूल्यांकन के संबंध में की जाने वाली चर्चा की असंगतियों को और सीमाओं को भी उभारने का प्रयास करेंगे। यह विवेचन इसलिए आवश्यक है कि युग के प्रबुद्ध मानस के सामने यह बात स्पष्ट की जा सके कि छायावादोत्तर काव्य-समीक्षा की विचार सम्पति में सब कुछ ग्रहण करने योग्य नहीं है। दूसरे, इस बात का उद्घाटन भी आवश्यक है कि केवल सैद्धांतिक निष्पत्तियाँ ही किसी विचार-चर्चा को महत्त्वपूर्ण और स्थायी नहीं बनातीं। कोई भी विचार महत्त्वपूर्ण तथा स्थायी तब होता है, जब व्यावहारिक प्रयोग की भूमि पर वह अपनी सार्थकता सिद्ध कर सके। कहने की आवश्यकता नहीं कि प्रगतिवादी समीक्षा हो अथवा प्रयोगवादी और प्रयोगवादोत्तर समीक्षा अपनी सैद्धांतिक निष्पत्तियों को व्यावहारिक रूप देने के क्रम में ऐसे भ्रान्त निष्कर्षों को सामने रखा गया है, जो कविता की सही समझ को बाधित करते हैं। जरूरी है कि महत्त्व तथा उपलब्धियों के साथ-साथ छायावादोत्तर समीक्षा की असंगतियाँ, अभाव तथा सीमाएँ भी उद्घाटित हों; ताकि प्रबुद्ध मानस उनके प्रति सजग होकर स्वयं इस निर्णय तक पहुँच सके कि समूची छायावादोत्तर समीक्षा, जहाँ तक कविता के मूल्यांकन और परख की बात है, कितना सार्थक और ग्रहणीय है।

सीमाएं तथा नये प्रस्थान-बिन्दु

आचार्य शुक्ल की समीक्षा-दृष्टि पर स्वच्छंदतावादी विचारकों का सबसे बड़ा आरोप यह रहा है कि उन्होंने साहित्य और कविता का मूल्यांकन लोकमंगल की साहित्येत्तर कसौटी

को आधार बनाकर किया है और यही कारण है कि उनके निष्कर्ष भी सच्ची कविता के साथ न्याय नहीं करते। लगभग इसी प्रकार का आरोप हिन्दी की प्रगतिवादी समीक्षा-दृष्टि पर भी लगाया गया है और स्वच्छंदतावादी समीक्षक ही नहीं प्रयोगवादी तथा प्रयोगवादोत्तर नए कवि समीक्षकों की भी इसमें भागीदारी है। कहा गया है कि समाज-संदर्भता को ही कविता या साहित्य का मुख्य प्रतिमान मान लेने के कारण और सामाजिक भूमि पर खड़े होकर कविता और कला को परखने और पहचानने का प्रयत्न करने के कारण निश्चय ही प्रगतिवादी समीक्षा में कविता तथा साहित्य की अंतःप्रकृति, उसके अपने तंत्र और उसके अपने नियमों की उपेक्षा हुई है। इसे दूसरे शब्दों में इस प्रकार कहा जा सकता है कि प्रगतिवादी समीक्षा-दृष्टि एकांगी और अधूरी है तथा कविता या साहित्य की सम्यक् व्याख्या करने में सक्षम नहीं हुई है। कविता या कला के स्वायत्त तंत्र के विषय में प्रगतिवादी समीक्षा-दृष्टि का परिचय हम दे चुके हैं। समाज-संदर्भता कविता या साहित्य के लिए किन कारणों से उनकी अनिवार्य प्रकृति बन गई है, इस तथ्य का उल्लेख भी हम यथास्थान कर चुके हैं। प्रगतिवादी समीक्षा-दृष्टि जिन तर्कों को लेकर अपनी स्थापनाओं को प्रस्तुत करती है, वे तर्क पर्याप्त पुष्ट हैं। प्रगतिवादी समीक्षा-दृष्टि के पुरस्कर्ताओं ने अपने समानधर्माओं को इस बात के प्रति सावधान भी किया है कि समाज-संदर्भता का प्रतिदान कविता तथा साहित्य की अंतःप्रकृति के प्रति सजग रहते हुए ही सार्थकता पाता है। किन्तु यह एक सच्चाई है कि व्यावहारिक भूमि पर प्रगतिवादी समीक्षकों ने जब-तब ऐसे उदाहरण प्रस्तुत किए हैं, जो उक्त आरोप को सर्वथा भ्रान्त नहीं सिद्ध करते। सामाजिक संदर्भों पर प्रायः इतना बल दे दिया गया है कि कविता की अपनी प्रकृति, उसके अपने रूप-तत्त्व, उसके अपने रचना-नियम पृष्ठभूमि में चले गए हैं। वस्तुतः प्रगतिवादी समीक्षा की इस सीमा की ओर स्वयं प्रगतिवादी समीक्षकों ने आपत्ति उठाते हुए अपने समानधर्माओं के भ्रान्त निष्कर्षों का खंडन किया है। बहुत पहले मुक्तिबोध ने समीक्षक का कर्तव्य बताते हुए कहा था : 'समीक्षक का प्रथम कर्तव्य यह है कि वह किसी भी कलाकृति के अंतस्तत्त्वों, उनके प्राण-तत्त्वों को भावना, कल्पना को हृदयंगम करे और एक विशेष दिशा की ओर प्रवाहित अंतर्धारा की गति को और उसकी अंतिम परिणति को सहानुभूतिपूर्वक अच्छी तरह समझे और तदुपरांत उसका विश्लेषण करे।'[११] बिना प्रगाढ़ जीवनानुभूति के, बिना वैविध्यपूर्ण प्रगाढ़ अनुभव सम्पन्नता के, बिना मार्मिक जीवन-विवेक के और बिना साहित्य की रचनाओं की समझ के, कविता या साहित्य की सम्यक् आलोचना नहीं हो सकती। मुक्तिबोध ने क्षोभ के साथ लिखा है कि प्रायः प्रगतिवादी समीक्षकों ने इन बातों में कोई दिलचस्पी नहीं ली है।[१२] मुक्तिबोध ने तो प्रगतिवादी समीक्षा की अनेक सीमाएँ उद्घाटित की हैं; यद्यपि वे उससे सम्बद्ध रहे हैं। समीक्षक के रूप में इसे उनकी ईमानदारी कहा जायेगा। उन्होंने बिना किसी लाग-लपेट

के व्यावहारिक क्षेत्र में प्रगतिवादी समीक्षकों द्वारा की जाने वाली भूलों का उद्घाटन किया। समाज-सन्दर्भता निश्चय ही साहित्य का और कविता का केन्द्रीय प्रतिमान है तथा प्रगतिवादी समीक्षकों द्वारा उसे अतिवादी भूमि पर ले जाने के कारण उसका महत्त्व भी कम नहीं होता। इसका परिणाम केवल यही निकला है कि इस प्रतिमान के खरेपन की जो छाप प्रबुद्ध मानस पर पड़नी चाहिए थी, प्रायोगिक स्तर पर की जाने वाली भूलों के कारण वह नहीं पड़ सकी। जरूरी था कि इस प्रतिमान को कला के आन्तरिक तत्त्वों के साथ संयुक्त करते हुए एक सर्वांगपूर्ण समीक्षा-पद्धति का विकास होता। प्रगतिवादी समीक्षक इस क्षेत्र में सफल नहीं हो पाए। सही कला-समीक्षा उसी को कहेंगे, जो कलाकृतियों के सभी पक्षों पर समान रूप से प्रकाश डालती हो; ऐसी कला-समीक्षा, जो साहित्य के आंतरिक तत्त्वों पर प्रकाश डालते हुए कलाकार के व्यक्तित्व और उस व्यक्तित्व के माध्यम से समाज और युग की प्रवृत्तियों को निरूपित करती हो, ऐसी विस्तृत और भाव-गंभीर कला-समीक्षा जिसमें लगे हाथों साहित्य तथा कलात्मक सौन्दर्य सम्बन्धी प्रश्न पर सर्वाश्लेषी विचार किया गया हो। मुक्तिबोध का कहना है कि प्रगतिवादी समीक्षक ने साहित्यांकित जीवन और साहित्य सृजन की मूलाधार जीवन भूमि में मूलग्राही मर्मज्ञता प्रकट नहीं की; इसीलिए लेखकों को उनके बारे में सन्देह होता है।[१३] सिद्धान्त के स्तर पर कोई बात करना एक बात है, व्यवहार के स्तर पर उसे खरा साबित करना दूसरी बात है। प्रगतिवादी समीक्षा की सैद्धान्तिक निष्पत्ति अपनी जगह ज्यों की त्यों है; किंतु व्यावहारिक भूमि पर उसका विनियोग कतिपय अपवादों को छोड़कर नहीं हो पाया। डॉ. रामविलास शर्मा, डॉ. शिवदानसिंह चौहान, मुक्तिबोध और डॉ. नामवर सिंह के यहाँ समाज-संदर्भता का प्रतिमान कला के अन्तर्नियमों की संगति में ही अधिकतर उभरा है; यद्यपि जहाँ आन्दोलन का आवेश रहा है, उन लोगों से भी गल्तियाँ हुई हैं।

हिन्दी की प्रगतिवादी समीक्षा इस दृष्टि से भी अपनी प्रामाणिकता को सिद्ध नहीं कर सकी है कि उसके अन्तर्गत बुनियादी सिद्धान्तों को लेकर ही समीक्षकों के बीच मतभेद दिखाई देता है। सभी अपने दृष्टिकोण के खरेपन का दावा करते हैं; किंतु, यह स्पष्ट नहीं हो पाता कि सही और प्रामाणिक दृष्टि किसकी है। वस्तुतः दृष्टिकोण सम्बन्धी इस मतभेद ने बड़ी विलक्षण स्थितियों को जन्म दिया है। जब एक ही विचार-दर्शन और उस दर्शन से उपजी साहित्य और कला-दृष्टि से सब अपने को अनुप्राणित करते हैं, तब फिर क्या कारण है कि उनके निष्कर्षों में जमीन-आसमान का अन्तर दिखाई पड़ता है? निष्कर्षों में थोड़ा-बहुत मतभेद तो मान्य हो सकता है; किंतु यदि वे एक-दूसरे के संपूर्ण विरोध में हों, तब फिर कैसे माना जायेगा कि वे एक समान स्रोत से अनुप्राणित होकर सामने आए हैं। इसका अर्थ तो यह है कि बुनियादी स्थापनाओं की समझ में ही कहीं कोई कमी है। उदाहरण के लिए जहाँ रामविलास शर्मा गोस्वामी तुलसीदास के महत्त्व का पूरे विश्वास के

साथ आख्यान करते हुए उन्हें सर्वोच्च कवि का आसन देते हैं, वहाँ रांगेय राघव और मुक्तिबोध उनके सम्बन्ध में इस प्रकार का मत ज्ञापित करते हैं कि वे सामन्ती आदर्शों के पोषक थे। रामविलास शर्मा अज्ञेय को असामाजिक व्यक्तिवादी और प्रतिक्रियावादी घोषित करे हैं; जबकि शिवदानसिंह चौहान उनके 'शेखर : एक जीवनी' उपन्यास को विश्व स्तर की उपलब्धि मानते हैं। इस प्रकार के उदाहरण और भी दिए जा सकते हैं, जहाँ समान आदर्श को लेकर साहित्य समीक्षा के क्षेत्र में कार्य करने वाले प्रगतिवादी समीक्षकों ने विरोधी निष्कर्षों का प्रणयन किया है। जैसा कि मैंने कहा, इस स्थिति ने ईमानदार पाठकों तथा प्रबुद्ध लेखकों के मन में प्रगतिवादी समीक्षा तथा समीक्षादर्शों के प्रति संदेह और अविश्वास की भावना पैदा की है।

प्रगतिवादी समीक्षा की एक अन्य सीमा जिसकी ओर विशेष रूप से ध्यान आकर्षित किया गया है, अपने विचारों के दायरे में उसका दृढ़तापूर्वक बँधा रहना है। कुछ लोगों ने इसे राजनीतिक तथा दार्शनिक मतवाद को प्रश्रय देना कहा है। उनके अनुसार अपने मतवाद की सीमा में बँधे रहने के कारण प्रगतिवादी समीक्षक उस काव्य या साहित्य को सहानुभूतिपूर्वक निष्पक्ष रूप से नहीं परख सके हैं, जो उनके अपने दार्शनिक तथा राजनीतिक मतवाद का अतिक्रमण करता है। प्रयोगवादियों ने तो प्रगतिवादी समीक्षा पर इस प्रकार का आरोप लगाया ही है, स्वच्छन्दतावादी समीक्षकों ने यहाँ तक कि मुक्तिबोध ने प्रगतिवादी समीक्षा की इस सीमा के उद्घाटन में नरमी नहीं बरती है। आचार्य वाजपेयी का कहना है कि जहाँ तक पश्चिम के मार्क्सवादी समीक्षकों का प्रश्न है, उसमें साहित्यिक परम्परा से प्राप्त उपलब्धियों को नया बल प्रदान किया है; किंतु 'एक विशेष मतवाद को, चाहे वह कितना ही तटस्थ और वस्तुसापेक्ष क्यों न हो, साहित्यिक समीक्षा में अत्यधिक प्रमुखता देना साहित्यिक मूल्यों के प्रति उपेक्षा करना भी हो जाता है।'[१४] जहाँ तक हिन्दी की प्रगतिवादी समीक्षा का प्रश्न है, 'केवल मतवादी शब्दावली का व्यवहार करते हुए समीक्षाएँ की जा रही हैं, व्यक्तियों को प्रमुखता दी जा रही है, उनकी कृतियों और उनके साहित्यिक सौष्ठव को नहीं।'[१५] उन्होंने सलाह दी है कि आवश्यकता इस बात की है कि साहित्यिक निर्माण के कार्य में लेखकों और कवियों से जन-सम्पर्क का आग्रह किया जाए, उनकी उद्भावना-शक्ति का मूल्य परखा जाए, उन्हें किन्हीं आदेशों या फरमानों से आक्रान्त न किया जाय और साथ ही समीक्षा में वह तटस्थ अनुशीलन आरम्भ किया जाए, जो साहित्यिक परम्परा के सहयोग से अधिक से अधिक लाभप्रद सिद्ध हो सके।'[१६] आचार्य वाजपेयी की बात को यहाँ इसलिए मूल्य और महत्त्व देना आवश्यक है कि इस प्रकार के आरोप स्वयं प्रगतिवादियों के बीच से ही आए हैं। यह तो आचार्य वाजपेयी की उदारता कही जायेगी कि उन्होंने पश्चिम की मार्क्सवादी समीक्षा को उक्त आदेश से मुक्त कर दिया है; जबकि सच्चाई यह है कि पश्चिम की मार्क्सवादी

समीक्षा में इस प्रकार के उदाहरण प्राप्त होते हैं, जहाँ जिम्मेदार समीक्षकों तथा प्रामाणिक व्यक्तियों ने रचनाकारों और समीक्षकों को इस बात के लिए आगाह किया है कि किसी रचना का साहित्यिक सौष्ठव परखना मुख्य बात है; ऊपर से आरोपित मतवाद के आधार पर उसकी प्रशंसा करना सही मार्क्सवादी दृष्टि नहीं है। इस सम्बन्ध में हम एंगिल्स का केवल एक उदाहरण ही देंगे, जिसमें उन्होंने कहा है कि राजनैतिक, विधिक, दार्शनिक, धार्मिक, साहित्यिक एवं कलात्मक विकास निश्चित रूप से आर्थिक विकास पर आधारित रहता है, परन्तु विचारधारा के इन रूपों में आपसी क्रिया-प्रतिक्रिया भी चलती है तथा ये आर्थिक-भौतिक धरातल को भी अपनी क्रिया-प्रतिक्रिया की परिधि में ले लेते हैं। ऐसा नहीं है कि मात्र आर्थिक स्थिति ही कारण हो और वह सदैव सक्रिय रहती हो, शेष सब निष्क्रिय रूप से प्रभाव ग्रहण करते हों। आर्थिक आवश्यकता के अनुरूप उनमें परस्पर क्रिया-प्रतिक्रिया होती है। हाँ, निर्णायक भूमिका अवश्य आर्थिक आवश्यकता की होती है।[१७]

इस संदर्भ में प्रगतिशील लेखक संघ के चौथे अधिवेशन में अध्यक्ष पद से भाषण देते हुए श्रीपाद अमृत डाँगे ने भी मार्क्सवादी दृष्टि को उपस्थापित किया था। उन्होंने कहा था कि 'बाहर आइए और खुली नजरों से देखिये कि किस तरह करोड़ों आदमी शोषण और विपत्ति के गाल में पड़े रहने पर भी काम करते हैं; सोचते हैं; लड़ते हैं और आगे बढ़कर स्वतंत्रता संग्राम में भाग लेते हैं। उनको देखिये और यदि आपका हृदय गवाही दे तो उनकी भावनाओं को वाणी दीजिये। यदि आप उनकी सच्ची स्थिति का चित्रण कर सकें और उन्हें अपनी कला में सजीव कर सकें, तो हम यह शिकवा करने कभी नहीं आयेंगे कि अरे साहब! आपने किसी पात्र के मुख से 'कम्यूनिस्ट मेनीफेस्टो' कहलाया ही नहीं। जनता की प्रवृत्ति के अनुसार अपनी कल्पना परिवर्तित कीजिए, अपनी मानसिक प्रवृत्तियों के अनुरूप काल्पनिक जनता मत खड़ी कीजिए। तभी यह साहित्यिक जड़ता दूर हो सकेगी। नहीं तो, कृपया मेहनतकश जनता का पीछा छोड़िए; क्योंकि शरदबाबू के शब्दों में उनके कलाकार का जन्म हो रहा है, जो शीघ्र ही सामने आकर उनकी वाणी प्रतिध्वनित करेंगे।'[१८]

किंतु बिडम्बना यह है कि सही दृष्टि के होते हुए भी व्यावहारिक समीक्षा के स्तर पर मतवाद को अतिरिक्त रूप से प्रश्रय दिया गया है। यही नहीं, अपने खेमे से बाहर के लेखकों तथा साहित्यकारों की भी भर्त्सना की गई है। कहना न होगा कि इस सम्बन्ध में आचार्य वाजपेयी का कहना बिलकुल सही है। और तो और, इस सीमा तक वैचारिक जड़ता को प्रश्रय दिया गया है कि मूल मानवीय मनोभावों तक को प्रगतिशील और प्रगतिगामी खेमे में बाँट दिया गया है। प्रयोगवाद की रुग्ण दार्शनिक दृष्टि और उसके असामाजिक प्रेरणा स्रोतों की भर्त्सना अलग बात है और केवल इस कारण किसी

कवि या रचनाकार की कविता को हेय ठहराना कि उसमें निराशा, पराजय, कुंठा जैसी गई मनोवृत्तियों को अभिव्यक्ति मिली है, बिलकुल अलग बात है। बिना यह परखे कि इस निराशा, पराजय अथवा कुंठा के सामाजिक कारण क्या हैं, इन प्रवृत्तियों के चित्रण मात्र के कारण इन कविताओं की भर्त्सना करना सही दृष्टि नहीं कही जायेगी। गजानन माधव मुक्तिबोध ने इस सम्बन्ध में बहुत तीखेपन के साथ प्रगतिवादी समीक्षा के इस रुख की निंदा की है। उनका कहना है कि प्रगतिवादियों के व्यवहार द्वारा यह सूचित होता है कि वे मुक्ति, संघर्ष, राष्ट्रभेद, प्राकृतिक सौन्दर्य, नारी सौन्दर्य, प्रगतिवादी यथार्थ आलोचना भावना, आशा, उत्साह, तथा तत्समान अन्य भावों को प्रगतिशील समझते हैं; किंतु शेष सब भावनाएँ जैसे भय, ग्लानि, निराशा, अनास्था वैफल्य तथा इसी श्रेणी की अन्य भावनाएँ प्रतिक्रियावादी हैं।'[१९] इस स्थिति पर टिप्पणी करते हुए उन्होंने लिखा है कि कोई भी भावना न अपने आप में प्रतिक्रियावादी होती है न प्रगतिशील; वह वास्तविक जीवन-सम्बन्धों से युक्त होकर ही, उचित होकर ही संगत या असंगत सिद्ध हो सकती है। किसी भी भावना के जीवन-संबंधों को देखना आवश्यक है। घृणा यदि उचित के प्रति है, तो वह घृण्य स्वयं है, यदि वह अनुचित के प्रति है तो प्रशंसनीय है। उसी प्रकार वैफल्य और निराशा किन जीवन-सम्बन्धों के आधार पर है? उस निराशा की जन्मभूमि जो मानव जीवन है, उसको ध्यान में रखकर ही उसका विश्लेषण और मूल्यांकन किया जा सकता है। यह कैसा अजीब आग्रह है कि कविता एक खास किस्म के ढाँचे में बँधी हुई होनी चाहिए। सच तो यह है कि वे काव्य को अपने सिद्धान्तों के उदाहरण के रूप में देखना चाहते हैं; चूँकि यह नहीं हो पाता इसी लिए वे बिगड़ पड़ते हैं।'[२०]

वस्तुतः प्रगतिवादी समीक्षा का यह दुराग्रह ही है, जिसने उसे अपने समय की नई रचनाशीलता के विरोध के लिए प्रेरित किया। बिना इस बात को जाँचे-परखे कि इस नई रचनाशीलता का सामाजिक स्रोत क्या है, प्रगतिवादी समीक्षकों ने उस पर आक्रमण ही आक्रमण किए और समूची नई रचनाशीलता को अपने विरोध में खड़ा कर लिया।

हिन्दी की प्रगतिवादी समीक्षा की एक अन्य सीमा उसके द्वारा अपनायी गई वर्गवादी दृष्टि में भी उभरती है। यहाँ इस तथ्य का उल्लेख कर देना आवश्यक है कि कविता तथा कला के वर्गीय आधार को लेकर मार्क्सवादी साहित्य-चिंतन की स्थापनाएँ बड़े पुष्ट आधारों पर टिकी हैं। उनके अंतर्गत ऐसा कुछ नहीं है, जो समीक्षक को किसी युग की कविता या कला की परख करते समय भ्रान्त दिशाओं की ओर ले जाए। आवश्यकता केवल इस बात की है कि किसी भी सिद्धांत के व्यावहारिक विनियोग में यांत्रिकता तथा सरलीकरण से बचा जाय। कहने की आवश्यकता नहीं है कि हिन्दी के प्रगतिवादी समीक्षकों ने अनेक स्थलों पर मार्क्सवादी कला-चिंतन की सैद्धांतिक

निष्पत्तियों को बड़ी यांत्रिकता के साथ लागू किया है। इसका परिणाम यह हुआ है कि न केवल गलत निष्कर्ष सामने आए हैं, प्रगतिवादी समीक्षादर्श भी लोगों की दृष्टि में संदिग्ध हो उठे हैं। उदाहरण के लिए प्रगतिवादी समीक्षकों ने स्वयं इस बात का उल्लेख किया है कि वर्गबद्ध समाज में कला यद्यपि शासक वर्ग की प्रवृत्तियों का प्रतिबिम्ब होती है, किन्तु महान् रचनाकार अपनी वर्गीय सीमाओं का अतिक्रमण करते हुए भी देखे जाते हैं। किन्तु यही प्रगतिवादी समीक्षक जब व्यावहारिक विवेचन में उतरे हैं, तो उन्होंने अपनी ही सैद्धांतिक निष्पत्ति की अनदेखी की है। तुलसीदास को सामंती आदर्शों का प्रतिनिधि मानना (जैसा कि रांगेय राघव, यशपाल, भदंत कौशल्यायन जैसे अनेक लोगों ने कहा है) और कालिदास को गुप्त सम्राटों का चाटुकार कहना (जैसा कि राहुल सांस्कृत्यायन ने कहा है) उपर्युक्त कथन के उदाहरण हैं। साहित्य की वर्गवादी व्याख्या को उसके सही संदर्भों में न समझ पाने के कारण ही अपने प्रारंभिक समीक्षा काल में गजानन माधव मुक्तिबोध जैसे प्रबुद्ध प्रगतिवादी चिंतक समीक्षक भी गुमराह हुए हैं। जितनी कठोरता के साथ उन्होंने जयशंकर प्रसाद और कामायनी की विवेचना करते समय उसकी वर्गवादी व्याख्या की है, उसका परिणाम यह निकला है कि जिस साहित्यिक सौष्ठव की अथवा कलाकृति की जिस समग्र परख की बात उन्होंने अपने परवर्ती समीक्षा काल में की है, उसकी निर्मम उपेक्षा हो गई है और ऐसे निष्कर्षों का प्रणयन हुआ है, जिन्हें अन्य लोगों की तो बात ही क्या, प्रगतिवादी समीक्षक भी पूरी तरह स्वीकार नहीं कर पाये हैं। जयशंकर प्रसाद और कामायनी की वर्गवादी दृष्टिकोण से व्याख्या करते हुए उन्होंने पूरी तरह सिद्ध किया है कि किस प्रकार जयशंकर प्रसाद की अपनी वर्गदृष्टि ही कामायनी में एक फैंटेसी के रूप में सामने आई है और किस प्रकार कामायनी का मनु प्रसाद जी की उस वर्गदृष्टि का प्रतीक है। इस संबंध में एक ही उदाहरण पर्याप्त होगा : 'वेदकालीन मनु कामायनी का मनु नहीं है। प्रसाद का मनु उसी वर्ग का मनु है, जिस वर्ग के स्वयं प्रसाद जी हैं, उसे मनन मात्र का, मन मात्र का, मानव मात्र का प्रतिनिधि कहना सरासर गलत है। मनु एक टाईप है, उस वर्ग का टाइप है, जिसकी शासन-सत्ता तथा ऐश्चर्य छिन गया हो, उस वर्ग की समस्त प्रवृत्तियाँ मनु में हैं। अहंकार, विलासिता, आत्ममोह, निर्बन्ध उच्छृंखलता, व्यक्तिवादी साहस, व्यक्तिवादी निराशा, पाखंड और ऐसा आत्मग्रस्त निविड़ आत्मविश्लेषण, जो पराजय से प्रसूत होकर पराजयों की ओर ले जाता है, मनु की विशेषता है। मनु पराजय का पुत्र है, जो अपनी पराजय को पलायन से ढाँकता है तथा जबर्दस्ती लाये गए सामरस्य से छिपाता है। वस्तुतः मनु की प्रकृति ठीक उस पूँजीवादी व्यक्तित्व की प्रकृति है, जिसने कभी जनतंत्रात्मकता का बहाना भी नहीं किया, केवल अपने मानसिक खेद अंतर्विप्लव और निराशा से छुटकारा पाने तथा स्वस्थ-शांत अनुभव करने के लिए श्रद्धा और इड़ा के

समान अच्छी साथिनों का सहारा लिया, जो उसके सौभाग्य से उसे प्राप्त भी हुईं।

इस प्रकृति के मनु को मनन, मन, अथवा मानव मात्र का प्रतिनिधि वे कह सकते हैं, जो जान-बूझकर भ्रम फैलाना चाहते हैं। ध्यान रहे कि प्रसाद ने कभी भी मनु का आदर्शीकरण नहीं किया, किन्तु उसे अपनी भूमिका में मनन का प्रतीक घोषित कर, उन्होंने स्वयं ऐसे भ्रम का विस्तार किया है, जिसके लिए उन्हें कभी क्षमा नहीं किया जा सकता।'[२१]

यह एक उदाहरण है, उस वर्गवादी दृष्टि से साहित्य और कला की समीक्षा का जो किसी रचना की प्रेरक दूसरी महत्त्वपूर्ण शक्तियों को आलोचक के आवेश के कारण नजरंदाज की जाती है।

प्रगतिवादी समीक्षा की वर्ग-दृष्टि में इस तथ्य की भी प्रस्तुति की गई है कि सच्ची कला और सच्ची कविता केवल वर्ग विहीन समाज-व्यवस्था में ही पनप सकती है। यद्यपि आधिकारिक रूप से यह तथ्य भी प्रस्तुत किया गया है कि वर्गबद्ध समाज में भी महान रचना जन्म ले सकती है और लेती रही है; किन्तु इस तथ्य की उपेक्षा कर पहले ही टुकड़े को सर्वस्व मान लेने के जो दुष्परिणाम हो सकते हैं, उनकी सहज ही कल्पना की जा सकती है। हिन्दी की प्रगतिवादी समीक्षा में ऐसे उदाहरण भी प्राप्त होते हैं, जहाँ प्रगतिवादी समीक्षा की परम्परा-दृष्टि तक को उपेक्षित कर अब तक के सारे साहित्य और कला को प्रभु-समाज की दासी और महान रचनाकारों तक को प्रभु समाज का चाकर घोषित करते हुए यह कहा गया है कि सच्ची कविता तथा सच्चे साहित्य का जन्म तो अभी प्रतीक्षित ही है। यह एक ऐसा अतिवाद है, जिसकी कठोर निंदा की जानी चाहिए और जिसका पल्लवन प्रगतिवादी समीक्षा के कुछ पुरस्कर्ताओं ने जब-तब अपनी समीक्षाओं में किया है। जिस मार्क्सवादी विचार-दर्शन अथवा जिस मार्क्सवादी साहित्य-चिंतन से ये प्रगतिवादी समीक्षक प्रेरणा लेते हैं, उन्होंने उसकी अनदेखी ही की है। समीक्षक के कर्तव्य बताते हुए प्रसिद्ध मार्क्सवादी समीक्षक लूना चरस्की ने कहा है कि बिना वस्तु का सम्यक् विश्लेषण किए, कोरी फतवेबाजी नहीं होनी चाहिए। उन्होंने आलोचक से अपेक्षित, गंभीरता सम्यक् अध्ययन और विश्लेषण की माँग करते हुए कहा है कि समीक्षक को अपने व्यक्तिगत राग-द्वेषों से ऊपर उठकर कृति के वस्तुपरक विश्लेषण एवं मूल्यांकन में ही अपना ध्यान केन्द्रित करना चाहिए। उन्होंने आलोचक को आलोचना के दौरान तीक्ष्ण एवं कटु पारस्परिक वितंडावाद से बचने की भी सलाह दी है। उनके अनुसार मार्क्सवादी समीक्षक की सबसे बड़ी उपलब्धि यही हो सकती है कि कलाकृति में जो कुछ श्रेष्ठ तथा रचनात्मक अंश हैं, उन्हें वह पाठक के समक्ष उद्घाटित करे, लेखक के समक्ष नई दिशाएँ स्पष्ट करे और इस प्रकार समीक्षा को सही अर्थवत्ता प्रदान करे।'[२२] कहने की आवश्यकता नहीं कि अपनी समीक्षाओं के दौरान

प्रगतिवादी समीक्षकों ने इन तमाम जरूरी बातों की अवहेलना की है। जिस यांत्रिकता तथा सरलीकरण के खतरे की ओर पश्चिम के मार्क्सवादी समीक्षकों ने बार-बार चेतावनी दी है, उन्होंने निरंतर इस प्रकार की चेतावनियों की भी अवहेलना की है।

साहित्य और कविता को आर्थिक स्तिथियों का अनुचर मान लेना भी एक भयानक यांत्रिकता है, जिसका परिचय भी प्रगतिवादी समीक्षकों ने प्रस्तुत किया है। शिवदानसिंह चौहान की छायावादी कविता संबंधी आलोचना इसी यांत्रिकता का शिकार हुई है। यह सही है कि साहित्य और कलाएँ अंततः अपने आर्थिक-भौतिक आधार से नियत और अनुकूलित होती हैं; किन्तु उन्हें मात्र उनका अनुचर मान लेना सही नहीं है। मार्क्स और ऐंगिल्स ने स्वयं इस तथ्य को प्रस्तुत किया है कि कविता, कला तथा साहित्य के ऐसे भी युग आए हैं, जहाँ उक्त मान्यता लागू नहीं होती। मार्क्स ने कहा है कि यह तथ्य भली-भाँति विदित है कि कला के उच्चतम विकास के कुछ युगों-समाजों के सामान्य विकास से कोई सीधा संबंध नहीं है। यही नहीं, समाज के भौतिक आधार तथा उसके संघटन के ढाँचे से उनका कोई प्रत्यक्ष संबंध नहीं दिखाई पड़ता। इस सिलसिले में उन्होंने आधुनिक राष्ट्रों, यहाँ तक कि शेक्सपियर की तुलना में ग्रीकों का दृष्टांत दिया है। इपास जैसे महाकाव्यात्मक कलात्मक रूप का उदाहरण उन्होंने इस तथ्य को प्रतिपादन करने के क्रम में दिया है कि कला के क्षेत्र में, उसके कुछ प्रमुख रूपों की सर्जना उसके विकास की निम्नस्तरीय अवस्था में ही संभव हो सकती है ... कठिनाई इस बात को समझने में नहीं है कि ग्रीक कला इपास का संबंध सामाजिक विकास के कुछ खास रूपों से है, मुख्य कठिनाई इस बात को समझने की है कि वे आज भी हमारे आनंद और सौंदर्य का स्रोत, क्यों बने हुए हैं और कुछ अर्थों में तो एक ऐसे आदर्श के रूप में स्थित हैं, जिस तक पहुँचना आज संभव भी नहीं है।'[२३]

मार्क्स की उक्त स्थापना को अनदेखा करने का परिणाम यह हुआ कि हिन्दी की प्रगतिवादी समीक्षा अनेक स्थानों पर भ्रान्त होती रही है।

हिन्दी की प्रगतिवादी समीक्षा की एक बहुत बड़ी सीमा यह रही है कि व्यावहारिक विनियोग में जिस संतुलित समीक्षा-दृष्टि की आवश्यकता होती है, उसका रूप वह प्रस्तुत नहीं कर सकी। किसी रचनाकार अथवा रचना में निहित अंतर्विरोधों को समझे बिना उसने केवल निर्णय और फतवे देने में ही अपनी सार्थकता मानी। रचना या समीक्षा के जिन बुनियादी प्रश्नों से समीक्षक को उलझना था, वह उनसे कतरा गया और उसके केवल तर्कहीन निष्कर्ष ही दिये। इस कारण उसके निष्कर्षों की विश्वसनीयता भी संदिग्धता हो उठी। इस सीमा की ओर गजानन माधव मुक्तिबोध ने ध्यान आकर्षित किया है। उनका कहना है कि 'लेखक में जो भी, जहाँ अवांछनीय है, उसका निषेध और विरोध आवश्यक है। लेकिन समीक्षक उसे अवांछनीय क्यों समझता है, अवांछनीय

क्या है, कहाँ है, उसका उद्गम स्रोत क्या है, उसका स्वरूप क्या है, उसका परिणाम क्या है और वह अवांछनीय यदि सचमुच अवांछनीय है, तो उसे कुछ लोग वांछनीय क्यों समझते हैं? उनकी दृष्टि क्या है, उनकी दृष्टि के तत्त्व क्या हैं, वे कौन लोग हैं और उनके अपने मूलाधार उनके लिए क्यों प्रिय है और क्या वे मूलाधार सही नहीं हैं, नहीं हैं तो क्यों नहीं हैं, और वे लगत हैं, तो वे क्यों गलत हैं, क्या सहीपन में गलती का मेल है और अगर यह गलत है, तो सहीपन की मात्रा क्या है और गलती की मात्रा क्या है, सही और गलतीपन का मेल किस जगह है।'[२४]

'और किसी लेखक में जो अवांछनीय है, उसमें उसके साथ वांछनीयता क्या है, उसका स्वरूप क्या है, वह क्यों कर है और क्या उसमें वांछनीयता का सर्वथा अभाव है? और यदि ऐसा है तो क्योंकर है और यदि उसमें वांछनीय तत्त्व और वांछनीय विशेषताएँ हैं, तो अवांछनीय के अनुपात में वह वांछनीय कितना है, वांछनीय से अवांछनीय का जो मिश्रण है, वह क्यों हुआ? वह कहाँ-कहाँ कैसा-कैसा है। वांछनीय और अवांछनीय तत्त्वों से मिलकर जो कलाकृति प्रस्तुत हुई है, उसका मूल्य क्या है? और क्या उस लेखक और साहित्य-प्रवृत्ति की जीवन-भूमि पर इस तरह प्रकाश डाला जा सकता है, जिससे वांछनीय और अवांछनीय तत्त्वों पर नया प्रकाश पड़ सके; उनकी नई व्याख्या हो सके। उस जीवन-भूमि का पारिवारिक, सामाजिक, वर्गीय और युगीन वातावरण से किस तरह का संबंध क्या? इन सारी बातों पर प्रकाश डाले बिना, उनकी पेचीदगियों और बारीकियों में फँसे बगैर क्या वास्तविक कला-समीक्षा हो सकती है? वास्तविक कलात्मक और समीक्षात्मक विवेक संभव है?'[२५] मुक्तिबोध का इतना लम्बा उद्धरण जानबूझ कर इसलिए दिया है, ताकि किसी रचना की परख करते समय विचार की पात्रता रखने वाले मुद्दों का रूप स्पष्ट हो सके। यह सच है कि उपर्युक्त प्रश्नों की तह में गए बिना मात्र निष्कर्ष देकर ही समीक्षा का सही रूप सामने नहीं लाया जा सकता। कहने की आवश्यकता नहीं है कि मान्य प्रगतिवादी समीक्षकों तक ने इन प्रश्नों की गहराई में जाने की आवश्यकता नहीं समझी है और फतवे देते हुए ही अपना काम चलाने का निर्णय लिया है। उदाहरण के लिए डॉ. रामविलास शर्मा की व्यावहारिक समीक्षाएँ ही उपर्युक्त प्रश्नों की अवहेलना करते देखी जाती हैं। यशपाल, अश्क, अज्ञेय, जैनेन्द्र आदि पर लिखी गईं उनकी समीक्षाएँ केवल इन रचनाकारों की कठोर भर्त्सना ही करती हैं, किसी भी स्तर पर आज के प्रबुद्ध पाठक को यह नहीं बतातीं कि आखिर इन रचनाकारों में कुछ ऐसा भी है, जो महत्त्वपूर्ण तथा मूल्यवान है।

प्रगतिवादी समीक्षा की एक अन्य महत्त्वपूर्ण सीमा का उल्लेख कर हम अपने इस विवेचन का समापन करेंगे। साहित्य की सामाजिक सोद्देश्यता एक महत्त्वपूर्ण बात है और प्रगतिवादी समीक्षा में इस सोद्देश्यता का संबंध एक बड़े उदात्त लक्ष्य से जोड़ा गया

है। यह लक्ष्य है संसार तथा समाज के क्रांतिकारी रूपान्तरण में रचना तथा रचनाकार की हिस्सेदारी। मनुष्य को खंड व्यक्तित्व से ऊपर उठाकर पूर्ण व्यक्तित्व प्रदान करना, उसकी भौतिक तथा आध्यात्मिक दोनों प्रकार की भूख को शांत करना। ये बातें सचमुच मूल्यवान हैं; किन्तु प्रगतिवादी रचनाशीलता ने इन पर सही ढंग से अमल किया हो, ऐसा नहीं दिखाई देता। साहित्य और कविता समाज के क्रांतिकारी रूपान्तरण में अपने ढंग से हाथ बँटाती है। एक साहित्यकार की भूमिका इस संदर्भ में एक राजनीतिक नेता की भूमिका से भिन्न होती है। यद्यपि हर रचना अपने रचनाकार के विचारों को समाज के बीच प्रचारित करती है; किन्तु यह प्रचार राजनीतिक प्रचार जैसा नहीं होता।

प्रगतिवादी रचनाशीलता में ऐसे अनेक उदाहरण दिखाई पड़ते हैं, जहाँ कविता तथा साहित्य की मूलभूत संवेदनीयता को अलग रखकर उन्हें सतही प्रचार का माध्यम बनाया गया है और प्रगतिवादी समीक्षकों ने ऐसे साहित्य की भूरि-भूरि प्रशंसा की है। यह प्रगतिवादी समीक्षा की एक ऐसी सीमा है, जिसने उसके प्रति प्रबुद्ध मानस में शंकाएँ उत्पन्न कीं और उसे यह सोचने के लिए प्रेरित किया कि प्रगतिवादी समीक्षा साहित्य की तात्त्विक व्याख्या न कर केवल सतही व्याख्या करती है। मार्क्सवादी समीक्षकों ने ऐसे साहित्य को साहित्य न कहकर पोस्टरवादी साहित्य कहा है। जब निरी प्रचारात्मक कृतियों को श्रेष्ठ साहित्य के रूप में प्रस्तुत किया जायेगा और महत्त्वपूर्ण समीक्षक के अपने बने बनाए सिद्धांतों के दायरे में नहीं आतीं, तो यह समीक्षा-दृष्टि संदिग्ध नहीं होगी तो और क्या होगी। हम यहाँ इस तथ्य का उल्लेख भी करना चाहेंगे कि परवर्ती प्रगतिवादी समीक्षा ने अपने को इस सतहीपन से काफी दूर तक मुक्त किया है और तभी उसकी प्रामाणिकता और विश्वसनीयता एक बार फिर से अपना परिचय दे सकी है।

हिन्दी की प्रगतिवादी समीक्षा की उपलब्धियों पर भी हमने प्रकाश डाला और उसकी सीमाओं पर भी विचार किया। सीमाओं के उद्घाटन में हमने इसलिए अधिक कहने की आवश्यकता समझी, क्योंकि हम आगे चलकर देखेंगे, छायावादोत्तर समीक्षा में सबसे महत्त्वपूर्ण देन इस प्रगतिवादी समीक्षा की ही रही है और समीक्षा का एक स्वस्थ और संतुलित विकास इसी समीक्षा-दृष्टि को समग्र और संतुलित बनाकर हो सकता है। प्रगतिवादी समीक्षा व्यावहारिक भूमि पर बहुत खरी नहीं उतर सकी; किन्तु उसका सिद्धान्त पक्ष इतना पुष्ट है कि उसके आधार पर, उसे अन्य प्रकार से सम्पन्न बनाकर सही दिशाओं में आगे बढ़ाया जा सकता है। जिस समीक्षा-दृष्टि में यह क्षमता हो, जरूरी है कि उसकी सीमाओं का निर्मम उद्घाटन भी हो; ताकि उस समीक्षा-दृष्टि को लेकर सामने आनेवाले नए समीक्षक इन सीमाओं से बच सकें और एक स्वस्थ, संतुलित और समग्र समीक्षादर्श का निर्माण कर सकें। हिन्दी के प्रगतिवादी समीक्षकों में से अनेक ऐसे हैं, जिन्होंने अपनी इन भूलों को महसूस किया है और अपने परवर्ती

समीक्षा कार्य में उनसे सजगता पूर्वक बचने की कोशिश की है। डॉ. रामविलास शर्मा का परवर्ती समीक्षा कार्य, नामवर सिंह की समीक्षाएँ, गजानन माधव मुक्तिबोध का परवर्ती समीक्षात्मक कृतित्व इस संदर्भ में उदाहरण के रूप में प्रस्तुत किए जा सकते हैं। प्रगतिवादी समीक्षकों की नई पीढ़ी और भी सजगता के साथ जीवन-मूल्यों और काव्य-मूल्यों की संतुलित संगति को लेकर समीक्षा कार्य में बढ़ रही है। अब साहित्य और कविता के बुनियादी प्रश्नों को ऊपर से ही निपटाने का प्रयास न होकर उनकी गहराई में जाने के प्रयास हो रहे हैं। कविता तथा साहित्य की रचना-प्रक्रिया को, उनकी आन्तरिक निर्मिति को और सोद्देश्यता की उनकी सार्थक दिशाओं की गहराई में जाकर उद्घाटित करने का प्रयास किया जा रहा है। ये ऐसे लक्षण हैं, जो इस बात के प्रति हमें आश्वस्त करते हैं। हिन्दी की प्रगतिवादी समीक्षा आपनी प्रारंभिक संकीर्णताओं को छोड़कर नई भूमि पर आ रही है। कविता तथा साहित्य की समाज-संदर्भता और उदात्त अर्थों वाली सोद्देश्यता को अनिवार्य शर्त के रूप में मानकर अब वह काव्य तथा कलाकृति को एक काव्य तथा कलाकृति के रूप में देखने, पहचानने के लिए आकुल है। यह एक शुभ लक्षण है; इसका स्वागत किया जाना चाहिए।

अब हम हिन्दी की प्रयोगवादी समीक्षा की सीमाओं का संक्षेप में उद्घाटन करेंगे; ताकि उसके बारे में भी एक संतुलित निष्कर्ष सामने आ सके।

हिन्दी की प्रयोगवादी समीक्षा का सिद्धान्त पक्ष भी, जैसा कि उसके निरूपण में हम देख चुके हैं, बहुत पुष्ट नहीं है और व्यावहारिक विनियोग में तो वह और भी असमर्थ सिद्ध होता है। सबसे बड़ी बात यह है कि प्रयोगवादी समीक्षा के पुरस्कर्ता अज्ञेय ने अपनी समीक्षा-दृष्टि का निर्माण ही विशुद्ध पश्चिमी प्रेरणा-स्रोतों के आधार पर किया है और भारतीय जीवन तथा भारतीय और हिन्दी काव्य-परम्परा की अनदेखी करते हुए उसे हिन्दी कविता पर लागू करने का प्रयास किया है। या तो उन्होंने प्रसिद्ध मनोविश्लेषक एडलर को अपना मूल प्रेरणा-स्रोत बनाया है या फिर टी. एस. इलियट को। यह ठीक है कि अपने परवर्ती चिन्तन में उन्होंने भारतीयता के निकट आने का प्रयास किया है; किंतु उनकी मूल सैद्धांतिक निष्पत्तियाँ विशुद्ध विदेशी प्रेरणा-स्रोतों पर ही आधारित है और अज्ञेय ने उन्हें भारतीय परिस्थितियों के अनुरूप हिन्दी की अपनी काव्य-परम्परा के अनुरूप ढालने का कोई विशेष प्रयास नहीं किंया। 'त्रिशंकु' संकलन में ही मुख्य रूप से उनकी सैद्धान्तिक मान्यताएँ स्पष्ट हुई हैं और वहाँ उन्होंने विदेशी विचारों का लगभग उल्था ही कर दिया है। 'कला का स्वभाव और उद्देश्य' शीर्षक उनका निबन्ध ज्यों का त्यों एडलर की मान्यताओं का पुनर्कथन है और 'रूढ़ि तथा मौलिकता' शीर्षक निबन्ध टी. एस. इलियट के 'ट्रेडीशन एण्ड इन्डीविजुअल टेलेन्ट' शीर्षक निबन्ध का अनुवाद है। उनके समीक्षा सिद्धांतों की सबसे बड़ी असंगति यही है

कि वे अपनी जमीन से बिलकुल कटे हुए हैं। उनकी 'अपर्याप्तता की अनुभूति' वाला सिद्धान्त हिन्दी समीक्षा की परम्परा में कभी किसी के द्वारा स्वीकार नहीं किया गया। यहाँ तक कि प्रयोगवादोत्तर नई समीक्षा में भी, जिसके अनेक पुरस्कर्ताओं पर अज्ञेय के चिन्तन की छाप है, उसे छोड़ दिया गया है। उसके बारे में अधिक से अधिक इतना ही कहा जा सकता है कि वह कविता या कला को समझने और पहचानने के लिए एक दृष्टि मात्र है। उसे एक सम्पूर्ण समीक्षा-दृष्टि के रूप में किसी स्तर पर भी स्वीकार नहीं किया जा सकता और व्यावहारिक कृतियों के मूल्यांकन में उसका विनियोग करके उस कलाकृति या काव्य कृति का कोई समग्र अध्ययन भी नहीं हो सकता। स्वयं अज्ञेय ने भी उसे सैद्धान्तिक निष्पत्ति मात्र ही रहने दिया है; अपने व्यावहारिक विवेचन में उन्हें स्वयं उसे लागू नहीं किया है। जहाँ तक इलियट के निर्व्यक्तीकरण के सिद्धान्त का प्रश्न है, उसकी चर्चा अवश्य अज्ञेय ने आगे तक की है और कम से कम अपने रचनाकार और अपनी रचना को उससे जोड़े रखने की कोशिश की है। ऐसा उन्होंने 'आत्मनेपद' के अनेक निबन्धों में कहा भी है और यथास्थान उनकी बातों का उल्लेख भी हम कर चुके हैं। किंतु इलियट का सिद्धान्त स्वयं इंग्लैण्ड के समीक्षकों द्वारा भी व्यापक रूप से ग्रहण नहीं किया गया और हिन्दी समीक्षा में भी उसकी यही स्थिति हुई है। यह भी संदेह का विषय है कि स्वयं अज्ञेय अपनी रचनाशीलता में ही उसके प्रति कहाँ तक ईमानदार रहे हैं, क्योंकि उनकी प्रत्येक कृति के बारे में यह भी कहा जाता है कि अज्ञेय और उनका व्यक्तित्व किसी न किसी रूप में उनमें विद्यमान रहा है।

अज्ञेय की समीक्षा-दृष्टि मूल रूप से व्यक्तिवादी समीक्षा-दृष्टि है, वे साहित्य और सामाजिक जीवन का सम्बन्ध तो स्वीकार करते हैं; किंतु अपनी शर्तों पर; और अपने ही ढंग से 'समाज' का उनका आशय भी है। 'समाज' की उनकी व्याख्या भी उनकी अपनी व्याख्या है। उनका यथार्थ भी, उनका अपना निजी यथार्थ है। प्रश्न है कि नितांत वैयक्तिक मूल पर प्रस्तुत की जाने वाली यह समाज-दृष्टि और यथार्थ-दृष्टि किस सीमा तक रचना या रचनाकार को, जीवन की समग्रता को पहचाने की शक्ति दे सकती है और किस सीमा तक समीक्षक को उस रचना की सम्यक् परख की क्षमता। यही कारण है कि समाज की बातें करते हुए भी कदाचित् किसी ने भी उन्हें सामाजिक दृष्टि से सही रूप से जुड़ा हुआ नहीं पाया है। हमने अज्ञेय की मान्यताओं का विवेचन करते हुए यह भी बताया है कि उनके विचार कभी-कभी कितने गैर-सामाजिक और प्रतिक्रियावादी भी हो उठे हैं; उनका सामान्य मानवतावाद कितना थोथा और खोखला है। इस सन्दर्भ में उनकी इस निष्पत्ति को पुनः प्रस्तुत करना चाहते हैं कि दुख, पीड़ा और अपूर्णता संसार व्यापी है; केवल गरीबों ने उनका ठेका नहीं लिया है। अज्ञेय के अन्य विचार भी इसी प्रकार संदेह और आक्षेपों का लक्ष्य बने हैं : 'अज्ञेय का कहना है कि कलाकार अनिवार्य

रूप से गतिमान है, उसमें एक बलवती प्रेरणा काम करती है। यह गति आगे की ओर है या पीछे की ओर, प्रगति है या प्रतिगति है या अधोगति की ओर, इसका निर्णय साहित्य के भीतर से नहीं होता। अज्ञेय की यह घोषणा किसी स्वस्थ दृष्टिकोण का परिणाम है ऐसा नहीं कहा जा सकता। वे साहित्य में नैतिकता स्वीकार करते हैं; गति स्वीकार करते हैं; किंतु उनका स्वरूप क्या है यह सब रहस्य है। इस अनिवार्य गति के मूल्यांकन की कसौटी क्या है यह भी समझ में नहीं आता।'[२६]

अहं के विलयन की बात करने वाले अज्ञेय का अहं स्वयं इतना प्रखर है कि अपने मत के विपरीत किसी भी दूसरे विचार को स्वीकार करने में उन्होंने कभी दिलचस्पी नहीं दिखाई। इलियट के परम्परा सिद्धान्त की चर्चा करते हुए वे उसे स्वीकार करते हैं; किंतु परम्परा की जो व्याख्याएँ प्रारंभ से अब तक हिन्दी समीक्षा में स्पष्ट हुई हैं, उनसे उनकी सहमति नहीं है। सच पूछा जाए तो परम्परा से उनका क्या आशय है, इसे भी उन्होंने बहुत स्पष्ट नहीं किया है। परम्परा के सम्बन्ध में उनका अभिमत भी उनका अपना निजी अभिमत है। परंपरा की बात करते हुए भी वे, जहाँ तक हिन्दी कविता की परम्परा का प्रश्न है, उससे अलग ही रहे हैं।

सप्तकों की भूमिकाओं में उन्होंने रस तथा साधारणीकरण जैसे परंपरागत प्रतिमानों का खंडन किया है और अपनी नई मान्यताएँ प्रस्तुत की हैं। परंतु सच पूछा जाए, तो साधारणीकरण और सम्प्रेषणीयता जैसे तत्त्वों की भूमि उनके विचारों के द्वारा संकुचित ही हुई है। प्रयोग का उनका दर्शन, व्यक्ति-सत्य को व्यापक सत्य बनाने की उनकी बात, कला और साहित्य में रूपवाद और शिल्पवाद की जड़ें मजबूत करने में ही सहायक सिद्ध हुई है। उनकी स्थापनाओं में सार्थक अंश भी हैं, जिन्हें लेकर रचना की परख और मूल्यांकन में आगे बढ़ा जा सकता है; किन्तु प्रधानतः उनकी मान्यताओं ने रचना के अर्थ और उसकी व्याप्ति को सीमित ही किया है; जीवन के व्यापक सन्दर्भों से काटकर उसे रचनाकार की निजता और कला तथा शिल्प की चमत्कारवादिता के साथ ही बाँध दिया है।

यही कारण है कि प्रयोगवादी समीक्षा को हिन्दी समीक्षा की किसी विशिष्ट उपलब्धि के रूप में स्वीकार नहीं किया गया। उसमें जो कुछ संतुलित है, वे अवश्य नई समीक्षा में आए; किन्तु समग्रतः प्रयोगवादी समीक्षा एक आन्दोलन की वस्तु बनकर ही रह गई। कला, कविता तथा साहित्य के मूल्यांकन का कोई सुस्पष्ट आधार निर्देशित नहीं कर सकी। कहना न होगा कि हिन्दी कविता में प्रयोगवाद का युग समाप्त होते ही प्रयोगवादी समीक्षा-दृष्टि पृष्ठभूमि में चली गई। अज्ञेय को छोड़कर और नकेनवादियों को छोड़कर वह अन्य किसी को भी प्रेरणा नहीं दे सकी। जहाँ तक नकेनवादियों का सम्बन्ध है, कविता तथा साहित्य सम्बन्धी उनके विचार दो कदम और आगे जाकर एक

प्रकार की अस्पष्टता को ही जन्म देने में समर्थ हुए। जिस भूमि पर वे उपजे थे, उसी भूमि पर उन्हें अस्वीकार भी कर दिया गया।

प्रयोगवादोत्तर नई समीक्षा के अन्तर्गत कविता के प्रतिमानों पर जो भी चिन्तन हुआ है, उसकी एक महत्त्वपूर्ण सीमा यह रही है कि इस चिन्तन के पुरस्कर्ताओं ने प्रारम्भ में एक अतिवादी रुख अपनाते हुए कुछ ऐसी निष्पत्तियाँ प्रस्तुत कीं, जो प्रचार के धरातल पर भले ही लोगों का ध्यान आकर्षित करने में समर्थ हुई हैं; किंतु वे किसी भी अर्थ में तात्त्विक नहीं कही जा सकतीं। एक लम्बे अरसे तक जगदीश गुप्त द्वारा उठाई गई 'सहअनुभूति' और 'अर्थ की लय' जैसी बातों की चर्चा तो हुई; किंतु गहराई से देखने पर यही निष्कर्ष सामने आया कि जिन परम्परागत प्रतिमानों के विरोध में ये बातें सामने लाई गई थीं, उनका विरोध करना और उनका स्थानापन्न बनना तो दूर, वे परम्परा से चले आ रहे प्रतिमानों को प्रभावित तक नहीं कर पाई हैं। वस्तुतः उनकी इन मान्यताओं में इतने अर्न्तविरोध हैं कि वे किसी भी भूमि पर कविता की नई समझ और परख में हमें सहायता नहीं देतीं। सबसे पहले हम इस अनुभूति वाली श्री गुप्त की स्थापना की चर्चा करेंगे और यह दिखाने का प्रयास करेंगे कि वह किस प्रकार अनेक भीतरी असंगतियों से ग्रस्त हैं। श्री गुप्त ने परम्परागत रसानुभूति को काटते हुए अपनी 'सहअनुभूति' वाली स्थापना को प्रस्तुत किया है। रसानुभूति से इस सहअनुभूति को पृथक् करते हुए और उसे आज की कविता के लिए उपयुक्त बताते हुए उन्होंने जो तर्क दिए हैं, उन्हें संक्षेप में इस प्रकार प्रस्तुत किया जा सकता है :

(१) सहअनुभूति किसी नए अर्थ या तत्त्व के उपलब्ध होने पर उससे अभिभूत तो होती है पर आच्छन्न नहीं।

(२) वह बड़ी से बड़ी अनुभूति को प्रगाढ़ आत्मविश्वास के साथ बिना अपने व्यक्तित्व को बिखराए या विचलित प्रज्ञ हुए धारण करने की क्षमता रखती है।

(३) वह भावक को, उसकी प्रज्ञा को विचलित किए बिना विवेक की जागृत अवस्था में भावक को यथार्थ अनुभूति के तल तक पहुँचा देने की क्षमता रखती है।

(४) रसानुभूति में व्यक्तित्व और विवेक का परिहार होना आवश्यक है; जबकि सहअनुभूति में कवि और भावक दोनों के व्यक्तित्वों के सहअस्तित्व में अनुभूति की प्रेषणीयता की कल्पना की गई है।

'सहअनुभूति' की उक्त विशेषताएँ प्रतिपादित करते हुए और रसानुभूति में उक्त विशेषताओं का अभाव सूचित करते हुए जगदीश गुप्त ने कहा है कि 'रसानुभूति की अपेक्षा सह अनुभूति अधिक मानवीय स्तर पर प्रतिष्ठित दिखाई देती है। आत्म-विलयन, आनन्द और भावावेग के परिपाक की दृष्टि से रसानुभूति अवश्य उत्कृष्ट कोटि की कही जायेगी, परन्तु मानवीयता के विचार से सहअनुभूति को उससे उत्कृष्टतर

मानना ही विवेक संगत दिखाई देता है।'[२७]

अपनी स्थापना देते हुए जगदीश गुप्त ने परम्परागत रस-सिद्धान्त और उसे मानवीय धरातल पर फिर से जीवित करने वाले आचार्य शुक्ल के चिन्तन पर कुछ आरोप भी लगाये हैं। उन्होंने शुक्ल जी के चिन्तन की असंगतियाँ भी स्पष्ट की हैं। शुक्ल जी के सम्बन्ध में उनका कहना है कि 'शुक्लजी ने एक तो व्यक्तिवादी भावना और व्यक्तित्वनिष्ट अनुभूति के बीच के अंतर को लक्षित नहीं किया, दूसरे उन्होंने इस पर भी विचार नहीं किया कि मध्यम कोटि की होने पर क्यों यह भिन्न प्रकार की अनुभूति आधुनिक साहित्य का अधिकाधिक धारक तत्त्व बनती जा रही है। इसके गहरे कारणों पर यदि उनकी दृष्टि गई होती, तो अपने कोटि क्रम को स्वयंसिद्ध मानकर वह समस्त व्यक्तित्वनिष्ठ साहित्य को नवीनता के प्रति आकुलता भाव का पर्याय न बता देते, और न उसे नकली हृदय की ही उपज घोषित कर देते। शुक्ल जी ने अपने रस-विवेचन में आधुनिक साहित्य के पीछे एक प्रधान प्रेरक शक्ति के रूप में निहित हृदय की गहरी सच्चाई की उपेक्षा की है। फलतः उनके सिद्धान्त मध्यकालीन साहित्य पर अधिक लागू होते हैं, आधुनिक पर कम।'[२८]

जगदीश गुप्त का संकेत यहाँ शुक्लजी द्वारा की गई छायावादी काव्य की आलोचना से है। इसे श्री गुप्त के चिन्तन की असंगति ही कहा जायेगा कि एक ओर तो उन्होंने शुक्ल जी का विरोध करने के लिए छायावादी काव्य की उनके द्वारा की गई आलोचना को लेकर अपना पक्ष पुष्ट करना चाहा है तथा दूसरी ओर स्वयं अपने अनेक निबंधों में उन्होंने तथा नई कविता के अन्य समीक्षकों ने छायावादी काव्य और छायावादी काव्य-संस्कारों का जमकर विरोध किया है। एक सामान्य पाठक के लिए यह बात पहेली बन जाती है कि शुक्ल जी का छायावाद विरोध क्यों गलत है और श्री गुप्त तथा अन्य नई कवितावादियों का छायावाद विरोध क्यों सही है? और जब वे स्वयं छायावादी कविता का विरोध करते हैं, तो शुक्ल जी के विरोध को क्यों अनुचित बताते हैं। ये सारी बातें इस तथ्य को सूचित करती हैं कि जिस पुष्ट धरातल पर नई समीक्षा में चिन्तन का स्वरूप उद्घाटित होना चाहिए था, वह वैसा नहीं हुआ है। यही कारण है कि नई समीक्षा के अन्तर्गत अनेक सुविचारित स्थापनाएँ भी विचारगत असंगतियों के कारण विश्वसनीय नहीं बन पातीं।

जहाँ तक सहअनुभूति का प्रश्न है, अपने एक निबन्ध में डॉ. शिवकुमार मिश्र ने उसके अन्तर्गत व्याप्त चिन्तनगत असंगतियों का उद्घाटन किया है और सिद्ध किया है कि वस्तुतः रसानुभूति का विरोध करते हुए और उसके स्थान पर सह अनुभूति की प्रतिष्ठा करते हुए श्री गुप्त स्वयं रसानुभूति के दायरे में पहुँच गए हैं। उनकी सहअनुभूति और कुछ नहीं रसानुभूति का ही एक दूसरा नाम है। उदाहरण के लिए श्री गुप्त ने

'अभिभूत' और 'आच्छन्न' शब्दों को लेकर महज शब्द-क्रीड़ा की है। सहअनुभूति का सम्बन्ध उन्होंने अभिभूत शब्द से जोड़ा है और रसानुभूति का आच्छन्न शब्द से। शब्दों के अर्थ को गहराई से लें तो स्पष्ट होगा कि किसी वस्तु से आच्छन्न होना उतना गहरा नहीं है जितना कि अभिभूत होना। श्री गुप्त विवेक के जाग्रत रहने, कवि और भावक दोनों के व्यक्तित्वों में सहअनुभूति होने की बात करते हैं और उसके साथ वे यह भी कहते हैं कि सहअनुभूति वाली दृष्टि किसी नये तथ्य या अर्थ के उपलब्ध होने पर उससे अभिभूत होती है। प्रश्न है कि इस अधिभूतावस्था में व्यक्तित्वों का सहअस्तित्व और विवेक की जाग्रति कहाँ तक सम्भव है। दूसरे श्री गुप्त सहअनुभूति का पक्ष स्पष्ट करते हुए 'ग्राम्या' का उदाहरण देते हुए (स्मरण रखने की बात है कि सहअनुभूति के पक्ष समर्थन में श्री गुप्त ने नई कविता का कोई उदाहरण न देकर छायावादी पंत की 'ग्राम्या' का उदाहरण दिया।) यह कहते हैं कि 'ग्राम्या' का कवि रसोद्रेक कराने के लिए ग्राम्य-जीवन का चित्रण करता प्रतीत नहीं होता। वह पाठक के हृदय में ग्रामीणों की चिन्त्य दशा के प्रति वह भाव और वैसी संवेदना उत्पन्न करना चाहता है जैसी उसके अपने हृदय में हुई। यह संवेदना नाटकीय न होकर वास्तविक है और वास्तविकता के स्तर पर उसे न लेना कवि के प्रति अन्याय होगा। साथ ही उसके अन्तर्निहित अभिप्राय की भी। अतः जिस स्तर पर उसका काव्यात्मक प्रभाव उपयुक्त भावक के मन पर पड़ेगा, वह सहअनुभूति का स्तर होगा, रसानुभूति का नहीं। यथार्थ परिवेश को न कवि स्वयं भूलना चाहता है न दूसरे को भुला देना चाहता है।[२९]

'ग्राम्या' के कवि ने स्वयं इस तथ्य को स्वीकार किया है कि 'ग्राम्या' में उसने ग्रामीणों और ग्राम्य-जीनव के प्रति केवल अपनी बौद्धिक सहानुभूति ही दी है। वह ग्रामीणों और ग्रामीण जीवन की संवेदनाओं से हार्दिक स्तर पर नहीं जुड़ पाया है। श्री गुप्त 'ग्राम्या' के कवि की इस स्वीकारोक्ति की अवहेलना करते हुए उसके द्वारा रसोद्रेक कराने की बात करते हैं। ये सब श्री गुप्त के चिन्तन की असंगतियाँ ही हैं, जिन्हें उनके तथा उनके सहकर्मियों के चिन्तन में अन्य स्थलों पर भी देखा जा सकता है। एक दूसरा प्रश्न यह उठता है कि कवि, भावक के हृदय में किसी स्थिति विशेष के प्रति वह भाव और वैसी ही संवेदना उत्पन्न कर दे जैसी स्वयं उसके अपने हृदय में उत्पन्न हुई और यह सब कवि और भावक के व्यक्तित्वों के मिले बिना, दोनों के विवेक की जाग्रत अवस्था में सम्भव हो जाए, यह सब समझ में नहीं आता। दो हृदयों में एक-सी भावना बिना उनके मिले कैसे आ सकती है; और फिर व्यक्तित्व के परिहार को कैसे रोका जा सकता है। कहने की आवश्यकता नहीं है कि ये सारी असंगतियाँ इस तथ्य को पुष्ट करती हैं कि श्री गुप्त की सहअनुभूति और कुछ नहीं है रसानुभूति ही है। अधिक विस्तार में न जाकर हमने केवल उदाहरण के लिए यह चर्चा इसलिए की, ताकि नए कवि समीक्षकों

के चिन्तन की असंगतियों के प्रति सजग रहा जाए।

जगदीश गुप्त और उनके सहयोगियों ने आगे बढ़कर परम्परागत रस-सिद्धान्त का खंडन किया है और उसे नई कविता के लिए अनावश्यक भी माना है। यह उल्लेखनीय है कि नई समीक्षा के पुरस्कर्ता एक ओर रस, रस-दृष्टि और रस की भूमि का खंडन करते हैं; किन्तु दूसरे स्तर पर भाव को कविता की मुख्य शक्ति भी मानते हैं, इसका विरोध करते हुए श्री गुप्त ने कहा है : 'रस उसी मनुष्य के लिए काव्य के लिए अंतिम समाधान हो सकता है, जो आज के वैज्ञानिक युग की चेतना से सर्वथा असम्पृक्त रहा हो, जिसे सम्बन्ध के आगे अपने बौद्धिक व्यक्तित्व की पराजय से क्षोभ न होता हो, जो यथार्थ से विमुख होकर भाव या करुणा के आवेश से कल्पना लोक का प्राणी बनने में ही जीवन की सार्थकता समझता हो।'[३०]

भाव को कविता का मुख्य शील मानते हुए और आज के युग की सारी बौद्धिकता के ऊपर उसे प्रतिष्ठित करते हुए श्री गुप्त का कथन है कि - नई कविता बहुधा विचारों को छोड़ नहीं पाती; क्योंकि बुद्धि को असंतुष्ट और स्पर्शहीन रखकर वह भावों तक जाना नहीं चाहती, नये युग का सतर्क वातावरण उसे ऐसा करने नहीं देता। भावों और विचारों के परस्पर उलझे सूत्रों में वह विचारों के सूत्र खींचकर भावों के सूत्र को जोड़ने का यत्न करती है। साथ ही श्री गुप्त इस बात की घोषणा करते हैं कि तमाम बौद्धिकता के बावजूद भाव ही कविता का मूल्य शील है।[३१]

यह भी श्री गुप्त के और नए समीक्षकों के चिन्तन की असंगति का एक उदाहरण है। प्रश्न है कि भाव, अनुभूति आदि की नाना प्रकार की बातें करके रस और रस-दृष्टि से मुक्ति का दावा कहाँ तक ठीक है। नए समीक्षकों की इस चिन्तनगत असंगति को स्पष्ट करते हुए डॉ. नामवर सिंह का कहना है कि छायावादी दौर की भाँति आज की समीक्षा में भी कोई तात्त्विक वैचारिक परिवर्तन नहीं दिखाई देता। आज छायावादियों की तरह कोई हृदय की अनुभूति भले न कहता हो, किंतु अनुभूति की प्रामाणिकता को तकिया-कलाम की तरह आज खूब इस्तेमाल किया जाता है। हृदय की अनुभूति न सही, अनुभूति की प्रामाणिकता ही सही, अनुभूति पर बल तो अब भी है।[३२]

डॉ. नामवर सिंह स्थिति को स्पष्ट करते हुए यह देखना भूल गए हैं कि नई समीक्षा में हृदय तत्त्व को छोड़ा नहीं गया है। हमने अभी आचार्य शुक्ल के विरोध से संबंधित जगदीश गुप्त की जो पंक्तियाँ उद्धृत की हैं, उन पंक्तियों में श्री गुप्त ने हृदय की सच्चाई का बड़ी आत्मीयता के साथ उल्लेख किया है और उसे आज के युग की कविता का एक प्रधान लक्षण माना है। श्री गुप्त के शब्दों में 'शुक्ल जी ने अपने रस-विवेचन में आधुनिक साहित्य के पीछे एक प्रधान प्रेरक-शक्ति के रूप में निहित हृदय की गहरी सच्चाई की उपेक्षा की है।'[३३] ऐसी स्थिति में डॉ. नामवर सिंह का यह कथन कि नई

कविता या नई समीक्षा के समर्थक मात्र अनुभूति की प्रामाणिकता की ही बात करते हैं, हृदय तत्त्व के उल्लेख को जान बूझकर बचा जाते हैं सही नहीं है। अब नई समीक्षा के इन समर्थकों के विचारों के साथ जब अनुभूति की प्रामाणिकता, हृदय की गहरी सच्चाई और भाव को कविता का मुख्य शील मानने की बात जोड़ दी जाय, तो फिर उनका रस, रसदृष्टि और रस-चिंतन संबंधी विरोध कहाँ रह जाता है। रस का विरोध करने वाले ऐसे ही लोगों को लक्ष्य करके आचार्य रामचंद्र शुक्ल ने हिन्दी साहित्य सम्मेलन के सन् १९३४ के अपने भाषण में कहा था : 'आजकल इस प्रकार के लटके कि रस अलंकार तो पुरानी चीजें हैं, उसका जमाना गया, इधर-उधर से नोंचकर दुहराए जाते हैं। वे कहाँ से आए हैं, उनका पूरा मतलब क्या है यह सब जानने या समझने की कोई जरूरत नहीं समझी जाती। इन वाक्यों को बात-बात में दुहराने वालों में से अधिकांश तो इतना ही जानते हैं कि रस-अलंकार आदि हमारे साहित्य के बहुत काल से व्यवहृत शब्द हैं, अंग्रेजी शब्दों के अनुवाद नहीं। इससे इनका नाम लेना फैशन के खिलाफ है। दिन में सैंकड़ों बार हृदय की अनुभूति, हृदय की अनुभूति चिल्लाएँगे; पर रस का नाम सुनकर ऐसा मुँह बनाएँगे मानो उसे न जाने कितने पीछे छोड़ आए हैं। भले मानुष इतना भी नहीं जानते कि हृदय की अनुभूति ही साहित्य में रस और भाव कहलाती है।'

आचार्य शुक्ल ने अपनी बात छायावादी कवियों को और उनके समर्थकों को लक्ष्य में रखकर कही है, किन्तु उनकी बात का संबंध नई कविता के समर्थकों से भी जोड़ा जा सकता है। इसका संकेत हम ऊपर कर चुके हैं। वस्तुतः मुख्य प्रश्न यहाँ इस बात का नहीं है कि नई समीक्षा में रस का और रस-दृष्टि का जो विरोध किया गया है, वह न होना चाहिए। इसमें कोई संदेह नहीं कि रस की चिंतना आधुनिक संदर्भों में आंशिक रूप से ही सार्थक रह गई है। यह भी आवश्यक नहीं है कि उसे लेकर ही आगे चला जाय। किन्तु यदि उसके सार्थक अंशों को लेकर आगे बढ़ा जा सकता है, तो उसमें कोई हानि भी नहीं है। रस का विरोध और रस-दृष्टि की आलोचना की जाए, किन्तु जो नई स्थापना सामने आए वह पर्याप्त तर्क सम्मत भी हो। हम कह चुके हैं कि नई समीक्षा के अंतर्गत परम्परागत प्रतिमानों का जो पुनर्मूल्यांकन चल रहा है, उसके फलस्वरूप कुछ नई और महत्त्वपूर्ण स्थापनाएँ तथा प्रस्थान-बिन्दु सामने आए हैं, उनका स्वागत भी हुआ है । हम केवल बात को ही रेखांकित करना चाहते हैं कि आवेश में ही परम्परागत चिंतन को नकारने के प्रयास न हों, उसके प्रति दृष्टि का पूर्वाग्रह से मुक्त होना आवश्यक है। नये कवि समीक्षकों में जहाँ पूर्वाग्रह से मुक्ति दिखाई देती है, वहाँ उनकी चर्चाएँ भी सार्थक हैं। किन्तु जहाँ उनमें पूर्वाग्रह है अथवा परम्परागत चिंतन को पूरी तरह आत्मसात् किए बिना नई स्थापनाओं को सामने लाने की जल्दबाजी है, वहाँ उनकी चर्चा असंगतियों से ग्रस्त हो उठी हैं; फलतः अविश्वसनीय भी,

सहअनुभूति वाली जगदीश गुप्त की बात ऐसी ही है। यही कारण है कि श्री गुप्त के अतिरिक्त नई कविता और नई समीक्षा के दूसरे लोगों ने उनकी इस स्थापना को आगे नहीं बढ़ाया और उस पर विचार ही नहीं किया।

अब हम श्री गुप्त द्वारा प्रस्तुत एक ऐसी ही असंगतियों से युक्त दूसरी स्थापना की संक्षेप में चर्चा करना चाहेंगे, जिसके अंतर्गत उन्होंने विशुद्ध रूप से पश्चिमी विचारों का अनुकरण करते हुए 'अर्थ की लय' की बात सामने रखी है। 'अर्थ की लय' की यह बात अपने में सार्थक हो सकती है; किन्तु जहाँ तक श्री गुप्त का प्रश्न है, वे उसे समझाने में और आज के प्रबुद्ध मानस को पूरी तरह आश्वस्त करने में असफल सिद्ध हुए हैं। ऐसा प्रतीत होता है कि 'अर्थ की लय' की बात उन्होंने उन गद्य कविताओं पर अथवा कविता के नाम पर लिखे जा रहे गद्य पर आवरण डालने के लिए की, जिसकी कि उस समय नई कविता के अंतर्गत धूम-सी मची थी। स्पष्ट भी होता है कि अर्थ की लय की बात बहुत सुविचारित रूप में सामने नहीं आई; बल्कि उसके स्थान पर एक प्रतिक्रिया के रूप में उसे प्रस्तुत किया गया। अर्थ की लय का प्रतिपादन करते हुए जगदीश गुप्त ने जिस शब्दावली तथा जिस तेवर का प्रदर्शन किया है, उससे लगता है कि सहअनुभूति की भाँति यह भी कोई तात्त्विक विचार न होकर आंदोलनधर्मिता का ही प्रमाण है। उनके ये शब्द समीक्षा के शब्द नहीं माने जा सकते : 'कुछ नामभीरु धनुर्धरों ने मन ही मन नई कविता के पुतले जलाये, पर जब उससे भी वह दिवंगत न हो सकी, तो व्याकरण के बाणों से क्षत-विक्षत करने का संगठित प्रयत्न किया। नई कविता फिर भी अक्षत रही; क्योंकि बाद में पता चला कि उनके वे सारे धरातल ऊसर, कुंठित ही नहीं कुंठाजाल भी थे।'[३४] अंग्रेज समीक्षक रिचर्ड्स तथा अंग्रेजी के टी. एस. इलियट, स्टीफन, स्पेन्डर तथा अन्य पश्चिमी समीक्षकों का आधार लेते हुए उन्होंने 'अर्थ की लय' की मान्यता सामने रखी। उसे सिद्धांत के धरातल पर समझाने का प्रयास किया और अंत में यह कहते हुए कि 'बहुत से कुशाग्र बुद्धि व्यक्तियों के आगे बात तब तक स्पष्ट नहीं होती, जब तक कि उन्हें उदाहरण देकर न समझाया जाय।'[३५] उन्होंने कविता के कुछ उदाहरण भी प्रस्तुत किए और किसी को अर्थ की लय से युक्त और किसी को अर्थ की लय से वंचित कहा। उन्होंने यह स्पष्ट करने की कोशिश नहीं की कि उक्त कविताओं में किस आधार पर उन्होंने किसी कविता को अर्थ की लय से युक्त माना और किसी को उससे वंचित। अपनी बात का समापन करते हुए उन्होंने लक्ष्मीकांत वर्मा की हस्ताक्षर, सर्वेश्वर दयाल सक्सेना की 'कलाकार और सिपाही' तथा धर्मवीर भारती की 'टूटा पहिया' जैसी रचनाओं का उल्लेख किया और उन्हें भी अर्थ की लय के सूक्ष्म तंतुओं से विनिर्मित कहा। श्री गुप्त के अस्पष्ट तर्कों का ही यह परिणाम था कि सामान्य पाठकों की बात जाने दी जाए, स्वयं 'नई कविता' पत्रिका क उनके संपादकीय

सहयोगी डॉ. रामस्वरूप चतुर्वेदी तक अर्थ की लय की धारणा को ठीक से नहीं समझ सके और नई कविता में ही प्रकाशित अपने एक निबंध में उन्होंने लक्ष्मीकान्त वर्मा की 'हस्ताक्षर' कविता को लय से सर्वथा रहित कोरा गद्य घोषित किया।[३६] सहअनुभूति की ही भाँति अर्थ की लय जैसी श्री गुप्त की स्थापना भी उनके सहयोगियों द्वारा और दूसरे नए समीक्षकों के द्वारा आगे चर्चा का विषय नहीं बनायी गई, यह तथ्य भी प्रमाणित करता है कि इस स्थापना में बुनियादी तात्त्विकता नहीं थी।

आधुनिकता के संबंध में नई समीक्षा की मान्यताएँ बहुत स्पष्ट नहीं हैं। उनकी सबसे बड़ी सीमा यही मानी जा सकती है कि वे अधिकतर पश्चिमी जगत में चर्चित आधुनिकता का ही अनुकथन हैं, पश्चिम की जीवन-स्थितियों में आधुनिकता की जो धारणा विकसित हुई है, उसे भारतीय जीवन और हिन्दी साहित्य के संदर्भ में ज्यों का त्यों लागू नहीं किया जा सकता। नई समीक्षा की 'आधुनिक बोध' जैसी धारणा की असंगतियों को उद्घाटित करते हुए आचार्य वाजपेयी ने कहा है कि नई कविता का ''आधुनिक बोध' इतनी जल्दी-जल्दी करवटें लेता है कि इसकी स्थिरता पर भी संदेह होने लगता है, आधुनिकता बोध कई बार तो व्यक्ति बोध या प्रतिक्रियाओं का बन जाता है। इस प्रकार के आंशिक और रचना कैसे हो सकती है।'[३७] नई कविता के 'आधुनिक बोध' पर गजानन माधव मुक्तिबोध की टिप्पणियाँ भी बहुत तीखी हैं। नई कवितावादियों के 'आधुनिक बोध' की चर्चा करते हुए वे कहते हैं कि उसके अंतर्गत पुराने के प्रति और नए के प्रति एक बहुत भयानक अवसरवादी दृष्टि अपनायी गई है : 'जो पुराना है वह अब लौटकर आ नहीं सकता; लेकिन नये ने पुराने का स्थान नहीं लिया। धर्म-भावना गई, लेकिन वैज्ञानिक बुद्धि नहीं आई। धर्म ने हमारे जीवन के प्रत्येक पक्ष को अनुशासित किया था। वैज्ञानिक मानवीय दर्शन ने, वैज्ञानिक मानवीय दृष्टि ने धर्म का स्थान नहीं लिया। इसलिए केवल हम अपनी अंतःप्रवृत्तियों के यंत्र से चालित हो उठे। उस व्यापक उच्चतर सर्वतोमुखी मानवीय अनुशासन हार्दिक सिद्धि के बिना नया-नया चिल्ला उठे; लेकिन वह नया क्या है, हम नहीं जान सके। क्यों? क्या जीवन नये मानव-मूल्य नया इंसान परिभाषाहीन और निराकार हो गए, वे दृढ़ और व्यापक मानसिक सत्ता के अनुशासन का रूप धारण न कर सके, वे धर्म और दर्शन का स्थान न ले सके।'[३८] नई कवितावादियों के आधुनिक भावबोध संबंधी विचारों की असंगतियों का उद्घाटन करने के उपरांत उन्होंने स्पष्ट किया कि केवल जीवन तथा मनुष्य के प्रति ह्रासशील निराशावादी तथा अनास्थामय दृष्टि ही आधुनिक भावबोध नहीं है वरन् अन्याय के खिलाफ आवाज बुलंद करना भी आधुनिक भावबोध के अंतर्गत है : 'आधुनिक भावबोध के अंतर्गत यह भी है कि मानवता के भविष्य-निर्माण के संघर्ष में हम और भी अधिक दत्तचित्त हों तथा हम वर्तमान परिस्थिति को सुधारें, नैतिक ह्रास को

थामें, उत्पीड़ित मनुष्य के साथ एकात्म होकर उसकी मुक्ति की योजना का उपाय करें।'[३९] अनास्था, संत्रास, विरक्ति, विक्षोभ, विसंगति, विडम्बना जैसी बातें ही 'आधुनिक भावबोध' के अंतर्गत स्वीकार नहीं की जा सकतीं। उन्होंने नए समीक्षकों के लघु-मानववाद का भी विरोध किया और स्पष्ट किया कि आज के संदर्भों में यदि किसी को लघुमानव कहा जा सकता है, तो वह जन साधारण ही है।

प्रयोगवादोत्तर नई समीक्षा की ये कुछ महत्त्वपूर्ण सीमाएँ हैं, जिनके चलते वह कोई बहुत स्पष्ट छाप आज के प्रबुद्ध मानस पर नहीं छोड़ सकी हैं। किन्तु नये कवि समीक्षकों तथा नये विचारकों के चिंतन में काफी बदलाव देख पड़ रहा है। प्रारंभिक आवेश तथा अतिवाद से मुक्त होकर कविता तथा साहित्य की समझ के नये क्षितिज उद्‌घाटित हो रहे हैं। आशा की जा सकती है कि यह सिलसिला चलता रहेगा और नये समीक्षकों के माध्यम से कुछ सार्थक प्रदेय सामने आ सकेगा।

छायावादोत्तर समीक्षा को समग्र रूप से लेने पर और उसके अंतर्गत चर्चित होने वाले कविता के नये प्रतिमानों की सम्यक् रूप से परीक्षा करने पर ज्ञात होता है कि अनेक सीमाओं के बावजूद अपनी पूर्ववर्ती समीक्षा-दृष्टि में उसने कुछ महत्त्वपूर्ण जोड़ा भी है। कविता की परख के जो प्रतिमान छायावाद तक विकसित हुए थे, उनके आगे बदले हुए युग संदर्भों की कविता के लिए नई कसौटियाँ आनी अनिवार्य थीं और छायावादोत्तर समीक्षकों द्वारा वे लायी भी गयीं। इन समीक्षकों ने केवल अपने समय की कविता के संदर्भ में ही नए प्रतिमानों की चर्चा नहीं की वरन् कविता मात्र के संबंध में मूल्यांकन के नये आयाम और नई दिशाएँ उद्‌घाटित कीं। छायावादोत्तर समीक्षा में भी गंभीरमना समीक्षकों का प्रयास इसी ओर रहा है कि परम्परागत प्रतिमानों का सर्वथा तिरस्कार न हो, उनके सार्थक अंशों को आत्मसात् करते हुए ही नये प्रतिमानों का स्वरूप निर्धारित किया जाय और एक ऐसी समग्र समीक्षा-दृष्टि सामने लायी जाय, तो कविता का सर्वांङ्गपूर्ण विश्लेषण करने और उसकी मूल्यवत्ता को परखने में समर्थ हो सके। गजानन माधव मुक्तिबोध ने ऐतिहासिक समाजशास्त्रीय सौंदर्यात्मक तथा मनोवैज्ञानिक पक्षों से युक्त जिस समग्र समीक्षा-दृष्टि के विकास की आवश्यकता प्रतिपादित की है वही एक ऐसी समीक्षा-दृष्टि हो सकती है, जिसमें कविता की सम्पूर्ण सत्ता को बिना उसके किसी भी पक्ष को क्षति पहुँचाए परखा जा सके। छायावादोत्तर समीक्षा अपनी सीमाओं के बावजूद इसी दिशा की ओर सक्रिय है।

संदर्भ

१. नया साहित्य : नए प्रश्न : नन्ददुलारे वाजपेयी, पृ. २७।

२. वही।
३. वही, पृ. २८।
४. नया साहित्य : नए प्रश्न : नन्ददुलारे वाजपेयी, पृ. २९।
५. शुक्लोत्तर काव्य-चिन्तन : पाश्चात्य परिप्रेक्ष्य : डॉ. श्यामबिहारी राय, पृ. ६४०।
६. डॉ. देवराज : आधुनिक समीक्षा, पृ. १५।
७. कविता के नये प्रतिमान : डॉ. नामवर सिंह, पृ. २५।
८. लघुमानव के बहाने हिन्दी कविता पर एक बहस : विजय देवनारायण साही।
९. कविता के नये प्रतिमान : डॉ. नामवर सिंह, पृ. २८।
१०. शुक्लोत्तर काव्य-चिंतन : डॉ. श्यामबिहारी राय, पृ. ६४५।
११. नई कविता का आत्मसंघर्ष तथा अन्य निबंध : मुक्तिबोध, पृ. १३४।
१२. वही, पृ. १३५।
१३. नई कविता का आत्मसंघर्ष तथा अन्य निबंध : मुक्तिबोध, पृ. १४६।
१४. नया साहित्य : नए प्रश्न : नन्ददुलारे वाजपेयी, पृ. २९।
१५. वही, पृ. ३०।
१६. नया साहित्य : नए प्रश्न : नन्ददुलारे वाजपेयी।
१७. लिटरेचर एंड आर्ट, पृ. २।
१८. जनजीवन और साहित्य : अमृतपाद डाँगे, पृ. २५।
१९. नई कविता का आत्मसंघर्ष तथा अन्य निबंध : मुक्तिबोध, पृ. १२५।
२०. वही, पृ. १२८।
२१. कामायनी एक पुनर्विचार : मुक्तिबोध, पृ. २०-२१।
२२. आन लिटरेचर एंड आर्ट : लूना चरस्की, पृ. २६।
२३. लिटरेचर आन आर्ट : मार्क्स एंड एंगिल्स, पृ. १६।
२४. नई कविता का आत्मसंघर्ष तथा अन्य निबंध : मुक्तिबोध, पृ. १५७।
२५. वही।
२६. हिन्दी समीक्षा : स्वरूप और सन्दर्भ : डॉ. रामदरश मिश्र, पृ. ३११।
२७. रसानुभूति और सहअनुभूति : जगदीश गुप्त, नई कविता, अंक ४।
२८. वही।
२९. वही।
३०. वही, अंक ३।
३१. नई कविता, अंक २।

३२. कविता के नये प्रतिमान : डॉ. नामवर सिंह, पृ. ४५।
३३. रसानुभूति और सहअनुभूति : जगदीश गुप्त, नई कविता अंक ४।
३४. नई कविता, अंक ३।
३५. वही, अंक २।
३६. वही।
३७. नई कविता : आचार्य नंददुलारे वाजपेयी, पृ. ७८।
३८. एक साहित्यिक की डायरी : मुक्तिबोध, पृ. ८१।
३९. नई कविता का आत्मसंघर्ष तथा अन्य निबंध : मुक्तिबोध, पृ. १९।

परिशिष्ट

(क) सहायक पुस्तकें

१. हिंदी

अज्ञेय और आधुनिक रचना की समस्या : रामस्वरूप चतुर्वेदी
आधुनिकता बोध और आधुनिकीकरण : डॉ. रमेश कुंतल मेघ
आधुनिक साहित्य : आचार्य नन्ददुलारे वाजपेयी
आधुनिक साहित्य : डॉ. देवराज
आधुनिक समीक्षा : डॉ. सुरेशचन्द गुप्त
अज्ञेय साहित्य : प्रयोग और मूल्यांकन : डॉ. केदार शर्मा
'आत्मनेपद' : अज्ञेय
आस्था और सौंदर्य : डॉ. रामविलास शर्मा
आधुनिक कविता : युग और दृष्टि : डॉ. शिवकुमार मिश्र
आचार्य रामचन्द्र शुक्ल और हिन्दी आलोचना : डॉ. रामविलास शर्मा
आचार्य शुक्ल के समीक्षा-सिद्धांत : डॉ. रामलाल सिंह
आलोचना के मान : शिवदानसिंह चौहान
आलोचना के सिद्धांत : शिवदानसिंह चौहान
आधुनिक काव्य-रचना और विचार : आचार्य नन्ददुलारे वाजपेयी
आधुनिक कवि : महादेवी
इरविन एंड मेन : ललित कलाएँ और मनुष्य : आचार्य विश्वनाथप्रसाद मिश्र
इतिहास और आलोचना : डॉ. नामवर सिंह
एक साहित्यिक की डायरी : मुक्तिबोध
ऐतिहासिक भौतिकवाद पर एक दृष्टि : व. पोदोसेतनिक अ. स्पीर्किन
कविता के नए प्रतिमान : डॉ. नामवर सिंह
कामायनी एक पुनर्विचार : मुक्तिबोध

काव्य कला और शास्त्र : रांगेय राघव
चिंतामणि भाग–१ : आचार्य रामचंद्र शुक्ल
चिंतामणि भाग–२ : आचार्य रामचंद्र शुक्ल
छायावाद : डॉ. नामवर सिंह
तार सप्तक : अज्ञेय
दूसरा सप्तक : अज्ञेय
तीसरा सप्तक : अज्ञेय
दीपशिखा : महादेवी
नई कविता : आचार्य नन्ददुलारे वाजपेयी
नई कविता का आत्मसंघर्ष तथा अन्य निबंध : मुक्तिबोध
नये साहित्य का सौंदर्यशास्त्र : मुक्तिबोध
नया साहित्य : नए प्रश्न : आचार्य नन्ददुलारे वाजपेयी
नई समीक्षा : अमृतराय
नई कविता के प्रतिमान : लक्ष्मीकांत वर्मा
नील कुसुम : डॉ. रामधारी सिंह दिनकर
पल्लव : सुमित्रानंदन पंत
पथ के साथी : महादेवी
प्रगति और परम्परा : डॉ. रामविलास शर्मा
प्रगतिशील साहित्य की समस्याएँ : डॉ. रामविलास शर्मा
विरामचिह्न : डॉ. रामविलास शर्मा
विचार–विमर्श : आचार्य महावीरप्रसाद द्विवेदी
विचार और विवेचन : आचार्य महावीरप्रसाद द्विवेदी
विचार और विश्लेषण : आचार्य महावीरप्रसाद द्विवेदी
बालकृष्ण भट्ट : डॉ. राजेन्द्र शर्मा
भ्रमरगीतसार : भाषा और संवेदन : डॉ. रामस्वरूप चतुर्वेदी
भारतीय काव्यशास्त्र : नई व्याख्या : डॉ. राममूर्ति त्रिपाठी
मार्क्सवादी साहित्य–चिंतन : डॉ. शिवकुमार मिश्र
मार्क्सवादी दर्शन : वि. अफनास्येव
मार्क्स और ऐंगिल्स : संकलित रचनाएँ
महाजनी सभ्यता : प्रेमचंद
मार्क्सवाद और साहित्य : डॉ. महेन्द्रचंद राय
यामा : महादेवी

रसमीमांसा : आचार्य विश्वनाथप्रसाद मिश्र
रसज्ञरंजन : आचार्य महावीरप्रसाद द्विवेदी
रस सिद्धांत : डॉ. नगेन्द्र
लोकजीवन और साहित्य : डॉ. रामविलास शर्मा
संचयन : आचार्य महावीरप्रसाद द्विवेदी
समालोचना समुच्चय : आचार्य महावीरप्रसाद द्विवेदी
साहित्य का मर्म : आचार्य महावीरप्रसाद द्विवेदी
सूर साहित्य : साहित्यावलोकन : आचार्य महावीरप्रसाद द्विवेदी
स्कंदगुप्त : जयशंकर प्रसाद
साहित्य समीक्षा के पाश्चात्य मानदंड : डॉ. राजेन्द्र वर्मा
साहित्य धारा : प्रकाशचंद्र गुप्त
सहचिंतन : अमृतराय
साहित्य की समस्यायें : शिवदानसिंह चौहान
समाज और साहित्य : रामेश्वर शुक्ल अंचल
स्वाधीनता और राष्ट्रीयता साहित्य : डॉ. रामविलास शर्मा
शुक्लोत्तर काव्य-चिंतन : पाश्चात्य परिप्रेक्ष्य : डॉ. श्यामबिहारी राय
हिन्दी साहित्य : बीसवीं शताब्दी : आचार्य नन्ददुलारे वाजपेयी
हिन्दी समीक्षा : स्वरूप और संदर्भ : डॉ. रामदरश मिश्र
हिन्दी साहित्य : एक आधुनिक परिदृश्य : अज्ञेय
हिन्दी की जनवादी परम्परा : प्रकाशचंद गुप्त
हिन्दी की सैद्धांतिक समीक्षा : डॉ. रामाधार शर्मा
हिन्दी साहित्य का इतिहास : आचार्य रामचंद्र शुक्ल
हिन्दी आलोचना : उद्भव और विकास : डॉ. भगवत स्वरूप मिश्र
क्षणदा : महादेवी
त्रिशंकु : अज्ञेय

२. अंग्रेजी

Lunacharsky : On Literature and Art
Marx and Engels : Literature an Art
Kal Marx F. Engels : Selected Work
Fundamentals of Dialectical : Materialism
Illusion and Reality : Kirstofar Caudwell
Lenin : Setected Works

(ख) पत्रिकाएँ :

नई कविता, अंक २,३,४।
कल्पना
जागरण
रूपाभ
नया साहित्य
धर्मयुग
आलोचना
सरस्वती
कल्पलता
जनभारती
माध्यम

□□